마르크스를
위하여

마르크스를 위하여

1판 1쇄. 2017년 1월 2일
1판 3쇄. 2023년 4월 17일

지은이. 루이 알튀세르
옮긴이. 서관모

펴낸이. 정민용, 안중철
편집. 최미정, 윤상훈, 이진실

펴낸 곳. 후마니타스(주)
등록. 2002년 2월 19일 제2002-000481호
주소. 서울 마포구 신촌로14안길 17, 2층(04057)
편집. 02-739-9929, 9930
제작. 02-722-9960
팩스. 0505-333-9960
블로그. https://blog.naver.com/humabook
페이스북 · 인스타그램/Humanitasbook

인쇄. 천일인쇄 031-955-8083
제본. 일진제책 031-908-1407

인쇄. 천일 031-955-8083
제본. 일진제책 031-908-1407

값 22,000원

ISBN 978-89-6437-267-8 93300

마르크스를
위하여

루이 알튀세르 지음 | 서관모 옮김

차 례

일러두기

___이 책은 루이 알튀세르의 *Pour Marx* 초판본(Édtions François Maspero, 1965)의 재간행본인 *Pour Marx* (Édtions la Découverte, 1996)를 완역한 것이다. 이 재간행본에는 알튀세르가 1967년에 쓴 「외국어판 독자들에게」와, 에티엔 발리바르가 추가한 서문, 알튀세르 약전이 추가돼 있다. 한국어 번역 과정에서는 다음과 같은 영역본, 일역본, 독역본도 참고했다. *For Marx*, translated by Ben Brewster, Allen Lane, The Penguin Press, 1969; 『マルクスのために』, 河野健二, 西川長夫, 田村俶 譯, 平凡社, 1994; 독역본, *Für Marx*, übersetzt von Gabriele Sprigath & Karin Brachmann, Edition Suhrkamp 2006, 2011.

___본문에서 사용하고 있는 대괄호([ ])는 독자의 이해를 돕기 위한 옮긴이의 첨언이다. 단, 긴 설명을 요하는 옮긴이 주는 각주로 처리한 뒤, **[옮긴이]** 표기를 했으며, 인용문 가운데 알튀세르가 첨언한 내용인 경우에만 대괄호 안에 **[―알튀세르]**를 병기했다.

___주된 번역어와 함께 사용할 수 있는 대안적인 번역어의 경우 대괄호([ ])를 사용해 표기했다(예컨대, 이해[관념]conception).

___알튀세르와 발리바르가 출처로 밝힌 문헌들 가운데 국역본이 존재할 경우, 국역본의 서지 사항과 쪽수를 밝히는 것으로 했다.

___외국어 고유명사의 우리말 표기는 국립국어원의 외래어 표기법을 따랐다. 그러나 관행적으로 굳어진 표기는 그대로 사용했다. 다만, 기존 국역본 가운데, 외래어 표기법이나 관행적 표기법과 맞지 않는 문헌들을 출처 표기를 위해 인용한 경우(예컨대, 루이 알뛰세, 칼 맑스, 포이에르바하, 아미엥 등)에는 기존 문헌의 표기를 그대로 유지했다.

___책이나 신문 등은 겹낫표(『 』), 논문은 홑낫표(「 」), 연극이나 영화 등의 작품명은 가랑이표(〈 〉)를 사용했다.

1996년판 서문

에티엔 발리바르

"마르크스를 위하여." 하나의 호소, 거의 구호에 가까운 이 제목은 30년 전에 그랬던 것처럼 오늘에도 여전히, 또는 아마 새로이, 높고 강한 울림을 준다. 다른 이유들로, 그리고 전혀 다른 맥락에서 그렇다. 알튀세르의 이 책은 이제 새로운 독자들에게 전해질 것이고, 이 책을 다시 읽게 될 예전의 독자들은 과거와 많이 달라졌을 것이며 그들이 텍스트를 수용하는 방식도 크게 변했을 것이다.

이 책의 초판이 출간된 1965년에 중요했던 것은 독자적인 논리와 윤리를 지닌 어떤 한 방법으로 행해지는 마르크스에 대한 독해의 선언, 그리고 동시에 마르크스주의를 위한, 좀 더 정확히 말하면, 진짜 마르크스주의(한 운동, 한 "당"과 분리할 수 없는, 그리고 이를 공개적으로 내세우는 이론, 철학으로서의 마르크스주의)를 위한 선언이었다. 오늘날 중요한 것은, 아마도 이 책에서 과거를 회상하려 하거나 심지어 상상 속에서 과거를 개작하려 하는 향수에 젖은 몇몇 사람들의 경우를 제외한다면, 돌이킬 수 없이 완료된 **마르크스주의의 종언 이**

후에, 마르크스를 읽고 연구하고 토론하고 활용하고 **마르크스주의를 넘어서서** 마르크스를 변혁하자는 호소이리라. 하지만 이렇게 하자고 할 때, 이는 한 세기 이상 마르크스주의로 존재해 온 것에 대한, 그리고 그것을 우리의 사고와 우리의 역사에 결부시키는 복잡한 연계들에 대한 점잖은 무지나 보수적인 경멸 속에서 그러자는 것이 아니다. 왜냐하면 이런 배제[폐제]forclusion는, 늘 그렇듯이, 간혹 상반된 색조들을 띠기도 하는 환상들illusions과 오류들의 반복만을 낳을 뿐이기 때문이다. 반대로 이는 마르크스 자신이 마르크스주의와 맺고 있는 심원하게 모순적인 관계를, 이를 뒷받침해 주는 텍스트와 콘텍스트를 통해, 분석하려는 집요한 노력 속에서 그러자는 것이다.

이제 20세기가 저물어 가거니와, 실로 이 책에는 마르크스주의에 이론적인 몸체와 형상을 부여하고자 하는, 20세기에 이루어진 가장 독창적이고 가장 웅변적인, 또한 가장 치밀한 논거를 갖춘 시도들 가운데 하나가 담겨 있다. 마르크스에 대한 **해석**에 기초한 이 시도는 분명 마르크스의 작업[저작]과 그의 계승자들의 "작업[저작]들"에 대한 어떤 하나의 인식과 동시에 몰인식을 표출했다. 하지만 이 책에는 또한, 어쨌든 내가 그 어느 때보다도 분명히 느끼는 바인데, 마르크스의 **사고양식**思考樣式 또는 알튀세르가 제안한 표현에 따르면 마르크스의 "이론적 실천"의 어떤 것이 다시 출현했는데, 그것은 어떠한 "마르크스주의"로도 환원되지 않는 것이었으며 따라서 자기 고유의 방식으로 마르크스주의의 한계들을 드러내 주는 것이었다. 결국, 알튀세르가 이 사고양식의 내부에서, 이 사고양식에 구성적인 명제들 및 아포리아들로 거슬러 올라가서 수행한 것이었기 때문에 그것은 더욱더 강력한 기여였다.

이 때문에 1965년 『마르크스를 위하여』의 출간(이어 몇 주 뒤에 이루어진 집단 저작 『『자본』을 읽자』[1]의 출간)이 단번에 점화하고 (프랑스의 경우에 한정해서 말하자면) 앙리 르페브르 같은 위대한 마르크스주의자들뿐만 아니라 레몽 아롱 같은 마르크스주의의 위대한 적수들이 참여한 "상상적 마르크스주의들"[2]과 "현실적 마르크스주의들" 사이의 논쟁은 오늘날 더 이상 동일한 의미를 지니고 있지 않다. 모든 마르크스주의는 상상적인 것이 되고 말았다. 그러나 그것들 중 일부, 서로 매우 다르고 사실은 매우 수가 적은 텍스트들이 대표하는 몇몇 마르크스주의는 여전히 사고하고 행동하도록, 따라서 현실적 효과들을 생산하도록 하는 힘을 지니고 있다. 나는 『마르크스를 위하여』의 "마르크스주의"가 분명히 이에 해당한다고 확신한다. 나

---

1 1996년 프랑스대학출판사PUF의 콰드리주 총서로 재출간되었다. Louis Althusser, Étienne Balibar, Roger Establet Pierre Macherey et Jacques Rancière, *Lire le Capital*, PUF, 1996.

2 [옮긴이] 레몽 아롱은 『하나의 신성가족에서 또 다른 신성가족으로 : 상상적 마르크스주의들에 대한 시론들』*D'une sante Famille a l'autre. Essais Sur les Marxismes Imaginaires*(Gallimard, 1969)에서 사르트르의 마르크스주의와 함께 알튀세르의 마르크스주의를 '상상적 마르크스주의'로 규정했다. '상상적 마르크스주의'란 마르크스의 텍스트를 자의적으로 선별해 구성한, 상상 속에서나 존재하는 마르크스주의라는 의미이다. 이 책의 알튀세르 비판에서 핵심적인 글인 「마르크스주의에 대한 사이비구조주의적 독해」La lecture pseudo-structuraliste de Marx는 1967년에 쓰였다.

는 이를 확인하고자 한다.

이것이 내가 1996년의 독자들에게 알튀세르 책의 재간본을 소개하기로 응낙한 이유이다. 저자 자신이 쓴 서문 앞에 이렇게 서문을 붙이는 것은, 즉 남의 둥지에 낳은 말mot로 "오늘"을 "예전"으로까지는 아닐지라도 "어제"로 바꾸고,[3] 그의 고행적苦行的 해석, 자신의 해석 자체를 역사화시키는 그의 해석을 지금 살아 있고 영구히 작동할 문자언어écriture로서 넌지시 제시하는 사람이 되는 것은, 우습고 아마도 격이 떨어지는 일이 되겠지만 말이다.[4]

그렇지만 나는 꼭 필요한 몇 가지 역사적·전기적 정보들[5]을 제시하기에 앞서, 이 글과 이 글의 독자들 사이에 해설의 가림막들 내지 쇠창살들을 만들어 놓을지 모를 구식의 독해 시도를 예방하고 싶다.

『마르크스를 위하여』에 수록된 텍스트들은 1961년에서 1965년 사이에 출판되어 한 권에 묶였다는 점을 알아 두어야 할 것이다. 따라서 프랑스 및 세계의 역사와 관련해 보자면 다음과 같은 사태들이 전개된다. 한편으로는 스탈린의 범죄에 대한 "흐루시초프의 보고"(1956)로 유명한 소련공산당 제20차 당대회, 부다페스트 봉기와 수에즈 파병

---

3 [옮긴이] 알튀세르의 서문 제목이 '오늘'이다.
4 지나가며 말하자면, 『마르크스를 위하여』Pour Marx는 이미 1986년에 프랑수아 마스페로 François Maspero 출판사의 후신인 라 데쿠베르트La Découverte 출판사의 "창설"Fondation 총서로 이전과 동일하게 재출간되었다.
5 이 책 끝에 실린 「알튀세르 약전」에서 나는 알튀세르의 삶과 작업의 큰 궤적들을 되새겨 이야기했다.

(둘 다 1956년), 쿠바 혁명의 승리(1959), 알제리 전쟁이 막바지에 이르고 알제리 무장봉기 이후의 드골 장군의 권력 복귀(1958~62), OECD 창립(1961), 베를린장벽 축조(1961)가 있었고, 다른 한편으로는 미국의 베트남 개입(1965), (1966년에 시작된) 중국의 문화혁명, 프랑스와 다른 나라들(멕시코, 독일, 미국, 폴란드 등)에서 1968년 5월에 일어난 사건들, (역시 1968년에 일어난) "프라하의 봄"과 체코슬로바키아 침공, 사회당과 공산당의 "좌파연합 공동강령"(1972), 1970년대의 "유로 코뮤니즘"의 탄생, 아옌데 정권의 몰락과 아옌데 피살(1973), 포르투갈의 "카네이션 혁명"(1974) 등이 있었다.

『마르크스를 위하여』의 테제들을 마르크스주의의 역사 속에, 마르크스에 대한 논쟁들의 역사 속에 위치시키기 위해서는, 그뿐 아니라 이 테제들이 뚜렷한 흔적을 남겨 놓은 20세기 철학사 속에 이 테제들을 위치시키기 위해서는, 이 책이 1960년이라는 아주 놀라운 해 바로 뒤에 쓰였다는 사실을 알아 두는 게 유익할 것이고 어쩌면 필수 불가결할 것이다. 1960년, 이 해에는 다음과 같은 책들이 출간되었다. 메를로-퐁티의 (「모스로부터 레비스트로스에게로」와 「마키아벨리에 대한 노트」가 수록된) 『기호들』*Signes*과 사르트르의 『변증법적 이성 비판』 *Critique de la raison dialectique*(레비스트로스는 1962년 『야생의 사고』*La Pensée sauvage* 에서 이 책에 답한다), 질-가스통 그랑제Gilles-Gaston Granger의 위대한 인식론 저서 『형식적 사고와 인간과학들』*Pensée formelle et sciences de l'homme*과 가스통 바슐라르의 『몽상의 시학』*Poétique de la rêverie*, 앙리 에Henri Ey가 조직한, 라캉을 둘러싼 무의식에 관한 본느발 회의, 끝으로 루카치의

『역사와 계급의식』*Geschichte und Klassenbewußtsein*의 (저자의 반대에도 불구하고 이루어진) 프랑스어 번역, 앙리 르페브르의 『일상생활 비판』*Critique de la vie quotidienne*(1권 1947, 2권 1961)과 미셸 푸코의 『광기의 역사』*Histoire de la folie*(1961), 자크 데리다의 『후설의 『기하학의 기원』에 대한 서론』 *Introduction à l'Origine de la géométrie de Husserl*[1962] 이, 또한 레비나스의 『총체성과 무한』*Totalité et infini*[1961], 하이데거의 니체 강의[*Nietzsche I und II* (1936~46)] 출간이 『마르크스를 위하여』의 시작과 비슷한 시기에 이루어졌다.

그리고 『마르크스를 위하여』가 계획적이라기보다는 "개입"의 기회가 되는 대로 쓰이는 동안, 장-피에르 베르낭의 『그리스인들의 신화와 사유』*Mythe et pensée chez les Grecs*(1965), 들뢰즈의 『니체와 철학』 *Nietzsche et la philosophie*(1963), 하버마스의 『공론장의 구조 변동』*Strukturwandel der Öffentlichkeit*(1962), 한나 아렌트의 『혁명론』*On Revolution*(1963), 르루아-구랑의 『몸짓과 말』*Le Geste et la Parole*[1965]과 레비스트로스의 『신화론』*Mythologiques* 1권(1964), 칼 포퍼의 『추측과 논박』*Conjectures and Refutations* [1963], 쥘 뷔유맹의 『대수의 철학』*Philosophie de l'algèbre*(1962), 또한 알렉상드르 코이레의 『뉴턴 연구』*Newtonian Studies*(1965)가 잇따라 출간됐다.

마지막으로 이 책의 출간 후 곧바로 헤르베르트 마르쿠제의 『일차원적 인간』*One-Dimentional Man*, 피에르 셰페르의 『음악적 대상론』 *Traité des objets musicaux*, 장켈레비치의 『죽음』*La mort*, 바르트의 『비평과 진리』*Critique et Vérité*, 벤베니스트의 『일반 언어학의 문제들』*Problèmes de linguistique générale*, 푸코의 『말들과 사물들』*Les Mots et les Choses*, 라캉의 『에크

리』*Écrits*, 캉길렘의 「개념과 생명」Le concept et la vie[6] 등이 뒤따랐는데, 이 모두는 또 하나 놀라운 해인 1966년에 출간되었다.

요컨대 프랑스 대학의 심장부[고등사범학교 내 사택]에 거주하는, 프랑스 공산당 "하부" 당원인 한 전문 철학자의 『마르크스를 위하여』 집필과 출간은 다음과 같은 시기였던 전후의 긴박한 정세에 대한 개입이었다는 점을 알아 두는 것이 유익하다. 즉, 독일 점령기에 태어난 아이들이 성인 연령에 달한 시기, 냉전이 "평화공존"으로 역전된(또는 연장된) 시기, 이제 불가피한 탈식민화가, 하지만 항상 힘겨운 투쟁 끝에, 일반화한 반제국주의로, 그리고 사회주의로 나아가는 것처럼 보이던 시기, 자본주의적 "중심부" 사회들의 경제성장과 문화 변동들이 부와 권력의 분배에 대한 점증하는 반대를 유발하던 시기, 서유럽에서 (여전히) 국민적이고 (얼마간) 사회적인 국가가 세계화로 전환할 준비를 하고 있는 반면, 동쪽에서는 스탈린 이후의 "현실" 사회주의국가들의 공공연한 또는 잠재적인 위기가 다양한 형태로 "혁명 속의 혁명"(레지스 드브레)의 가능성을 열어 놓는 것처럼 보이던 시기 말이다.

그리고 이 책은 철학적 논쟁이 전쟁 직후와 비교해 그 대상과 스타일을 바꾸고 있던 시점에 발간되었음을 알아 두는 것이 유익하다. 이는 니체와 부차적으로는 프로이트 또는 "구조주의들"을 위대한 스승으로 하는 "의심의 철학들", 즉 사회적 실천과 의미 작용signification

6 Georges Canguilhem, "Le concept et la vie", *Études d'histoire et de philosophie des sciences*, J. Vrin, 1968에 재수록.

을 대상으로 하는 학문 분야들disciplines에 마침내 진정한 과학성을 부여하려는 야심을 지닌 철학들이 뚜렷이 존재를 드러내고 있었기 때문만이 아니다. 푸코가 천재적인 종합적 정식화의 능력으로 곧바로 말하게 될 것처럼 "지식과 권력의" 질문들이 오랫동안 도덕 및 (현상학적 심리학을 포함한) 심리학의 질문들을 압도하게 될 것이기 때문만도 아니다. 그것은 또한, 그리고 아마 무엇보다도, 철학이 역사학과 인류학을, 정신분석학과 정치학을 가로질러 이전 어느 때보다 더 **자신의 외부, 자신의 무의식, 비철학과** 대면하고 대결하게 되었기 때문이다. 오늘날 우리는 철학이 당시에 이렇게 추구한 것이 철학 자신을 소멸시키는 것이 아니라 자기비판 및 자기 재구성의 수단들을 찾아내는 것이었음을 잘 알 수 있다. 분명 바로 이것이, 모든 믿음과 소속의 문제를 떠나서, 철학이 마르크스와 치열하게 논쟁을 벌인 이유들 가운데 하나였다.

이 모든 사항을 알아 두는 것은 분명 유익하고 필수적이다. 그러나 거듭 말하건대 『마르크스를 위하여』는 하나의 **기록**document이 아니다.[7] 그것은 다음 두 가지 합당한 이유로 하나의 **책**이다. 이제 되도록 간명하게 그 이유를 들어 보겠다.

첫째로, 『마르크스를 위하여』는 용어의['쓰다'라는 말의] 강한 의

---

7 [옮긴이] 알튀세르는 서문 「오늘」에서 이 책을 "특정한 **역사**의 기록들documents로 내놓는다"라고 썼다.

미에서 쓰인 것이다. 이 책은 알튀세르의 철학의 스타일을 가장 선명하게 표현해 주는 것들 가운데 하나로 남아 있다. 어떤 것들은 매우 이른 시기에 쓰였고 어떤 것들은 말년에 쓰인 다수의 미간행 원고들이 출간된 덕분에, 우리는 이제 이 스타일이, 고전들을 엄청나게 알고 있고 영성과 역사에 심취해 있으며 논쟁을 갈구하는 한 사춘기 소년의 꿈들과 글들 속에서, 후에는 우수한 학위논문을 쓴[8] 젊은 필자의 꿈들과 에세이들 속에서, 오랜 시간에 걸쳐 추구되어 왔다는 것을 안다. 나중에 가면 이 스타일은, 예외적으로 몇 군데에서 번득이기도 했지만, "변증법적·역사적 유물론"의 체계화들에 맞서 고유한 지반 위에서 경쟁하려는 이론적-운동가적 시도들 속에서, 그리고 가공의 법정에 제출하기 위해 쓴 자서전적 변론-구형-자백(나는 이 주장에 대해 책임을 지겠다) 속에서 사라진다. 하지만 『마르크스를 위하여』에서 이 스타일은 최고 수준에 달한다. 앞서 저 놀라운 『몽테스키외, 정치와 역사』[9]에서, 그리고 뒤에 『마키아벨리와 우리』[10]라는 "책"에서 그

---

8 [옮긴이] 알튀세르는 가스통 바슐라르의 지도하에 1947년 「헤겔 철학에서의 내용 개념」이라는 논문으로 구제舊制 국가석사학위인 DES를 받았다. 당시 DES는 교수 자격agrégation 시험에 응시하는 데 필요했다. 알튀세르는 1948년 철학 교수 자격시험에 필기시험 1등, 구두시험 2등으로 합격했다.

9 Louis Althusser, *Montesquieu, la politique et l'histoire*, PUF, 1959. 1992년에 콰드리주 총서로 재출간됨.

10 Louis Althusser, "Machiavel et nous"(1972~86), *Écrits philosophiques et politiques*, tome II, ed., François Matheron, Stock/IMEC, 1995, pp. 42-168[『마키아벨리의 가면』, 오덕근·김정한 옮김, 이후, 2001].

러는 것처럼("책"이라고 말하는 것은, 이것이 우리가 그의 서랍 속에서 발견하고서 놀라고 흥분한, 오직 그 자신만을 위해 그리고 "이론"의 영예를 위해 보존되어 있었던 것 같은 한 권의 "책"이기 때문이다). 이 스타일은 『마르크스를 위하여』의 처음 독자들을 사로잡았다.

그것은 과학과 엄격성에 대해 말하고 자신의 수사학적·개념적 경제성을 통해 이 과학과 엄격성에 수단들을 제공해 주지만 또한 비상하게 격정적인 스타일이다. 이 스타일의 모든 생생한 열정, 해독하기 어려운 원천들에서 유래하는 이 격정은, 일종의 (후에 알튀세르가 크레모니니에 대해 "추상화가"가 아니라 "추상적인 것의 화가"라고 말하게 될 의미에서의[11]) 추상abstraction의 서정성으로 넘어간다. 그 속에서 "결과들의 힘"(아미앵의 피카르디 대학에서 행한 국가박사학위 심사를 위한 발표문)[12]이 표출되는 이 스타일은, 원하는 모든 것을 파스칼과 루소에게,

---

11 Louis Althusser, "Cremonini, peintre de l'abstrait, *Écrits philosophiques et politiques*, tome II, p. 575[1966년의 이 글에서 알튀세르는 이렇게 썼다. "크레모니니는 **추상의 화가**un *peintre de l'abstraction*이다. 새로운 형태로, 또는 새로운 질료를 가지고, 부재하는 순수 가능성un pur possible absent을 '그리는' 추상화가un peintre abstrait가 아니라, 우리가 명확히 해야 할 의미에서 '인간들'과 그들의 '사물들' 사이의 현실적 관계들(관계들인 이상 필연적으로 **추상적**인 이 관계들)을 그리는, 아니 더 정확히 말해서, 이 말에 가장 강한 의미를 부여하자면, '사물들'과 **사물들의** '인간들' 사이의 현실적 관계들을 그리는, 현실적인 **추상적인 것**l'*abstrait* réel의 화가이다."].

12 [옮긴이] 알튀세르는 이 발표문에서, "이것들[과학-이데올로기의 반정립과 인식론적 절단 개념을 도입함으로써 산출된 몇몇 이데올로기적 효과들]은 …… 모든 이론주의로부터 완전히 자유롭지 못한 것이었다. 그러나 나는, (루소가 비슷한 표현을 쓴 바 있는) '결과들의 힘la force des conséquences을 믿는 약점'을 지녔기 때문에, 자연히 거기서 멈추지 않았으며 …… 그것들로부터 현실적 대상과 지식 대상의 구별을 끌어내었다"라고 썼다. 루이 알튀세르, 「아미

16

페기[13]와 사르트르에게(이는 분명히 사실이다), 마르크스와 니체에게 빚지고 있으면서도, 자신의 절대적으로 독특한, 말하자면 개인적으로 공적인 어조를 지니고 있다. 그리하여 이는 하나의 에크리튀르, 이 에크리튀르가 "편"을 드는 개념에 의해서, 또한 그 개념을 위해서 발명되는 그러한 에크리튀르의 발명 없이는, 추론적 철학인가 반성적 철학인가, 아포리즘적 철학인가, 논증적 철학인가를 막론하고 철학은 존재하지 않는다는 점을 우리에게 다시 한 번 입증해 준다.

두 번째로, 『마르크스를 위하여』는 어떠한 본래적 의미의 교의도 제시하지 않는다. 반대로 그것은 주어진 한 교의(또는 이론), 즉 마르크스의 교의에 "복무한다." 하지만 이 교의는, 적어도 체계적 논술의 형태로는, **실존하지 않는다**는 낯선 특이성을 보여 준다(왜냐하면 "변증법적 유물론"의 이론화들이란 분명히 이 교의의 희화화일 뿐이기 때문이다). 따라서 알튀세르가 설명하듯이 우리는, 소묘와 응용의 형태, "전제들

엥에서의 주장」, 『아미엥에서의 주장』, 김동수 옮김, 솔 출판사, 1991, 160쪽(번역은 수정함. 이 글은 1975년에 「철학에서 마르크스주의자가 된다는 것은 쉬운 일인가?」라는 제목으로 『라 팡세』*La Pensée*에 실렸다. 『아미엥에서의 주장』은 Louis Althusser, *Positions*, Éditions sociales, 1976의 번역본이다. 본문에서 이 책은 원제목을 따라 『입장들』로 표기했다).

13 [옮긴이] 샤를 페기Charles Péguy(1873~1914)는 프랑스의 시인, 수필가로서 장 조레스의 사회당에서 활동한 전투적인 자유지상주의적 사회주의자였으나, 1908년부터 민족주의와 가톨릭교로 전회했다. 알튀세르가 포로수용소 시기에 페기의 텍스트에 대해 쓴 수고 두 편이 IMEC의 알튀세르 문고에 남아 있다. 후에 알튀세르는 페기를 베르그송, 메를로-퐁티와 함께 정신주의 진영의 대표자 가운데 한 명으로 비판한다. Louis Althusser, "Conjoncture philosophique et recherche théorique marxiste"(1966), *Écrits philosophiques et politiques*, tome I, *op. cit.*, pp. 415-417.

없는 결론들"[14]의 형태, 또는 "마르크스주의의 이론적 저작[작업]들"
과 "실천적 저작[작업]들" 속에서 그 자체로 정식화되지 않은 질문들
에 대한 답변들의 형태로, 이 교의를 **발견해야** 하고 동시에 정말로
생산해야 한다.

　다시 말해서, 개념들을 명명하고, 절합하고articuler, 개념들이 놓
여 있는 테제들(실은 물론 가설들)을 진술해야 한다. 알튀세르가 『마
르크스를 위하여』에서 놀랄 만한 개념적 도구들의 배열을 생산하면
서 끊임없이 행한 것이 바로 이것이다. 알튀세르는 마르크스로 하여
금 그가 말한 것 이상을, 그리고 그가 말한 것과는 다른 것을 말하
게 하는 위험을 무릅쓰면서(이 위험에 대한 반대는 충분히 있었고, 아직 끝
나지 않았다), 또한 마르크스에게서 유래한 범개념들notions[15]과 질문들

---

14 [옮긴이] 1966년에 알튀세르는 "나는 다시 스피노자의 언어를 사용해, 지식connaissance이
우리로 하여금 '전제들'로부터 '결론들'을 산출하는 메커니즘을 통찰하도록 해주는 데 비
해, 예술은 우리에게 '전제들 없는 결론들'을 볼 수 있게 해준다고 말하고자 한다"라고 썼
다. Louis Althusser, "Lettre sur la connaissance de l'art(Réponse à André Daspre)", *Écrits phi-
losophiques et politiques*, tome II, *op. cit.*, p. 563(「예술론 : 앙드레 다스프르에 답함」, 『레닌과 철
학』, 이진수 옮김, 백의, 1991, 228쪽. 번역은 수정함). 알튀세르는 1975년에 「아미엥에서의
주장」(같은 글, 148쪽)에서 "변증법의 문제를 따로 그리고 그 자체로 제기하면서 마르크스
가 헤겔에 대해 이야기할 때 내렸던 '전제들 없는 결론들'이라는 평가보다는 이것[마르크
스주의 변증법의 문제를 유물론의 우위에 대한 변증법의 종속이라는 조건하에서 제기하
는 것]이 훨씬 중요해 보인다"라고 썼다.

15 [옮긴이] 프랑스어의 일반적인 학술적·교육적 용어법에서 notion은 concept와 유사하지
만 concept와 달리 과학성을 구비한 것으로 간주되지 않고 따라서 특정 시점에 지식인 공
동체 속에서 안정화되어 있지 않은 관념적 구성물로서 사용된다. 물론 알튀세르와 발리바
르가 notion을 꼭 이런 의미로 사용하는 것은 아니다. 과학성에 대한 그들의 관념 자체가 일

을 인식론 및 정치 및 형이상학의 장場 전체로 전파할 가능성을 열어 놓으면서, 이것을 행했다.

알튀세르는 이 책의 서문(「오늘」)에서 자신이 제시한 마르크스 독해의 가설들을 "문제설정"problématique(그는 이것을 자크 마르탱에게서 빌려 왔다고 말하는데, 자크 마르탱은 1963년에 죽었고, 알튀세르는 이 책을 그에게 헌정한다)과 "인식론적 절단"coupure épistémologique(그는 이것을 자신의 선생 가스통 바슐라르에게서 빌려 왔다고 말한다)[16]이라는 두 개의 주요한 이론적 개념에 결부시켰다. 사실 오늘에 이르기까지 이 두 개념

반적으로 통용되는 관념과 크게 다르기 때문이다. 알튀세르는 notion과 concept를 구별하기는 하지만 이 책에서 "인식론적 절단"을 concept라 칭하기도 하고 notion이라 칭하기도 하는 것에서 보듯이 경우에 따라 양자를 혼용하기도 한다. 반면에 알튀세르를 겨냥해 "notion에 반대해 concept의 편에 서야 한다"라고 말한 사르트르처럼(이 책 452쪽 참조) concept와 notion을 준별하는 논자들도 있다. 더 일반적인 수준에서 말하면, 프랑스어나 영어 등에서 concept는 notion에 비해 매우 국한된 의미를 갖는 용어이며, 이런 이유로 헤겔의 Begriff를 concept 대신 notion으로 번역한 이도 있다(Baillie와 Miller). 나는 이 책에서 notion을 concept와 구별하기 위해 '범개념'凡概念으로 번역하기로 한다. '범'이라는 표현은 notion이 concept보다 더 넓은 외연, 더 일반적인 의미를 가지고 있다는 것을 표시하기 위한 것이다.

16 [옮긴이] 바슐라르는 인식론적 단절rupture épistémologique이라는 용어를 『적용 합리주의』 *Rationalisme appliqué*(PUF, 1949), p. 104에서 단 한 번 체계적으로 정의했는데, 알튀세르는 이 것을 인식론적 절단coupure épistémologique이라고 개명해 사용한다. 바슐라르의 '인식론적 단절' 개념과, 그것과는 "전혀 다른 대상을 겨냥하며 전혀 다른 탐구의 장을 열어 주는 개념" 인 알튀세르의 '인식론적 절단' 개념의 관계에 대해서는 발리바르의 「바슐라르에서 알튀세르로 : '인식론적 단절' 개념」(서관모 옮김, 『이론』 제13호, 1995년 겨울)을 참조하고, 알튀세르의 이론적 진화 과정에서 그의 '철학적 대상'인 '인식론적 절단'이 소멸하는 경과에 대해서는(그러나 이 소멸이 완전한 무효화는 아니다) 발리바르의 「(철학의) 대상 : 절단과 '토픽'」(『알튀세르와 마르크스주의의 전화』, 윤소영 편역, 도서출판 이론, 1993)을 보라.

은, 그것들이 제기하는 해석의 문제들과 함께, "알튀세르주의"의 표지標識, 더 정확히 말해 그가 인식론적 담론에 남긴 흔적의 표지로 표상된다. 이 개념들은 『마르크스를 위하여』의 기획에 핵심적이긴 하지만 분명 『마르크스를 위하여』의 이론적 내용 전체를 포괄하는 것은 아니다. 나로서는 이런 단순화된 소개가 지닐 수 있는 모든 위험을 감수하면서(이 소개에서 중요한 것은 토론하는 것이 아니라 논쟁의 소재를 지적해 두는 것이다) 상호 의존적인 범개념들과 질문들의 세 가지 배열을 확인해 두고 싶다.

배열 하나는 "인식론적 절단"을 중심으로 조직된다. 사실 이 배열에는 **이론적 실천, 과학성**, 그리고 관념들이나 사고들 자체의 체계적 통일체unité가 아니라 관념들과 사고들의 물질적 **가능성**의 체계적 통일체로 사고된 **문제설정**problématique과 같은 범개념들이 당연히 속한다(problématique는 아마도 하이데거의 Problemstellung[17]으로부터 간접적으로 유래한 것 같다. 나중에 이것을 들뢰즈와 푸코의 "문제화"problématisation[18]

---

[17] [옮긴이] 하이데거는 『존재와 시간』 4장 25절 「현존재는 누구인가라는 실존론적인 물음의 단초」Ansatz der existenzialen Frage에서 Problemstellung이라는 용어를 쓴다. 이 용어를 소광희(『존재와 시간』, 경문사, 1995, 169쪽)와 이기상(『존재와 시간』, 까치, 1998, 161쪽)은 '문제제기'로, 전양범(『존재와 시간』, 동서문화사, 2015, 150쪽)은 '문제설정'으로 번역했다.

[18] [옮긴이] "문제화problématisation는 선재하는 대상의 재현을 뜻하는 것도, 존재하지 않는 하나의 대상을 담론에 의해 산출하는 것을 뜻하는 것도 아니다. 그것은 무엇인가를 참된 것과 거짓된 것의 게임 속에 들어서게 하고 그것을 (도덕적 고찰의 형태로든, 과학적 인식의 형태로든, 정치적 분석의 형태 등으로든) 사고의 대상으로서 구성하는 담론적 또는 비담론적 실천들의 총합이다." Michel Foucault, "Le souci de la vérité"(1984), *Dits et écrits*,

와 비교해 보면 흥미로울 것이다).

가장 격렬한 논쟁을 불러일으킨 지점은 여기인데, 이는 과학이라는 관념idée이 안고 있는 정동들affects과 또한 이 관념이 포함한 난점들 때문에 더욱 그러했다. 이 점에 대해 두 가지 소견만 제시하겠다. 알튀세르는 갖가지 자기비판(특히 "변증법적 유물론" 또는 "이론적 실천들의 이론"이 과학적 담론으로 간주되어야 하는지 아니면 철학적 담론으로 간주되어야 하는지에 관한 자기비판)을 전개할 때조차 (『자본』에서 제시된 것과 같은) 마르크스의 이론이 엄밀한 의미의 과학성이라는 중핵을 포함하고 있다는 관념을 양보 없이 견지했지만, 이 과학성에 대한 그의 이해[관념]conception는 고정된 것이 아니었다.[19] 더 정확히 말하면, 그것은 (이데올로기적 환상들을 넘어서) "현실적인 것으로 돌아오기"라는 관념으로부터, "이데올로기에 대한 과학"(과학에 대립하는 것으로서의 이데올로기에 대한 과학)이자 동시에 이데올로기의 고유한 환상의 힘에 대한 과학을 뜻하는 것일 "이론적 영유"라는 좀 더 스피노자적인 관념으로 진화했다.

따라서 우리는 『마르크스를 위하여』와 후속 논문들이 기존의 과학성의 모델을 마르크스주의적 논쟁 안으로 "도입"한 것인지, 아니

tome. IV, Gallimard, 1994, p. 670.

19 전혀 고정된 적이 없었던 것은 아닌지 질문해 볼 수 있을 것이다. 나의 연구 "L'objet d'Althusser", in *Politique et philosophie dans l'œuvre de Louis Althusser*, sous la direction de Sylvain Lazarus, PUF, 1993을 참조하라[에티엔 발리바르, 「철학의 대상 : '절단'과 '토픽'」, 『알튀세르와 마르크스주의의 전화』, 같은 책].

면 오히려 (또는 어쨌든 동시에) 역사적 유물론이 (아마 또한 정신분석학이) 구성하는 (갈등적이며 동시에 엄밀한) 지식이라는 이 특이한 실천에서 출발해 "과학" 개념을 개조하려고 한 것인지 질문할 수 있을 것이다(또한 마땅히 질문해야 할 것이다). 그러므로 "과학"이 절단이 무엇인지를 알려 준다기보다, (무매개성에 대한 비판, 그리고 흄식의 감각론적 형태만이 아니라 헤겔식의 사변적 형태까지 포함하는 모든 종류의 경험론[20]에 대한 비판으로서의) 마르크스의 절단의 고유한 자명성évidence이 우리로 하여금 과학이란 무엇이어야 하는지 다시 질문하도록 촉구한다고 말할 수 있다. 달리 말해서, 과학이 포함하고 있지만 과학이 반드시 그것에 대한 개념을 갖고 있지는 않은, 지식 효과들[21]과 진리 효과들 자체에 대해 질문하도록 촉구한다고 말이다.

---

20 [옮긴이] 『마르크스를 위하여』For Marx(1969)와 『『자본』을 읽자』Reading Capital(1970)의 옮긴이 벤 브루스터Ben Brewster가 작성하고 알튀세르가 교열·수정해 두 책 말미에 실은 "용어 해설"Glossary에서 알튀세르가 말하는 '경험론'은 다음과 같이 설명되어 있다. "알튀세르는 경험론 개념을 아주 넓게 사용해, 주어진 주체를 주어진 대상에 대립시키고 주체가 대상의 본질을 추출abstraction하는 것을 인식connaissance이라 부르는 모든 '인식론들'을 거기에 포함시킨다. 따라서 대상에 대한 지식은 대상 자체의 부분이다. 이것은 주체의 본성이 무엇이든 간에(심리학적 주체, 역사적 주체 등), 대상의 본성이 무엇이든 간에(연속적 대상, 불연속적 대상, 움직이는 대상, 움직이지 않는 대상 등) 타당하다. 그리하여 이 정의는 전통적으로 '경험주의적'이라 불려 온 인식론들뿐만 아니라 고전적 관념론, 그리고 포이어바흐와 청년 마르크스의 인식론을 포괄한다."

21 [옮긴이] 알튀세르는 『『자본』을 읽자』의 제1부 「『자본』으로부터 마르크스의 철학으로」의 18, 19절에서 "지식 효과"effet de connaissance(마르크스가 지식에 고유한 세계 영유 양식이라 부른 것)(Lire le Capital, op. cit., p. 69)에 대해 논의한다.

이 책에서 정교제작된élaborée 두 번째 배열은 구조라는 범개념을 중심으로 조직된다. 이 범개념은 분명 체계적 통일성 내지 "총체성"이라는 관념에 준거하지만, 구조는 전적으로 내재적인 방식으로, 또는 엄밀한 의미에서 "분리해 낼 수 없는" "부재하는absente 원인"의 양태로, 오직 자신의 효과들 속에 주어질 뿐이다(알튀세르는 나중에 이 "부재하는 원인"을 스피노자의, 자신의 다양한 양태들 안에 내속하는 실체의 내속성inhérence과 비교하게 된다). 문제는 마르크스이고 마르크스와 그 이후의 마르크스주의자들이(특히 정세conjoncture와 "구체적 상황들situations"을 분석할 때의 레닌이) 역사 속에서 발견하고 싶어 하는 인과성의 유형이기 때문에, 여기서 중요한 것은 문제가 되는 다양성이 **실천들**의 다양성이라는 점이다. 실천들의 총화ensemble를 구조화한다는 것은 실천들이 서로 작용하는 방식을 이해할 수 있게 만든다는 것과 다르지 않다. 알튀세르는 실천들은 오직 본질적이고 환원 불가능한 **과잉결정**surdétermination의 방식으로 서로 작용한다고 말하는데, 이 과잉결정에 못 미치는 수준에서 아무리 "복잡성을 감축"한들 선형적線形的 결정 관계의 단순성이 재발견되지는 못할 것이다. 반대로, 여러 실천들 가운데 하나(마르크스가 생산양식 및 노동 착취 양식으로 식별하는 것)에 의한 "최종 심급에서의 결정"이 주장되면 될수록, 이와 상관적으로 불균질한 "지배"domination 또는 불균질한 "우세"dominance의 필연성이 생겨나고, 따라서 "순수한" 경제적 경향의 실현을 가로막는 장애물들, 또 다른 의미에서 유일한 진정한 "역사의 동력"인 계급투쟁의 소재 전체를 이루는 이 장애물들의 다양화가 일어난다.

"구조주의"라는 질문을 중심으로 되풀이되는 모든 스콜라적 논의는 의도적으로 제쳐 놓고 구조에 대한 이런 이해[관념]를 평가해 보자. 그것은 인간과학들의 인식론을 분할하는 "개체론적" 방법론들과 "유기체론적" 내지 "전체론적" 방법론들에 대한 이중적 거부에 의해 부정적으로 제시된다. 따라서 그것은, 적어도 형식적으로, 사회적인 것을 근원적으로 과개인적인transindividuelles[22] "관계들"의 결합으로서 이론화하는 데 철학적인 표현을 제공해 준다. 마르크스가 「포이어바흐에 대한 테제들」에서 고전적 관념론들 및 유물론들에 맞서 그런 이론화의 필요성을 깨달은 후 부단히 적용한 그 이론화 말이다.[23] 구조에 대한 이런 이해[관념]는 주관적 시간들의 소격疏隔

---

22 [옮긴이] transindividuel에서 trans는 '넘어서'above, over, beyond의 뜻과 '가로질러'橫斷, across의 뜻을 함께 갖는데, 중국에서는 이런 의미의 trans가 흔히 跨(타넘을 과, 걸터앉을 고)로 번역된다. transnational=跨国的, transgender=跨性別, trans-disciplinarity=跨科際 등이 그러한 예이다. 발리바르가 존재론의 영역에서 참고하는 시몽동G. Simondon의 transindividuation이 '과개체화'跨個體化로 번역된다는 점이 특히 중요하다. 나는 이러한 중국 쪽의 역어 跨를 취해 transindividuel을 '과개인적'跨個人的으로 번역한다. 跨는 한국과 일본에서는 개념어에 사용된 적이 없지만 발리바르가 사용하는 trans의 뜻에 가장 근접한 한자이다. 일각에서 역어로 사용하는 貫(꿸 관)은 trans의 뜻과 거리가 멀다.

발리바르가 알튀세르의 사고에 입각해 1990년대 초에 정립한, "개인적인 것과 집단적인 것 사이의 반정립"과 따라서 원자론(개체론)과 유기체론(전체론)의 반정립을 지양하는 "과개인적 존재론" 또는 "과개인적인 것의 존재론"에 따르면, 모든 동일성과 나아가 관념, 의식, 지식은 "순수하게 개인적이지도 순수하게 집단적이지도 않고 근본적으로 과개인적"이며(에티엔 발리바르, 『대중들의 공포』, 최원·서관모 옮김, 도서출판 b, 2007, 62쪽), "과개인성은 개인들의 다수의 상호작용들로 인해 개인들 사이에서 존재하는" 어떤 것이다(에티엔 발리바르, 『마르크스의 철학, 마르크스의 정치』, 윤소영 옮김, 문화과학사, 1995, 56쪽).

/distanciation의 구조 또는 분리dissociation의 구조의 면에서 비범하게 소묘된, "의식"이라는 인간학적 범주에 대한 비판을 자신의 대응물로 지니고 있다. 이런 소묘는 이 책 전체의 이론적·기하학적 중심을 이루는 논문 「피콜로 극단 : 베르톨라치와 브레히트(유물론적 연극에 관한 노트)」에서 제시된다(그러나 이 책에서 이 논문은 누구도 그것을 그 자체로서 읽지 않는다는 의미에서 "도둑맞은 편지"[24]로 나타나는데, 이는 아마도 그것이 미학과 연극에 관한 논문이라는 당혹스러운 이유 때문이리라).

하지만 이때에 다시금 하나의 곤란, 알튀세르가 여기서 궁극적으로 역사나 역사성이 아니라, 아주 특징적으로, 역사에서의 **우연의 필연성**을 사고하기 위해 "구조"라는 관념idée을 활용하는 방식에 내재하는 곤란이 드러난다. 알튀세르는 마르크스 이론의 진화 및 그의 이론의 "시작들"과 관련해서만 우연의 필연성을 사고하고자 한 것이 아니라, 우연의 필연성 **일반**을 사고하려 했다. 구조라는 관념을 활용하는 방식에 내재하는 곤란이 알튀세르의 도식schéma에 가장 충실한 이론적 응용들 속에서 결코 해소되지 않았다는 것을 입증하기는 쉽다. 과잉결정이라는 관념은 한편으로 예견 불가능성과 비가역성의 역설적 결합을 내포하는 **사건**의 이해 가능성intelligibilité에(즉, 알튀세르

---

23 이것은 또한 알튀세르가 『『자본』을 읽자』에서 "구조적 인과성"causalité structurale을 "기계적 인과성들" 및 "표현적 인과성들"에 대한 이중적 대립 속에서 규정하면서 표현하게 될 이해[관념]다.

24 [옮긴이] 라캉이 지적하듯이 포우의 소설 『도둑맞은 편지』에서 편지의 정확한 내용은 한 번도 언급되지 않는데, 발리바르는 이것에 비유해 이런 표현을 쓴 것이다.

가 바로 여기서 "정세"라 부르는 것에, 혁명적 또는 반혁명적 상황들이라는 특권적 사례에 대해 말할 때의 레닌의 "현 상황[계기]"le moment actuel[25]에) 적용되었다. 과잉결정이라는 관념은 다른 한편으로 생산양식들의 초歷역사적transhistorique 비교에, 따라서 계급투쟁들의 역사적 **경향**과 사회구성체들 자체의 역사적 **경향**에 적용되었는데,[26] 여기서 중요한 것은 이 경향을 진보progrès의 이데올로기들에서, 즉 경제주의적 진화주의와 "역사의 종언"의 종말론에서 떼어 내는 것이었다. 강조하자면, 과잉결정 관념이 한편으로는 공산주의 혁명들에, 다른 한편으로는 사회주의적 이행들에 적용되었다고 할 수 있을 것이다. …… 그러나 엄밀히 말하면 이 둘은 같은 것이 아니다. 연속적인 것으로 제시되는 「모순과 과잉결정」, 「유물론적 변증법에 대하여」라는 위대한 두 논문을 지금 읽거나 다시 읽는다면, 아마도 내 생각으로는, 첫 번째 논문은 사건에 대한 사고 쪽에서 과잉결정을 이끌어 내는 데 비해, 두 번째 논문은 경향 및 시기 구분 쪽에서 과잉결정을 이끌어 낸다는 점을 느낄 수 있을 것이다. 해법solution은 분명 이 두 관점 가운데 하나를 다른 하나에 대립시켜 선택하는 데 있지 않다. 그것은 오히려 『마르크

---

25 [옮긴이] 레닌이 말하는 '현 상황[계기]'의 의미에 대해서는 이 책의 308쪽, 옮긴이 주를 볼 것.

26 [옮긴이] 이런 적용의 대표적인 사례가 Étienne Balibar, "Sur les concepts fondamentaux du matétialisme historique", in Althusser et al., *Lire le Capital*, PUF, 1996이다. 이런 시도에 대한 자기비판으로는 에티엔 발리바르, 「역사변증법에 대하여 : 『자본론을 읽자』에 대한 몇 가지 비판적 소견」(1973), 『역사유물론 연구』, 이해민 옮김, 푸른산, 1989를 볼 것.

스를 위하여』에, 그리고 이 책에 제시된 그의 구조 관념에, 이 두 관점 사이의 긴장 또는 상호성으로서의 역사성이라는 질문이 최종 결론적으로는 아니겠지만 매우 밀도 있게 작성되어 있음을 인지하는 데 있을 것이다.[27]

끝으로 **이데올로기**라는 범개념과 **이데올로기**라는 문제를 중심으로 조직되는 배열이 있다. (정치적이며 철학적인 이유들 때문에) "이데올로기(들)"에 대해 말하기를 그치지 않으려는 사람들 가운데에서, 또한 이데올로기라는 범개념을 역사에 대한 담론의 해석학 또는 계보학에 대한 주요한 장애물로 보는 사람들 가운데에서 벌어진 이데올로기에 관한 30년에 걸친 토론 이후에(이 토론 역시 하나의 주기를 이루고 있다), 아마도 이제야 이데올로기에 대한 "알튀세르의" 이해[관념]에 대해 간단히 몇 마디 말해 볼 수 있을 것이다.

우선 이데올로기라는 범개념은 알튀세르의 **철학적** 기획의 핵심을, 담론으로서의, 그리고 한 학문 분야로서의 **철학**에 대해 그가 맺고 있는 관계의 핵심을 구성한다. 왜냐하면 이데올로기라는 범개념은 철학으로 하여금 옳은 자기의식이든 그른 자기의식이든 간에 자신의 "자기의식"의 거울을 뚫고 나아가서, 자신의 물질적 가능성의 조건들과 관련해, **자신이 아닌 것**의 장, 즉 사회적 실천들의 장 안에, 그렇지만 자신을 폐지하거나 "반영물"로 축소하지는 않고서, 자리

---

27 [옮긴이] 이런 '해법'과 관련된 상세한 논의로는 에티엔 발리바르, 「"이행"의 아포리들과 맑스의 모순들」(1990), 『맑스주의의 역사』, 윤소영 편역, 민맥, 1991을 볼 것.

잡을 수 있게 해주기(또는, 가설적으로, 해주어야 하기) 때문이다. 바로 이 점에서 이데올로기라는 범개념은 알튀세르의 이론을 그의 철학 적 모델들인 스피노자 및 어떤 프로이트에 연결하는 강력한 혈통 관 계를 구성한다. 이들은 자신의 고유한 철학 담론의 자율성과 자족성 의 이론가가 아니라 타율성hétéronomie의 이론가들이다. 이들은 "장소 론"topique의 이론가, 즉 사고가 분석하는 갈등적 장 안에서의 사고의 위치에 관한, 따라서 사고의 현실적인, 그러나 유한한 역능puissance에 관한 이론가들이다.

그 후 알튀세르는 이데올로기 일반에 대한 "정의"에서 근본적으 로 결코 변화를 보이지 않았다. 이 정의는 단번에 또는 거의 단번에 구성되었으며(인간주의에 대한 토론[28]을 보라), 그 모습 그대로 1968년 이후의 논문들(「이데올로기와 이데올로기적 국가 장치들」, 1970)에서 다 시 발견된다. 이데올로기는 역사적 **존재**Sein에 대한 **의식**Bewusstsein이 아니다. 즉, 그것은 "물질적 존재 조건들"을 (거꾸로이기는 하지만) 반 영하고 "현실적인 것으로부터 얼마간 떨어져 있는"(즉 추상적·관념적 인) 담론들로 번역되는, "사회적 의식 형태"가 아니다.[29] 이데올로기 는 그 속에서 **개인들이** 자신의 존재 조건들에 대한 **자신의 관계를 상 상적으로 사는**vivent **의식 및 비의식**inconscience의 형태(인지reconnaissance

28 **[옮긴이]** 이 책의 「마르크스주의와 인간주의」를 말한다.
29 **[옮긴이]** 이 "물질적 존재 조건들"과 "사회적 의식 형태들"die gesellschaftliche Bewußtseinsfor-
men은 마르크스의 『정치경제학 비판을 위하여』 「서문」(1859)의 용어들이다.

및 오인méconnaissance의 형태)이다.[30] 바로 여기에 적어도, 모든 이데올로기적 구축물의, 그리고 특히 계급투쟁의 연속적 형성체들 속에서 역사적 이데올로기들이 ("중세적", "부르주아적인", 또한 "프롤레타리아적인" 이데올로기들로서) 담당하는 기능의, 근본 수준, 기본 층위가 존재한다.

이로부터, "이데올로기들의 종언"은 존재하지 않으며 역사의 종

---

[30] [옮긴이] reconnaissance는 통상의 용어법에서는 "(전에 알던 것을) 알아봄"이라는 주된 의미와 함께 인정, 시인, 승인 등의 의미를 지닌다. 학술적으로는 라캉 정신분석학의 핵심 개념의 하나로서, 헤겔의 『정신현상학』의 Anerkennen(인정, 알아줌) 개념에서 착상을 얻은 것이다. Anerkennen은 Erkennen(인식함, 인정함)과 관련되면서 구별된다. 이데올로기의 기능작용에 대한, 구체적으로 호명 메커니즘에 대한 알튀세르의 논의는 거울 단계에 대한 라캉의 논의를 참고한 것이지만, 두 사람의 이론 구조가 동일한 것은 아니다. 라캉의 reconnaissance는 재인再認 또는 재인지再認知로 번역하는 것이 적절하겠지만, reconnaissance에 대한 알튀세르의 용어법이 라캉의 용어법과 동일하지 않으므로 나는 알튀세르의 re-connaissance의 역어로서 '알아봄'이라는 의미의 '인지'認知를 택한다. reconnaissance에 대한 알튀세르의 대표적인 용례는 다음과 같다. "주체들과 [대문자] 주체 간의 상호 인지, 그리고 주체들 간의 상호 인지, 끝으로 주체 자신에 의한 주체의 인지"(「이데올로기와 이데올로기적 국가 장치」, 『아미엥에서의 주장』, 같은 책, 125쪽).
라캉의 논의에서, 아이가 거울상을 통해 자신의 모습을 인지할 때 이 인식connaissance은 불가분하게 오인과 결합되어 있다. 알튀세르의 경우에도 이데올로기적 인지는 오인과 결합되어 있다. "이러한 반응 속에서 이데올로기 자체로서의 이데올로기의 두 기능 가운데 하나인 이데올로기적 인지의 기능이 수행된다(이 기능의 이면이 오인의 기능이다"(같은 글, 117쪽. 번역은 수정함). "이 메커니즘 속에서 문제가 되는 현실, 즉 인지reconnaissance의 형태들 자체 속에서는 필연적으로 오인되는 현실(이데올로기=인지/오인)은 실로, 궁극적으로, 생산관계들 및 생산관계들로부터 파생되는 관계들의 재생산이다"(같은 글, 127쪽).
이데올로기에 대한 알튀세르의 논의로는 「이데올로기와 이데올로기적 국가 장치」와 함께, 이 책에 수록된 「피콜로 극단 : 베르톨라치와 브레히트」와 「마르크스주의와 인간주의」를 참고하라.

언도 그것이 이데올로기들의 종언의, 또는 사회적 관계들의 투명성으로의 복귀의 다른 이름인 한에서 존재하지 않는다는 파괴적인 사실 확인이 직접 따라 나온다. 그러나 여기서 우리는 알튀세르가 시종일관 "자신의 진영에 맞서" 작업했을 뿐만 아니라(그는 이것이야말로 철학의 본질적 기능들 가운데 하나라고, 이 때문에 철학자는 진영을 가져야 한다고 말했다) 스스로 명백한 형식상의 모순에 빠지게 되었다는 점을 인정할 수밖에 없다. 사실 그는 이데올로기에 대한 이런 정의는 생각할 수 있는 유일한 마르크스주의적 정의, 어쨌든 "사회적 관계"에 대한 마르크스의 이론화에 유일하게 **부합하며** 사회적 관계에 대한 이론을 완전하게 만들도록 해주는 정의라고 부단히 주장했으며, 어떤 의미에서 『마르크스를 위하여』는 오직 이것을 주장하기 위해 쓰였다. 분명히 이 주장은 전혀 사실에 부합하지 않는다(나는 다시 한 번 내 주장에 대해 책임을 지겠다). 이런 정의는 (엥겔스의 경우는 말할 것도 없고) 마르크스 자신이 (특히 『독일 이데올로기』에서) 정식화할 수 있었던 정의들과 **정반대**임을, 그뿐 아니라 알튀세르의 이 정의의 일관된 적용은 사실은 마르크스주의 이론의 "해체"déconstruction로, 그리고 이 이론의 완전성에 대한 주장의 "해체"로 귀결할 수밖에 없다는 점을 인정하지 않을 수 없다. 이 때문에 알튀세르가 그런 정의야말로 "유물론적"이라고 주장하면 할수록, 불균형 없이 동시에 "유물론적"이고 "마르크스주의적"인 철학의 지평은 점점 더 그 앞에서 멀어져 갈 수밖에 없었다.

이 지점에서 알튀세르의 **자기비판들**에 대해 한 마디 하는 게 적절하리라. 하지만 간략하게, 그저 독자들이 가장 특징적인 텍스트들을 참조하게 하는 정도로 그치는 걸 허락해 주기 바란다.

이제 우리 앞에, 자기비판이라는 이름으로 지칭되든 아니든 간에, 여러 "자기비판들"이 있다. 이 자기비판들은, 다른 사정이 동일하다면, 자신을 정당화하고 자신을 정정하거나 망가뜨리기 위해 (심지어 자신을 파괴하기 위해), 아마도 자신을 이해하기 위해, 자기에게 복귀하려는 양가적인 성향을 표출하는데, 이는 전혀 알튀세르에게 (심지어 철학자들에게) 고유한 일이 아니다. 그렇지만 확실히 그의 경우에 자기비판은 그의 실존을, 그리고 이론에 대한 그의 관계의 독특성을 비가역적으로 나타내 줄 만큼 통상적인 비율을 넘어서는데, 이는 그의 사고의 내적 성향 때문이기도 했고 동시에 주위의 엄청난 압력들 때문이기도 했다. 문제는 이런 정정들이 반복된다는 데, 그리고 반복되면서 전화轉化된다는 데 있다. 우리에게는 알튀세르 자신이 제시한 몇 개의 "길 안내"가 있지만 그것들은 같은 길들을 지시해 주지 않는다. 이는 『마르크스를 위하여』를 읽는 데서도 마찬가지다.

내가 여기서 제안하려 하는 것은 우리가, 때로는 그 자체로 매우 흥미 있고 또 계발적인 알튀세르의 이 설명들을 도외시해야 한다는 것이 아니라, 그것들을 텍스트의 문자에 체계적으로 **투사해서는** 안 된다는 것이다. 내가 앞에서 『마르크스를 위하여』를 그것이 출현한 시대와 환경 속에서 읽되 그것을 한 개의 기록문서archive로 전화시키지는 말아야 한다고 제안한 것과 마찬가지로 말이다.

이번 재발간에서 편집자는,[31] 아주 당연하고 충실하게도, 알튀세르가 『마르크스를 위하여』의 외국어 번역본들에 사용하기 위해 1967년에 작성한 머리말 「독자들에게」를 후기로 포함시키고자 했다. 여기에 제시된 해명들과 의견들은 물론 프랑스 독자에게도 똑같이 가치를 지닌다.

이 머리말에 반영되어 있는 입장들("이론주의"에 대한 자기비판, "구조주의"에 대한 거리 두기, 과학과 철학의 차이에 대한 강조, 그리고 정치, 특히 혁명적 정치에 대한 철학의 내적 관계에 대한 강조)은 『레닌과 철학』(1969)[32]과 『자기비판의 요소들』(1974)[33]에서는 이론의 각도에서, 『입장들』(1976)이라는 논문 모음집 안의 몇몇 텍스트(특히 「혁명의 무기로서의 철학」과 마르타 아르네케르Marta Harnecker의 저서에 대한 서문으로 쓴 「마르크스주의와 계급투쟁」)에서는 정치의 각도에서 다시 손을 보고 가공해 낸 자기비판들과 같은 것들이다. 이 자기비판들은 알튀세르 자신이 선택했던 투쟁 동지들(프랑스 공산당의 교조적 공산주의자들과 마르크스-레닌주의 청년 동맹의 마오주의자들), 즉 서로 극심한 원수지간이었지만 또한 이론의 환심을 사기 위해 양편이 똑같이 "계급투쟁을 잊어서

---

31 현대출판기록자료관Institut Mémoires de l'édition contemporaine(IMEC)과의 소중한 협력하에서. IMEC에는 학생들과 연구자들이 열람할 수 있는 "알튀세르 문고"Fonds Althusser가 설립되어 있는데, 이 문고는 알튀세르의 수고들, 그의 각종 기록물들 및 문서들의 일부, 그리고 그의 협력자들과 서신 교환자들의 기탁물들을 포함하고 있다.

32 [옮긴이] Louis Althusser, *Lénine et la philosophie*, François Maspero, 1969(「레닌과 철학」, 『레닌과 철학』, 이진수 옮김, 백의, 1991).

33 [옮긴이] Louis Althusser, *Éléments d'autocritique*, Hachette Littérature, 1974(Louis Althusser, *Solitude de Machiavel*, PUF, 1998에 재수록).

는"안 된다는 점을 상기시키려 했던 이 두 그룹에서 동시에 가해 온 폭력적인 압박을 반영한다. 더 근본적으로 말하면 이 자기비판들 은, 자신의 이론적 수단들을 통해, 착취의 조건들과 프롤레타리아 투쟁이 "최종 심급에서 결정적"이라고 상정하는 확장된 마르크스주 의 이론의 장 안으로 1968년 5월과 당대의 다른 사건들을 끌고 들 어와 해명하려 한 알튀세르의 시도를 반영한다. 좀 더 일반적으로 다시 말하면, 이 자기비판들은 이론을 하나의 "실천"으로서 철저히 사고하는 데는, 이 시도가 아무리 사활을 걸 만큼 중요하더라도, 난 점이 존재한다는 사실을 반영한다. 이런 의미에서 나는 이 자기비판 들 속에서 그 어떤 회고적 진리도 간파해 낼 수 없지만, 이 자기비 판들을 아주 진지하게 받아들여야 한다고 믿는다.

나는 아주 다른 시점에 아주 다른 목적으로 산출되었고 다른 측 면들에 집중하는 두 개의 또 다른 "자기비판"을 특기하고자 한다. 하 나는 (1975년에 쓰였고 1976년에 『입장들』에 실린) 국가박사학위 심사를 위한 발표문[「아미앵에서의 주장」] 이래로 1980년의 파국 전후까지 쓰 인 매우 암시적이거나 매우 압축적인 몇 개의 텍스트들에서 전개된 자기비판이다(1984년의 페르난다 나바로와의 『대담』[34]에서 나타나는, 근대 의 변증론자들보다는 에피쿠로스에게서 영감을 받은 "우발적 유물론"matérialisme aléatoire을 고안해야 할 필요성에 대한 암시들과 같은 것들이 그것이다). 과소결

---

34 [옮긴이] 프랑스어 번역본, Louis Althusser, *Sur la philosophie*, Gallimard, 1994(『철학에 대하 여』, 서관모·백승욱 옮김, 동문선, 1995).

정sous-détermination이라는 단어는 이전의 저작 『『자본』을 읽자』에서 단 한 번 등장했을 뿐인데, 알튀세르는 1975년 국가박사학위 심사위원들에게 제출한 발표문에서 모순 및 모순에 고유한 "불균등성"에 관련해, **과잉결정**은 이 과잉결정 못지않게 본질적인 **과소결정** 없이는 결코 작용하지 않는다고, 둘이 교대로 작용한다는 의미가 아니라 동일한 인과적 결정 자체 내에서 작동하는 동일한 구조에 둘 모두가 구성적이라는 점에서 그러하다고, 수수께끼처럼 선언한다.[35] 여기서 주석과 보충이라는 은폐된 형태로 이루어진 자기비판을 읽어 내는 데까지 나아가야 할까? 나는 그래야 한다고 생각하며, 이 자기비판은 다른 것들보다 더 건설적이라는 점에서 훨씬 흥미로운 것이라 본다. 그렇지만 이 자기비판이 지시하는 것, 즉 **우연의 필연성**을 "구조적으로" 해명한 후에도 이 **우연의 우연성**을 표현하는 일, 동일한 사건의 내부에 공존하는 가능태들 또는 경향들의 "과소결정된" 다양성을 표현하는 일이 여전히 남는다는 것은, 하나의 테제 또는 심지어 하나의 가설이라기보다는 하나의 철학적 프로그램이라는 점 또한 확실하다.

최후의 자기비판은 알튀세르가 1985년에 썼고 1990년 작고한 직후인 1992년에 출간된 자전적 저술 『미래는 오래 지속된다』[36]에서 볼 수 있다. 그것은 다시 『마르크스를 위하여』의 이론적 내용에

---

35 「아미엥에서의 주장」, 같은 글, 153, 156쪽.

36 Louis Althusser, *L'avenir dure longtemps, suivi de Les Faits*, STOCK/IMEC, 1992(édition augmentée, 1994)[『미래는 오래 지속된다』, 권은미 옮김, 이매진, 2008].

대해서라기보다는 이 이론적 개입(또는 "순수하게 이론적인" 개입) 자체의 양태에 대해서 다룬다. 그러나 이번에는, 거기서 (1967년의 「머리말」에서와 같이) 본의 아닌 ("이론주의적") "편향"을 드러내기 위해서라기보다는 하나의 **책략**을 구사하기 위해 그렇게 한다. 그것은 교조주의를 탈안정화시키기 위한 의도적이고 은밀한 계획의 수단인, 마키아벨리적으로 자기 자신의 덫에 사로잡힌 책략이다. "바로 이런 이유로 인해 당시 **당 내부에는 순전히 이론적인 것 외에는 다른 어떠한 형태의 정치적 개입도 객관적으로 있을 수 없었다.** 이 이론적 개입이라는 것조차도 기존의 이론 내지 공인된 이론에 기대지만 그 이론에 대한 당의 용법에 반대가 되도록 그 이론을 돌려놓는 방식으로만 가능했다. 그런데 공인된 이론은 마르크스하고는 더 이상 아무 관련이 없었고, 소련식, 다시 말해 스탈린식 변증법적 유물론의 아주 위험한 어리석음에 동조하는 것이었기 때문에, 가능한 유일한 길은 마르크스에게로, 즉 **신성시되기** 때문에 정치적으로 반박의 여지없이 받아들여지는 이 사고pensée로 돌아가는 것, 그리고 스탈린식 변증법적 유물론은 그 모든 이론적·철학적·이데올로기적·정치적 결과와 더불어 전적으로 궤를 벗어난 것임을 증명하는 것이었다. 바로 이것이 내가 『라 팡세』에 썼고 나중에 『마르크스를 위하여』로 출간된 논문들에서, 그리고 고등사범학교 제자들과 함께 『『자본』을 읽자』에서 수행하려한 것이었다. 내 기억으로 이 두 책은 1965년 10월에 출판됐다. 그뒤 나는 당 내에서 부단히 동일한 투쟁 노선을 걸었다. 처음에는 그런 이론적인 투쟁을, 이어서 직접적으로 정치적인 투쟁을 했고……."[37]

여기서 나는 알튀세르를 인용하고 그의 텍스트를 참조하는 수밖에 없다. 하지만 또한 나는 이 "해명"을, 최소한 이런 음모론적 형태로는, 믿지 않는다고 말할 수 있다. 그것은 1985년의 의도들과 정신 상태 속에서 사후적으로 꾸며 낸 것으로 보인다. 그것은 1960년대의 정세 속에 있던 우리, 서로 불일치하면서도 "선생"과 "제자들"이 꼭 구별되지 않은 우리의 뒤얽힌 이론적 의도들과 정치적 희망들에 대해 내가 지닌 기억에 합치하지 않는다. 나는 아마도 내 기억이 틀릴 수도 있으리라는 점을 기꺼이 인정한다. 심지어 내가 한결같이 잘못 생각했을 수도 있고 필경 나 자신이 조종당했을 수도 있다. 그렇지만 나는 다른 이유를 들고, 독자로 하여금 스스로 의견을 가져 보도록 하고 싶다. 이 소개의 필요상 나는 『마르크스를 위하여』를 다시 읽었다. 그때마다 나는, 이 책의 한계들이 어떠하든 간에, 이 책이 아무리 자신의 조건들에 의해 그리고 자신의 "대상"objet과 "목표들"objectifs의 제약에 의해 "과잉결정"되었다 하더라도, 이 책에서 지성의 노동을 확인한다. 나는 이 노동이 텍스트들과 자기 자신에 대해 행해진 하나의 **경험**, 모든 진정한 경험과 마찬가지로 그 성과가 불확실하며 그 고유한 긴장이 그 글쓰기의 질에 반영되는 하나의 경험이기도 했다고 생각한다. 나는 만약 말들과 이름들의 덫을 놓아, 이 말들과 이름들이 아무리 특권적인 것이었다 하더라도, 하나의 정치적 장치를 잡는 것만

---

37 Louis Althusser, *L'avenir dure longtemps, suivi de Les Faits, op. cit.,* p. 221[『미래는 오래 지속된다』, 같은 책, 261-262쪽. 번역은 수정함].

이 문제였다면(정치적 장치는 그런 말들과 이름들을 믿지도 않았지만), 그런 경험이 불가능했을 것이라고 믿는다. 우리는 이 점을 잘 알고 있었다. 그렇게 "믿은" 게 바로 우리였다.

알튀세르의 책은 살아 있다. 역사의 명령들과 이론의 요청들의 명령들이 피할 수 없이 만나는 예외적 상황[계기]moment으로서 체험되는 정세에 대한 의도적인 결정적 개입이고자 했던 이 책은 사후적으로, 비록 이 책의 모든 준거들의 의미는 변화했지만, 마르크스 해석의 문제들의 일관성과 지속적 의미를 드러내 준다. 이 책은 과학성에 대한, 역사성에 대한, 상상적인 것의 사회적 기능들에 대한 놀라운 질문들, 우리가 그 복잡성을 겨우 알아차리기 시작한 질문들을, 그것들이 최초로 정식화된 오만한 시점이 지난 후에, 철학자들과 철학에게 제기한다. 이 책이 알튀세르의 사고의 **전체**_le tout_인 것은 아니다. 그것은 **하나의 전체**_un tout_도 아닌데, 왜냐하면 대단한 기예로 이 책을 저술한 후에, 저자 스스로 이 책의 불완전성 및 이 책이 내장한 아포리아들에 대한 의식과 아마도 이 책의 취약성에 대한 의식, 그뿐 아니라 이 책은 항구적 재착수의 필요성을 내포하고 있다는 의식을 지닐 수밖에 없었기 때문이다. 오늘에도 여전히 우리를 놀라게 하고 우리의 흥미를 끄는 것은, 바로 이 재활성화가 미래를 가지고 있다는 점이다.

최악의 시련들 속에서

홀로

마르크스의 철학에 다가가는 길을 발견했고

나를 그 길로 인도해 준

우리의 친구

자크 마르탱을 추모하며

그에게 이 책을 바친다.

오늘

I

  지난 4년간 여러 잡지에 발표한 글 몇 편을 모아 책으로 펴낸다. 이 논문들 중 몇 개는 구하기 어렵게 되었다. 이것이 이 책을 출간하게 된 아주 실질적인 첫 번째 이유이다. 두 번째 이유는, 이 글들이 모색 중에 있는 것이고 미완성의 작품이지만 얼마만큼 의미를 지니고 있다면, 그것들을 함께 묶어 놓음으로써 그 의미가 드러나리라는 것이다. 그러니까 나는 이 글들을 있는 모습 그대로, 특정한 **역사**의 기록들documents로 내놓는다.

  이 텍스트들은 어떤 저작에 대한 고찰, 비판이나 반박들에 대한 대답, 공연에 대한 분석 등으로서 거의 모두가 어떤 정세 속에서 탄생했다. 텍스트들은 여러 형태로 탄생의 시기와 표식을 담고 있는데, 나는 그것들에 다시 손대고 싶지 않았다. 나는 지나치게 사적인 논쟁적 구절들을 몇 개 삭제했으며, 선입견을 갖게 할 몇 가지 예민한 사안을 피하기 위해, 그리고 논의 전개를 적절한 길이로 줄이기 위해 빠트려야 했던 몇 가지 단어, 각주, 쪽 들을 복원했고, 몇 가지 참조 사항을 명확히 했다.

각기 어떤 특정한 계기에 탄생한 이 텍스트들은 그렇지만 하나의 동일한 시대와 동일한 역사의 산물이다. 그것들은 각기 나름의 방식으로, 마르크스 속에서 사고하고자 한 내 나이 또래의 모든 철학자들이 겪어야 했던 하나의 특이한 경험, 즉 역사가 우리를 몰아넣은 이론적 궁지에서 벗어나기 위해 필수 불가결했던, 마르크스의 **철학적** 사고에 대한 **탐구**에 관한 증언들이다.

역사 : 역사는 이미 스페인의 인민전선과 내전[1936~39] 때부터 전쟁 바로 그 속에서 우리에게 사실들에 대한 끔찍한 교육을 새겨넣어 주기 위해 우리의 청춘을 앗아 갔다. 역사는 우리가 세상에 나오자마자 우리를 놀라게 했다. 역사는 우리 부르주아 또는 소부르주아 출신 학생들을 계급들의 존재existence와 계급투쟁, 그리고 계급투쟁의 쟁점사안enjeu에 대해 교육받은 사람들로 만들었다. 우리는 노동자계급의 정치조직인 공산당에 참여하면서, 역사가 우리에게 부과한 자명성들로부터 결론을 이끌어 냈다.

전쟁 직후의 일이었다. 우리는 당이 이끄는 정치적·이데올로기적 대전투들 속에 난폭하게 던져졌다. 우리는 그때 우리의 선택을 평가해야 했고 선택의 결과들을 수용해야 했다.

우리의 정치적 기억 속에 그때는 대규모 파업과 대중 시위 들의 시기, 스톡홀름 호소¹와 평화운동의 시기로 남아 있다. 그것은 레지

---

1 [옮긴이] 1950년 3월 19일, 스톡홀름에서 개최된 세계평화평의회World Peace Council 제3차 회합에서 채택된 반핵·평화 호소문. 미소 간 핵무기 개발 경쟁에 반대해 벌인 대규모 평화

스탕스에서 솟아난 거대한 희망들이 무너졌고, 셀 수 없이 많은 사람들의 힘으로 파국의 그림자를 냉전의 지평선 너머로 몰아넣어야 했던 험난하고 긴 투쟁이 시작된 시기였다. 우리의 철학적 기억 속에서 그 시기는 오류를 그 모든 은신처에서 쫓아내던 무장한 지식인들의 시대, 저작은 없으면서 모든 저작을 정치로 삼던 우리 철학자들, 세계를 단 하나의 칼날로 가르고, 예술, 문학, 철학, 과학 들을 계급의 가차 없는 구획으로 가르던 철학자들의 시대로 남아 있다. 그것은 허공에 펄럭이는 높은 깃발과도 같은 희화적인 한 구절, "부르주아 과학, 프롤레타리아 과학"이라는 구절로 요약되는 시대였다.

당시 리센코의 "생물학"[2] 속에서 위태로운 처지에 있던 마르크스

운동의 하나였다. 핵병기의 무조건적 사용 금지, 핵병기 최초 사용국을 전범국으로 간주한다는 내용의 호소문은 두 차례의 세계대전을 경험한 전 세계인의 공감을 불러일으켜 5억여 명이 반핵 서명에 참여했다.

2 [옮긴이] 스탈린 치하에서 농생물학자 리센코Trofim Denisovitch Lyssenko는 환경 조건이 바뀌면 생물학적 변화가 일어나며, 이렇게 획득된 형질은 유전된다는 이론을 주창했다. 이 이론은 1939년 논쟁에서 승리해 소련 공산당에 의해 '프롤레타리아 과학'으로 공인됐고, 멘델-모르간의 유전학은 '부르주아 과학'으로 낙인찍혀 학계에서 숙청됐다. 1939년 리센코는 소련 과학아카데미 회원이 되었고, 1940년 소련 과학아카데미 유전학연구소장이 되었다. '부르주아 과학'이 있고 '프롤레타리아 과학'이 있다는 '두 개의 과학' 테제는 1947~48년에 채택되었고, 널리 선전되었다. 리센코의 반유전학 캠페인은 1956년 스탈린 비판과 더불어 한물갔으나, 리센코는 흐루시초프를 구슬려서 1965년까지 소장직에 재임했다. 프랑스에서는 1948년에 리센코주의에 대한 격렬한 논쟁이 시작되었다. 공산당 내에서 정치가들(당 서기장 토레즈 등), 철학자들(드장티 등), 문필가들(루이 아라공 등)이 부르주아 과학을 프롤레타리아 과학에 대립시켰으나, 과학자들은 일부 독학자들을 제외하고는 이에 반대했다. 저명한 분자생물학자 자크 모노Jacques Monod는 당의 리센코주의 채택에 반대해

주의를 부르주아지의 맹렬한 공격으로부터 방어하기 위해 몇몇 지도자는 예전에 보그다노프와 프롤레트쿨트Proletkult[3]의 구호였던 이 낡은 좌익주의적 정식["부르주아 과학, 프롤레타리아 과학"]을 재실행했다. 일단 선언되자 이 정식은 모든 것을 지배했다. 그 정언명령적 노선하에서 당시 우리가 철학자에게 기대할 수 있었던 것이라고는 주석과 침묵 사이에서, 계시되거나 강요된 확신과 군색한 침묵 사이에서 하나를 선택하는 것뿐이었다. 이 망상들을 유발한 것은 전염성 강하고 냉혹한 스탈린의 통치 및 사고의 체계였는데, 역설적으로 이 광기를 얼마간 이성에 복종시킨 것은 다름 아닌 스탈린이었다. 언어가 상부구조라고 전력을 다해 주장하는 자들의 열성을 비난하는 스탈린의 단순한 몇몇 쪽들의 행간에서[4] 우리는 계급이라는 기준의 사용

탈당했다. 1958년에 와서야 당 지도부의 결정으로 공산당 잡지들에서 리센코주의의 독점이 끝났다. '리센코 사태'와 '두 개의 과학'에 대해서는 Dominique Lecourt, *Lyssenko. Histoire réelle d'une "science prolétarienne"*, PUF, 1976 참조.

3 [옮긴이] 1918~20년 사이에 알렉산드르 보그다노프는 프롤레트쿨트라는 프롤레타리아 예술운동의 공동 창설자이자 지도적 이론가였다. 그는 1918년의 글 「과학과 노동자계급」에서 사회과학뿐 아니라 수학, 논리학을 포함 모든 과학이 계급적 성격을 띠며, 과학은 본성상 부르주아적이거나 프롤레타리아적이며, 다양한 분야에서 지배적인 과학은 부르주아 과학이라고 주장했다. 그는 미래의 "순수한 프롤레타리아 문화"를 위해 "낡은 부르주아 문화"를 총체적으로 파괴할 것을 주장했다. 다른 급진적 문화 운동들처럼 프롤레트쿨트는 처음에는 볼셰비키 정부로부터 재정적 지원을 받았으나, 1920년 말 당 중앙위원회로부터 소비에트의 제도들 밖에서 활동하는 "소부르주아" 조직이라고 비난받았고, 조직으로서는 종식되었다.

4 [옮긴이] 1929년부터 소련에서는 스탈린의 후견 아래 기계적 유물론을 강조한 마르 Nicholas Marr(1865~1934)의 언어학이 지배했다. 마르는 언어는 예술과 마찬가지로 상부구조

에 한계가 없는 것이 아님을, 그리고 마르크스의 모든 저작들이 과학으로서의 자격을 주장하는 마당에, 우리가 과학을 단지 이데올로기들 중의 선착자인 것으로 취급하도록 만들어져 있었음을 어렴풋이 보았다. 우리는 물러서야 했고, 반쯤 혼란스러운 상태에서, 기초부터 다시 시작해야 했다.

나는 이 글을 나 자신으로서, 그리고 우리의 과거에서 오직 우리의 현재를 조명하고 미래를 조명할 그 무엇을 찾는 공산주의자로서 쓴다.

내가 이 삽화적 사건을 환기하는 것은 즐거워서도 쓰려서도 아니다. 그것을 넘어서는 지적을 함으로써 그것을 징벌하기 위해서이다. 우리는 열정과 확신에 찬 나이였다. 우리는 적이 자신의 공격을 뒷받침하기 위해 모욕적 언사들을 내뱉으면서 가차 없이 행동하던 그런 시대를 살았다. 이런 우여곡절 때문에 우리는 오랫동안 혼란 상태에 빠져 있을 수밖에 없었다. 어떤 지도자들은 우리를 이론적 "좌익주의"gauchisme의 비탈에서 멈춰 세워 주기는커녕 격렬히 그리로 끌고 갔다. 그렇다고 다른 지도자들이 이들을 누그러뜨리거나 우리에게 경고 또는 주의를 주는 눈에 띄는 어떤 조처를 취한 것도 아니었다. 인식할 의무와 권리를 지키고 오로지 생산하기 위해 공부해야 했던

에 속하며, 계급적이지 않은 언어는 없고, 언어의 발전 단계는 사회의 발전 단계에 대응한다고 주장했다. 1950년 『프라우다』에서 언어학에 대한 토론이 전개되었고, 스탈린은 기고문에서 언어는 상부구조가 아니며 계급성을 특징으로 하지 않는다고 주장하면서 마르의 학설을 비판했다. 스탈린, 「언어학에서의 마르크스주의에 관하여」, 『사적 유물론과 변증법적 유물론·마르크스주의와 언어학』, 정성균 옮김, 두레, 1989, 86-108쪽.

그때에 우리는 가장 빛나는 시간을 싸우는 데 바쳤다. 우리는 그런 시간을 갖지도 못했다. 우리는 보그다노프와 프롤레트쿨트를 몰랐고, 정치적·이론적 좌익주의에 대한 레닌의 역사적 투쟁에 대해서도 몰랐다. 우리는 청년 마르크스의 저술들의 이데올로기적 불꽃 속에서 우리 자신의 불타는 열정을 재발견하는 데 급급했고 그것에 행복해 했기에 성숙기 마르크스의 텍스트들의 자의字意 자체를 알지 못했다. 그렇다면 우리에게 길을 가르쳐 줄 책임이 있었던 우리의 선배들은 어떠했던가? 어찌하여 그들 역시 똑같이 무지했을까? 그토록 허다한 전투와 시련을 통해 다듬어지고 수많은 위대한 텍스트들이 증언하는 이 오랜 이론적 전통이 어찌하여 그들에게는 단지 죽은 문자였을 수 있었는가?

그리하여 우리는 또 다른 부정적 전통, 즉 이번에는 프랑스적인 전통이, 지배적인 교조주의의 보호 아래 앞의 전통[마르크스주의의 이론적 전통]보다 우세했음을 알게 되었다. 이 전통은 하이네가 조롱한 "독일적 빈곤"deutsche Misere을 반향하는 우리의 "프랑스적 빈곤"이라 할 수 있는 것으로서, 프랑스 노동운동사에서 나타나는 진정한 이론적 문화의 뿌리 깊고 심원한 부재였다. 프랑스 공산당이 두 개의 과학에 대한 일반 이론에 급진적 선언의 형태를 부여함으로써 이 지경에까지 이를 수 있었다면, 또 이런 행위를 자신의 이론의 여지없는 정치적 용기의 시금석이자 증거로 삼을 수 있었다면, 이것은 또한 이 당의 이론적 자원, 프랑스 노동자 운동의 전 과거가 이 당에 유산으로 물려준 이론적 자원이 빈약했다는 것을 의미한다. 사실, 마르크스가 그토록 언급하기 좋아한 생 시몽과 푸리에 외에, 마르크스주의자가 아니었던 프루동과 아주 조금 마르크스주의자였던 장 조레스 외에 우리에게 이론가가 어디 있는가? 독일에는 마르크스와 엥겔스 그리고 초기의 카우츠키가 있다. 폴란드에는 로자 룩셈부르크, 러시아에는 플레하노프와 레닌이 있다. 이탈리아에는 (우리에게 소렐이 있었을 때!) 엥겔스와 대등하게 교신할 수 있었던 라브리올라가 있고, 이어 그람시가 있다. 우리의 이론가는 누구인가? 쥘 게드인가? 폴 라파르그인가?

다른 전통들의 풍부함에 대비되는 이 빈곤을 이해하기 위해서는 온전한 역사적 분석이 필요할 것이다. 이런 분석을 전개할 수는 없지만 몇 가지 지표들만은 제시해 보자. 19세기와 20세기 초의 노동자운동에서 **이론적** 전통(역사 이론, 철학 이론)은 지적 노동자들의 작업 없이는 없었을 것이다. 역사적 유물론과 변증법적 유물론을 정립한 것도 지식인들이었고(마르크스, 엥겔스), 역사적 유물론과 변증법적 유물론의 이론을 발전시킨 것도 지식인들이었다(카우츠키, 플레하노프, 라브리올라, 로자 룩셈부르크, 레닌, 그람시). 그 시초에서나 한참 후에나 사정은 다를 수 없었으며, 현재에나 미래에나 다를 수 없다. 바뀔 수 있었던 것, 바뀌게 될 것은 지적 노동자들의 계급적 기원일 뿐, 지식인으로서의 그들의 특질은 바뀌지 않는다.[5] 이와 같은 원리상의 이유

5 물론 이 지식인intellectuel이라는 용어는 여러 면에서 전혀 새로운, 행동파 지식인들의 매우 특수한 유형을 가리킨다. 그들은 가장 확실한 과학적·이론적 문화로 무장해 있고 압도

들 때문에 레닌은, 카우츠키의 뒤를 이어, 다음과 같은 사실을 우리에게 일깨워 준다. 즉, 한편으로, 노동자 운동의 "자생적" 이데올로기는, 그것 그대로는, 유토피아적 사회주의, 노동조합주의, 아나키즘, 아나코생디칼리즘을 산출할 뿐이며, 다른 한편으로, 전례 없는 과학 및 철학의 정립과 발전을 위한 거대한 이론적 노동을 전제하는 마르크스주의적 사회주의는 철저한 역사적·과학적·철학적 교육을 받은 이들, 즉 고급 지식인들의 일일 수밖에 없다. 이런 지식인들이, 마르크스주의 이론을 정립하기 위해 또는 마르크스주의 이론의 스승이 되기 위해, 독일, 러시아, 폴란드 그리고 이탈리아에서 등장한 것은 결코 고립된 우연적 사실이 아니다. 이 나라들을 지배한 사회적·정치적·종교적·이데올로기적·도덕적 조건들은 지식인들의 활동을 그야말로 불가능하게 했다. 이 나라들의 지배계급들, 즉 자신들의 계급 이해 속에서 타협하고 결합했으며 교회에 기대고 있던 지배 세력과 부르주아지는 일반적으로 지식인들에게 비천하고 하찮은 일거리들만을 제공했다. 이런 조건들 속에서 지식인들은 유일한 혁명적 계급이었던 노동자계급의 편에서만 자유와 미래를 찾을 수 있었다.

적인 현실과 모든 형태의 지배적 이데올로기의 메커니즘에 대해 잘 알고 항상 그것들을 경계하는 진정한 학자들, 자신들의 이론적 실천 속에서, 모든 "공인된 진리들"을 거슬러, 마르크스에 의해 열린, 그러나 모든 주류와 편견들에 의해 금지되고 차단된 길들을 차용할 수 있는 진정한 학자들이다. 이런 성격과 이런 엄밀성을 지닌 기도企圖는 노동자계급에 대한 꺾이지 않는 명석한 신뢰 없이는, 그리고 노동자계급의 투쟁에 대한 직접적인 참여 없이는 불가능하다.

반대로 프랑스에서는 부르주아지가 혁명적이었다. 프랑스의 부르주아지는 오래전부터 자신들이 이룬 혁명에 지식인들을 결합시킬 줄 알았고 또 결합시킬 수 있었으며, 권력을 장악하고 공고히 한 후에도 지식인들 전체를 자기들 편에 붙잡아 둘 줄 알았고 또 붙잡아 둘 수 있었다. 프랑스 부르주아지는 자신의 혁명, 순수하고 거침없는 혁명을 수행할 줄 알았고 수행할 수 있었으며, 정치적 무대에서 봉건 계급을 제거할 줄 알았고 제거할 수 있었으며(1789, 1830, 1848), 혁명 바로 그 속에서 국민의 통일성을 자신의 지배하에 공고히 할 줄 알았고 공고히 할 수 있었으며, 교회에 대해 투쟁하고 다시 교회를 수용한 뒤 때가 되자 교회로부터 자신을 분리해 자유와 평등의 기치를 내세울 줄 알았고 내세울 수 있었다. 프랑스 부르주아지는 지식인들에게 충분한 미래와 공간, 충분히 영예로운 기능들, 얼마간 충분한 자유 및 환상들을 제공하기 위해, 지식인들을 자기네 법 아래, 자기네 이데올로기의 통제 아래 붙잡아 두기 위해, 자신의 힘 있는 위치들과 과거에 획득한 모든 지위들을 동시에 이용할 줄 알았다. 정말 예외다운 몇 가지 큰 예외들을 제외하고는, 프랑스 지식인들은 이 상황을 받아들였고 노동자계급 편에서 자신의 구원을 찾을 절실한 필요를 느끼지 못했다. 노동자계급 편에 합류했을 때 이 지식인들은 자기들에게 각인되어 있던, 그리고 자신들의 관념론과 개혁주의(조레스) 또는 실증주의 속에 살아남아 있던 부르주아 이데올로기를 발본적으로 떨쳐 낼 줄을 몰랐다. 당이 지식인들에 대한 "노동자주의적인" 반사적 불신, 긴 역사 속에서 부단히 다시 살아나는 경험과 환멸을 나름의 방식으로 표현하는 지식인들에 대한 이 불신을 감소시키고 소멸시키기 위해 용감하고도 끈질기게 노력해야 했던 것도 또한 우연이 아니다. 이렇게 하여 부르주아적 지배의 형태들 자체가 오랫동안 노동자계급으로부터 진정한 **이론적** 전통의 형성에 불가결한 지식인들을 박탈해 갔던 것이다.

여기에 또 국민적 이유를 덧붙여야만 할까? 이 국민적 이유는 1789년 혁명 이후 130년간 지속된 민망스러운 프랑스 철학사에서, 즉 멘 드 비랑Pierre Maine de Biran과 쿠쟁Victor Cousin으로부터 베르그송에 이르기까지 보수적일 뿐만 아니라 반동적인 그 정신주의적 고집에서, 역사와 인민에 대한 그 경멸 속에서, 종교와의 그 깊고도 편협한 연계에서, 자신이 산출한 유일하게 관심을 둘 만한 정신인 오귀스트 콩트에 대한 그 증오에서, 그리고 그 믿기 어려운 무교양 및 무지에서 찾을 수 있다. 30년 전부터 사정은 전혀 다른 방향으로 변했다. 그러나 긴 한 세기에 걸친 공식 철학적 백치화의 중압이 노동자 운동에서 대단히 무겁게 이론을 압살하고 있다.

프랑스 공산당은 그런 이론적 공백 상태 속에서 태어났으며, 기존의 누락들을 최선을 다해 메꾸면서, 우리의 유일한 진짜 국민적 전통으로서 마르크스가 가장 깊이 경의를 표한 우리의 **정치적** 전통으로부터 자양분을 공급받으면서, 그런 이론적 공백에도 불구하고 성장했다. 그럼에도 불구하고, 프랑스 공산당은 **정치적인 것**le politique의 이런 우위, 그리고 이론의 역할에 대한, 특히 정치적·경제적 이론보다는 **철학적** 이론의 역할에 대한 몰인식을 특징으로 지니고 있었다. 프랑스 공산당은 자기 주위에 유명한 지식인들을 결집시킬 줄 알았는데, 그들은 주로 위대한 작가들, 소설가들, 시인들과 예술가들, 그리고 자연과학의 위대한 전문가들과 또한 몇몇 뛰어난 역사가들과 심리학자들이었다. 당이 이들을 끌어들인 것은 무엇보다도 정치적 이유 때문이었다. 그렇지만, 마르크스주의는 단지 정치적 교리나 분석과 행동의 "방법"에 그쳐서는 안 되고 이를 넘어서 사회과학과 다양한 "인간과학들"뿐만 아니라 자연과학들과 철학의 발전에도 필수 불가결한 **근본적 탐구를 위한 이론적 영역**이어야 한다고 생각할 수 있을 정도로 **철학적으로** 충분히 훈련된 사람들은 아주 드물었다. 프랑스 공산당은 이런 조건 속에서 탄생해야 했고 성장해야 했다. **이론적인** 국민적 전통의 자산과 그 도움이 없이, 따라서 필연적으로, 대가들이 배출될 수 있는 이론적 학파가 없이 말이다. 이것이 바로 우리가 한 글자 한 글자 읽어 나가야 할, 도움 없이 스스로 읽어 나가야 할 현실이다. 스스로. 왜냐하면 우리에겐 마르크스주의 철학에서 우리의 걸음을 인도할 진정한 큰 스승이 없으니 말이다. 조르주 폴리체르Georges Politzer는 자신이 구상한 위대한 철학적 저작을 급박한 경제적 문제들 때문에 희생시키지 않았더라면 마르크스주의 철학의 대가가 될 수가 있었을 텐데, 그는 우리에게 『심리학의 기초들에 대한 비판』*Critiques des fondements de la psychologie*(1928)의 천재적 오류들만을 남겼을 뿐이다. 그는 나치에게 총살당했다. 우리에겐 스승들이 없었다. 나는 선의를 가진 사람, 폭넓은 교양을 지닌 사람, 학자, 문사 등을 말하는 것이 아니다. 나는 마르크스주의 철학의 스승들, 우리 역사에서 출현했으며 우리에게 접근 가능하고 가까운 스승들을 말하는 것이다. 이 마지막 조건은 불요불급한 세부 사항이 아니다. 왜냐하면 우리는 우리의 국민적 과거로부터 이론적 공백과 더불어 이 괴물과도 같은 철학적·문화적 지방주의(우리의 국수주의)를 물려받았기 때문이다. 이 지방주의는 우리로 하여금 외국어들을 무시하게 했고, 산자락 너머, 강줄기 너머, 또는 바다 너머에서 사고되고 산출될 수 있는 것을 무시하게 했다. 그토록 오랫동안 프랑스에서 마르크스의 저작들에 대한 연구와 주석이 용기 있고 인내심 있는 몇몇 독일학 연구자들에 의해서만 행해졌는데, 이것이 우연인가? 우리가 국경 너머로 내놓을 수 있는 유일한 이름이 프랑스 대학에서는 인정받지 못하면서 오랜 세월 청년 헤겔 좌파 운동과 청년 마르크스에 대해 세밀한 연구를 계속한 고독하고 조용한 영웅 오귀스트 코르뉘Auguste Cornu라면, 이것이 우연인가?

이런 고찰들은 우리의 빈곤을 해명해 줄 수는 있겠지만 이 빈곤을 해소해 주지는 않는다. 우리에게 첫 번째 충격을 준 이는, 비록 그가 가장 큰 책임을 지고 있는 악 속에서이긴 하지만, 바로 스탈린이었다. 두 번째 충격은 그의 죽음으로부터 왔다. 그의 죽음 그리고 제20차 당대회로부터. 그러나 그 사이 삶이 또한, 우리 속에서, 자신의 작업을 수행했다.

정치조직이나 진정한 이론적 문화는 하루아침에 이루어지는 것이 아니며 단순한 명령으로 이루어지는 것도 아니다. 전쟁 중이나 전후에 성인이 된 젊은 철학자들 가운데 얼마나 많은 이들이 과학적 작업을 행할 시간을 갖지 못한 채 소모적인 정치적 책무들 속에서 소진되어 가는가? 당에 들어온 소부르주아 출신의 지식인들이 **프롤레타리아로 태어나지 않았기 때문에** 지고 있다고 생각한 상상적 채무를 정치적 행동주의 아니면 적어도 순수한 행동을 통해 갚아야 한다고 느낀 것도 우리 사회사의 한 특징이었다. 사르트르는 나름의 방식으로 역사의 이런 세례에 대한 정직한 증인이 되었다. 우리 역시 그와 동류였다. 우리의 젊은 동지들은 이런 채무에서 벗어난 것으로 보이는데, 이는 틀림없이 근년에 얻게 된 득이다. 아마 그들은 이 빚을 다른 방식으로 지불하고 있을 것이다. **철학적으로** 말해서, 우리 세대는 오로지 정치적·이데올로기적 전투에 자기를 희생했고 또 희생되었다. 말하자면 지적·과학적 작업이 희생된 것이다. 많은 과학자들은, 그리고 가끔은 역사가들조차, 게다가 소수의 문학인들은 피해 없이 또는 근소한 피해만 보면서 빠져나올 수 있었다. 그러나 철학자에겐 출구가 없었다. 철학자가 당을 위해 철학을 말하거나 쓸 경우 그는 유명한 인용문들에 주석을 달거나 그것을 약간 변용해 사용할 수 있을 따름이었다. 우리는 동류들 가운데 지지자를 갖지 못했다. 적수들은 우리가 그저 정치인에 불과하다고 몰아세웠다. 우리의 가장 식견 있는 동료들은 우리가 우리의 저자들에 대해 판단하기 전에 우선 그들을 연구해야 하며 원리들을 선포하거나 적용하기 전에 우선 그 원리들의 타당함을 증명해야 한다고 주장했다. 몇몇 마르크스주의 철학자들은 가장 뛰어난 상대자들이 그들에게 주의를 기울이도록 하기 위해, 어떠한 의식적인 전술도 들어 있지 않은 자연스러운 운동에 의해, 언젠가는 가면을 진짜 얼굴로 받아들일 위험을 무릅쓰고, **스스로 변장할** 수밖에 없었다. 그들은 마르크스를 후설로, 마르크스를 헤겔로, 마르크스를 윤리적 또는 인간주의적인 청년 마르크스로 변장시킬 수밖에 없었다. 이것은 과장이 아니라 사실이다. 우리는 오늘까지도 그 결과를 겪고 있다. 우리는 세계에서 유일한 공고한 땅에 도달했음을 정치적·철학적으로 확신했지만, 그 땅의 실존과 공고성을 철학적으로 논증할 줄을 몰랐다. 사실 견고한 땅에 발을 딛고 있던 자는 우리 가운데 아무도 없었다. 오직 확신뿐이었다. 운 좋게도 철학적 영역 이외의 영역에서 탄생할 수 있는 마르크스주의의 광휘光輝에 대해서 말하는 것이 아니다. 내가 말하는 것은 마르크스주의 철학의 역설적으로 허약한 실존 자체이다. 우리는 모든 가능한 철학의 원리들을, 그리고 모든 철학적 이데올로기의 불가능성을 알고 있다고 생각했지만, 우리의 확신의 명백성에 대한 객관적이고 공개적인 증거를 제시하는 데에는 이르지 못하고 있었다.

　일단 교조적 담론의 이론적 공허함이 입증되자, 우리의 철학을 진정으로 사고하는 것이 불가능하다는 우리의 상황을 받아들이는 데에는 딱 한 가지 길만이 있었다. 그것은 철학 자체가 **불가능하다**고 생각하는 것이었다. 우리는 마르크스의 청년기(1841~45)와 절단기(1845)의 수수께끼 같이 명료한 텍스트들로부터 우리가 간직한 "**철학의 종언**"이라는 거대하고 미묘한 유혹을 겪게 되었다. 가장 전투적인 자들, 그리고 가장 고결한 자들은 철학의 "실현"을 통한 "철학의 종언"으로 나아갔고, 이론적으로 다의적인 언어로 세계의 변혁을 세계의 해석에 대립시키는 저 유명한 「포이어바흐에 대한 테제들」을 유보 없이 수용해, 행동 속에서의, 철학의 정치적 실현 및 프롤레타리아적 성취 속에서의 철학의 죽음을 찬양했다. 거기서부터 이론적 실용주의에 이르는 데에는 한 걸음밖에 필요하지 않았으며, **앞으로도 언제나 그러할 것이다.** 좀 더 과학적인 정신을 소유한 자들은 『독일 이데올로기』의 몇몇 실증주의적 정식들의 스타일로 "철학의 종언"을 선언했다. 『독일 이데올로기』에서는 철학의 실현, 따라서 철학의 종언을 떠맡은 것은 더 이상 프롤레타리아트와 혁명적 행동이 아니라 순수하고 단순한 과학이었다. 마르크스는 우리에게 현실 자체에 대한 연구로 나아가기 위해 철학하기를 중단할 것을, 즉 이데올로기적 공상들의 전개를 중단할 것을 촉구하지 않는가? 정치적으로 말하자면, 첫 번째 독해는 정치에 전적으로 헌신하면서 철학을 자기 행동의 종교로 삼은 우리 전투적 철학자들 대부분의 독해였다. 두 번째 독해는 반대로 교조적 철학의 공허한 선언들을 충만한 과학적 담론으로 채울 수 있기를 희망한 비평가들의 독해였다. 그러나 양쪽 모두 정치와 평화로운 또는 안전한 관계를 맺은 반면에 필연적으로 철학에 대한 잘못된 의식이라는 대가를 치렀다. 철학의 실용주의적-종교적 죽음, 실증주의적 죽음은 결코 철학의 **철학적** 죽음일 수 없다.

　그리하여 우리는 철학에 철학다운 죽음, 철학적 죽음을 주기 위해 노력했다. 여기서 다시 우리는 마르크스의 다른 텍스트들에서 뒷받침을 구했으며, 세 번째 독해를 행했다. 우리는, 『자본』의 부제가 정치경제학에 대해 선언하듯이 철학의 종언은 **비판**일 수밖에 없음을 시사하면서, 사물들 자체로 다가가야만 하고 철학적 이데올로기들을 끝장내면서 현실적인 것le réel에 대한 연구에 착수해야 한다고 시사하면서 진전했다. **그러나** 이데올로기에 등을 돌리면서 우리는 이데올로기가 항상 "실증적 사물들에 대한 이해intelligence"를 위협하고 과학들을 포위하며 현실적 특성들을 흐리게 한다는 것을 알게 되었다. 이것이 우리를 실증주의로부터 지켜 줄 것으로 보였다. 따라서 우리는 이데올로기적 환상의 위협을 부단히 비판적으로 감축하는 역할을 철학에 맡겼다. 그리고 철학에 이런 임무를 맡기기 위해 우리는 철학을 과학의 순수하고 단순한 의식으로 삼았다. 그 전체가 과학의 문자와 몸으로 환원된, 그러나 단순히, 과학의 경계하는 의식으로서, 외부dehors에 대한 과학의 의식으로서, 이 부정적 외부를 소멸시키기 위해 이 부정적 외부로 향해진, 과학의 의식이 그것이다. 철학은 확실히 **종말을 맞았는데,** 이는 철학의 모든 몸과 대상이 과학의 몸과 대상과 합쳐졌기 때문이다. 그럼에도 철학은 자신의 **소멸해 가는** 비판적 의식으로서 존속했는데, 이는 철학이, 동료들 가운데 제자리로 되돌아가기에 앞서, 위협적인 이데올로기 위에 과학의 실증적 본질을 투사하는 시간, 공격자의 이데올로기적 환영fantasme[6]을 파괴하는 시간 내에만 그러했다. 자신의 **소멸해 가는** 철학적 실존과 동일

---

6 [옮긴이] 이 책 이 부분에서만 두 번 나오는 fantasme은 환상幻想으로 번역하는 것이 적절하겠지만 마르크스에게 핵심적인 개념인 illusion(환상)과 구별하기 위해 '환영'幻影으로 번역한다.

시되는 철학의 이런 비판적 죽음은 **비판**이라는 모호한 행위 속에서 실행되는 철학의 진정한 죽음이라는 명칭과 기쁨을 마침내 우리에게 주었다. 이제 철학은 현실에 대한 **인지**reconnaissance 속에서, 그리고 인간들과 그들의 행위 및 사고의 어머니인 **역사**의 현실인 현실 자체로의 복귀 속에서, 자신의 비판적 죽음을 실행하는 것만을 자신의 운명으로 삼게 되었다. 철학한다는 것은 청년 마르크스의 비판의 오디세이 여정을 우리 스스로 다시 시작한다는 것이었으며, 우리에게서 현실을 훔쳐 간 환상들illusions의 층을 뚫고 나간다는 것이었고, **비판**의 영원한 감시 아래 서로 조화하는 현실과 과학이 주는 휴식을 마침내 찾기 위해 유일한 고향 땅인 역사의 땅에 도달하는 것이었다. 이런 독해 속에서 철학의 역사라는 질문은 더 이상 존재하지 않았다. 소산된 환영fantasme의 역사, 통과된 암흑의 역사가 어찌 존재할 수 있겠는가? 오직 현실의 역사만이 존재한다. 현실의 역사는 잠자는 이에게 앞뒤가 맞지 않는 꿈들을 꾸게 할 수 있지만, 이 심연의 유일한 연속성에 정박하고 있는 그 꿈들은 그 자체로 결코 역사의 대륙을 구성할 수 없다. 마르크스 자신이 『독일 이데올로기』에서 말했다. "철학은 역사를 갖지 않는다"라고. 「청년 마르크스에 대하여」를 읽게 되면 독자는 이 텍스트가 아직도 비판적 의식의 지속되는 죽음 속에서 자신의 철학적 종언에 도달하는 철학에 대한 이런 신화적 희망에 부분적으로 붙잡혀 있는 것은 아닌지 판단할 수 있을 것이다.

•

　내가 이런 탐구들과 선택들을 환기하는 것은 그것들이 나름의 방식으로 우리의 역사의 발자취를 담고 있기 때문이다. 이는 또한 스탈린적 교조주의의 종언이 그것들을 정황circonstance의 단순한 반영들로서 소산시키지 못했으며 **그것들이 아직도 우리의 문제이기** 때문이다. 스탈린에게 그의 범죄들과 과오들만이 아니라, **어느 영역에 속한 것인지를 막론하고** 우리의 모든 환멸과 오류, 혼란 들의 책임을 물으려는 이들은 철학적 교조주의의 종언이 우리에게 마르크스주의 철학을 온전한 상태로 되돌려 주지 않았다는 것을 확인하고서 매우 당황하게 될 것이다. 결국 우리는, 심지어 교조주의로부터도, 이미 **현존하는** 것만을 해방할 수 있을 뿐이다. 교조주의의 종언은 연구의 진정한 자유를 가져다주었고, 또한 열광을 가져다주었다. 그 열병 속에서 몇몇 사람은 성급하게도, 그들의 해방감에 대한, 그리고 자유에 대한 애착에 대한 이데올로기적 주해注解를 철학이라고 선언했다. 돌이 아래로 떨어지는 것만큼이나 확실하게 열광은 식는다. 교조주의의 종언이 우리에게 돌려준 것은 우리가 소유한 것을 정확히 평가할 권리, 우리의 부와 우리의 빈곤을 제 이름으로 부를 권리, 우리의 문제들을 공공연히 사고하고 제기할 권리, 진정한 연구를 엄밀하게 진행할 권리였다. 교조주의의 종언은 우리를 이론적 지방주의로부터 부분적으로 벗어나도록 해주었고, 우리 외부에 존재했고 존재하는 것들을 인지하고reconnaître 인식하도록connaître 해주었으며,

이 외부를 봄으로써 또한 우리 자신을 외부로부터 보기 시작하도록 해주었으며, 마르크스주의에 대한 지식과 무지 속에서 우리가 점유하고 있는 장소를 인식하도록 해주었고, 그리하여 우리 자신을 인식하기 시작하도록 해주었다. 교조주의의 종언은 우리를 다음과 같은 현실에 대면하도록 했다. 자신의 역사 이론을 창설하는 행위 바로 그 속에서 마르크스에 의해 창설된 마르크스주의 철학은, 레닌이 그 주춧돌만 놓였다고 말한 것처럼, 대부분 앞으로 구성되어야 한다는 현실. 교조주의의 어둠 속에 우리가 겪으면서 논쟁한 이론적 난점들은 그 모두가 작위적인 난점들이 아니었으며 대부분 마르크스주의 철학이 정교제작精巧製作되지 않은 데 기인하는 것이었다는 현실. 더 적절히 말하자면, 우리가 감내하고 유지한 마르크스주의 철학의 경직되고 희화화된 형태들, 두 개의 과학이라는 이론적 기괴성을 담고 있는 그 형태들 속에 모종의 해결되지 않은 문제가 눈멀고 괴기한 모습으로 현존하고 있었다는 현실 — 그 증거로는 최근에 재간행된 이론적 좌익주의의 저서들(젊은 루카치와 코르쉬)만 들어도 충분할 것이다. 그리고 마지막으로, 마르크스주의 철학에 약간의 이론적 실존과 정합성이 부여되기를 원한다면 오늘날 우리의 운명과 임무는 아주 단순하게도, 백일하에 이 문제들을 제기하고 이 문제들에 대면하는 것이라는 현실이 그것이다.

II

독자들이 곧 읽게 될 작은 글들이 어느 길을 지향하는지 밝혀 두
고자 한다.

「청년 마르크스에 대하여」는 스스로 소멸하는 비판적 철학이라
는 신화에 아직 사로잡혀 있다. 그럼에도 그것은 바로 우리의 시련
과 실패, 무력함 들이 거역할 수 없도록 우리 안에서 제기한 다음과
같은 본질적 **질문**을 담고 있다. **마르크스주의 철학이란 무엇인가?
그것은 이론적으로 존재 권리를 가지고 있는가? 그리고 그것이 권
리를 가지고 존재한다면 그 특수성**_spécificité_**을 어떻게 정의할 것인가?**
이 본질적 질문은 겉모양은 역사적이지만 실제로는 이론적인 질문,
청년 마르크스의 저작들에 대한 독해와 해석이라는 질문 속에서 실
천적으로 제기되었다. 사람들이 별별 종류의 깃발들과 별별 종류의
용법들로 포장한 그 유명한 텍스트들, 우리가 거기서 마르크스 본인
의 철학을 읽을 수 있다고 다소간 자연발생적으로 믿었던 숨김없이
철학적인 그 텍스트들을 진지한 비판적 검토에 부치는 것이 필수
불가결해 보였던 것은 우연이 아니다. 마르크스주의 철학과 그것의

특수성이라는 질문을 청년 마르크스의 저작들과 관련해 제기한다는 것은 필연적으로, 마르크스와 그가 동조했거나 거쳐 간 철학들, 즉 헤겔과 포이어바흐의 철학들 사이의 관계들이라는 질문을 제기한다는 것을 뜻하며, 따라서 그것과 마르크스의 차이라는 질문을 제기한다는 것을 뜻한다.

나로 하여금 포이어바흐를 읽게 한 것, 그리고 포이어바흐가 1839~45년 시기에 쓴 글들 중 가장 중요한 이론적 텍스트들을 선집으로 출판하도록 이끈 것은(「포이어바흐의 "철학적 선언들"」, 1960 참조) 청년 마르크스의 저작들에 대한 연구였다. 같은 이유로 나는 자연스럽게 헤겔과 마르크스 각자의 개념들의 세부 속에서 마르크스 철학과 헤겔 철학의 관계의 본성에 대한 연구를 시작하게 되었다. 따라서 마르크스주의 철학의 **특유한**$_{spécifique}$[1] **차이**라는 질문은 마르크

---

1 [옮긴이] 이 책에서는 spécificité를 '특수성'으로 번역하고, spécifique를 '특수한', '특유한'으로 번역한다. spécifique가 "일정한 사물만이 특별히 갖추고 있음"이라는 '특유'의 뜻에 부합하는 경우에는 '특유한'으로 번역하고, 그 밖의 경우에는 '특수한'으로 번역한다. 헤겔 변증법에 대해 근본적으로 비판적인 알튀세르는 헤겔의 '개념'Begriff의 세 계기契機, 즉 보편성 Allgemeinheit/universalité, 특수성Besonderheit/particularité, 개별성Einzelheit/singularité 가운데 하나로서의 특수성particularité이라는 용어를 사용하지 않는다. 이 책에서 spécifique/spécificité의 역어인 "특수한/특수성"은 보편성과 개별성의 이항 대립을 전제하는 헤겔적 '특수' 개념과 준별되는 것임을 지적해 둔다. 다른 한편 『마르크스를 위하여』 전체를 통해 "개별특수성"particularité이라는 단어는 단 1회, "개별특수적인 것"le particulier이라는 단어는 단 2회, "개별특수적"particulier은 7회 나온다. 참고로, 알튀세르는 spécifique/spécificité라는 용어를 유類와 종種의 구별이라는 분류학적 내지 형이상학적 맥락에서 사용하지 않으므로 그것을 '종별적種別的/종별성種別性'으로 번역할 수 없다는 것을 부기해 둔다.

스의 지적 발전 속에 철학에 대한 새로운 이해[관념]conception의 출현을 가리키는 **인식론적 절단**이 존재했는지 여부에 대한 질문의 형태를 취했고, 또한 상관적으로 이 절단의 구체적 **장소**는 어디인가라는 질문이 제기되었다. 바로 이런 질문의 장 속에서 청년 마르크스의 저작들에 대한 연구는 이론적인 결정적 중요성과(절단이 존재하는가?) 역사적인 결정적 중요성을(절단의 자리는 어디인가?) 갖게 되었다.

물론, 절단의 존재를 입증하고 그 장소를 정하기 위해서는 마르크스가 이 절단("우리의 과거의 철학적 의식의 청산"[2])을 증언하고 1845년의 『독일 이데올로기』의 수준에 위치시킨 구절을, 시험해야 할, 무효화하거나 확인해야 할 선언으로서 받아들이는 수밖에 없었다. 이 선언의 자격을 시험하기 위해서는 이론과 방법이 필요했다. 즉, 그것을 통해 이론적 구성체들 일반(철학적 이데올로기, 과학)이라는 현실을 사고할 수 있는 **마르크스주의적인 이론적 개념들**을 마르크스 자신에게 적용해야 했다. 이론적 구성체들의 역사에 대한 이론 없이는 사실상, 상이한 두 이론적 구성체를 구별하는 특유한 차이를 포착하고 지정할 수가 없다. 이런 목적으로 나는 한 이론적 구성체의 특유한 통일성과 따라서 이 특유한 차이의 확정 장소를 지시하기 위해 자크 마르탱에게서 **문제설정**_problématique_ 개념을 빌려 왔고, 하나의 과학적 학문 분야의 창립과 동시대적인 이론적 문제설정의 변이

---

2 [옮긴이] 칼 마르크스, 『정치경제학 비판을 위하여』의 「서문」(1859), 김호균 옮김, 중원문화, 1988, 8쪽.

變異, mutation를 사고하기 위해 **"인식론적 절단"** 개념을 가스통 바슐라르에게서 빌려 왔다. 하나를 구성해야 했고 다른 하나를 빌려 와야 했다는 것은 결코 이 두 개념이 자의적이라거나 마르크스에 대해 외부적이라는 것을 함의하지 않는다. 그 반대로, 이 두 개념이 마르크스의 과학적 사고 속에, 비록 대부분의 경우 실천적 상태에 머물러 있지만, 현존하며 작동하고 있다는 것을 논증할 수 있다.[3] 이 두 개념을 통해 나는 청년 마르크스의 이론적 전화transformation 과정에 대한 적합한 분석을 가능하게 하는 데, 그리고 몇 가지 정확한 결론들에 이르게 하는 데 필수 불가결한 이론적 최소치를 나 자신에게 부여했다.

여기에 출판하는 텍스트들은 여러 해에 걸친 내 연구를 단지 부분적으로만 증언해 주는 것들이다. 이 연구의 결과들을 아주 간략한 형태로 요약하고자 한다.

1) 모호하지 않은 하나의 **"인식론적 절단"**이 마르크스의 저작 속에서, 마르크스 자신이 위치시킨 지점, 즉 자신의 과거의 철학적(이데올로기적) 의식에 대한 비판을 구성하는, 생전에 간행되지 않은 저

---

3 **문제설정**과 **인식론적 절단**(전과학적 문제설정의 과학적 문제설정으로의 변이를 가리키는 절단)이라는 두 주제에 대해, 『자본』 2권에 대한 엥겔스의 서문 중 탁월한 깊이를 갖는 몇몇 쪽들(préface au second livre du *Capital*, tome IV, Éditions Sociales, pp. 20-24)[『자본 II』, 강신준 옮김, 도서출판 길, 2010, 29-34쪽]을 참조할 수 있다. 이 점에 대해 나는 『『자본』을 읽자』에서 간략한 해설을 제시했다(6장 「『자본』의 인식론적 명제들」).

서 『독일 이데올로기』 속에 분명히 일어난다. 단 몇 개의 구절들에 불과한 「포이어바흐에 대한 테제들」은 이 절단의 앞쪽 끝자락을 이룬다. 이것은 과거의 의식과 과거의 언어 속에서, 따라서 **필연적으로 불균형적이고 모호한 개념들**과 정식들 속에서, 이미 새로운 이론적 의식이 뚫고 나온 지점이다.

2) 이 "인식론적 절단"은 구별되는 **두 이론적 학문 분야**에 함께 관계된다. 마르크스는 역사 이론(역사적 유물론)을 창설하면서, 하나의 동일한 운동 속에서, 자신의 과거의 이데올로기적인 철학적 의식과 결별하고 새로운 철학(변증법적 유물론)을 창설한다. 나는 하나의 절단을 통한 이 이중의 창설fondation을 지시하기 위해 일부러 관행적 용어법(역사적 유물론과 변증법적 유물론)을 채택한다. 그리고 이 예외적 조건에 기입된 두 문제를 지적하려 한다. 하나의 과학의 창설 자체로부터 하나의 새로운 철학이 탄생했다면, 그리고 그 과학이 역사 이론이라면, 당연히 하나의 중대한 이론적 문제가 제기된다. 어떤 원리적 필연성에 의해 역사에 대한 과학적 이론의 창설이 그 사실 자체로 철학에서의 이론적 혁명을 내포하고 감싸게 되었는가? 바로 이 정황이 또한 무시할 수 없는 실천적 결과를 가져온다. 즉, 새로운 철학은 새로운 과학에 아주 분명히 내포되고 그 속에 아주 긴밀히 연루되어서, **새로운 과학과 혼동되려는** 유혹을 받을 수 있었다. 『독일 이데올로기』는, 우리가 지적한 것처럼 철학을 실증주의의 공허한 일반화로 간주하는 데까지 이르지는 않는다 해도 철학을 과학의 희미한 그림

자로 간주함으로써, 이런 혼동을 분명하게 인가한다. 이런 실천적 결과는 마르크스주의 철학의 기원에서부터 오늘날까지 마르크스주의 철학의 특이한 역사에 대한 열쇠들 가운데 하나를 이룬다.

나는 이 두 문제를 곧 다룰 것이다.

3) 이 "인식론적 절단"은 따라서 마르크스의 사상을 두 개의 주요한 큰 시기, 1845년의 절단에 선행하는 아직 "이데올로기적"인 시기와 1845년의 절단 이후의 "과학적" 시기로 가른다. 두 번째 시기는 다시 두 소시기, 이론적 성숙 중maturation의 소시기과 이론적 성숙maturité의 소시기로 나눌 수 있다. 앞으로 행할 철학적 그리고 이론적 노동을 용이하게 하기 위해, 이 시기 구분을 기록할 잠정적 용어들을 제안하고자 한다.

a) 첫 번째 시기의 저작들, 즉 그의 박사학위 논문4으로부터 『1844년 수고』5와 『신성가족』에 이르는 저작들을 이미 자리 잡은 표현에 따라 **마르크스의 청년기 저작들**이라고 부를 것을 제안한다.

b) 1845년의 절단기 저작들, 마르크스의 새로운 문제설정이 처음으로, 그러나 빈번히 아직 부분적으로 부정적이고 대단히 논

4 [옮긴이] 칼 마르크스, 『데모크리토스와 에피쿠로스 자연철학의 차이』, 고병권 옮김, 그린비, 2001.

5 [옮긴이] 칼 마르크스, 『경제학-철학 수고』, 강유원 옮김, 이론과 실천, 2006.

쟁적이며 비판적인 형태로 출현하는 「포이어바흐에 대한 테제들」과 『독일 이데올로기』를 **절단기 저작들**이라는 새로운 표현으로 부를 것을 제안한다.

c) 1845년부터 1857년까지의 저작들은 **성숙 중의 저작들**이라는 새 표현으로 부를 것을 제안한다. 이데올로기적인 것(1845년 이전)과 과학적인 것(1845년 이후)을 분리한 절단에 1845년의 저작들(「포이어바흐에 대한 테제들」과 『독일 이데올로기』)의 결정적인 시점을 실제로 지정할 수 있으나, 이 변이가 자신이 출발시킨 새로운 이론적 문제설정을 역사 이론에서나 철학 이론에서 **완성되고**_achevée_ **실증적인** 형태로 단번에 생산할 수 없었음을 잊지 말아야 한다. 사실 『독일 이데올로기』는 마르크스가 거부한 이데올로기적 문제설정의 상이한 형태들에 대한 대부분 부정적이고 비판적인 논평이다. 마르크스가 자신의 혁명적인 이론적 기획에 적합한 개념적 용어법 및 체계를 생산하고 다듬고 고정하는 데에는 오랜 시간에 걸친 **실증적** 고찰 및 실증적 정교제작의 노동이 필요했다. 새로운 문제설정은 아주 서서히 최종 형태를 갖추어 갔다. 바로 이 때문에 나는 1845년 이후부터 『자본』의 첫 초고들(대략 1855~57년) 이전까지의 저작들, 즉 『공산당 선언』, 『철학의 빈곤』_Misère de la philosophie_, 『임금, 가격, 이윤』 등을 마르크스의 **이론적 성숙 중의 저작들**이라고 부를 것을 제안한다.

d) 1857년 이후의 모든 저작들을 **성숙기 저작들**이라고 부를 것을 제안한다.

따라서 다음과 같은 분류가 나온다.

1840~44 : 청년기 저작들
1845　　: 절단기 저작들
1845~57 : 성숙 중의 저작들
1857~83 : 성숙기 저작들

4) 마르크스의 청년기 저작들의 시기(1840~45), 즉 이데올로기적 저작들의 시기는 다시 두 소시기로 나눌 수 있다.

a)『라인 신문』논설들의 합리주의적-자유주의적 시기(1842년까지)

b) 1842~45년 사이의 합리주의적-공동체주의적 시기

「마르크스주의와 인간주의」에서 내가 간략히 지적한 것처럼, 첫 소시기의 저작들은 칸트-피히테적 유형의 문제설정을 갖고 있다. 반면, 둘째 시기의 저작들은 포이어바흐의 인간학적 문제설정에 입각해 있다. 헤겔의 문제설정에 의해 고취된 텍스트로는 절대적으로 **독특한** 하나의 텍스트, 『1844년 수고』[『경제학-철학 수고』]가 있는데, 이 텍스트는 엄밀한 방식으로, 헤겔의 관념론을 포이어바흐의 유사-유물론으로 **엄밀한** 의미에서 "전도"轉倒, renversement시키려 한다. 이로부터 다음과 같은 역설적 결과가 도출된다. 즉, 정확히 말해서 (아직 학생 시기의 훈련 작품인 박사학위 논문을 제외하고) 청년 마르크스는, 그의 이데올로기적-철학적 시기의 거의 **마지막의** 텍스트를 예외로 하면, **헤겔주의자였던 적이 없으며**, 먼저 칸트-

피히테주의자였고 나중에는 포이어바흐주의자였다는 것이다. 청년 마르크스가 헤겔주의자였다는 널리 퍼져 있는 테제는 따라서, 일반적으로, 신화이다. 반대로 마르크스는 청년기에 단 한 번, 자신의 "과거의 철학적 의식"과의 단절rupture의 전야에, 헤겔에 의거해 자신의 "착란된" 의식을 청산하는 데 불가결한 경이로운 이론적 "해제반응"abréaction[6]을 산출한 것으로 보인다. 그때까지 마르크스는 헤겔에 대해 줄곧 거리를 두어 왔다. 마르크스로 하여금 **아카데믹한 헤겔주의적 연구**로부터 칸트-피히테적 문제설정으로, 그러고 나서 포이어바흐적 문제설정으로 넘어가게 한 운동을 파악하려 한다면, 마르크스는 헤겔에 접근하기는커녕 부단히 **헤겔로부터 점점 멀어져 갔다**고 말해야 할 것이다. 마르크스는 피히테 및 칸트와 함께 뒷걸음쳐 18세기 말로 침투했으며, 포이어바흐가 자기 방식으로 18세기의 "이상적" 철학자를 대표할 수 있었다는 것이 사실이고, 포이어바흐가 감각론적 유물론과 윤리-역사적 관념론의 종합을, 디드로와 루소의 실질적 통합을 대표할 수 있었다는 것이 사실이라면, 마르크스는 포이어바흐와 함께 18세기라는 이론적 과거의 심장부로 후퇴했다. 우리는 다음과 같이 자문하지 않을 수 없다. 『1844년 수고』에서 행한 돌연한 총체적이고 최종

---

6 [옮긴이] 프로이트의 '해제반응'解除反應, Abreagieren은 "주체가 정동情動이 병원적病原的으로 되지 않도록(또는 병원적인 것으로 계속 남아 있지 않도록) 외상적 사건의 기억에 결부된 정동으로부터 해방되는 감정 방출"을 뜻한다. J. Laplanche and J.-B. Pontalis, *The Language of Psychoanalysis*, The Hogarth Press, 1983, p. 1.

적인 헤겔로의 회귀 속에서, 포이어바흐와 헤겔의 천재적인 종합 속에서, 마르크스는 그때까지 자주 드나들던 이론 장場의 두 극단의 몸체들을 폭발적 경험으로서 현존화시킨 것은 아닌가? 마르크스는 비상하게 엄밀하고 의식적인 이 경험 속에서, 헤겔에 대해 그때까지 행해진 것 중 가장 근원적인 "전복" 시험 속에서, 그가 **결코 출간하지 않은** 이 텍스트 속에서, 자신의 전화轉化를 실천적으로 살고 완수한 것이 아닌가? 이 경이로운 변이의 논리에 대한 얼마만큼의 이해에 도달하려면, 『1844년 수고』의 비상한 이론적 긴장 속에서 그 논리를 찾아야 할 것이다. 거의 마지막 날 밤에 쓰인 이 텍스트가, 이론적으로 볼 때에, 역설적으로 밝아 올 날로부터 가장 멀리 떨어진 텍스트라는 점을 미리에 염두에 두고서 말이다.

5) **절단기 저작들**은 그것들이 마르크스의 사고의 이론적 형성에서 점하는 위치에 따라 미묘한 해석의 문제들을 제기한다. 「포이어바흐에 대한 테제들」의 번뜩이는 섬광들은 이 테제들에 접근하는 모든 철학자들에게 빛을 비추어 주지만, 누구나 알듯이 섬광이란 밝게 해주기보다는 눈만 부시게 하며, 밤의 어둠 속에서 어둠을 깨는 섬광의 위치를 찾는 것만큼 어려운 일도 없다. 허위적으로 투명한 이 열한 개 테제들의 수수께끼를 언젠가는 밝혀내야 할 것이다. 『독일 이데올로기』에 대해 말하자면, 그것은 하나의 사고, 즉 자신의 과거의 모든 이론적 전제들에 대해, 헤겔과 포이어바흐를 필두로 모든 형태

의 의식의 철학과 인간학적 철학에 대해 비판적 학살의 가차 없는 놀이를 벌이는 사고, 자신의 과거와 단절의 상태에 있는 사고를 우리에게 제공한다. 그렇지만 이 새로운 사고는, 비록 이데올로기적 오류에 대한 소송에서 아무리 견고하고 정확하다고 해도, 아무런 어려움과 모호함 없이 자신을 규정하지는 못한다. 이론적 과거와 단 한 번에 결별할 수는 없다. 단어들 및 개념들과 단절하기 위해서는 어쨌든 단어들과 개념들이 필요하다. 그리고 종종 새로운 단어들에 대한 탐구가 진행되는 전 기간에 과거의 단어들이 단절을 안내한다. 『독일 이데올로기』는 아직 훈련 중인 새로운 개념들의 자리를 메꾸기 위해 재고용된 중고 개념들의 스펙터클을 제공한다. 그리하여, 사람들은 통상 이 과거의 개념들을 그 외모로 판단하고 액면 그대로 받아들이기 때문에, 쉽사리 길을 잃고 마르크스주의에 대한 실증주의적 이해[관념](모든 철학의 종언) 또는 개인주의적-인간주의적 이해[관념](역사의 주체들은 "구체적·현실적 인간들"이다)에 빠지게 된다. 아니면 청년기 텍스트들에서 가장 중요한 역할을 수행한 소외疎外를 대신해 『독일 이데올로기』에서 가장 중요한 역할을 수행하며 **이데올로기** 이론 전체와 과학 이론 전체를 지휘하는 **분업**[노동 분할]의 모호한 역할에 사로잡힐 수도 있다. 절단에 바로 인접해 있는 이 모든 이유들 때문에 『독일 이데올로기』는 단독으로, 몇몇 개념들의 보충적인 이론적 **기능**을 이 개념들 자체로부터 구별하기 위한 전면적인 비판적 노동을 요구한다. 이에 대해서는 나중에 재론할 것이다.

6) 절단을 1845년에 위치시키는 것은 마르크스와 포이어바흐의 관계에 대해서뿐만 아니라 마르크스와 헤겔의 관계에 대해서도 중요한 이론적 결과들을 갖는다. 실상 마르크스는 헤겔에 대한 체계적 비판을 1845년 이후에 들어서야 전개하는 것이 아니라 이미 청년기의 두 번째 소시기에서부터 전개한다. 『헤겔 국법론 비판』(1843년 수고)[7], 「헤겔 법철학 비판 서설」(1843)[8], 『1844년 수고』, 『신성가족』(1844)이 그 예이다. 그런데 헤겔에 대한 이 비판은 **그 이론적 원리들에서,** 포이어바흐가 여러 번 되풀이해 행한 헤겔에 대한 경탄할 만한 비판의 재연, 해설, 또는 발전과 확장에 **불과한 것이었다.** 그것은 **사변**으로서의, **추상**으로서의 헤겔 철학에 대한 비판, 소외라는 인간학적 문제설정의 원리들 아래 행해진 비판이었다. 그것은 추상적-사변적인 것에 반대해 구체적-유물론적인 것에 호소하는 비판, 자신이

---

7 [옮긴이] 마르크스가 1843년 봄에서 여름에 걸쳐 크로이츠나흐에서 집필한 수고 『헤겔 법철학 비판을 위하여. 헤겔 국법론 비판』*Zur Kritik der Hegelschen Rechtsphilosophie. Kritik des Hegelschen Staatsrechts*을 가리킨다. 이 수고는 헤겔의 『법철학 강요, 또는 자연법 및 국가학 개요』(『법철학』, 임석진 옮김, 지식산업사, 1989)의 261-313절에 대한 비판적 분석을 담고 있다. 이 수고 『헤겔 국법론 비판』은 「헤겔 법철학 비판 서설」과 함께 묶여 『헤겔 법철학 비판』(강유원 옮김, 이론과 실천, 2011)으로 국역, 출간되어 있다.

8 [옮긴이] 「헤겔 법철학 비판 서설」Zur Kritik der Hegelschen Rechtsphilosophie. Einleitung은 1843년 9월에서 1844년 1월경에 원래 『헤겔 국법론 비판』의 서문으로서 쓰기 위해 집필되었으나 계획이 달라져 「헤겔 법철학 비판 서설」만 1844년 2월에 『독불 연보』에 간행되었다. 이 「서설」Einleitung을 강유원과 이전의 옮긴이 홍영두는 「서문」으로, 『칼 맑스·프리드리히 엥겔스 저작선집 1』(박종철출판사, 1991)에서 옮긴이 김태호는 「서설」로 번역했는데, 내용 및 형식상 「서설」이라 번역해야 옳다.

벗어나고자 한 바로 그 관념론적 문제설정에 예속되어 있는 비판, 따라서 마르크스가 1845년에 단절하게 될 이론적 문제설정에 당연히 속해 있는 비판이다.

우리는 마르크스주의 철학을 탐구하고 정의하는 데에서 헤겔에 대한 마르크스주의적 비판과 헤겔에 대한 포이어바흐적 비판을, 마르크스가 헤겔에 대한 포이어바흐적 비판을 자신의 이름으로 재개한다 하더라도, 혼동하지 않는 것이 중요하다. 왜냐하면 우리가 1843년의 텍스트들에서 마르크스가 개진한 헤겔에 대한 (실상 전적으로 포이어바흐적인) 비판을 진정으로 마르크스주의적인 것으로 판단하느냐 여부에 따라 마르크스주의 철학의 종국적 본질에 대한 매우 상이한 생각을 갖게 될 것이기 때문이다. 나는 이 점이 마르크스주의 철학에 대한 현재적 해석들에서 결정적인 지점임을 강조한다. 여기서 해석이란 단순한 의견들이 아니라, 현실적인 철학적·인식론적·역사적 인식과 엄밀한 독해 방법들에 입각한 진지하고 체계적인 해석들을 말한다. 예를 들면, 이탈리아의 델라 볼페Galvano della Volpe 와 콜레티Lucio Colletti의 저작들은 마르크스를 헤겔로부터 분리하는 화해할 수 없는 이론적 구별과 마르크스주의 철학의 고유한 특수성을 규정하는 것을 의식적으로 연구의 중심으로 삼는 오늘날의 유일한 저작들이기 때문에 내가 보기에 대단히 중요한 저작들인데, 이 저작들은 헤겔과 마르크스 사이 그리고 포이어바흐와 마르크스 사이의 절단의 존재를 명백히 전제하지만, 이 절단을 1843년에, 「헤겔 법철학 비판 서설」의 수준에 위치시킨다! 절단의 이런 단순한 위치 이동이 그것으로부터 도출되는 이론적 귀결들에 심대한 효과를 발휘하는데, 이는 마르크스주의 철학에 대한 이해[관념]에서 그러할 뿐만 아니라, 곧 출간할 우리의 저작[『『자본』을 읽자』]에서 제시하겠지만, 『자본』의 독해와 해석에서도 그러하다.

●

이상의 고찰은 이 책의 포이어바흐와 청년 마르크스에 대해 쓴 부분들의 의미를 밝히기 위해서, 그리고 이 논문들을 지배하고 있는 문제의 통일성을 보여 주기 위한 것이다. 왜냐하면, 모순과 변증법에 관한 논문들에서도 이슈가 되는 것은 항상 마르크스주의 이론의 환원할 수 없는 특수성을 정의하는 것이기 때문이다.

이런 정의가 마르크스의 텍스트들에서 직접적으로 **독해될** 수 없다는 것, 온전한 사전事前 비판이 성숙기 마르크스에게 고유한 개념들의 거주 장소를 식별하기 위해 불가결하다는 것, 이 개념들의 식별은 그 장소의 식별과 같은 것이라는 것, 모든 해석의 절대적 전제 조건인 이 모든 비판적 노동은, 이론적 구성체들의 본성 및 그것들의 역사의 본성과 관련된 최소한의 잠정적인 마르크스주의적 이론적 개념들의 작동을 전제한다는 것, 마르크스에 대한 독해는 이론적 구성체들과 그 역사의 차이적différentielle 본성에 대한 마르크스주의 이론, 즉 마르크스주의 철학 자체로서의 인식론적 역사 이론을 그 전제 조건으로서 요구한다는 것, 이런 작업은 그 자체로, 마르크스에 대한 마르크스주의 철학의 적용이 마르크스에 대한 이해의 절대적 전제 조건이자 동시에 마르크스주의 철학의 구성 및 발전 자체의 조건으로 나타나는 하나의 불가결한 순환을 구성한다는 것, 이 모든 것은 명백하다. 그러나 이 작업의 순환은, 이런 종류의 모든 순환에서 그렇듯이, 자신의 대상을 시험하면서 자신을 자신의 대상에 의해 시험당하게 하는 이론적 문제설정으로부터 출발해 하나의 대상의 본성에 대해 제기된 질문의 변증법적 순환에 불과하다. 마르크스주의 자체가 인식론적 질문의 대상이 될 수 있고 또 되어야만 하며 이런 인식론적 질문은 오직 마르크스주의적인 이론적 문제설정에 입각해서만 제기될 수 있다는 점, 이 점은 자신을 변증법적으로 규정하는 하나의 이론, 즉 역사에 대한 과학(역사적 유물론)으로서만이 아니라 동시에, 이론적 구성체들과 그 역사를 설명할 수 있고 따라서 자신을 대상으로 삼아 **자신을 설명할 수 있는** 철학으로서 규정하는 이론에 대해, 필연 그 자체이다. 마르크스주의는 이런 시험에 이론적으로 대결할 수 있는 유일한 철학이다.

이 모든 비판적 노동은 따라서 필수 불가결하다. 이는 청년기의 이데올로기적 개념들의 허구적 자명성에, 아마도 더욱 위험스럽게는 절단기 저작들의 표면상으로 친숙한 개념들의 허구적 자명성에 포획된 직접적[무매개적]immédiate 독해와 다른 방식으로 마르크스를

독해하기 위해서만 그러한 것이 아니다. 마르크스를 **독해**하기 위한 이 필수적 노동은 동시에, 엄밀한 의미에서, 마르크스주의 철학을 이론적으로 정교제작하는 노동이다. 마르크스를 명료히 보도록 해주고, 이데올로기로부터 과학을 분리해 주고 이데올로기와 과학의 차이를 양자의 역사적 관계 속에서 사고하게 해주며 역사적 과정의 연속성 속에서 이루어지는 인식론적 절단의 불연속성을 사고하게 해주는 이론, 단어를 개념과 분리해 주며 단어 배후의 개념의 존재 또는 비존재를 구별해 주고 이론적 담론 속에서 단어가 수행하는 기능에 따라 개념의 존재를 식별해 주고 문제설정 내에서 수행하는 기능에 따라 그리고 "이론"의 체계 속에서 개념이 차지하는 장소에 따라 개념의 성질을 정의하는 이론, 마르크스의 텍스트들에 대한 진짜 독해, 인식론적이고 동시에 역사적인 독해를 유일하게 가능하게 해주는 이 이론이야말로 실로 마르크스주의 철학 바로 그 자체이다.

우리는 이 이론을 찾아 떠났다. 그리고 이 이론 탐구의 조건들을 단순히 정의한다는, 이 이론의 일차적인 기본적 요청들과 함께 이 이론은 탄생하기 시작한다.

1965년 3월

부기

1. 채택된 용어법에 대해

독자들은 앞으로 읽을 논문들에서, 채택된 용어법에 몇몇 변화가 있음을 발견할 것이다. 특히 「유물론적 변증법에 대하여」[1963]에서는 대문자로 시작된 이론Théorie[1]이라는 용어가 마르크스주의 "철학"(변증법적 유물론)을 지칭하기 위해 사용되었고, 반면 **철학**이라는 용어는 **이데올로기적** 철학들을 지칭하기 위해 사용되었다. 이미 「모순과 과잉결정」[1962]에서 **철학**이라는 용어는 이런 **이데올로기적** 구성체의 의미로 사용되었다.

(이데올로기적) 철학을 이론(또는 철학적 이데올로기와의 단절을 통해 구성된 마르크스주의 철학)과 구별하는 이 용어법은 마르크스와 엥겔스의 저작들의 여러 구절들에 의해 정당화된다. 『독일 이데올로기』에서 마르크스는 항상 철학을 순수하고 단순한 이데올로기인 것으로

---

1 [옮긴이] 이하 대문자로 시작하는 Théorie는 théorie와 구별하기 위해 고딕체를 써서 "이론"으로 표기한다.

말했다. 『반 뒤링』의 첫 번째 서문에서 엥겔스는 다음과 같이 쓴다.

> 이론가들이 자연과학들의 영역에서 얼치기 학자에 지나지 않는다면,
> 마찬가지로 오늘날의 자연 연구자들 역시 **이론** 영역, 즉 **지금까지 사람
> 들이 철학이라고 불러온 영역**에서 얼치기 학자에 지나지 않는 것이다.[2]

이런 지적은 이데올로기적 철학들을 마르크스의 절대적으로 새
로운 철학적 기획으로부터 분리하는 차이를 용어상의 차이로 기입할
필요성을 엥겔스가 느꼈다는 것을 입증해 준다. 그는 마르크스주의
철학을 이론이라는 용어로 지칭함으로써 이 차이를 등재하고자 했다.
그렇지만 새 용어를 잘 정립한다는 것과 그것이 실제로 다루어
지고 확산된다는 것은 전혀 별개의 일이다. 마르크스가 창설한 과학
적 철학을 지칭하기 위해 매우 오래 사용되어 온 용어법을 거슬러
이론이라는 용어를 부과하는 것은 어려운 일로 보인다. 게다가 이론
이라는 단어의 또 다른 용법들과 구별하기 위해 사용하는 대문자는
입말에서는 지각되지 않는다. 이런 이유로 나는 「유물론적 변증법
에 대하여」 이후에는, 일반적으로 통용되는 용어법으로 돌아가서
마르크스 자신에 대해서도 **철학**이라고 말하고 따라서 **마르크스주의
철학**이라는 용어를 사용할 필요가 있다고 보았다.

---

2 [옮긴이] 「『반 뒤링』의 구舊 서문 : 변증법에 관하여」(1878), 『자연변증법』, 윤형식 외 옮김,
중원문화, 1989, 37쪽(강조는 알튀세르).

2. 수록된 논문들의 출처

「포이어바흐의 "철학적 선언들"」Les 'manifestes philosophiques' de Feuerbach,
　　La Nouvelle Critique, décembre 1960.

「청년 마르크스에 대하여(이론의 문제들)」Sur le Jeune Marx(Questions de théorie),
　　La Pensée, mars-avril 1961.

「모순과 과잉결정」Contradiction et Surdétermination, *La Pensée*, décembre 1962
　　(「부록」은 출판된 적이 없다).

「피콜로 극단 : 베르톨라치와 브레히트(유물론적 연극에 대한 노트)」Le 'Piccolo',
　　Bertolazzi et Brecht(Notes sur un théatre matérialiste), *Esprit*, décembre
　　1962.

「칼 마르크스의 『1844년 수고』(정치경제학과 철학)」Les 'manuscrits de 1844' de
　　Karl Marx(Economie politique et philosophie), *La Pensée*, février 1963.

「유물론적 변증법에 대하여(기원들의 불균등성에 관하여)」Sur la dialectique maté-
　　rialiste(De l'inégalité des origines), *La Pensée*, août 1963.

「마르크스주의와 인간주의」Marxisme et humanisme, *Cahiers de l'ISEA*, juin 1963.

「'현실적' 인간주의에 대한 보충 노트」Note complémentaire sur 'l'humanisme
　　réel', *La Nouvelle Critique*, mars 1965.

　　이 글들을 책으로 엮어 출판하도록 흔쾌히 허락해 준 잡지사 주
간들께 감사드린다.

루이 알튀세르

I

포이어바흐의
"철학적 선언들"

『라 누벨 크리틱』*La Nouvelle Critique*이 몇 달 전 나에게 프랑스대학 출판사PUF의 에피메테 총서로 출간한 포이어바흐에 대한 텍스트들을 소개해 줄 것을 요청했다. 나는 몇 가지 질문들에 간략히 답함으로써 이 요청에 기꺼이 응하고자 한다.

나는 『철학적 선언들』이라는 제목으로 1839년에서 1845년 사이에 출판된 포이어바흐의 가장 중요한 텍스트들과 논문들을 편역해 출판했다.[1] 여기에는 「헤겔 철학의 비판 위하여」Contribution à la critique de la pilosophie de Hegel[Zur Kritik der Hegelschen Philosophie](1839), 『기독교의 본질』*Essence du Christianisme*[*Das Wesen des Christentums*]의 「서론」(1841), 『철학의 개혁을 위한 잠정적 테제들』*Thèses provisoires pour la Réforme de la Philosophie* [*Vorläufigen Thesen zur Reformation der Philosophie*](1842), 『미래 철학의 원리들』 *Principes de la Philosophie de l'Avenir*[*Grundsätze der Philosophie der Zukunft*](1843), 『기독교의 본질』 제2판 「서문」(1843), 슈티르너의 공격에 답하는 에세이 (1845)[2]가 실려 있다. 1839년부터 1845년 사이의 포이어바흐의 생

---

1 [옮긴이] *Ludwig Feuerbach, Manifestes philosophiques : textes choisis (1839~45)*, PUF, 1960.

2 [옮긴이] 「『유일자와 그의 소유』와 관련해 『기독교의 본질』에 대해 논함」Über das *Wesèn*

산물은 이 텍스트들에 국한되지 않는다. 그렇지만 이 텍스트들은 이 역사적 연도들 사이의 그의 사고의 핵심을 드러내 준다.

왜 제목을 "철학적 선언들"이라고 붙였는가?

이 제목은 포이어바흐에게서 따온 것이 아니다. 나는 두 가지 이유로 모험을 무릅쓰고 이 제목을 썼다. 그 하나는 주관적 이유이고 다른 하나는 객관적 이유이다.

『철학의 개혁을 위한 잠정적 테제들』과 『미래 철학의 원리들』의 서문을 읽어 보시기 바란다. 이 텍스트들은 인간을 속박들로부터 해방할 저 이론적 계시의 열정적인 포고들이며 진정한 선언이다. 포이어바흐는 인류를 향해 말을 한다. 그는 보편적 역사의 장막을 찢어 버리고, 신화와 거짓말 들을 파괴하며, 인간에게 인간의 **진리**[진실]를 드러내 보이고 돌려준다. 때가 무르익었다. 인류는 자신에게 자기 존재의 소유권을 부여해 줄 임박한 혁명을 잉태하고 있다. 인간들이 마침내 이를 의식하면, 그들은 현실에서 자신의 진실한 존재들, 즉 자유롭고 평등하고 형제애적인 존재들이 될 것이다.

이런 담론들은 저자에게 분명히 선언들이다.

des Christentums in Beziehung auf Stirners _Der Einzige und sein Eigentum._

이 담론들은 또한 독자들에게도 선언들이다. 특히 1840년대에 "독일적 빈곤"의 모순들과 청년 헤겔파 철학의 모순들 속에서 논쟁하던 급진적인 젊은 지식인들에게 그러하다. 왜 1840년대인가? 1840년대에 이 철학이 **시험에 부쳐졌기** 때문이다. 1840년대에, 역사에 종말이 있다는 것을 믿은, 즉 이성 및 자유의 지배의 도래를 믿은 청년 헤겔파는 왕위 계승권자가 그들의 희망을 실현해 줄 것을 기대했다. 프로이센의 봉건적이며 전제적인 질서의 종언, 검열의 폐지, 교회의 이성화, 요컨대 정치적·지적·종교적 자유 체제의 수립이라는 희망을. 그러나 "자유주의적"이라 불렸던 이 왕위 계승권자는 왕위를 차지해 프리드리히 빌헬름 4세[재위 1840~61년]가 되자마자 독재를 시작했다. 그들의 모든 희망을 정초하고 요약해 주던 이론이 공고해지고 강화된 전제정을 만들어 냈다. 역사는 원리적으로는 이성이요 자유였다. 그러나 사실에서는 역사는 몰이성과 예속일 뿐이었다. 사실의 교훈을, 이 모순 자체를 받아들여야 했다. **하지만 이 모순을 어떻게 사고할 것인가?** 바로 그때에 『기독교의 본질』(1841)과 뒤이어 팸플릿 『철학의 개혁을 위한 잠정적 테제들』이 출간되었다. 이 텍스트들은 인류를 해방하지는 못했지만 청년 헤겔파를 그들의 이론적 궁지로부터 탈출시켜 주었다. 그들이 인간과 인간의 역사에 대해 제기한 극적인 질문에 대해 포이어바흐는 **정확히** 대답해 주었다. 그것도 그들이 가장 혼란에 빠져 있던 시점에서. 그 안도와 그 열광의 반향이 40년이 지난 후 엥겔스에게서 보인다! 포이어바흐는 헤겔과 모든 사변철학을 백지화한 바로 그 "새 철학"이었다. 이 "새 철학"은 철학이 **머리로 서게 한** 세상을 **발 위에** 세웠고, 모든 소외와 모든 환상들을 폭로하면서 **그 이유들**을 설명했으며, 역사의 **몰이성**에 대해 바로 이성의 이름으로 사고하고 비판할 수 있게 해주었고, 마침내 **관념과 사실을** 화해시켰으며, 세계의 모순의 필연성과 세계 해방의 필연성을 이해시켰다. 바로 그래서, 노년 엥겔스가 인정해야 했듯이, 청년 헤겔파는 "**모두 포이어바흐주의자**"였던 것이다.[3] 그래서 그들은 포이어바흐의 책들을 미래의 길을 선포하는 **선언들**로서 받아들였던 것이다.

나는 그것은 무엇보다도 **철학적** 선언들이었다는 것을 덧붙인다. 왜냐하면 너무나도 명백하게도 모든 것이 아직 철학 속에서 전개되었기 때문이다. 그러나 철학적 사건들은 **또한** 역사적 사건들이게 된다.

이 텍스트들은 어떤 점에서 흥미로운가?

이 텍스트들은 우선 **역사적으로** 흥미롭다. 내가 1840년대의 저술들만을 선택한 것은 그것들이 가장 유명하고 가장 생명력 있는

---

3 [옮긴이] "우리는 모두 한순간에 포이에르바하주의자가 되었다. 마르크스가 얼마나 열렬하게 이 새로운 견해를 환영했고, ……". 프리드리히 엥겔스, 「루드비히 포이에르바하 그리고 독일 고전철학의 종말」, 『칼 맑스·프리드리히 엥겔스 저작선집 6』, 박종철출판사, 1997. 251쪽.

것들일 뿐만 아니라(몇몇 실존주의자들이나 신학자들이 그것들에서 현대적 영감의 기원을 되찾고자 할 정도로 오늘날에도 생명력이 있다), 무엇보다도 그것들이 하나의 역사적 **시점**_moment_에 속하고 하나의 역사적 역할(물론 정해진 무대 속의, 그러나 풍부한 미래를 지닌 역할)을 수행했기 때문이다. 포이어바흐는 청년 헤겔주의 운동의 이론적 발전에서 등장한 위기의 **증인**이자 **동인**動因이다. 1841년과 1845년 사이 청년 헤겔파의 텍스트들을 이해하기 위해서는 포이어바흐를 읽어야만 한다. 특히 우리는 청년 마르크스의 저작들에 포이어바흐의 사상이 어느 정도까지 스며들었는지 볼 수 있다. 1842년에서 1844년 사이의 마르크스의 경우 용어들이 포이어바흐적일 뿐만 아니라(소외aliénation, 유적 인간l'homme générique[4], 총체적 인간l'homme total[5], 주어와 술어의 "전도"轉倒 등), 더욱더 중요한 것으로서, **철학적 문제설정**의 바탕이 포이어바흐적이다. 『유대인 문제에 관하여』나 『헤겔 국법론 비판』과 같은 저술들은 포이어바흐적 문제설정의 맥락 속에서만 이해 가능하다. 물론 마르크스가 고찰한 주제들은 포이어바흐의 직접적인 관심사를 넘어선다. 그러나 이론적 도식들과 문제설정은 **동일한 것들이다**. 마르크스 자신의 표현을 빌리자면, 마르크스는 이 문제설정을 1845년에서야 진정으로 "청산했다". 『독일 이데올로기』는 포이어바흐의 철학,

---

4 [옮긴이] 포이어바흐의 유적 인간der Gattungsmensch, 마르크스의 인간의 유적 본질ein Gattungs-wesen des Menschen 등을 가리킨다.

5 [옮긴이] 포이어바흐의 총체적 인간der ganze Mensch, 마르크스의 총체적 인간der totale Mensch 을 가리킨다.

포이어바흐의 영향과의 의식적·확정적 단절을 가리키는 첫 번째 텍스트이다.

포이어바흐의 텍스트들과 청년 마르크스의 저작들의 비교연구는 따라서 마르크스의 텍스트들에 대한 **역사적 독해**와 마르크스의 발전에 대한 더 나은 이해를 가능하게 할 것이다.

이런 역사적 이해는 이론적 의미를 갖는가?

분명히 그렇다. 1839년에서 1843년 사이의 포이어바흐의 텍스트들을 읽으면, 마르크스에 대한 **"윤리적"** 해석들을 전통적으로 정당화해 주던 개념들 대부분의 **유래**에 대해 결코 오해할 수 없게 된다. **"철학의 세계[현실] 되기", "주어-술어의 전도", "인간의 뿌리는 인간이다", "정치적 국가는 인간의 유적 삶이다", "철학의 소멸과 실현", "철학은 인간 해방의 머리이며, 프롤레타리아트는 그 심장이다"**[6] 등의 유명한 정식들은 포이어바흐에게서 직접 빌려 오거나 직

---

6 [옮긴이] 이상 알튀세르의 인용문의 출전은 다음과 같다.
  "철학의 세계[현실] 되기"ein Weltlich-Werden der Philosophie(『데모크리토스와 에피쿠로스의
  자연철학의 차이』). 이 문구가 포함된 문장 전체는 다음과 같다. "세계[현실]의 철학 되
  기는 동시에 철학의 세계[현실] 되기이다. 철학의 실현은 동시에 철학의 소멸이다."
  "주어-술어의 전도"Umkehrung von Subjekt und Prädikat(『헤겔 국법론 비판』).

접 포이어바흐에게서 영감을 얻은 정식들이다. 마르크스의 관념론적 "인간주의"의 모든 정식들은 포이어바흐적 정식들이다. 분명히 마르크스는, 이 『철학적 선언들』에서 보듯이 항상 정치에 대해 사고를 하지만 정치에 대해 거의 말하지 않는 포이어바흐를 인용하고 수용하고 반복한 것만은 아니다. 포이어바흐의 경우에 모든 것은 종교 비판과 신학 비판 속에서, 신학의 세속적 가장물假裝物인 사변철학 속에서 전개될 뿐이다. 그와 반대로 청년 마르크스는 정치에, 이어 정치가 그것의 "하늘"에 불과한 것에, 즉 소외된 인간들의 구체적 삶에 사로잡혀 있었다. 그러나 마르크스는 『유대인 문제에 관하여』와 『헤겔 국법론 비판』 등에서, 그리고 『신성가족』에서 가장 자주, **인간 역사의 이해에 윤리적 문제설정을** 적용하는 전위적 포이어바흐주의자에 불과했다. 달리 말해서, 당시 마르크스는 소외 이론, 즉 포이어바흐적인 "인간 본질"의 이론을, 이 이론을 『1844년 수고』[『경제학-철학 수고』]에서 (많은 부분) 정치경제학에까지 확장하기 전까지, 정치와 인간의 구체적 행위에 적용했다고 말할 수 있을 것이다. 이 포이어바흐적인 개념들의 기원을 잘 파악하는 것이 중요하다. 이는 (이것은 포이어바흐의 것이고 저것은 마르크스의 것이라는 식의) 귀속 확인을 통해 모

"인간의 뿌리는 인간이다"(「헤겔 법철학 비판 서설」).
"완성된 정치적 국가는 인간의 유적 삶Gattungsleben이다"(『유대인 문제에 관하여』).
"철학의 소멸과 실현"(여러 글).
"인간 해방Emanzipation의 머리는 철학이며 인간 해방의 심장은 프롤레타리아트이다"
  (「헤겔 법철학 비판 서설」).

든 것을 결판내기 위해서가 아니라, 마르크스가 **빌려 왔을** 뿐인 개념들과 문제설정을 마르크스의 **발명**으로 돌리지 않기 위해서이다. 그리고 이 빌려 온 개념들은 하나씩 고립적으로 빌린 것이 아니라 **일괄해, 하나의 전체로서** 빌린 것임을 파악하는 것은 더욱 중요하다. 이 전체란 바로 포이어바흐의 문제설정이다. 이것이 요점이다. 왜냐하면, 개념의 고립된 차용은 우연적이고 이차적인 의미밖에 없기 때문이다. (그 맥락으로부터) 고립된 개념의 차용은 그 개념을 추출해 낸 맥락에 차용자를 얽매이게 하지 않는다(『자본』이 스미스, 리카도 또는 헤겔로부터 차용한 것이 그런 사례이다). 그러나 체계적으로 서로 연결된 개념들의 집합의 차용, 즉 진짜 **문제설정**의 차용은 우연적일 수 없으며, 차용자를 **얽매이게** 한다. 나는 『철학적 선언들』과 청년 마르크스의 저작들을 비교해 보면 다음과 같은 사실들이 아주 분명히 드러난다고 믿는다. 즉, 마르크스가 2~3년간 포이어바흐의 문제설정 자체와 문자 그대로 **결혼했다**는 것, 마르크스가 포이어바흐의 문제설정에 심원하게 **동일화하고** 있었다는 것, 그리고 이 시기 주장들 대부분의 의미, 심지어 이후에 마르크스에 의한 고찰의 재료가 되는 것(예컨대 정치, 사회적 삶, 프롤레타리아트, 혁명 등)에 관여하는 주장들, 따라서 그 때문에 완전히 마르크스주의적인 것으로 나타나는 주장들의 의미를 이해하기 위해서는 **이런 동일화된 핵심 바로 그 속에** 자리 잡아야 하며 이 동일화의 이론적 함의들과 귀결들을 포착해야 한다는 것이 그것이다.

내가 보기에 이런 요구 사항은 극히 중요한 것이다. 왜냐하면, 마르크스가 진짜로 포이어바흐의 전체 문제설정과 결혼했었다면 포이어바흐와의 단절은, 저 유명한 **"우리의 과거의 철학적 의식의 청산"**은, **새로운 문제설정**의 채택을, 즉 과거의 문제설정에 속하는 몇몇 개념들을 통합할 수 있지만 그것들을 그것들에게 근원적으로 새로운 의미를 부여하는 하나의 전체 속에서 통합하는 새로운 문제설정의 채택을 내포하기 때문이다. 이 귀결을 예증하기 위해 마르크스 자신이 인용한, 그리스 역사에서 빌려 온 이미지 하나를 기꺼이 취하겠다. 페르시아와의 전쟁에서 심각한 차질을 겪은 후 테미스토클레스는 아테네인들에게 육지를 포기하고 도시국가의 미래를 **다른 요소** 위에, 즉 바다 위에 세우자고 권고했다. 마르크스의 이론적 혁명이란 바로 **과거의 요소**, 즉 헤겔적이고 포이어바흐적인 철학의 요소로부터 해방된 **새로운 요소** 위에 자신의 이론적 사고를 세운 것이었다.

하지만 우리는 두 가지 방식으로 이 새로운 문제설정을 포착할 수 있다.

우선 『독일 이데올로기』, 『철학의 빈곤』, 『자본』 등 마르크스의 성숙기 텍스트들 속에서. 그러나 이 저작들은 우리가 『정신현상학』, 『엔치클로페디』 또는 『대논리학』에서 찾을 수 있는 헤겔 철학의 개진이나 『미래 철학의 원리들』에서 찾을 수 있는 포이어바흐 철학의 개진에 비견할 만한 마르크스의 이론적 입장의 체계적 개진을 제공하지 않는다. 마르크스의 이 텍스트들은 논쟁적이거나(『독일 이데올로기』, 『철학의 빈곤』) 실증적이다(『자본』). 우리가 매우 모호한 단어로 그의 "철학"이라고 부를 수 있을 마르크스의 이론적 입장은 확실히 이 텍스트들 속에서 노동하고 있지만 자신의 노동 그 자체 속에 파묻혀 있고, 자신의 비판적 또는 발견적 활동과 뒤섞여 있으며, 그 자체로 체계적이고 충분히 전개된 형태로 명확히 진술되어 있는 경우는 전혀 없지는 않더라도 거의 없다. 자연히 이러한 사정은 해석자의 임무를 단순하게 만들지 않는다.

바로 이 지점에서 포이어바흐의 문제설정에 대한 지식과 마르크스가 포이어바흐와 단절한 이유들이 우리를 도와준다. 왜냐하면 포이어바흐를 통해 우리는 간접적으로 마르크스의 새로운 문제설정에 접근하기 때문이다. 우리는 **마르크스가 어떤 문제설정과 단절했는지를** 알며, 이 단절이 "열어젖히는" 이론적 지평들을 발견한다. 한 인간이 자신의 연계들을 통해서만큼이나 자신의 단절들을 통해서 자신을 드러낸다면, **마르크스처럼 엄격한 사상가도 자신의 이후 진술들을 통해서만큼이나 포이어바흐와의 단절을 통해서 자신을 나타내고 드러낼 수 있다**고 말할 수 있다. 포이어바흐와의 단절이 마르크스의 종국적인 이론적 입장의 구성에서 결정적인 지점에 위치하는 것처럼, 포이어바흐에 대한 지식도 바로 그 때문에 마르크스의 철학적 입장에 대한 접근 수단, 대체될 수 없고 무거운 이론적 함의를 갖는 접근 수단이 된다.

나는 마찬가지 방식으로, 포이어바흐에 대한 지식이 또한 마르크스와 헤겔의 관계에 대해 더 잘 이해하게 해주리라고 말하려 한다. 사실 마르크스가 포이어바흐와 단절했다면, 적어도 마르크스의 **최종적인** 철학적 추정들présupposés에 비추어 보면, 청년 마르크스의 글들 대부분에서 발견되는 헤겔에 대한 비판은, 그 비판이 **포이어바흐적인 관점**, 즉 마르크스가 나중에 기각한 관점에서 행해졌다는 점에서, 불충분한 비판, 게다가 잘못된 비판으로 간주해야 한다. 그런데 사람들은, 가끔은 편의 때문에, 마르크스가 자신의 관점을 바꾸었다고 하더라도 그의 청년기 저작 속에서 행해진 헤겔에 대한 비판은 어쨌든 계속 정당한 것이며 아직도 "유지될" 수 있다고 생각하는 경향을 항상 그리고 천진하게 갖고 있다. 그렇지만 이런 경향은 다음과 같은 근본적인 사실을 무시하는 것이다. 즉 마르크스는, **헤겔에 대한 포이어바흐의 비판은 "헤겔 철학의 한복판"에서 행해진 비판**이었음을, 포이어바흐는 분명 헤겔의 구축물의 몸체를 "전도"했지만 그 최종적 구조 및 토대들, 즉 이론적 전제들은 보존하고 있는 "철학자"로 남아 있음을 의식하게 되면서, 포이어바흐와 결별했다는 사실 말이다. 마르크스가 보기에 포이어바흐는 헤겔의 땅에 머물러 있었으며, 비록 그가 헤겔의 땅을 비판했더라도 그 포로로 남아 있고, 헤겔 자신의 원리들을 헤겔에게 되돌려 들이댈 뿐이었다. 포이어바흐는 **"요소"**를 변화시키지 않았다. 헤겔에 대한 진정한 마르크스주의적 비판은 요소를 바꿀 것을, 즉 포이어바흐가 그것의 반항적 포로로 남아 있던 저 철학적 문제설정을 포기할 것을 당연히 전제한다.

포이어바흐의 사고에 대한 마르크스의 이런 특권적인 대결이 갖는 이론적 의미를 오늘날의 논쟁들과 무관치 않은 한 마디로 요약하자면, 먼저 헤겔과의 단절 그리고 뒤이은 포이어바흐와의 단절,

이 이중적 단절에서 문제가 된 것은 **철학**이라는 용어 자체의 의미였다고 말할 수 있다. 철학의 전통적 모델들과 비교해 마르크스주의 **"철학"**이란 무엇이겠는가? 다시 말해서, 헤겔이 그 마지막 이론가였고 포이어바흐가 그것으로부터 벗어나려고 절망적으로 시도했지만 허사였던 전통적인 철학적 문제설정과 단절한 이론적 입장이란 무엇이겠는가? 이 질문에 대한 대답은 대부분 포이어바흐 자신으로부터 부정적으로 도출될 수 있다. 청년 마르크스의 "철학적 의식"의 마지막 증인이었으며 마르크스가 자신의 진정한 모습을 갖추기 위해 차용된 이미지를 던져 버리기 전에 자신의 모습을 비추어 보던 마지막 거울이었던 포이어바흐로부터 말이다.

1960년 10월

II

청년 마르크스에
대하여
(이론의 문제들)

독일의 비판은 그 최근의 시도들에 이르기까지 철학의 지반에서 벗어나지 못했다. 자신의 일반적-철학적 전제들을 조사하기는커녕, 그 비판의 모든 질문들은 더욱이 특정한 철학적 체계, 즉 헤겔의 체계의 지반 위에서 발생했다. 그 비판의 대답들만이 아니라 이미 질문들 자체 속에 기만Mystifikation이 자리 잡고 있다.

칼 마르크스,『독일 이데올로기』

마르크스라는 이름의 젊은이에게
자신의 삶을 바친
오귀스트 코르뉘에게 바친다.

『국제 연구』*Recherches Internationales*는 "청년 마르크스에 대한" 외국 마르크스주의자들의 열한 편의 연구를 제공한다. 이미 오래된 톨리아티*Palmiro Togliatti*의 논문(1954) 한 편, 소련 논문 다섯 편(이 가운데 세 편은 27~28세의 젊은 연구자들의 것이다), 동독 논문 네 편, 폴란드 논문 한 편이 그것이다. 청년 마르크스에 대한 주석은 서방 마르크스주의자들의 특권이자 십자가였다고 할 수 있다. 이 논문집과 그 소개글*Présentation*은 이제 서방 마르크스주의자들에게 그들이 이 임무 앞에, 이 임무의 위험과 보상들 앞에서 혼자가 아님을 알려 준다.[1]

이 흥미롭지만 불균질한 논문집[2]을 읽은 것을 계기로 하여 몇 가

---

1 청년 마르크스의 저작들에 대한 연구에서 소련의 젊은 연구자들이 보여 주는 관심은 매우 주목할 만하다. 이것은 소련의 문화적 발전의 현재적 경향의 중요한 지표이다(논문집의 "Présentation", p. 4, 주 7).

지 문제를 검토하고, 몇몇 혼란들을 해소하고, 내 나름으로 몇 가지
설명을 제시하고자 한다.

서술의 편의상 청년 마르크스의 저작들의 문제들questions[3]의 세 가
지 근본적 측면, 즉 정치적 측면(I), 이론적 측면(II), 역사적 측면(III)
에서 다루어 보겠다.

I. 정치적 문제

청년 마르크스의 저작들에 대한 논쟁은 우선 **정치적** 논쟁이다.
메링Franz Mehring이 요컨대 그 역사를 훌륭히 기술했고 그 의미를 훌
륭히 끌어낸 바 있는 청년 마르크스의 저작들이 사회민주주의자들
에 의해 발굴되었고 또한 그들에 의해 마르크스-레닌주의의 이론적
입장들에 대항해 이용되었다는 것을 재론할 필요가 있을까? 그런
작업의 위대한 선조는 란츠후트와 마이어이다(1931).[4] 이들의 편집

---

2 이 논문집은 의문의 여지없이 회프너J. Hoeppner의 매우 주목할 만한 논문 「헤겔로부터 마
르크스로의 이행에 대한 몇 가지 잘못된 이해[관념]들에 대하여」A propos de quelques con-
ceptions erronées du passage de Hegel à Marx(pp. 175-190)에 의해 지배되고 있다.

3 [옮긴이] 이 책에서 question은 '질문'으로 번역했지만, 이 논문의 부제목("이론의 문제들")
과 본문 두 곳("저작들의 문제들", "언어의 문제")에서는 '문제'로 번역했다.

4 [옮긴이] Siegfried Landshut und J. P. Mayer(Hg), *Karl Marx : Der historische Materialismus; Die*

판의 서문을 코스트 사에서 출판한 몰리토르Jacques Molitor의 번역본에서 읽을 수 있다(*Œuvres Philosophiques de Marx*, T. IV, pp. XIII-LI). 거기에 모든 것이 분명하게 제시되어 있다. 『자본』은 **윤리학적** 이론이며, 『자본』의 무언의 철학이 청년 마르크스의 저작들 속에서는 소리 높여 말하고 있다는 것이다.[5] 내가 이렇게 두 가지로 요약하는 이 테제는 엄청난 성공을 거두었다. 우리가 이미 오래전에 예견했듯이 프랑스와 이탈리아에서 그러했을 뿐만 아니라, 이 외국인의 논문들이 보여

Frühschriften. Kröner, 1932. 2 Bände. 알튀세르는 "Landshut et Mayer(1931)"이라 썼는데, 이 책이 출간된 것은 1932년이다.

5 『마르크스의 철학적 저작들』*Œuvres Philosophiques de Marx*(Trad. Molitor, Éd. Costes, tome IV) 참조. 「서문」에서 란츠후트와 마이어는 다음과 같이 말한다. "『자본』에서 행한 분석을 주재하는 경향의 기초는 …… 스스로 마르크스의 가장 중요한 저작의 전체 경향을 내적으로 정당화해 줄 수 있는 무언의 가설들이 존재하며 …… 정확히 말해 이 가설들이 1847년 이전의 마르크스의 작업의 정식 주제들이었음이 명백하다. 『자본』의 마르크스에게 이 주제들은 그의 지식이 성숙해 감에 따라 그가 점차 그것으로부터 해방된, 그리고 개인적 정화 과정에서 쓸모없는 쓰레기로 치워 버린 청년기의 오류들이 결코 아니었다. 오히려 마르크스는 1840년에서 1847년까지의 저술들에서 역사적 조건들의 모든 지평을 열었고 일반적인 인간적 근거를 확보했는데, 이런 근거 없이는 경제적 관계들에 대한 모든 설명은 한 명의 총명한 경제학자의 단순한 작업에 머물렀을 것이다. 사고의 노동이 그 속에서 이루어지는 청년기 저작들의 이 내밀한 흐름, 마르크스의 전체 저작을 관통하는 이 내밀한 흐름을 포착하지 못한 자는 마르크스를 이해할 수 없다. …… 마르크스의 경제학적 분석의 원리들은 직접적으로 '인간의 진정한 현실'로부터 도출된다……"(pp. XV-XVII). "『공산당 선언』의 첫 구절을 조금만 변화시키면 다음과 같은 표현을 얻을 수 있다 : 지금까지 존재해 온 모든 사회의 역사는 인간의 자기 소외의 역사였다……"(p. XLII) 등. 파지트노프Leonid Pajitnov의 「1844년 수고」Les manuscrits de 1844, *Recherches Internationales*, pp. 80-96에서 이 "청년 마르크스"주의적인 수정주의적 조류의 주요 저자들에 대한 훌륭한 검토를 볼 수 있다.

주듯이 오늘의 독일과 폴란드에서도 그러했다. 철학자, 이데올로그, 종교인 들은 이 거대한 비판과 **전향**傳向의 사업에 뛰어들었다. 마르크스로 하여금 마르크스의 원천들로 복귀하게 하고, 원숙한 마르크스는 가장한 청년 마르크스일 따름이라고 마침내 고백하게 하라. 아니면, 마르크스가 자기 나이를 고집한다면, 그로 하여금 성숙기의 죄를 고백하게 하고, 그가 철학을 경제학에, 윤리학을 과학에, 인간을 역사에 희생시켰음을 인정하게 하라. 마르크스로 하여금 그의 진실에, 즉 그를 넘어서 존속할 수 있는 모든 것, 우리 인간들이 살고 사고하도록 도울 수 있는 그 모든 것은 이 몇몇 **청년기 저작들** 속에 있다는 것에 동의하게 하거나 거부하게 하라.

이런 훌륭한 비판들은 따라서 우리에게 다음과 같은 단 하나의 선택만을 남겨 놓는다. 즉, 『자본』은 (그리고 일반적으로 "완성된 마르크스주의"는) **청년 마르크스의 철학의 표현이거나 아니면 배반임을** 인정해야 한다. 어느 경우든 기성의 해석은 전면적으로 수정되어야만 하며, 청년 마르크스에게로, 진리가 그를 통해 말하는 저 청년 마르크스에게로 돌아가야 한다.

따라서 논쟁의 **장소**는 청년 마르크스이다. 논쟁의 진정한 **쟁점 사안**은 마르크스주의이다. **논쟁의 항**項들은 청년 마르크스가 이미 그리고 완전히 마르크스인가 여부이다.

일단 논쟁이 시작되자 전술적 조합의 이상적 순서 안에서 마르크스주의자들은 두 배열 중에서 선택할 수밖에 없었던 것으로 보인다.[6]

적들이 그들에게 가하는 청년 마르크스의 위험에서 마르크스를 구하려 한다면, 마르크스주의자들은 매우 도식적으로, **청년 마르크스는 마르크스가 아님을 인정하거나 아니면 청년 마르크스는 마르크스라고 확언할 수 있다.** 이 테제들은 미묘하게 다른 형태로 진술될 수 있다. 하지만 이런 진술 형태를 유발하는 것 자체가 이 테제들이다.

물론, 가능성들의 이런 목록은 매우 하찮은 것으로 보일 수도 있다. 만약 문제 되는 것이 역사에 대한 언쟁이라면, 이 언쟁에는 전술戰術이 끼어들 여지가 없으며, 오직 사실들과 서류들에 대한 과학적 검토에 의해 내려진 판결만이 중요하다. 그렇지만 과거의 경험에 따르면, 그리고 이 논문집을 읽어만 보더라도, **정치적 공격**에 대항하는 것이 중요한 상황에서 다소간 양식 있는 전술적 고려들 또는 방어적 반응을 도외시하는 것이 때로는 곤란하다는 것이 입증된다. 얀은 청년 마르크스의 저작들에 대한 논쟁을 불러일으킨 것은 마르크스주의자들이 아니라는 것을 아주 잘 인지하고 있었다.[7] 그리고 메링의 고전적 저작들과 오귀스트 코르뉘의 학자적이며 세심한 탐구들을 올바로 평가하지 못했기에 젊은 마르크스주의자들은 예견하지 못한 전투에 제대로 대비하지 못했고, 놀라서 굳어져 버렸다. 그들은 할 수 있는 한도 내에서 대응했다. 현재의 방어 속에도, 이 방어

---

6 분명 마르크스주의자들은 태연히 (자신도 모르는 사이에) 적들의 테제들을 받아들이고, 마르크스를 그의 청년기를 통해 다시 사고할 수 있었다. 이런 역설적 시도가 프랑스에서도 있었다. 그러나 결국 역사는 언제나 오해를 일소한다.

7 Wolfgang Jahn, 「소외의 경제적 내용」Le contenu économique de l'aliénation, *Recherches*, p. 158.

의 반사적인 모양새와 혼란과 미숙함 속에, 이런 놀람이 일부 남아 있다. 덧붙이자면, 이 놀람은 **이 방어의 자격지심**_mauvaise conscience_ **속에 도** 남아 있다. 왜냐하면 이 공격은 마르크스주의자들 자신의 지반 위에서, 마르크스의 지반 위에서 그들을 놀라게 했기 때문이다. 아마도 단순한 개념 하나가 문제였다면 덜했겠지만, 문제problème가 마르크스의 역사에, 마르크스 자신에게 직접 관련된 것이었기에 그들은 특별한 책임감을 느꼈다. 그들은 따라서 첫 번째의 반사적 반응을 강화하는 **두 번째 반응**에 사로잡혔다. 자기 책임을 완수하지 못하리라는 두려움, 자신과 역사 앞에서, 돌봐야 하는 창고를 침범당하게 내버려 둘 수 있으리라는 두려움이 그것이다. 더 명확히 말하자면, 만약 반성되고 비판되고 통제되지 않을 경우 이 반응은 마르크스주의 철학자를 **"파국적"대응**으로, 문제를 더 잘 해결하기 위해 실제로는 **문제를 제거하는** 총괄적인 대답으로 이끌어 갈 수 있다.

마르크스를 그 자신의 청년기에 대립시키는 자들을 좌절시키기 위해 결연히 **정반대의** 입장이 채택될 것이다. 마르크스를 그 자신의 청년기와 화해시킬 것이다. 사람들은 더 이상 『유대인 문제에 관하여』를 통해서 『자본』을 읽지 않고, 반대로 『자본』을 통해서 『유대인 문제에 관하여』를 읽을 것이다. 그들은 더 이상 청년 마르크스의 그림자를 마르크스에게 투사하지 않고, 반대로 마르크스의 그림자를 청년 마르크스에게 투사할 것이다. 그리고 이런 대응을 정당화하기 위해, 철학의 역사에 대한 "전미래_前未來_[8] 식의 유사 이론을, 그것이 아주 단순히 헤겔적인 것임을 깨닫지도 못한 채, 벼려 만들어 낼 것이다.[9] 마르크스의 **온전성**을 손상할지도 모른다는 신성한 두려움은 **마르크스 전체를** 결연히 받아들이려는 반사적 행동을 부추긴다.

8 [옮긴이] 전미래future antérieur는 미래에 일어날 어떤 사실보다 앞서 이루어질 미래를 나타내는 시제이다. "전화가 오면 너에게 알려 줄 것이다"에서 전화가 오는 것은 '전미래'이고 알려 주는 것은 '단순미래'이다.

9 Adam Schaff, 「청년 마르크스의 진정한 모습」Le vrai visage du jeune Marx, *Recherches*, p. 193 참조. 또한 같은 책의 "Présentation", pp. 7-8의 다음 언급을 참조. "우리는 마르크스의 작업[저작] 전체를, 사상과 행동으로서의 마르크스주의 자체를 진지하게 이해하려는 시도를, 마르크스가 초기 저작들을 쓸 당시 자신의 저작에 대해 지니고 있었던 생각에 입각해 행할 수는 없다. 오직 그 반대의 진행 방식만이 올바르다. 이 진행 방식은 이 전제들(?)의 의미를 이해하고 그 가치를 올바로 평가하기 위해, 마르크스주의적 사고의 창조적 연구실들인 크로이츠나흐의 노트들[1843년의 『헤겔 국법론 비판』 등을 포함한 다섯 권의 노트들]이나 1844년의 『경제학-철학 수고』와 같은 텍스트들로 침투하기 위해, 마르크스가 우리에게 물려준 것 그대로의 마르크스주의, 또한, 분명히 강조하건대, 한 세기 이래 역사적 실천의 불길 속에서 풍부해진 것 그대로의 마르크스주의에서 출발하는 진행 방식이다. 이 진행 방식 없이는, 토마스 아퀴나스주의 아니면 헤겔주의로부터 빌려 온 기준들을 이용해 마르크스를 평가할 수밖에 없다. **철학의 역사는 전미래로 쓰인다. 이것에 동의하지 않는다면, 그것은 결국 그 역사를 부인하는 것이며, 헤겔의 방식으로 그 역사의 창설자를 자처하는 것이 된다.**" 마지막 두 구절은 내가 강조했다. 그러나 독자들도 또한, 철학사에 대한 헤겔의 이해[관념]를 마르크스주의에 귀속시키는 것을 보고 매우 놀라서, 그리고 극히 혼란스럽게도, 그런 이해[관념]를 어쩌다 거부할 경우 헤겔주의자로 취급되는 것을 보고, 마찬가지로 이를 강조했을 것이다. 우리는 뒷부분에서 또 다른 동기들이 이런 이해[관념] 속에 작용하고 있음을 보게 될 것이다. 어쨌든 이 텍스트는 내가 언급한 운동, 즉 마르크스가 청년 마르크스에 의해 전체적으로 위협받고 청년 마르크스가 **전체의 한 계기로** 회수되며 이에 따라 아주 단순하게 헤겔적인 철학사의 철학이 제조되는 운동을 분명히 보여 준다. 회프너는 앞에 인용한 그의 논문 p. 180에서 이 점을 다음과 같이 차분히 정리한다. **"역사를 앞에서 뒤쪽으로 바라보아서는 안 되고, 마르크스주의적 지식의 높은 곳에서부터 그것의 과거의 관념적인 싹들을 찾으면 안 된다. 철학적 사고의 진화를 사회의 현실 진화로부터 추적해야 한다.**" 이것은 예컨대 『독일 이데올로기』에서 광범하게 전개된 마르크스 자신의 입장이다.

마르크스는 하나의 전체이고, **"청년 마르크스는 마르크스주의에 속한다"**[10]고 선언될 것이다. 마치 청년 마르크스를, 마르크스 자신이 그랬던 것처럼, 역사에 넘길 경우 **마르크스 전체를** 잃는 위험에 빠지게 된다는 듯이. 마치 청년 마르크스를 역사의 근원적 비판에, **그가 살아갈 역사가 아니라 그가 살아온 역사**, 직접적immédiate 역사가 아니라 고찰된 역사, 성숙기의 마르크스 자신이 그 역사에 대해 헤겔적 의미의 **"진리"**가 아니라 과학적 이해의 원리들을 제공한 그 역사의 근원적 비판에 맡길 경우 **마르크스 전체를** 잃는 위험에 빠지게 된다는 듯이.

대응의 영역에서도 좋은 이론 없이 좋은 정책이 있을 수 없다.

II. 이론적 문제

그리하여 우리는 청년 마르크스의 저작들에 대한 연구가 제기하는 **두 번째 문제**, 즉 이론적 문제에 이르게 된다. 나는 이 문제를 강조하고 싶은데, 왜냐하면 이 문제는 이 주제에 의해 고취된 대부분의 작업들 속에서 항상 해결되지 않은 것으로, 심지어 정확하게 제기되지도 않은 것으로 보이기 때문이다.

---

10 "Présentation", p. 7. 그 근거들은 전혀 모호하지 않다.

실상 청년 마르크스의 텍스트들에 대한 **독해**는 너무나도 자주 역사적 비판에 입각한 독해보다는 관념들의 자유연상이나 용어들의 단순 비교에 입각한 독해의 형식을 취했다.[11] 이런 독해가 이론적 결과들을 도출할 수 있다는 데에는 의문의 여지가 없겠지만, 이런 결과들은 텍스트들에 대한 진정한 이해의 **전제 조건**에 불과하다. 예컨대 마르크스의 박사학위 논문의 용어들을 헤겔의 사고思考에서 채택되는 용어들과 비교하면서 이 박사학위 논문을 읽을 수 있고,[12] 「헤겔 법철학 비판 서설」(1843년)의 원리들을 포이어바흐 또는 성숙기 마르크스의 원리들과 비교하면서 읽을 수 있으며,[13] 『1844년 수고』[『경제학-철학 수고』]의 원리들을 『자본』의 원리들과 비교하면서 읽을 수 있다.[14] 이런 비교 자체는 피상적일 수도 있고 심층적일 수도 있다. 이런 비교는, 그럼에도 오류들이기도 한 오해들[15]을 생산할 수 있다.[16]

---

11 Hoeppner(같은 글, p. 178) 참조. "**질문은 오늘의 한 마르크스주의 연구자가 그런 구절들을 읽으면서 어떤 마르크스주의적 내용을 생각할 수 있는가 하는 것이 아니라, 오히려 이 구절들이 헤겔 자신에게 어떤 사회적 내용을 가지고 있는가 하는 것이다.**" 헤겔에게서 "마르크스주의적" 주제들을 찾는 쿠친스키J. Kuczynski에 반대해 회프너가 헤겔에 대해 탁월하게 말하는 것은, 우리가 마르크스의 성숙기 저작들에서 출발해 그의 청년기 저작들을 읽을 때 **마르크스 자신에게 아무런 제한 없이 해당되는 것이다.**

12 P. Togliatti, 「헤겔로부터 마르크스주의로」De Hegel au marxisme, *Recherches*, pp. 38-40.

13 N. Lapine, 「헤겔 철학 비판」Critique de la philosophie de Hegel, *Recherches*, pp. 52-71.

14 Jahn, *Recherches*, pp. 157-174.

15 예컨대 톨리아티가 마르크스가 포이어바흐를 지양했음을 입증하기 위해 원용한 두 인용문은 정확히 말해서 포이어바흐의 텍스트들 자체에 대한 …… 표절이다. 아무것도 놓치지 않는 회프너가 이를 잘 지적했다. "마르크스가 이때부터 포이어바흐로부터 해방되었음

그러나 이런 비교는 항상 그 자체로 올바른 것이 아니다.

만약 우리가 오직 이론적 **요소들**의 자생적 결합에 머문다면, 그것이 식견을 갖춘 결합이라 하더라도, 우리는 **원천**_sources_의 이론 또는 결국 마찬가지일 것인 예견의 이론에서 정점에 달하는, 요소들을 비교하고 대립시키고 접근시키는 현재 대학에서 통용되는 이해[관념]conception와 대단히 유사한 암묵적 이해[관념]의 포로가 될 위험에 빠진다. 헤겔에 대해서 잘 아는 이는 1841년의 박사학위 논문이나 『1844년 수고』를 읽으면서 "헤겔을 생각할" 것이다. 마르크스에 대해 잘 아는 이는 「헤겔 법철학 비판 서설」을 읽으면서 "마르크스를 생각할" 것이다.[17]

그런데 아마도 원천의 이론이건 예견의 이론이건 간에 이 이해[관념]는, 그 순진한 직접성 속에서, 이 이해[관념] 속에서 항상 암묵적으로 작동하는, 다음과 같은 **세 개의 이론적 전제들** 위에 세워져

을 입증하기 위해 톨리아티가 『1844년 수고』에서 뽑은 두 인용문은 근본적으로 『잠정적 테제들』과 「미래 철학의 원리들」에 제시된 포이어바흐의 관념들을 재생산한 것에 불과하다"(Hoeppner, 같은 글, p. 184, 주 11). 동일한 의미에서 우리는 파지트노프가 자신의 논문 p. 88과 p. 109에서 행한 『1844년 수고』 인용문들의 설득력을 부인할 수 있을 것이다. 이런 오해와 관련해 요구되는 도덕은, 저자들을 세밀히 읽어야 한다는 것이다. 이 도덕은 포이어바흐와 관련해서도 불필요한 것이 아니다. 마르크스와 엥겔스는 포이어바흐에 대해 매우 자주, 매우 잘 말했고, 그리하여 사람들은 자신이 포이어바흐에 대해 친숙하게 안다고 믿게 된다.

16 예컨대 얀은 『1844년 수고』의 소외 이론과 『자본』의 가치 이론을 암시적으로 비교한다.

17 Jahn, _Recherches_, p. 158을 볼 것.

있다는 점이 충분히 주목을 받지 못하는 것 같다. **첫 번째 전제는 분석적**이다. 이 분석적 전제는 모든 이론적 체계, 모든 구성된 사고를 **그것들의 요소들로 환원될 수 있는** 것으로 간주한다. 이 전제는 이 체계의 한 요소를 **따로 떼어 내고** 그것을 **다른 체계**에 속하는 유사한 **다른** 요소와 비교하는 것을 가능하게 해주는 조건이 된다.[18] **두 번째 전제는 목적론적**이다. 이 목적론적 전제는 역사에 대한 비밀 재판소를 설치하며, 이 재판소는 자신에게 회부된 관념들을 **재판한다.** 더 적절히 말하자면, 이 재판소는 (다른) 체계들이 그 체계들의 요소들로 해체되도록 해주며, 이 요소들을 마치 **이 요소들의 진리**에 따라서 측정하는 것인 듯이 자신의 규범에 따라 측정하기 위해, 이 요소들을 요소들로서 설정한다.[19] 끝으로, 이 두 전제는 **세 번째 전제**에 기초한다. 세 번째 전제는 관념들의 역사를 이 세 번째 전제 자체의 요소로 간주하고, 관념들의 역사의 산물이 아닌 것은 아무것도 없으며 이데올로기의 세계는 이 전제 자신에게 **자기 자신에 대한 이해**_intelligence_**의 원리**라고 주장한다.

　나는 이 방법의 가장 경이로운 특징의 가능성과 의미를 이해하기 위해서는 이런 기초에까지 침투해야 한다고 믿는다. 그 특징이란 바로 **절충주의**이다. 이 절충주의의 표면 아래로 파고들 때 우리는, 이

---

18 쿠친스키와 관련해 이런 형식주의를 탁월하게 비판하는 회프너의 글을 볼 것. 같은 글, pp. 177-178.

19 원천의 이론에서는 기원이 발전을 측정한다. 예견의 이론에서는 역사의 종말[목적]fin이 역사의 흐름의 각 순간의 의미를 결정한다.

절충주의가 사고를 완전히 결여한 것이 아닌 한에는, 항상 이런 **이론적 목적론**을, 그리고 이런 **이데올로기의 자기이해적 성격**을 만난다. 그런데 몇몇 논문을 읽으면서 우리는 이 논문집이 그것으로부터 벗어나려 노력함에도 불구하고 이런 이해[관념]의 잠재적 논리에 **전염되어** 있다고 생각하지 않을 수 없다. 마치 청년 마르크스의 이론적 발전의 역사가 자신의 사고를 유물론적 요소들과 관념론적 요소들이라는 두 항목으로 일반적으로 분류되는 **요소들**로 환원할 것을 요구한다는 듯이 사태가 전개되며, 마치 이 요소들의 비교와 이 요소들의 집합의 대조가 검토되는 텍스트의 **의미**를 결정한다는 듯이 사태가 전개된다. 이렇게 하여 『라인 신문』의 논설들 속에, **아직** 헤겔적인 사고의 외적 형태 아래, 검열의 정치적 성격, 도벌 관계법의 사회(계급)적 성격 등과 같은 **유물론적 요소들**이 존재한다는 것이 입증될 수 있게 되며, 1843년 수고(「헤겔 법철학 비판 서설」)[20] 속에, 포이어바흐에 의해 **고취되고 있거나** 또는 **아직** 헤겔적인 진술과 정식들하에, 사회 계급 및 사적 소유의 현실과 이 현실의 국가와의 관계, 게다가

---

20 [옮긴이] 「헤겔 법철학 비판 서설」은 1844년 2월에 『독불 연보』에 출판되었으며 따라서 수고手稿가 아니다(이 책 74쪽 옮긴이 주 참조). 『헤겔 국법론 비판』*Critique de la Philosophie de l'Etat de Hegel*이 1843년 수고이다. 알튀세르는 「청년 마르크스에 대하여」 안에서 한 곳에서는 Manuscrit de 43(Critique de la Philosophie de l'Etat de Hegel)이라고 썼지만(즉, 1843년 수고=『헤겔 국법론 비판』), 다른 두 곳에서는 Manuscrit de 43(Critique de la Philosophie du Droit de Hegel)이라고 썼다(1843년 수고=「헤겔 법철학 비판 서설」). 즉, 그는 두 텍스트를 모두 "1843년 수고"라 쓴 것이다. 프랑스에서 마르크스의 두 텍스트는 묶여서 단행본 한 권으로 출간되었는데, 이 때문에 알튀세르가 둘 다 '수고'라고 착각한 것이라 짐작된다.

유물론적 변증법 자체 등과 같은 **유물론적 요소들**이 존재한다는 것이 입증될 수 있게 된다. 그런데 표현된 사고의 내적 맥락에서 분리되고 **그 자체로 의미 있는 실체들로** 사고된 **요소들**을 이와 같이 식별하는 것은 이 텍스트들에 대한 **정향된 독해**, 다시 말해 **목적론적 독해**를 통해서만 가능하다는 것이 분명하다. 이 논문집의 가장 의식 있는 필자 중 하나인 라피네는 이 점을 매우 솔직히 인정한다. **"이런 종류의 특징은 …… 사실 매우 절충적인 것이다. 왜냐하면 그것은 이렇게 상이한 요소들이 어떻게 마르크스의 세계관 속에서 조합되었는가 하는 질문에 대답해 주지 못하기 때문이다."**[21] 라피네는 텍스트를 **이미 유물론적인 것**과 **아직 관념론적인 것**으로 이처럼 해체하는 것이 **텍스트의 통일성**을 확보해 주는 것이 아님을, 그리고 이런 해체는 바로 성숙기 텍스트들의 내용을 통해 청년기 텍스트들을 읽음으로써 생겨나는 것임을 잘 알고 있다. 따라서 앞선 시기의 텍스트의 몸체를 **요소들**로 분리하고 그럼으로써 그 텍스트의 통일성을 파괴하라는 판결을 내리고 집행하는 것은 바로 완성된 마르크스주의의 재판소, 종말Fin의 재판소이다. **"자신의 철학적 입장에 대해 마르크스가 당시 가지고 있던 이해[관념]에서 출발한다면, 1843년 수고는 완전히 일관성 있고 완성된 작품으로 나타난다."** 반면 **"발전된 마르크스주의의 관점에서 보면, 1843년 수고는 유기적으로 완성된 하나의 전체, 그 속에서 각 요소의 방법론적 가치가 엄밀하게 입증된 그**

---

21 Lapine, 같은 글, p. 68.

런 전체로서 나타나지 않는다. 명백히 성숙하지 않았기 때문에 어떤 문제들은 과장되게 강조되고 있고 근본적으로 중요한 다른 문제들은 단지 소묘되고 있을 뿐이다……."[22] 요소들로의 해체와 **요소들 자체의 구성**을 유발하는 것이 이런 **목적론적 시각 속에 끌어넣기**라는 것을 이보다 더 솔직하게 인정할 수는 없을 것이다. 다른 한편, 나는 완성된 마르크스주의가 다른 중개적 저자, 예컨대 포이어바흐에게 행한 "**준거의 이전**"을 자주 관찰할 수 있다는 것을 덧붙이고자 한다. 포이어바흐는 "유물론적"이라고 판단되는 만큼(정확히 말해서 포이어바흐의 이 "유물론"이란 근본적으로 우리가 그의 유물론 선언들을 액면 그대로 받아들이고서 그렇게 말해 주는 것이지만) 그는 **두 번째 준거 중심**으로 사용될 수 있었고, 또 결국, 그[포이어바흐] 자신의 판결에 의해 또는 그 자신의 "진리성"vérité에 의해 "유물론적"이라고 선언된 요소들을, 청년 마르크스의 저작들 속에서, 말하자면 부수생산sous-production할 수 있었다. 이렇게 하여 주어-술어의 전도, 사변철학에 대한 포이어바흐적 비판, 종교 비판, 자신의 생산물들 속에 대상화된 인간 본질 등이 "유물론적"이라고 선언되었다. 포이어바흐에게서 출발해 이루어지는 요소들의 이런 부수생산은 완성된 마르크스로부터 생산된 요소들에 결합되어 왕왕 기묘한 중언부언들과 오해들을 불러일으킬 수 있다. 예컨대 포이어바흐가 인증한 유물론적 요소들을 마르크스 자신이 인증한 유물론적 요소들로부터 구별해 주는 것이 무엇인가

22 같은 글, p. 69.

하는 것이 문제일 때 그러하다.[23] 극단적으로 말하면, 우리가 항상 이 실행 방법으로, 아버지에게 보낸 관념과 현실을 구별하기를 거부한 편지를 비롯한 마르크스의 모든 청년기 저작들 속에서 **유물론적 요소들**을 발견할 수 있으므로, **언제** 마르크스가 유물론자로 간주될 수 있는지, 더 정확히 말해 마르크스가 **언제** 유물론자가 아니었을 수 있는지를 결정하는 것이 어렵게 된다! 예컨대 얀에게 『1844년 수고』는 **"아직 일련의 추상적 요소들"**을 담고 있기는 하지만 **"과학적 사회주의의 탄생"**을 표시한다.[24] 파지트노프에게 『1844년 수고』는 **"사회과학들에서 마르크스가 이룬 결정적 전환점을 형성한다. 거기에 마르크스주의의 이론적 전제들이 놓여 있다."**[25] 라피네에 따르면, **"몇몇 유물론적 요소들이 자연발생적으로 출현할 뿐인 『라인 신문』의 논설들과는 달리 『1844년 수고』는 마르크스가 유물론으로 의식적으로 이행했음을 증명하며"**, 실제로 **"마르크스의 헤겔 비판은 유물론적 입장들에서 출발한다"**(실제로 이 의식적 이행은 같은 논문에서 "암묵적"이고 "무의식적"인inconscient 것으로 지칭된다).[26] 샤프는 단호하게 **"우리는 (엥겔스의 훗날의 이야기들을 통해서) 마르크스가 1841년에 유물론자가 되었다는 것을 안다"**라고 한다.[27]

---

23 예컨대, Bakouradzé, "La formation des idées philosophiques de K. Marx", *Recherches*, pp. 29-32 참조.

24 Jahn, 같은 글, pp. 169, 160.

25 Pajitnov, 같은 글, p. 117.

26 Lapine, 같은 글, pp. 58, 67, 69.

나는 (사람들이 별로 힘들이지 않고 "열린" 연구의 징후를 볼 수 있을) 이 모순들로부터 너무도 쉬운 추론을 끌어내려 하지 않는다. 그렇지만 마르크스가 유물론으로 **이행하는** 시점을 고정하는 데에서 등장하는 이런 불확실성이 분석적-목적론적인 이론을 자연발생적·암묵적으로 사용한 데에서 비롯된 것이 아닌가라고 정당하게 자문해 볼 수 있다. 이 이론은 자신이 요소들로 해체해 버린, 즉 그 실제적effective 통일성을 해체해 버린, 하나의 사고思考에 대해 적용할 수 있는 일체의 타당한 기준을 결여하고 있는 것 같다는 점에 어찌 유의하지 않을 수 있겠는가? 이 이론이 기준을 결여하고 있는 것은 바로 그런 해체 때문에 기준을 사용할 수 없게 되었기 때문이다. 사실, 관념론적 요소는 관념론적 요소이고 유물론적 요소는 유물론적 요소라면, 이 요소들이 **한 텍스트의 실제적이고 살아 있는 통일체** 속에서 결합될 때 무엇이 **이 요소들이 구성하는 의미**를 결정할 수 있겠는가? 이런 해체는 이처럼 『유대인 문제에 관하여』나 1843년 수고와 같은 **텍스트의 전체적 의미**에 대한 질문 자체를 **증발시키고**, 질문을 제기할 수단이 박탈됨으로써 **질문이 제기되지 않도록** 하는 역설적 결과를 초래한다. 그렇지만 이것은 현실적 삶과 살아 있는 비판이 결코 회피할 수 없는 가장 중요한 질문이다! 만약 우리 시대의 한 독자가 우연히 『유대인 문제에 관하여』나 『1844년 수고』의 철학을 진지하게 받아들이고 그것을 지지하기에 이른다면(이런 일이 벌어졌다. 나는 다음과 같이 말할 참이었다.

27 Schaff, 같은 글, p. 202.

우리 모두에게 이런 일이 일어났다! 모두가 마르크스주의자가 되지는 않았지만, 얼마나 많은 이들에게 이런 일이 일어났던가!), 있는 그대로의 모습으로서, 즉 하나의 전체로서 간주된 그의 사고에 대해 우리가 무엇을 말할 수 있을 것인지 나는 자문한다. 그의 사고를 관념론적이라 할 것인가 아니면 유물론적이라 할 것인가? 마르크스주의적이라 할 것인가 비마르크스주의적이라 할 것인가?[28] 아니면 그의 사고의 의미가, 도달하지 못한 기일期日에 매달려, 유예 중에 있다고 생각해야 할 것인가? 하지만 우리가 알지 못하는 그 기일이란 언제일 것인가? 그렇지만 청년 마르크스의 텍스트들은 너무나도 자주 다음과 같이 취급된다. 마치 이 텍스트들은 마르크스주의로 귀착해야 **한다**는 유일한 이유로 이런 **"근본적 질문"**으로부터 면제되어 보호구역에 속한다는 듯이……, 마치 이 텍스트들의 의미는 끝까지 미결未決인 채로 있었다는 듯이, 마치 이 텍스트들의 요소들이 마침내 **하나의 전체 속으로** 흡수되기 위해서 최종적인 종합을 기다려야만 했다는 듯이, 마치, 최종적

---

28 나는 이 질문을 제3자에 대해 제기한다. 그러나 이 질문이 청년 마르크스의 저작들을 사용하는 마르크스주의자들 자신에게 제기된 것임을 누구나 안다. 만약 마르크스주의자들이 이 저작들을 분별없이 사용한다면, 그들이 『유대인 문제에 관하여』, 1843년의 수고[「헤겔 법철학 비판 서설」을 지칭하는 것 같다] 또는 『1844년 수고』를 마르크스주의적인 텍스트로 간주한다면, 이 저작들로부터 영감을 얻고 이론 및 이데올로기적 행동을 위한 결론을 끌어낸다면, **그들은 사실상 이 질문에 대답하고 있는 것이 된다.** 그들의 행위가 그들을 대신해 대답하기 때문이다. 그들은 청년 마르크스는 마르크스로 간주될 수 있고, 청년 마르크스는 마르크스주의자라고 답하는 것이다. 그들은, 내가 검토하고 있는 비판이 (대답하기를 회피함으로써) 은밀히 내놓는 대답을 공공연히 내놓는다. 두 경우 모두에서 동일한 원리들이 작동하며 정점이 되고 있다.

종합에 앞서는 모든 총체totalité는 파괴되었다는 간단한 이유로, 이 최종적 종합 이전에는 **전체의 질문**은 결코 제기될 수 없었다는 듯이 취급되는 것이다. 그러나 우리는 이때 이런 분석적-목적론적 방법의 숨겨진 의미가 확연히 드러나는 역설의 절정을 보게 되는데, 그 숨겨진 의미란, 끊임없이 **판단하는** 이 방법은 **자신과 상이한 총체에 대해서는 조그만큼도 판단하지 못한다**는 것이다. 이 방법은 **자신이 고찰하는 대상들 안에서, 자신을 판단하고 자신을 인지할 뿐이라는 것을**, 이 방법은 결코 **자신에게서 벗어나지 않는다는 것을**, 이 방법은 자신이 생각하고자 하는 발전을 결국 **자신 속에서의 자신의 발전**으로서밖에 생각하지 않는다는 것을 어떻게 더 잘 자인할 수 있을까? 내가 그 극단적 논리를 기술한 이 방법에 대해 사람들이 나에게 **"바로 그렇기 때문에 그 방법은 변증법적이다"**라고 말한다면, 나는 이렇게 대답할 것이다. **"변증법적이라고? 그렇다. 그러나 헤겔 변증법적이다!"**

실제로, 이처럼 자신의 **요소들**로 환원된 한 사고의 생성devenir을 사고하는 것이 문제일 때, **"어떤 방식으로 이 상이한 요소들은 마르크스의 최종적인 세계관 속에서 조합되었는가?"** 하는 라피네의 순박하지만 정직한 질문이 제기될 때, 그 결말이 알려져 있는 이 요소들 간의 관계를 파악하는 것이 문제일 때, 피상적 또는 심층적 형태로 드러나는 것은 헤겔 변증법의 논변들이다. 피상적 형태의 예로, 내용과 형식 사이의 모순에, 더 정확히 말하면 내용과 **그 개념적 표현** 사이의 모순에 의거하는 것을 들 수 있다. "유물론적 내용"이 "관념론적 형식"과 갈등 관계에 들어가고, 관념론적 형식 자체는 단순한 **용어법**의 문제로 축소되는 경향이 있다(이 관념론적 형식은 결국에는 소멸해야 한다. 이 형식은 **말들**_mots_에 지나지 않는다). 마르크스는 **이미** 유물론자이지만 **아직** 포이어바흐적 개념들을 사용하고 있고, 더 이상 포이어바흐주의자가 아니며 순수한 포이어바흐주의자였던 적도 없지만 포이어바흐의 **용어들을 차용한다**. 『1844년 수고』와 성숙기 저작들 사이에 마르크스는 자신의 최종적 용어들을 발견했다.[29] 이것은 단순한 **언어**의 문제question이다. 모든 생성은 말들 속에서 이루어진다. 나는 내가 도식화하고 있다는 것을 아는데, 이는 이 방식의 숨겨진 의미를 더 잘 파악하게 하기 위해서이다. 게다가 이 방식은 가끔은 매우 정교화된다. 예컨대 형식(용어들)을 내용에 대립시킬 뿐만 아니라 **의식**을 **경향**에 대립시키는 라피네의 이론에서 그러하다. 라피네는 마르크스의 사고들의 차이를 단순한 용어들의 차이로 축소하지 않는다. 그는 **언어는 의미를 갖는다**는 것을 인정한다. 이 의미는 마르크스의 발전의 특정 시점에서 그의 (자기)의식이 갖는 의미이다. 그래서 1843년 수고(『헤겔 국법론 비판』)가 보여 주는 마르크스의 자기의식은 포이어바흐적이었다. 마르크스는 자신이 포이어바흐주의자라고 **믿었기** 때문에 포이어바흐의 언어로 말했다. 그러나 이 언어-의식은 당시 그의 **"유물론적 경향"**과 객관적으로 모순되었다. 그

---

29 Jahn, 같은 글, p. 173. "『독일 이데올로기』에서는 …… 변증법적 유물론이 적합한 용어들을 찾았다." 그렇지만 얀은 바로 자신의 텍스트에서 이는 용어들과는 전혀 별개의 문제임을 드러낸다.

의 발전의 동력을 구성하는 것은 바로 이 모순이다. 이런 이해[관념]는 물론 마르크스주의적 겉모양들을 갖지만("의식의 지체"를 참조하라), 그것은 단지 겉모양들일 뿐이다. 그 텍스트의 **의식**(한 텍스트의 전체적 의미, 이 텍스트의 언어-의미language-sens)을 정의할 수 있다 하더라도, 어떻게 그 텍스트의 "경향"을 구체적으로 정의할 수 있는지는 전혀 포착이 안 되기 때문이다. 더 정확히 말해서, 라피네의 경우에 유물론적 경향과 (자기)의식 사이의 구별이, **"발전된 마르크스주의의 관점에서 1843년 수고의 객관적 내용이 나타나는 방식과 그 시대에 마르크스 자신이 그 내용을 다루던 방식 사이의 차이"**[30]**와 정확히 일치한다**는 것을 우리가 파악하면, 우리는 그 경향이 어떻게 정의되었는지를 너무나 잘 포착할 수 있다. 엄밀히 뜯어보면 라피네의 이 구절은, **"경향"**이란 설명되어야 하는 **결과**의 회고적 추상일 뿐이라는 것, 즉 즉자 자신의 기원으로서의 즉자의 결말의 견지에서 사고된 헤겔의 **즉자**일 뿐이라는 것을 뜻한다. 그러면 의식과 경향의 모순은 따라서 즉자와 대자의 모순으로 환원된다. 게다가 라피네는 우회 없이 곧바로 이 경향은 "암묵적"이며 "비의식적"이라고 선언한다. **문제 자체의 추상을 문제의 바로 그 해결인 것처럼 제시하는 것이다.** 물론 나는 라피네의 텍스트에서 **또 다른** 이해[관념]로 나아가게 하는 표시들을 발견할 수 있다는 것을 부정하지 않지만(사람들은 나 역시 요소들의 이론에 빠졌다고 비난하게 될 것이다! 이 요소들을 사고하기 위해서는 "경향"

---

30 Lapine, 같은 글, p. 69.

개념 자체를 포기해야 할 것이다), 그러나 그의 체계는 헤겔적인 것이라 말하지 않을 수 없다.

따라서 **헤겔적 원리들**이 항상 다소간 출몰하는 분석적-목적론적 방법의 비의식적 유혹 또는 반성된 유혹과 단절하지 않고서는 청년 마르크스의 저작들(그리고 이 저작들이 제기하는 모든 문제들)에 대한 마르크스주의적 연구를 행할 수 없다. 이 연구를 행하기 위해서는 분석적-목적론적 방법의 전제들과 단절해야 하고, 우리의 대상에 이데올로기적 진화의 이론에 대한 마르크스주의적 원리들을 적용해야 한다.

이 원리들은 지금까지 기술된 원리들과는 근원적으로 다른 것들이다. 이 원리들은 다음 사항들을 함축한다.

1. 각각의 **이데올로기**는 자기 고유의 **문제설정**에 의해 내적으로 통일된, 그리하여 그것으로부터 한 요소를 그 의미를 변화시키지 않고서 분리해 낼 수 없는, 하나의 현실적 전체로 간주되어야 한다.

2. 이 전체의 의미, 개별 이데올로기(여기서는 한 개인의 사고)의 의미는 이 이데올로기 자신과는 상이한 **진리**[진실]와의 관계에 의존하는 것이 아니라, 현존하는 **이데올로기적 장**場과의 관계, 그리고 이 이데올로기적 장을 지탱하며 이 장에 반영되는 **사회적 문제들 및 사회적 구조**와의 관계에 의존한다. 개별 이데올로기의 **발전**의 의미는 이 발전이 자신의 **진리**로 간주되는 자신의 기원 또는 결말과 맺는 관계에 의존하는 것이 아니라, 이 발전 속에서 이 개별 이데올로기의 변이變異들이 이데올로기적 장의 변이들, 그리고 이 장을 지탱하는 사회

적 문제들 및 사회적 관계들의 변이들과 맺는 관계에 의존한다.

3. 개별 이데올로기의 발전의 주된 동력은 따라서 그 이데올로기 자체의 내부에 존재하는 것이 아니라 그 외부에, 개별 이데올로기의 **기저를 이루는 것**'en-deça 속에 존재한다. 이 동력은 개별 이데올로기의 저자, 구체적 개인으로서의 저자 속에, 그리고 이 역사에 대한 개인의 복잡한 관련들에 따라 이 개인적 발전에 반영되는 실제적 역사 속에 존재한다.

이 원리들은, 앞선 원리들과는 반대로, **엄밀한 의미의 이데올로기적 원리들이 아니라 과학적 원리들이라는** 점을 덧붙여야 하겠다. 달리 말해, 이 원리들은 ("전미래"적 역사의 모든 원리들이 그러한 것과는 달리) 연구되어야 하는 과정의 **진리**가 아니라는 것이다. 이 원리들은 **~의 진리가 아니라 ~을 위한 진리**이다. 이 원리들은 한 문제를 정당하게 제기하기 위한 조건으로서, 그리고 따라서, 이 문제를 통해, 참된 해법을 생산하기 위한 조건으로서 **참되다**. 따라서 이 원리들은 마르크스주의 자신의 발생의 **진리**로서가 아니라 자신의 발생을 전혀 다른 역사적 과정에서 비롯된 것으로 **이해하게 해주는 이론**으로서의 "완성된 마르크스주의"를 전제한다. 게다가 오직 이 조건하에서 마르크스주의는 **자신이 아닌 다른 것**을 설명할 수 있다. 즉, 자신과는 다른 것으로서의 자신의 발생만이 아니라, 역사에 대한 마르크스주의의 개입의 실천적 귀결이 삽입되어 있는 전화轉化들을 **포함한**, 역사 속에서 생산된 모든 전화들을 설명할 수 있다. 마르크스주의가 헤겔적이고 포이어바흐적인 의미의 **과학적 탐구의 진리**

가 아니고 과학적 탐구의 한 학문 분야라면, 사실 마르크스주의는 자신의 개입의 표시를 지닌 역사의 생성에 의해 장애를 받지 않는 만큼이나 자기 자신의 발생에 의해 장애를 받지 않는다. 마르크스에게서 나온 것이 그러한 것과 마찬가지로 마르크스가 나온 곳은, 그것이 이해되기 위해서는, 마르크스주의적인 탐구의 **원리들이** 적용되어야 하는 상태에 있다.[31]

따라서 청년 마르크스의 저작들의 문제를 올바로 제기하기 위해 충족되어야 하는 첫 번째 조건은 **철학자들에게도** 청년기가 있다는 것을 인정하는 것이다. 그들은 언젠가 어디선가 태어나야 하고, 생각하고 쓰기 시작해야 한다. 자신의 청년기 저작들을 결코 출판하면 안 되고 또 청년기 저작들을 써서도 안 된다고(왜냐하면, 그것들을 출판하려는 박사 후보자들이 항상 얼마만큼은 있기 때문에!) 주장한 현자는 틀림없이 헤겔주의자가 아니었으리라. 왜냐하면, 헤겔적 관점에서 볼 때 청년기 저작들은 알프레드 자리Alfred Jarry가 [자기 벽난로 위에] 전시했다는 [조각 작품] "어린 볼테르의 해골"[32]이라는 기이한 대상처럼 불가

---

31 모든 과학적 학문 분야들과 마찬가지로 당연히 마르크스주의는, 물리학이 그 창립자인 갈릴레이에 멈춰 있지 않은 것처럼, 마르크스에 **멈춰 있지** 않다. 일체의 과학적 학문 분야와 마찬가지로 마르크스주의는 발전했으며, 마르크스 생전에도 그랬다. 마르크스의 근본적 발견 덕분에 새로운 발견들이 가능해졌다. 마르크스가 이미 모든 것을 말했다고 믿는 것은 매우 경솔한 일이리라.

32 [옮긴이] '어린 볼테르의 해골'이라는 것은 불가능한 것이기에 불가능한 대상을 가리키는 표현으로, 해학적인 미술 작품의 주제로 사용된다. 알프레드 자리(1873~1907)는 프랑스의 풍자 시인이자 극작가이다.

피하고 불가능하기 때문이다. 청년기 저작들은 모든 시작과 마찬가지로 불가피하다. 청년기 저작들은 **사람들이 자신의 시작을 선택하지 못하기 때문에** 불가능하다. 마르크스는 독일의 역사가 독일 대학들의 교육 속에 집중시켰던 사고 속에서 태어나는 것을 선택하지 않았고, 그런 이데올로기적 세계 속에서 사고하기를 선택하지도 않았다. 그는 이 이데올로기적 세계 속에서 성장했고, 활동하는 것과 사는 것을 이 세계 속에서 배웠고, 이 세계와 더불어 자신을 "이해"했고, 이 세계로부터 자신을 해방했다. **이 시작의 필연성과 우연성**에 대해서는 뒤에서 재론하겠다. 중요한 것은 **하나의 시작**이 있다는 것이며, 마르크스의 고유한 사고들의 역사를 쓰기 위해서는 청년 마르크스라는 구체적 인간이 자기 시대의 **사고들의 세계** 속에 출현해 **이 세계에 대해 생각하고**, 이데올로그로서의 자신의 전체 삶이 될 이 시대의 사고들과 교류하고 논쟁에 들어간 그 순간에 그의 사고들이 하는 운동을 파악해야 한다는 것이다. 마르크스의 살아 있는 사고들이 제시되는 **텍스트들**의 재료를 이루는 이 교류와 논쟁의 이 수준에서, 모든 것은 마치 이 사고들의 저자들 자신이 **부재한**_absents_ 것처럼 전개된다. 자신의 사고들과 자신의 텍스트들 속에서 발언하는 구체적 개인이 부재하고, 현존하는 이데올로기적 장 속에서 발언하는 실제적 역사가 부재한다. 저자가 출판된 자신의 사고들 앞에서 이 사고들의 엄밀성으로 환원되면서 사라지듯이, 구체적 역사 역시 자신의 이데올로기적 주제들 앞에서 이 주제들의 체계로 환원되면서 사라진다. 이 이중의 부재를 또한 문제 삼아야 하리라. 그러나 현재로서는 모든 것이 개별 사고의 엄밀성과 이데올로기적 장의 주제적主題的 체계 사이에서 작동한다. 이 둘 사이의 관계가 바로 이 **시작**이며, 이 시작은 결코 종말을 갖지 않을 것이다. 사고되어야 하는 것은 바로 이 관계, (개별 사고의 생성의 매순간에) 개별 사고가 (현존하는 이데올로기적 장의 생성의 매 순간에) 현존하는 이데올로기적 장에 대해 갖는 (내적) 일체성unité의 관계이다. 그러나 그것들 간의 관계를 생각하기 위해서는, 동일한 운동 속에서, 그것들의 결말들을 생각해야 한다.

이런 방법론적 요청은 즉각 이 근본적인 이데올로기적 장의 실체와 구조에 대한 암시적 인식connaissance이 아닌 **실제적 인식**을 함축한다. 이 요구는 유명하지만 실존하지 않는 인물들이 우연한 만남에 의해 같이 출현하는 무대만큼이나 중립적인 이데올로기적 세계의 표상에 만족하지 말아야 한다는 것을 함축한다. 1840년에서 1845년 사이의 마르크스의 운명은 헤겔, 포이어바흐, 슈티르너, 헤스 등의 인물들 사이의 관념적 논쟁 속에서 결정되지 않았다. 마르크스의 운명은 마르크스 자신의 당시 저작들에 나타난 그대로의 헤겔, 포이어바흐, 슈티르너, 헤스에 의해 결정되지도 않았다. [당시의 마르크스에 대한] 뒷날의 엥겔스와 레닌의 매우 일반적인 언급들에 의해 결정된 것은 더욱더 아니다. 마르크스의 운명은 다음과 같은 **구체적인** 이데올로기적 인물들 사이에서 전개된다. 즉, 문자로 기록된 역사적 정체성과 반드시 일치하지는 않는 하나의 **일정한 형상**을 이데올로기적 맥락에 의해 부여받는 인물들(예컨대 헤겔), 마르크스가 그들을 인용하고 원용하고 비판한 텍스트들 속에서 제시한 명시적 표상보다 더 넓은 폭을 지닌 인물들(예컨대 포이어바흐), 물론 엥겔스가 40년 후에 제공할 요약된 일반적 특성들보다 더 풍부한 특성들을 지닌, **구체적인** 이데올로기적 인물들 말이다. 이런 지적들을 구체적 사례들을 통해 논증하기 위해 나는, 청년 마르크스가 박사학위 논문에서부터 논쟁하던 그 헤겔이 우리가 1960년의 고독 속에서 깊이 생각할 수 있는 도서관의 헤겔이 아니라고 말하려 한다. 청년 마르크스가 논쟁하던 헤겔은 **청년 헤겔 운동의 헤겔**, 이미 1840년대 독일의 지식인들에게 자신들의 역사와 자신들의 희망에 대해 생각할 수단을 제공하도록 재촉당하던 헤겔이다. 그는 이미 그 자신을 무시하고 그 자신에 반대해 언급되던, 자신과 모순 관계에 있던 헤겔이다. 정치적 세계를 변혁하기 위해 고찰의 세계에서 벗어나는 이 **의지로 전화하는 철학**이라는 관념, 거기서 자기 스승에 대한 마르크스의 첫 번째 반란을 볼 수 있는 이 관념은 청년 헤겔파의 지배적 해석과 완전히 일치한다.[33] 나는 마르크스가 이미 박사학위 논문에서 친구들의 경탄의 대상이 되었던 날카로운 의미를 지닌 개념, 냉혹하게 엄밀한 필치, 천재적 관념을 구사했음을 부정하지 않는다. 그러나 이런 관념은 마르크스 자신의 것이 아니다. 마찬가지로, 1841년에서 1844년 사이 마르크스의 텍스트들 속의 포이어바흐의 현존을

---

[33] A. Cornu, *Karl Marx et F. Engels*, PUF, 제1권, 「어린 시절과 청년 시절 : 헤겔 좌파」(헤겔 좌파의 형성에 대한 장), 141쪽 및 이하를 참조. 코르뉘는 운동에 참여한 모든 자유주의적 청년 지식인들이 수용한 청년 헤겔주의적으로 고취된 **행동의 철학**을 형성하는 데 폰 키스코프스키von Cieskowski가 수행한 역할을 아주 올바르게 강조한다.

그에 대한 마르크스의 명시적 **언급**에 국한시키는 것은 매우 신중하지 못한 것이리라. 왜냐하면 그 텍스트들의 수많은 구절들이 포이어바흐의 이름을 언급하지 않으면서 포이어바흐의 논지 전개들을 직접 재생산하거나 표절하고 있기 때문이다. 톨리아티가 『1844년 수고』에서 뽑아낸 구절은 곧바로 포이어바흐에게서 온 것이다. 너무도 성급하게 마르크스의 것으로 돌려지는 많은 구절들이 열거될 수 있다. 그렇지만, 왜 마르크스는, 모두가 포이어바흐를 알고 있던 때, **특히 그가 포이어바흐의 사고를 가로채** 포이어바흐의 사고 속에서 마치 자신의 사고 속에서 생각하듯이 생각했을 때, 포이어바흐를 인용해야 했는가? 그렇지만, 잠시 후에 보겠지만, 살아 있는 한 저자의 사고들의 언급되지 않은 현존보다 더 멀리 나아가야 한다. **그의 사고들의 가능성**의 현존에까지 나아가야 한다. 즉, 그의 **문제설정**에까지, 즉 현존하는 **이데올로기적 장** — 이 장과 함께 개별 저자가 자신의 사고 속에서 설명된다 — 이라는 이 영역을 형성하는 실제 사고들의 구성적 통일성에까지 나아가야 한다. 이데올로기적 장 없이는 개별 사고의 통일성이 생각될 수 없다고 한다면, 이 이데올로기적 장 자체가, 사고되기 위해서는, 이 **통일성**에 대한 사고를 요구한다는 것을 곧장 알아차릴 수 있다.

그렇다면 이 통일성이란 무엇인가? 한 가지 예를 들어 이 질문에 답하기 위해, 그러나 이번에는 **포이어바흐와의 관계에 들어갈 때**의 마르크스의 사고의 내적 **통일성**이라는 문제를 제기하기 위해, 포이어바흐에게로 돌아가자. 이 논문집의 대다수 주해자들은 많은 이론異論

을 초래하는 이 관계의 성격 때문에 분명히 거북해 하고 있다. 이런 당혹스러움은 단지 포이어바흐의 텍스트들이 제대로 알려져 있지 않다는 데 기인하는 것이 아니다(그 텍스트들을 읽으면 된다). 이 당혹스러움은 그들이, 한 텍스트의 심원한 통일성을 구성하는 것을, 한 이데올로기적 사고의 내부적 본질을, 즉 그 **문제설정**을 이해하는 데까지 항상 이르지 못했다는 데 기인한다. 마르크스가 직접 사용한 적은 없지만 성숙기의 이데올로기적 분석들(특히 『독일 이데올로기』)을 줄곧 고무하는³⁴ 이 문제설정이라는 용어를 내가 제시하는 것은, 이 용어가 **총체성**이라는 헤겔적 모호성들에 빠지지 않으면서 사실들에 대한 최선의 **파악**을 가능하게 해주는 개념이기 때문이다. 사실 한 이데올로기가 하나의 (유기적) 총체를 구성한다고 말하는 것은 오직 **기술**記述로서만 타당할 뿐이며 **이론적**으로는 타당하지 않다. 왜냐하면 이 기술은, 이론으로 전화되어, 우리로 하여금 **통일성의 일정한***déterminée* **구조**를 사고하는 것이 아니라 기술된 전체의 공허한 통일성을 사고하도록

---

34 여기서 『독일 이데올로기』의 분석들에서 작동하는 개념들에 대한 연구에 착수할 수는 없다. 대신 모든 것을 말해 주는 간단한 인용문을 제시한다. 문제가 되는 것은 **"독일적 비판"**이다. **"그것[독일적 비판]의 모든 질문들은 …… 더욱이 특정한 철학적 체계, 즉 헤겔의 체계의 지반 위에서 발생했다. 그 비판의 대답들만이 아니라 이미 질문들 자체 속에 기만이 자리 잡고 있다."**[칼 맑스·프리드리히 엥겔스, 「독일 이데올로기」, 『칼 맑스·프리드리히 엥겔스 저작선집 1』, 박종철출판사, 1991, 194쪽. 번역은 수정함]. 철학을 만드는 것은 대답이 아니라 철학에 의해 제기된 **질문** 자체라는 것, 그리고 **질문** 자체 속에서, 즉 (대상 자체 속에서가 아니라) **대상을 고찰하는 방식 속에서** 이데올로기적 기만을 (또는 반대로 대상에 대한 진짜 관계를) 찾아야 한다는 것을 이보다 더 잘 말할 수는 없을 것이다.

만들 위험이 있기 때문이다. 반대로, **문제설정** 개념을 통해 (하나의 전체로서 직접적으로 제시되는, 그리고 명시적 또는 암묵적으로 하나의 전체로서 또는 "총체화"하려는 의도로서 "살아지는"vécue[35]) 하나의 일정한 이데올로기적 사고의 통일성을 사고한다는 것, 이것은 사고의 모든 요소들을 통일하는 **전형적인 체계적 구조**를 분명히 드러나게 해준다는 것이며, 이것은 따라서, 고려되는 이데올로기의 "요소들"의 **의미**를 이해하게 해주는, 동시에 **이 이데올로기를 역사적 시대가 그 시대에 사는 모든 사상가에게 물려주는 문제들 또는 제기하는 문제들과 관계 맺게 해주**는, 하나의 **일정한 내용**을 이 통일성에서 발견한다는 것이다.[36]

35 [옮긴이] vivre(영어의 live)는 타동사로 사용될 경우 '~을 살다'라는 뜻을 지닌다. 이 책에는 vivre의 목적어로 관계, 이데올로기, 의식, 이야기, 연극, 역사, 모순, 비판, 시간, 삶, 본질, 행위, 운명, 지배, 모호성 등이 나온다. 우리말에서는 '살다'가 타동사로 쓰이지 않지만, 알튀세르의 이데올로기 이론에서 vivre는 아주 중요한 용어이므로 그 의미를 정확히 전달하기 위해 대부분 '살다'로 번역했고 불가피한 경우에는 '체험하다'로 번역했다. 그러나 '자기가 몸소 겪다'라는 의미를 지니는 이 '체험하다'는 vivre와는 큰 거리가 있다. vivre의 과거분사 vécu(영어의 lived)는 꼭 필요하다고 생각되는 경우에는 어색하지만 '살아지는'으로 번역했고, 그 밖의 경우에는 '체험되는', '겪은' 등으로 번역했다.

36 이 결과는 극히 중요하다. 사실, 이 **문제설정** 개념을 이데올로기들의 발전에 대한 관념론적 해석의 주관주의적 개념들과 구별해 주는 것은 이 개념이, 하나의 사고의 내부에서, **이 사고의 고유한 주제들의 객관적인 내적 준거 체계**, 즉 이 이데올로기가 제공하는 **대답들**을 지배하는 **질문들**의 체계를 분명히 드러내 준다는 점이다. 따라서 이 내적 수준에서 이 대답들의 의미를 이해하기 위해서는 우선 한 이데올로기에 대해 **그 이데올로기의 질문들에 대한 질문**을 제기해야 한다. 그러나 이 문제설정은 **그 자체로 하나의 대답**이다. 그것은 더 이상 문제설정 자체의 고유한 내적인 질문들 ─ 문제들 ─ 에 대한 대답이 아니라, **시대가** 이데올로기에 **제기하는 객관적 문제들**에 대한 대답이다. 이데올로그에 의해 제기되는 **문제들**(그것의 문제설정)을 시대가 이데올로그에게 제기하는 **현실적 문제들**과 비교할 때 비로

1843년 수고(「헤겔 법철학 비판 서설」)라는 명확한 한 사례에서 이를 살펴보자. 주해자들에 따르면, 이 수고에는 일련의 포이어바흐적 주제들(주어-술어의 전도, 사변철학에 대한 비판, 유적 인간에 대한 이론 등)과 또한 포이어바흐에게서는 찾을 수 없는 분석들(정치·국가·사유재산을 관련시키기, 사회 계급들의 현실 등)이 발견된다. 만약 우리가 **요소들**에 머무른다면, 우리는 이미 언급한 분석적-목적론적 비판의 막다른 골목에 빠지게 되고, 용어들과 의미, 경향과 의식 등과 같은 사이비 해법에 빠지게 될 것이다. 우리는 더 멀리 나아가야 하며, 포이어바흐가 전혀 (또는 거의) 말하지 않은 분석들 및 **대상들**이 현존한다고 해서 포이어바흐적 요소들과 비非포이어바흐적인 (즉, 이미 마르크스주의적인) 요소들 사이의 이런 분할이 충분히 정당화되는지 자문해야 한다. 그렇지만 **요소들 자체로부터는** 대답을 얻을 수 있기를 희망할 수 없다. 왜냐하면 논의되는 대상이 직접적으로 사고에 자격 부여를 하지는 않기 때문이다. 내가 아는 한, 마르크스에 앞서 사회 계급들에 대해, 나아가 계급투쟁에 대해 말한 저자들이, 어느 날 마르크스가 심혈을 기울여 고찰하게 될 대상들을 다루었다는 단순한 이유로,

소 이데올로기의 고유하게 이데올로기적인 요소를, 다시 말해 이데올로기를 이데올로기로 특징짓는 것을, 즉 이데올로기의 **왜곡** 자체를, 분명히 드러내 줄 수 있게 된다. 따라서 문제설정의 본질을 구성하는 것은 **문제설정의 내부성**이 아니라, 현실적 문제들에 대한 문제설정의 관계이다. 따라서 문제설정이 왜곡된 진술을 통해 거짓된 대답을 제공하는 현실적 문제들에 문제설정을 **관련시키고 복속시키지 않고서는 한 이데올로기의 문제설정**을 분명히 드러내 줄 수 없다. 그러나 내가 전개할 세 번째 논점을 미리 제시하지는 않겠다(이 책 148쪽 주 55를 보라).

마르크스주의자로 간주된 적은 없다. 고찰을 특징짓고 자격 부여하는 것은 고찰의 재료가 아니라, 이 수준에서는, **고찰의 양태**[37]이며, 고찰이 자신의 대상들과 맺는 실제적 관계, 즉 사고의 대상들에 대한 고찰의 출발점인 **근본적 문제설정**이다. 나는 고찰의 재료가 **어떤 조건들하에서** 고찰의 양태를 변경할 수 있다는 것을 부정하지 않지만, 그러나 그것은 별개의 문제이다(이 문제는 재론할 것이다). 어쨌든 하나의 고찰의 양태의 이런 변경, 하나의 이데올로기의 문제설정의 이런 재구조화는 고찰에 대한 대상의 직접적인 단순한 관계라는 길이 아닌 다른 많은 길들을 통해 이루어진다! 따라서 이런 시각에서 **요소들**의 문제를 제기하고자 한다면, 모든 것은 이 요소들에 대해 사전적事前的인 하나의 질문, 주어진 텍스트 내에서 **요소들을 실제적으로 생각하기 위한 출발점인 문제설정의 본성**에 대한 질문에 달려 있음을 인정해야 할 것이다. 우리의 예에서는 이 질문은 다음과 같은 형태를 취한다. 사회 계급들, 사적 소유와 국가의 관계 등과 같은 이런 새로운 대상들에 대한 마르크스의 고찰은 「헤겔 법철학 비판 서설」에서 포이어바흐의 이론적 전제들을 전복해 미사여구로 만들어 버렸는가? 그렇지 않으면 이 새로운 대상들은 **동일한 전제들**로부터 사고되었는가? 이런 질문이 가능한 것은 바로, 한 사고의 **문제설정**은 저자가 다루는 대상들의 영역으로 한정되는 것이 아니기 때문이다. 또한, 문제설정은 총체로서의 사고의 추상화가 아니라, 하나의 사고의, 그

---

37 이것이 유물론을 모든 형태의 관념론과 구별하는 "근본적 질문"의 의미이다.

리고 **이 사고 내에서 가능해지는 모든 사고들의**, 구체적이고 일정한 구조이기 때문이다. 그렇기 때문에 포이어바흐의 **인간학**은 종교의 문제설정이 될 수 있을 뿐만 아니라(『기독교의 본질』), 정치의 문제설정이 될 수 있고(『유대인 문제에 관하여』, 「헤겔 법철학 비판 서설」), 나아가, 포이어바흐의 "문자" 자체는 포기되고 지양되더라도 본질적으로는 지속적으로 **인간학적 문제설정**에 머물러 있으면서, 역사 및 경제의 문제설정이 될 수 있다(「헤겔 법철학 비판 서설」).[38] 물론 종교적 인간학에서 정치적 인간학으로 이행하고 마침내 경제적 인간학으로 이행하는 것이 정치적으로 중요하다고 생각할 수 있으며, 나아가, 내가 완전히 동의하듯이, 1843년 독일에서 인간학은 선진적인 이데올로기적 형태를 대표했다고 생각할 수도 있다. 그렇지만 이런 판단은 고려 대상인 이데올로기의 본성을 잘 알고 있을 것을, 즉 그 이데올로기의 **실제적 문제설정**이 규정되어 있을 것을 전제로 한다.

덧붙여 말하자면, 한 이데올로기의 종국적인 이데올로기적 본질을 구성하는 것은 고찰되는 대상들의 직접적 내용이 아니라 문제들을 제기하는 방식이거니와, 이 문제설정은 역사가의 고찰에 자신을 직접적으로 드러내지 않는다. 이는, 일반적으로 철학자가 **문제설정 자체에 대해 생각하지 않으면서 문제설정 속에서 생각하기** 때문이고, 철학자의 "이유들의 순서"[39]가 그의 철학의 "이유들의 순서"와 일치

---

38 Hoeppner, 같은 글, p. 188의 탁월한 구절과 p. 184의 주 11을 참조할 것.

39 [옮긴이] "이유들의 순서"l'ordre des raisons란 데카르트의 방법과 관련해 마르시알 게루가

하지 않기 때문이다. 바로 이 점에서 한 이데올로기(엄밀한 마르크스주의적 의미의 이데올로기, 마르크스주의 자신은 이데올로기가 아니라는 의미의 이데올로기)를 특징짓는 것은 **이 이데올로기 자신의 문제설정은 이 이데올로기 자신을 의식하지 못한다**는 사실이라고 생각할 수 있다. 마르크스가 한 이데올로기의 자기의식을 그 이데올로기의 본질로 간주하지 말라고 말하고 이 말을 부단히 되풀이할 때 그가 또한 말하려 하는 것은, 한 이데올로기는 자신이 대답하는(또는 대답하기를 회피하는) 현실적 문제들에 대해 비의식적inconscient이기에 앞서 먼저 "이론적 전제들"에 대해 비의식적이라는 것, 즉 자신 속에 **자신의 문제들**의 의미와 겉모양을 고정하고 따라서 이 문제들의 해법을 고정하는, 작동 중이지만 자백되지 않은 문제설정에 대해 비의식적이라는 것이다. 따라서 하나의 문제설정은 일반적으로 열린 책처럼 읽히는 것이 아니며, 이 문제설정이 그 속에 묻혀 있지만 그 속에서 작동하는 이 이데올로기의 심층으로부터, 빈번히 이 이데올로기 자체를 거역해, 이 이데올로기의 주장들과 선언들을 거역해, 끌어올려져야 한다. 그리고 거기까지 이르고자 한다면, 어떤 "유물론자들"(첫 번째로 포이어바흐)의 **유물론 선포들**과 **유물론 자체**를 혼동하지 말아야 할 것이라 생각한다. 이렇게 하면 분명 몇몇 문제들은 해명될 것이고 몇몇 허구적 문제들은 사라질 것이다. 마르크스주의 또한 그렇게 함으로써 자신의 문제설정에 대한, 즉 자신에 대한, 점점 더 정확한 의식을 획득하게

정식화한 표현이다. Martial Gueroult, *Descartes selon l'ordre des raisons*, Aubier-Montaigne, 1953.

될 것이며, 그것도 바로 자신의 역사적 저작들 속에서 그러할 것이다. 이것은 결국 마르크스주의의 빚이며, 감히 말하자면 의무이다.

이상의 고찰들을 요약해 보자. 이데올로기적 논변에 대한 이해는, 이데올로기 자체의 수준에서, 하나의 사고가 그 속에서 출현하고 발전하는 **이데올로기적 장**에 대한 지식, 그 장에 결합되어 있으며 그 장과 동시적인 지식을 함축하며, 그 사고의 내적 통일성, 즉 그 사고의 **문제설정**을 드러낸다는 것을 함축한다. 이데올로기적 장에 대한 지식 자체는 이데올로기적 장 속에서 구성되는, 또는 그 장에 대립하는 **문제설정들**에 대한 지식을 전제로 한다. 이데올로기의 저자의 특유한 차별성이 무엇인지를, 즉 **하나의 새로운 의미가 출현하는지 여부를** 결정해 줄 수 있는 것은, 개인적 사고의 고유한 문제설정을 이데올로기적 장에 속하는 사고들의 고유한 문제설정들에 관련시키는 것이다. 물론 현실적 역사가 이 모든 복잡한 과정에 출몰한다. 그렇지만 모든 것이 한꺼번에 말해질 수는 없다.

그리하여 절충적 비판의 첫 번째 이론적 전제와 직접적으로 단절한 이 방법은 **두 번째 전제**, 즉 탐구가 시작되기도 전에 그 가치들과 결과들이 미리 고정되는 이데올로기적 역사에 대한 침묵의 재판소를 설치하는 저 두 번째 전제의 환상들로부터 이미[40] 곧바로 떨어져 나간다는 것이 분명해진다. 이데올로기적 역사의 **진리**는 그것의 원

---

40 **이미**. 왜냐하면 모든 해방의 과정과 마찬가지로 이 단절이 완성되기 위해서는 이 단절은 **현실적 역사**가 진지하게 다루어질 것을 전제로 하기 때문이다.

리(원천) 속에 있는 것도 아니며, 그것의 결말(종말) 속에 있는 것도 아니다. 그것은 **사실들** 자체 **속에**, 이데올로기적 의미들·주제들·대상들을 그것들의 **문제설정** — 그 자체로 현실적 역사에 종속되어 있는 "매여 있고" 유동적인 이데올로기적 세계의 기반 위에서 생성되는 문제설정 — 의 은폐된 기반 위에 결절적結節的으로 구성하는 것 속에 있다. 물론 우리는 청년 마르크스가 마르크스로 **되리라는** 것을 안다. 그러나 우리는 마르크스보다 더 빠르게 살고자 하지 않으며, 마르크스를 대신해 살고자 하지 않고, 그를 위해 단절하거나 그를 위해 발견하고자 하지 않는다. 우리는 경주의 종착점에서, 달리기 선수에게 그러는 것처럼 마르크스에게 휴식 가운을 던져 주기 위해, 앞서 그를 기다리지 않을 것이다. 경주는 마침내 끝났고 그가 도착했기 때문이다. 루소는 [『에밀』 제2부 '아동기'에서] 아동 교육의 기예의 핵심은 **시간을 잃어버릴 줄** 아는 데 있다고 했다. 역사적 비판의 기예 또한 젊은 저자들이 큰 저자들이 되기까지 충분한 시간을 잃어버릴 줄 아는 데 있다. 이 잃어버린 시간은 저자들이 살도록 우리가 저자들에게 주는 시간일 뿐이다. 우리는 그들의 삶의 매듭과 방향전환, 변이 들에 대한 우리의 이해에 따라 그들의 삶의 필연성의 **운율**韻律**을 분석할** 뿐이다. 이 영역에서, **기원들**과 **종말**[목적]**들**Fins의 신들이 폐위된 연후에, 태어나기 시작하는 삶 속에서 필연성이 발생하는 것을 목격하는 것보다 더 큰 기쁨은 없을 것이다.

III. 역사적 문제

그러나 이 모든 것은 표면적으로는, 모든 이데올로기적 역사는 이데올로기 속에서 진행된다는 절충적 방법의 세 번째 전제를 미결 상태로 둔다. 이 문제를 다루어 보자.

유감스럽게도 톨리아티의 논문, 라피네의 논문, 특히 **아주 훌륭한** 회프너의 텍스트를 제외하면,[41] 논문집의 대부분의 연구들은 이 문제를 아예 제쳐 놓거나 아니면 단 몇 줄로 다룰 뿐이다.

그렇지만 어떤 마르크스주의자도, 궁극적으로는, 몇 년 전에 "**마르크스의 경로**"라고 불렀던 문제, 즉 마르크스의 사고에서 발생한 **사건들**과 이 사건들의 진정한 **주체**라고 할 수 있는 이중적인 하나의 현실적 역사 사이에 존재하는 관계의 문제를 제기하는 것을 회피할 수 없다. 따라서 이 이중의 결여를 해소해야 하며, 여태까지 주체가 없었던 이 사고들의 진정한 저자들, 즉 이 사고들을 생산한 구체적 인간과 현실적 역사를 출현시켜야 한다. 왜냐하면 이 진정한 주체들이 없이는 하나의 사고의 출현과 그 변이들을 설명할 수 없기 때문이다.

나는 여기서 마르크스의 인성 자체의 문제, 완강한 비판적 열정과 현실성에 대한 비타협적 요구와 구체성에 대한 놀라운 감각에 의해 고무되는 비범한 이론적 **기질**의 기원과 구조의 문제를 제기하지는 않을 것이다. 마르크스의 심리적 인성의 구조에 대한, 그리고 그

---

41 앞에서 인용한 글들.

기원 및 역사에 대한 연구는 물론 우리에게 그의 청년기 텍스트들에서 나타나는 저 놀라운 **개입과 파악과 조사의 스타일**을 조명해 줄 것이다. 우리는 그런 연구를 통해 마르크스의 사르트르적 의미의 기획(즉 한 저자의 "근본적 기투")의 근원적 기원까지는 아닐지라도 적어도 현실 **파악**에 대한 마르크스의 깊고 넓은 욕구, 그의 발전의 실제적 연속성에 첫 번째 의미를 부여해 줄 이 욕구의 기원들을 알게 될 것이다. 라피네는 부분적으로 이 욕구를 "성향"tendance이라는 용어를 통해 사고하려 한 바 있다. 이 연구가 없이는 우리는 무엇이 정확히 마르크스를 대부분의 동시대인들, 즉 그와 같은 사회적 환경 출신으로서 같은 이데올로기적 주제들, 같은 역사적 문제들과 대결한 청년 헤겔파의 운명으로부터 구별해 주는지 알 수 없을지도 모른다. 메링과 오귀스트 코르뉘는 우리에게 이런 작업의 재료를 공급해 주었다. 이 작업은, 라인 지역 부르주아의 아들이 어떻게 하여 철도 시대의 유럽 노동자 운동의 이론가이자 지도자가 될 수 있었던가를 우리가 이해할 수 있도록, 완성될 가치가 있다.

그러나 이 연구는 우리를 **마르크스의 심리**로 이끎과 동시에 현실의 역사로, 그리고 **이 역사에 대한 마르크스 자신의 직접적 이해로** 이끈다. 나는 여기서 잠시 멈추어 마르크스의 진화의 방향의 문제와 그 "동력"의 문제를 제기하려 한다.

마르크스의 성숙과 변이變異는 어떻게 가능했는가 하는 질문에 대해 절충적 비판은 **이데올로기적 역사 자체의 한가운데에** 머물고 있는 대답을 찾고 기꺼이 제시한다. 예컨대 마르크스는 헤겔의 **방법**

을 헤겔의 **내용**과 구별할 줄 알았고 이어 그 방법을 역사에 적용했다고들 말할 것이다. 또한 마르크스가 [머리로 선] 헤겔의 체계를 **발로 서게 했다**고 기꺼이들 말할 것이다(헤겔의 체계가 "공들로 이루어진 공"[42]이라는 것을 상기한다면 이것은 나름으로 유머가 있는 선언이다). 국지적인 유물론은 매우 의심스런 유물론이라는 듯이, 마르크스가 포이어바흐의 유물론을 역사로 **확장했다**고들 말할 것이다. 마르크스가 (헤겔적이거나 포이어바흐적인) 소외 이론을 사회적 관계들의 세계에 **적용했다**고들 말할 것이다. 마치 이 "적용"이 소외 이론의 근본적 의미를 변화시키기라도 했다는 듯이. 그리고 마침내, 이것이 결정적인 지점인데, 과거의 유물론들은 **"비일관적"**인 반면 마르크스의 유물론은 **일관된** 유물론이라고 할 것이다. 이데올로기적 역사에 대한 수많은 마르크스주의적 연구들을 사로잡고 있는 이런 비일관성−일관성 이론은 계몽 시대 철학자들이 개인적으로 사용하기 위해 고안한 조그만 이데올로기적 일품逸品이다. 포이어바흐가 이를 계승해 유감스럽게도 놀랍게 잘 사용했다. 이 이론은 작은 논문 하나로 다룰 만한 가치를 지녔다 할 것인데, 왜냐하면 그것이 역사적 관념론의 정수精髓이기 때문이다. [이 이론에 따라] 관념들이 스스로 관념들을 낳는다고 한다면, 누구나 알듯이 모든 역사적 (그리고 이론적) 일탈은 논리적 일탈일 뿐이리라.

이런 정식들은, 어느 정도의 진리[43]를 지닐 때조차, 청년 마르크

---

42 [옮긴이] 여러 개의 작은 공들이 구형으로 배치되어 더 큰 공 한 개를 이룬 것.

스의 진화가 **관념들의 영역 속에서** 진행되었고 결정되었으며 헤겔, 포이어바흐 등이 제시한 관념들에 대한 **고찰 덕분에** 실행되었다는 환상의 포로로, 문자 그대로 포로로 남아 있다. 그래서 마치 1840년 독일의 젊은 지식인들이 헤겔에게서 물려받은 관념들은, 그것들의 겉모양과는 반대로, 암묵적이고, 베일로 가려지고, 가면에 덮이고, 굴절된 어떤 진리를 **자기 내부에 함유하고 있었으며**, 마르크스의 비판적 힘이 수년간의 지적 노력 끝에 이 진리를 그 관념들로부터 **끄집어내고** 고백시키고 인지시켰다고 사람들이 인정하는 것처럼 사태가 진행된다. 헤겔 철학(또는 헤겔 변증법)의 "전도", "발로 서게 하기"라는 저 유명한 주제에 내포되어 있는 것은 근본적으로 이 논리이다. 왜냐하면 요컨대 **전도**만이, 거꾸로 선 것을 바로 세우는 것만이 진짜로 문제라 할 때, 하나의 대상을 온전히 뒤엎는 이 단순한

---

43 교육적 진리라고 해두자. 저 유명한 "헤겔을 전도하기"라는 것은 포이어바흐의 시도에 딱 들어맞는 표현이다. 헤겔의 후예들 사이에 이 "전도"를 도입하고 그것을 축성祝聖한 이는 포이어바흐이다. 마르크스가 『독일 이데올로기』에서 포이어바흐는 헤겔을 "전도"했다고 주장한 바로 그 순간에도 헤겔 철학의 **수인囚人으로 남아 있었다**고 비난한 것은 대단히 주목할 만한 일이다. 그는 포이어바흐가 헤겔의 **질문들**의 전제들 자체를 받아들였다고, 상이한 대답을 제시했지만 그것은 **동일한 질문들**에 대한 답변들이었다고 비난했다. 대답들이 무분별한 일상생활에서와는 반대로 **철학에서는 질문들만이 무분별하다.** 질문들이 바뀌었다면, 더 이상 정확히 **전도**에 대해 말할 수 없게 된다. 물론 질문들과 대답들의 새로운 **상대적 질서**를 과거의 그 질서와 비교한다면 아직 전도에 대해 말할 수 있을 것이다. 그러나 그렇다면 이것은 유비에 의한 것일 뿐인데, 왜냐하면 **질문들이 더 이상 동일하지 않기 때문**이며, 질문들이 구성하는 영역들이, 이미 말했듯이, **교육적인 목적에서가 아니라면 비교 불가능하기 때문**이다.

회전은 이 대상의 본질도 내용도 변화시키지 못하리라는 것이 분명하기 때문이다. 머리로 서있던 사람이 마침내 발로 걷는다 해도 그는 동일한 사람인 것이다! 이렇게 **전도된** 철학은 오직 이론적 은유를 통해서만 **거꾸로 서 있는** 철학과 **전혀 다른** 어떤 것으로 간주될 수 있을 뿐이며, 그것의 구조, 그것의 문제들 그리고 그 문제들의 의미는 여전히 **동일한 문제설정**에 사로잡혀 있다.[44] 청년 마르크스의 텍스트들 속에서 작동하고 있는 것처럼 **보이는** 것, 또는 보통 청년 마르크스의 것으로 간주되는 것은 대체로 바로 이 논리이다.

그러나 나는 이런 견해가, 그것이 어떠한 지위를 가지고 있든 간에, 현실에 부합하지 않는다고 믿는다. 물론 청년 마르크스의 저작들을 읽는 어떤 독자도 마르크스가 자신이 마주친 관념들에 대해 가한 이 거대한 이론적 비판의 노동에 대해 무감각할 수 없다. 관념들을 다루는 데에서 그처럼 대단한 미덕들(예리함, 비타협성, 엄밀성)을 지닌 저자는 드물다. 마르크스에게 그 관념들은, 물리학자에게 실험 대상들이 그러하듯이, 그것들로부터 약간의 진리, 그것들의 진리를 끌어내기 위해 그가 질문에 부치는 구체적 대상들이었다. 그가 프로이센의 검열에 대한 논문에서 검열이라는 관념을 어떻게 다루는지, 도벌에 대한 논문에서 겉보기에 무의미한 산 나무와 죽은 나무의 구별을 어떻게 다루는지, 언론의 자유, 사적 소유, 소외 등의 관념을 어떻게 다루는지를 보라. 독자는 청년 마르크스의 텍스트에

---

44 바로 앞의 각주 참조.

서 명백하게 드러나는 고찰의 엄밀함과 논리적 힘에 저항할 수 없다. 그리고 이런 명백성은 독자로 하여금 자연스럽게 **마르크스의 발명의 논리가 마르크스의 고찰의 논리와 일치한다**고, 그리고 마르크스는 자신이 그것에 대해 노동을 한 이데올로기적 세계로부터 **그 세계 속에 담겨 있던 하나의 진리를** 끌어냈다고 믿게 만든다. 이런 확신은 마르크스의 노력과 열정을 관통하고 있던 그의 확신 자체에 의해, 간단히 말해, 그의 **의식**에 의해 더욱 강화된다.

따라서 나는, 이데올로기적 역사에 대한 관념론적 이해[관념]의 자생적인 환상들을 공유하지 않도록, 더욱이나 청년 마르크스의 텍스트가 우리에게 주는 인상에 굴하지 않도록, **마르크스 자신의 자기의식을 공유하지 않도록** 조심해야 한다고 말하고자 한다. 그러나 이 말을 이해하기 위해서는, 현실적 역사에 대해 말하는 데까지 나아가야 한다. 다시 말해, **"마르크스의 경로" 자체를 질문에 부치는 데까지 나아가야 한다.**

여기서 나는 **출발점으로** 다시 돌아온다. 그렇다. 한 사상가는 언제가 어디에선가 태어나야만 하며, **주어진** 세계 속에서 사고하고 글쓰기를 시작해야 한다. 그에게 이 세계는 직접적으로 자기 시대의 살아 있는 사고들의 세계이다. 그것은 그 속에서 그가 사고 속으로 태어나는, 이데올로기의 세계이다. 그런데, 마르크스의 경우 이 세계는 독일 관념론의 문제들에 의해 지배되던, 사람들이 추상적인 용어로 "헤겔의 해체"라고 부른 것에 의해 지배되던, 1830년대와 1840년대 독일 이데올로기의 세계였다. 그것은 **아무래도 상관없는 세계가**

아니었다. 하지만 이런 일반적 진실을 말하는 것으로는 충분하지 못한데, 왜냐하면 독일의 이데올로기적 세계는 당시 **비교 대상이 없을 정도로** (엄밀한 의미의) **이데올로기에 의해 가장 심하게 짓눌려 있던 세계**, 다시 말해 역사의 실제 현실에서 가장 동떨어져 있던 세계, 이데올로기들의 견지에서 볼 때 유럽에서 **가장 심하게 기만당했고 가장 심하게 소외된 세계**였기 때문이다. 마르크스는 이런 세계 속에 태어났고 그 속에서 사고하기 시작했다. **마르크스의 시작의 우연성**, 그것은 그가 그 아래에서 탄생한 **두터운 이데올로기적 층이었으며**, 그가 그것으로부터 벗어날 줄을 안 **대단히 무거운 층이었다**. 바로 마르크스가 이 층으로부터 **해방되었기** 때문에, 우리는 그가 경탄할 만한 노력과 결정적인 만남들의 대가로 획득한 자유가 이미 이 세계 속에 기재되어 있었던 것으로 믿고, 그리하여 문제는 오직 **고찰하는** 것이었다고 믿는 경향이 너무나 많다. 우리는 청년 마르크스의 자기의식을, 그것이 기원에서부터 이런 경이로운fantastique 예속과 자신의 환상들에 종속되어 있었다는 것을 관찰하지 않은 채, 간단히 받아들이는 경향이 너무나 많다. 우리는, 하나의 자기의식을 다른 자기의식에 투사하면 안 되고, 예속된 의식의 내용에 (다른 자기의식의 내용을 적용할 것이 아니라) 해방된 의식에 의해 나중에 획득된 역사적 이해 가능성의 과학적 원리들을 적용해야 함에도 불구하고, 오히려 마르크스의 나중의 의식을 이 시대에 투사하고, 이 역사를 이른바 "전미래"의 방식으로 쓰는 경향이 너무나 강하다.

이런 엄청난 이데올로기적 층에 대해 마르크스는 그의 나중의 저작들에서 왜 그것이 프랑스와 영국이 아니라 독일에 고유한 것이었는지를 잘 드러내 보였다. **독일의 역사적 지체**(경제적·정치적 지체)와 이 지체에 상응하는 **사회 계급들**의 상황이 그가 든 이중의 이유이다.[45] 프랑스혁명과 나폴레옹 전쟁들의 거대한 혼란으로부터 태어난 19세기 초의 독일은 **민족 통일과 부르주아혁명을** 동시에 실현할 수 없는 역사적 무능력의 낙인을 깊이 지니고 있었다. 게다가 이런 "숙명"은 19세기의 독일 역사 전체를, 그리고 나아가 그 장기적 귀결에 의해 그 이후까지를 지배하게 될 것이었다. 그 기원이 농민전쟁으로 거슬러 올라가는 이런 상황은 독일로 하여금 자기 밖에서 진행되는 현실적 역사의 객체이자 구경꾼이 되게 하는 결과를 가져왔다. 18세기와 19세기를 거쳐 형성된 독일 이데올로기를 **구성하고** 그것에 깊은 **흔적을 남긴** 것은 이런 독일의 무능력이었다. 이 무능력은 독일의 지식인들로 하여금 **"다른 이들이 행한 것을 사고하도록"**, 그것도 그들의 무능력이라는 조건들하에서 사고하도록 했다. 즉, 공무원, 교수, 작가 등 소부르주아라는 그들의 사회계층의 열망들에 고유한 희망, 향수, 이상화의 형태로 사고하도록, 그리고 자신들의 예속의 직접적 대상들에서, 특히 **종교**에서 출발해 사고하도록 했다. 이런 역사적인 조건 및 요청 들이 합쳐진 결과는 바로, **독일 지식인들이 그 속**

---

45 [옮긴이] 마르크스는 1858년 11월 3일에서 12월 27일까지 4회에 걸쳐 『뉴욕 데일리 트리뷴』*New York Daily Tribune*에 기고한 「프로이센의 상태」*Die Lage in Preußen*에서 이런 분석을 했다. *MEW*, Band 12, S. 613-687.

에서 그들의 조건, 그들의 문제, 그들의 희망 들과 심지어 그들의 "활동"까지도 사고한, "독일 관념론 철학"의 엄청난 발전이었다.

마르크스가 프랑스인들은 정치적 머리를 가졌고 영국인들은 경제적 머리를 가졌고 독일인들은 **이론적** 머리를 가졌다고 선언한 것은 멋지게 연결선을 긋는 데에서 오는 쾌락 때문이 아니었다. 독일의 **역사적 저발전**은 그 반대급부로, 다른 유럽 민족들이 제공한 것과는 비교가 되지 않을 정도의 **이데올로기적·이론적 "과잉 발전"**을 초래했다. 그러나 요점은 이 이론적 발전이 자신이 **고찰한** 현실적인 문제들 및 대상들과 구체적 관련을 갖지 못한 **소외된 이데올로기적** 발전이었다는 것이다. 우리에게 흥미로운 관점에서 볼 때, 바로 여기에 헤겔의 비극이 있다. 그의 철학은 진정으로 18세기의 백과사전이며, 획득된 모든 지식들의 총합이고 역사 자체의 총합이었다. 그러나 헤겔 철학의 고찰의 모든 대상들은 그 고찰 속에서 그 고찰에 의해, 다시 말해, 독일의 모든 지성인들이 그 포로였던 이데올로기적 고찰의 이 특수한 형태에 의해, "소화"되었다. 따라서 우리는 1830년대와 1840년대 사이에, 그것도 독일에서, 사고하기 시작한 한 젊은 지식인이 **해방되기 위한 근본적 조건은 무엇일 수 있었는지, 무엇이어야 했는지** 이해할 수 있다. 그 조건은 현실적 역사와 현실적 대상들을 둘러싸고 그것들을 그림자로 변환시켰을 뿐만 아니라 왜곡한 거대한 이데올로기적 층을 넘어서 현실적 역사를 재발견하고 현실적 대상들을 재발견하는 것이었다. 그리하여 다음과 같은 역설적 결론이 나온다. 이데올로기에서 해방되기 위해 마르크스는, 독일의 **이데올**

로기적 과잉 발전은 실은 동시에 독일의 **역사적 저발전**의 표현이었다는 것을, 따라서 사물 자체에 가닿고 현실적 역사를 건드리고 마침내 독일 의식의 안개 속에 출몰하는 존재들 êtres을 정면으로 바라보기 위해서는 이데올로기적인 앞으로 달아나기fuite en avant[46]의 **맞은편으로 돌아와야** 한다는 것을, 필연적으로 의식해야 했다.[47] 이런 **뒤로 돌아오기**retour en arrière[48] 없이는 청년 마르크스의 지적 해방의 역사를 이해할 수 없다. 이런 뒤로 돌아오기 없이는 독일 이데올로기에 대한 마르크스의 관계, 특히 헤겔에 대한 관계는 이해 불가하다. 이 현실적 역사로 돌아오기(이것은 또한 어느 정도까지는 뒤로 돌아오기이다) 없이는 노동자 운동에 대한 마르크스의 관계는 불가사의로 남게 된다.

　　나는 의도적으로 이 **"뒤로 돌아오기"**를 강조한다. 왜냐하면, 헤

---

46 [옮긴이] "앞으로 달아나기"는 문제에 직면했을 때 문제를 해결하려 하는 것이 아니라 문제로부터 도피하려는 행동을 지칭한다.

47 모든 이데올로기를 일소하며 "사물 자체에"zur Sache selbst 가닿고, "현존하는 것을 드러내려는"Dasein zu enthüllen 이런 의지는 포이어바흐의 철학 전체를 고취하고 있다. 그의 용어들은 이를 감동적으로 표현해 준다. 포이어바흐의 비극은 자신의 의도를 철학으로 삼았다는 데 있으며, 사변철학으로부터 자신이 해방되는 것을 이 철학의 개념들과 문제설정 바로 그 속에서 사고함으로써 자신이 안간힘을 다해 벗어나고자 한 바로 그 이데올로기의 포로로 남아 있었다는 데 있다. "요소를 바꾸어야" 했다.

48 [옮긴이] retour는 '돌아오기'도 되고 '돌아가기'도 되는데, 알튀세르의 retour en arrière는 단순한 복귀, 돌아가기가 아니라 "이데올로기에 의해 도둑질당하고 이데올로기에 의해 인식 불가능하게 된 현실의 현재적 복원, 회수, 복구"(이 책 147쪽, 각주 참조)를 지시하기 위한 표현이므로 이 책에서는 '뒤로 돌아오기'로 번역한다. "아직 이데올로기적인" 이 '뒤로 돌아오기' 개념에 대한 알튀세르의 자기비판에 대해서는 이 책 324쪽 각주를 보라.

겔, 포이어바흐 등의 "지양"의 정식들을 사용해 일종의 발전의 **연속적** 형상을 제시하려는 경향, 어쨌든 (마르크스와 그의 시대의) 역사의 **지속**durée 자체에 의해 지지되는 **연속성의 요소** 바로 그 안에서 (바로 "지양"이라는 헤겔 변증법의 모델에 따라) 발전의 불연속성들 자체가 사고되는 그런 발전을 제시하려는 경향이 너무도 강력히 존재하기 때문이다. 이런 이데올로기적 요소에 대한 비판은 대상들을 반영하고 둘러싸는 이데올로기에 (논리적으로 그리고 역사적으로) 앞서는 진짜 대상들로 돌아오는 데 주로 있음에도 불구하고 말이다.

뒤로 돌아오기라는 이 정식을 두 가지 예를 통해 설명해 보자.

첫 번째 예는 헤겔이 그 요지를 "소화"한 저자들(그들 중 영국의 경제학자들, 프랑스의 철학자들과 정치인들)과 헤겔이 그 의미를 해석한 사건들(그중 가장 중요한 프랑스혁명)에 관계된다. 마르크스가 1843년 영국의 경제학자들을 읽기 시작했을 때, 마르크스가 마키아벨리, 몽테스키외, 루소, 디드로 등에 대한 연구를 시작했을 때, 마르크스가 프랑스혁명의 구체적 역사를 연구할 때,[49] 그것은 **헤겔이 읽은 원천들**

---

49 이에 대한 라피네의 탁월한 서술을 보라. Lapine, 같은 글, pp. 60-61. 그렇지만 마르크스의 이런 지적 "실험들[경험들]"expériences은, 라피네가 이 실험들을 사고하기 위해 사용한 **"경향"**이라는 개념(실험들에 적용하기 위해서는 너무 넓고 너무 추상적인 개념, 그리고 또한 진행 중인 과정의 결말을 반영하는 개념)에 부합하지 않는다. 나는 오히려 회프너의 다음과 같은 주장에 근본적으로 동의한다. "마르크스는 헤겔 변증법을 얼마간 조작操作함으로써 해결에 도달한 것이 아니라, 근본적으로 역사, 사회학, 정치경제학에서 행한 아주 구체적인 조사들을 토대로 하여 해결에 도달한 것이다. 마르크스주의 변증법은 요컨대 마르크스가 개척하고 이론을 위해 열어 놓은 새로운 땅에서 태어났다. …… 헤겔과 마르크스

로 돌아가 그 원천들을 통해 헤겔을 확증하기 위한 것이 아니었다. 반대로 그것은 헤겔이 점령한 대상들의 현실성을 **발견하기** 위한 것이었다. 마르크스가 18세기 영국과 프랑스의 이론적 생산물들로 돌아온 것은, 대부분은, 진정으로 **헤겔 이전으로 돌아오기**, 그 현실에 있는 그대로의 **대상들 자체**로 돌아오기이다. 헤겔 "지양"은 **결코 헤겔적 의미의 "지양"**Aufhebung, 즉 헤겔에게 담겨 있던 **진리의 진술이 아니다. 그것은 오류의 진리를 향한 오류의 지양이 아니라 현실성을 향한 환상의 지양이다. 더 정확히 말해서, 그것은 현실성을 향한 환상의 "지양"이라기보다, 환상의 해소이며, 해소된 환상으로부터 현실성을 향해 뒤로 돌아오기이다. 따라서 "지양"이라는 용어는 더 이상 아무런 의미도 갖지 않는다.**[50] 마르크스는 자신에게 결정적이었

는 같은 원천들에서 물을 긷지 않았다." Hoeppner, 같은 글, pp. 186-187.

50 헤겔적 의미의 지양이라는 용어가 의미를 갖기 위해서는, 보존 속의 **단절**을 잘 드러내기 위해 '부정된 항珥을 자체 내에 보존하는 부정'이라는 개념으로 용어를 대체하는 것으로는 충분치 않다. 왜냐하면 이런 보존 속의 단절은, 헤겔 변증법에서 즉자에서 대자로의 이행, 이어 즉자대자로의 이행 등으로 번역되는, **과정 속에서의 실체적 연속성**을 전제하기 때문이다. 그런데, 여기서 논란이 되는 것은 **바로 자기 내부에** 자기 자신의 미래를 **싹으로 내장한** 과정의 이 실체적 연속성 바로 이것이다. 헤겔의 지양은 과정의 나중의 형태가 앞선 형태의 "진리"라는 것을 전제한다. 그러나 이와 반대로 마르크스의 입장과 마르크스의 이데올로기 비판 전체는, (현실을 파악하는) 과학은, **자신의 의미 바로 그 속에서**, 이데올로기와의 **단절**을 구성한다는 것, 과학은 **별개의 지반** 위에서 성립한다는 것, 과학은 새로운 질문들을 통해서 구성된다는 것, 과학은 현실에 대해 이데올로기와는 **다른 질문들**을 제기한다는 것, 또는, 같은 얘기인데, 과학은 이데올로기와는 다른 방식으로 **자신의 대상을 규정한다는** 것을 내포한다. 또한 과학은 결코 어떠한 기준으로도 헤겔적 의미의 이데올로기의 진리일 수 없다. 이런 면에서 마르크스의 철학적 선조를 찾고자 한다면, 헤겔이라기보다는

던 이 경험, 다시 말해, 현실을 직접 **살고 가능한 한 최소한으로 왜곡하면서 사고한** 사람들을 통해서 현실을 **직접 발견한** 이 경험을 결코 부인하지 않았다. 그런 이들이란 18세기 영국의 경제학자들이었고 (이들은 경제적 머리를 가졌는데, 이들에게는 경제가 **있었기** 때문이다), 18세기 프랑스의 철학자들과 정치인들이었다(이들은 정치적 머리를 가졌는데, **이들에게는 정치가 있었기** 때문이다). 예컨대 그가 직접 경험할 특권을 갖지 않았던 프랑스 공리주의에 대한 마르크스의 비판에서 볼 수 있듯이,[51] 마르크스는 이런 부재에 의해 초래된 이데올로기적 "소격"疏隔, distanciation에 대해 매우 예민했다. 마르크스에 따르면, 영국 경제학자들이 영국 현실에서 사용 및 착취의 경제적 관계의 메커니즘이 작동하는 것을 보고 그 **실제 메커니즘**을 기술했다면, 프랑스 공리주의자들은 이 관계로부터 "철학적"이론을 만들었다. 관점의 이런 **변경**을 진지하게 고려하지 않는 한, 마르크스가 더 이상 헤겔의 무대와 영역이 아닌 무대 위와 영역 속에서 확립한 **뒤로 돌아오기**를 보지 않는 한, 헤겔과 마르크스의 관계라는 문제는 해결 불가능할 것으로 보인

스피노자를 택해야 한다. 스피노자는 제1종의 인식과 제2종의 인식 사이에 (**신**神 안의 총체성을 제외하고 생각한다면) 근원적 **불연속성**을 직접적으로 전제하는 관계를 설정한다. 제2종의 인식이 **제1종의 인식에 대한 이해**를 가능하게 해주지만, 제2종의 인식이 제1종의 인식의 **진리**는 아니다.

51 *Idéologie allemande*, t. IX des *Œuvres Philosophiques de Marx*, Éd. Costes, pp. 41-58. 참조. "**영국인들에게는 아직 단순한 사실 확인이던 이론이 프랑스인들에게는 하나의 철학적 체계가 된다**"(p. 48)[*Die deutsche Ideologie*, *MEW*, Band. 3, S. 397].

다. 헤겔에게서 빌려 온 것들의 의미의 질문, 마르크스의 헤겔의 유산의 문제question, 특히 변증법의 문제를 제기하기 위해서는 이 **"요소의 변화"**에서 출발해야 한다.[52]

다른 예. 청년 헤겔파가 자기들의 요구에 부응하도록 벼려 만든 헤겔 안에서 서로 논쟁할 때, 그들은 프랑스와 영국에 비교해 드러나는 **당대 독일 역사의 지체가 실제 그들에게 제기하는** 질문들을 부단히 그 헤겔에게 제기한다. 나폴레옹의 패배는 실상 독일과 서유럽의 위대한 나라들 사이의 역사적 격차를 실질적으로 변화시키지 못했다. 1830년에서 1840년 사이의 독일인들은, 특히 [보수적 입헌 왕정을 자유주의적 입헌 왕정으로 교체한] 프랑스 7월 혁명과 [1년에 10파운드 이상의 주택세를 내는 모든 세대주에게 선거권을 부여한] 영국의 1832년 선거법 개정 이후에는, 프랑스와 영국을 마치 자유와 이성의 땅을

---

52 Hoeppner, 같은 글, pp. 186-187을 보라. "뒤로 돌아오기"라는 용어에 대해 한 마디 덧붙이기로 하자. 분명히 이 용어를, 은유적으로 쓸 경우를 제외하면, "지양"의 정확한 반대말로 이해해서는 안 될 것이다. 문제는 이데올로기의 **종말**을 통한 이데올로기 이해를 이데올로기의 **기원**을 통한 이데올로기 이해로 대체하는 것이 아니다. 나는 "뒤로 돌아오기"라는 용어를 사용해, 어떻게 청년 마르크스의 이데올로기적 의식 내부에서 다음과 같은 모범적인 비판적 요청, 즉 헤겔이 논의한 **원본들**(프랑스의 정치철학자들, 영국의 경제학자들, 혁명가들 등등)을 참조하라는 요청이 출현할 수 있었는가를 형태적으로 설명하고자 했을 뿐이다. 그러나 마르크스가 독일의 "지체"라는 환상을 파괴하기 위해, 다시 말해 이 환상을 외적 모델을 기준으로 해서 판단하지 않고 그 현실성 속에서 사고하기 위해 독일의 역사 속으로 돌아갈 때, 이 "뒤로 돌아오기"는 기원*origine*의 형태로 원본*original*을 찾는 자신의 회고적 겉모양을 소멸시키기에 이른다. 마르크스가 말이다. 따라서 이 **뒤로 돌아오기**는 실로, 이데올로기에 의해 **도둑질당하고** 이데올로기에 의해 인식 불가능하게 된 현실의 **현재적 복원, 회수, 복구**이다.

바라보듯이 바라보았다. 다시 한 번 그들은, 남들이 행한 것을 살[생활] 수가 없었으므로, 남들이 행한 것을 사고했다. 하지만 그들이 그것을 철학의 요소 속에서 사고했기에 프랑스의 헌정과 영국의 법은 그들에게는 이성의 지배가 되었다. 따라서 그들은 우선 독일의 자유주의적 혁명이 이성으로부터 일어나기를 기다렸다.[53] (독일적) 이성만으로는 무능력하다는 것을 드러낸 1840년의 실패 이후, 그들은 바깥에서 도움을 찾았다. 그리고 믿을 수 없을 만큼 순진하고 감동적인 주제, 그들의 지체와 그들의 환상에 대한 고백 자체이면서 그들의 환상 안에서 행한 고백이기도 한 주제, 즉 **프랑스와 독일의 신비한 결합에, 프랑스의 정치적 감각과 독일의 이론의 결합에 미래가 달려 있다**는 주제가 그들에게 나타난다.[54] 따라서 그들은 그들 자신의 **이데올로기적 도식**을 통해서만, 그들 **자신의 문제설정**을 통해서만 지각할 수 있었던 현실들, 그 문제설정에 의해 왜곡된 현실들에 사로잡혀 있었다.[55] 마르크스가 독일인들에게 이성과 자유를 가

---

53 이것이 청년 헤겔 운동에서 "자유주의적" 시기이다. Cornu, 같은 책, 4장, p. 132 이하를 볼 것.

54 이것은 청년 헤겔파가 널리 개진한 주제이다. Feuerbach, "Thèses Provisoire pour la Réforme de la Philosophie" in *Manifestes philosophiques : textes choisis(1839-1845)*, PUF, pp. 116-117, §47, §48 참조.

55 이 문제설정은 현실적인 역사적 문제들을 **철학적** 문제들로 **왜곡**하는 것을 근본적으로 내포한다. 부르주아혁명, 정치적 자유주의, 언론의 자유, 검열의 종식, 교회에 대한 투쟁 등등의 **현실적 문제**가 **철학적 문제**로, 현실의 **겉모습들**에도 불구하고 역사가 그 승리를 보장하는 이성의 지배의 문제로 전치轉置된다. 역사의 내적 본질이자 종말[목적]인 이성과 현재의 역사의 **현실** 사이의 모순이 청년 헤겔파의 근본적인 **문제**였다. 이런 **문제의 설정***position du*

르쳐 주려는 자신의 시도가 실패한 데 실망해 1843년 마침내 프랑스로 떠나기로 결정했을 때, 아직 그는 넓게 보아 **신화를 찾아** 떠난 것이었다.[56] 몇 년 전 식민지 나라들 또는 종속국들의 대부분의 학생

problème, 즉 이런 문제설정problématique은 당연히 문제의 **해법들을 지휘한다**. 즉, 이성이 역사의 종말[목적]이자 본질이라면, 역사의 모순적인 겉모습에서까지도 **이성을 확인하는 것으로** 충분하다. 따라서 모든 해법은, 진리의 이름으로 역사의 탈선들을 해소함으로써 **실천적으로** 되어야만 하는 철학의 **비판적 전능성**에 있다. 왜냐하면, 현실적 역사의 몰이성들을 고발한다는dénoncer 것은 이런 몰이성들 속에서까지 작동하는 역사 자신의 이성을 진술하는 énoncer 것에 불과하기 때문이다. 따라서 국가는 행동하는 진리이며, 역사의 진리의 화신이다. 국가를 진리에로 **개종시키는** 것으로 충분하다. 바로 이 때문에 이 "실천"은 결국 철학적 **비판**과 이론적 선전으로 귀착한다. 즉, 몰이성들이 사라지게 하기 위해서는 몰이성들을 고발하면 되고, 이성이 몰이성들을 날려 보내게 하게 위해서는 이성을 **말하는** 것으로 충분하다. 따라서 모든 것은, 훌륭히도par excellence 혁명의 머리이자 심장인 철학에 달려 있다 (1840년 이후에는 철학은 단지 머리이게 되고, 심장은 프랑스 것이 된다). **근본적인 문제를 제기하는 방식이 요구하는 해법**과 관련해서도 사정은 마찬가지다. 그렇지만 이 문제설정 자체와 관련해서 우리를 무한히 더 일깨워 주는 것은, 이 문제설정을 역사가 청년 헤겔파에게 제기한 현실적 문제들과 비교함으로써, **이 문제설정은 현실적 문제들에 답하기는 하지만 이 현실적 문제들 중의 어느 것에도 상응하지 않는다**는 것을 발견하는 것이며, 이성과 몰이성 사이에는 아무것도 일어나지 않는다는 것, 저 몰이성la déraison은 하나의 몰이성une déraison이 아니며 하나의 겉모양이 아니라는 것, 국가는 행동하는 자유가 아니라는 것 등을, 다시 말해 이 이데올로기가 자신이 제기하는 문제들을 통해서 고찰하는 듯이 보이는 대상들의 "직접적[무매개적]" 현실성이 표상되지 않는다는 것을 발견하는 것이다. 이 비교의 끝에 이르면, 이데올로기가 자신의 문제들에 대해 해법으로 내세운 것들이 무너질 뿐만 아니라(이 해법들이란 이 문제들이 이 문제들 자체 속에 반사된 것일 뿐이다), 문제설정 자체가 무너진다. 이제 **이데올로기적 왜곡**의 전체 넓이가, 즉 문제들과 대상들의 기만이 나타난다. 이제 **헤겔 철학의 지반을 떠날** 필요성에 대해 말할 때 마르크스가 뜻한 것이 이해된다. "그 대답들만이 아니라 이미 질문들 자체 속에 기만이 자리 잡고 있"기 때문이다.

56 "Lettre à Ruge"(sept. 1843), *Œuvres Philosophiques de Marx*, Ed. Costes, p. 205[M. an R., September 1843, *MEW*. Band. 1, S. 343-346].

들이 프랑스의 신화를 찾아 떠날 수 있었듯이 말이다. 그러나 그때 마르크스는 다음과 같이 근본적인 **발견**을 하게 된다. **프랑스와 영국은 자신들의 신화에 들어맞지 않는다**는 발견, 프랑스의 현실과 영국의 현실에 대한 발견, 순수한 정치라는 거짓말들에 대한 발견, 계급투쟁과 적나라한 자본주의와 조직된 프롤레타리아트의 발견이 그것이다. 놀라운 분업이 마르크스로 하여금 프랑스의 현실을 발견하게 했고 엥겔스로 하여금 영국의 현실을 발견하게 했다. 여기서도 ("지양"이 아니라) 뒤로 돌아오기를, 즉 **신화로부터 현실로** 돌아오기를, 마르크스와 엥겔스가 그들 자신의 **시작**으로 인해 갖게 된 저 환상의 베일을 찢어 버릴 **실제적 경험**을 말해야 한다.

그러나 이데올로기로부터 현실로의 이런 뒤로 돌아오기는 마르크스와 엥겔스가 "**독일 철학**"의 텍스트들 속에서 **어떠한 반향도** 찾아볼 수 없었던 **근원적으로 새로운 현실**에 대한 발견과 일치하기 시작했다. 마르크스가 프랑스에서 **발견한** 것은 조직된 노동자계급이었다. 엥겔스가 영국에서 발견한 것은 **발전된 자본주의였고, 철학 그리고 철학자들과는 관계없이 자기 자신의 법칙들을 따르고 있던 계급투쟁**이었다.[57]

---

57 엥겔스가 1844년에 쓴 논문, 「국민경제학 비판 개요」 참조["Umrisse zu einer Kritik der Nationalökonomie", *MEW*, Band 1, S. 499-524. 이 글은 칼 마르크스, 『1844년의 경제학 철학 초고』, 최인호 옮김, 박종철출판사, 1991에 「부록」으로 수록되어 있다]. 마르크스가 후에 "천재적"이라고 선언한 이 논문은 마르크스에게 매우 깊은 영향을 끼친다. 이 논문의 중요성은 일반적으로 과소평가되고 있다.

청년 마르크스의 지적 진화에서 결정적인 역할을 행한 것은 이런 이중의 발견이었다. 이데올로기의 이쪽 편에서, 이데올로기가 왜곡했고 **이데올로기가 말한 현실**을 발견한 것과, 당대의 이데올로기의 저 너머에서, 당대의 이데올로기가 **무시한 새로운 현실**을 발견한 것이 그것이다. 마르크스는 이 이중의 현실을 엄밀한 이론 속에서 사고함으로써, 요소를 바꿈으로써, 그리고 이 새로운 요소의 통일성 및 현실성을 생각함으로써 마르크스 자신이 되었다. 물론, 이 발견들은 마르크스의 개인적 경험 총체와 분리될 수 없는 것이고, 마르크스가 직접 겪은 독일 역사와 분리될 수 없는 것이었다. 왜냐하면 **어쨌든 독일에서 무엇인가 벌어지고 있었기 때문이다.** 독일에서 일어나는 것은 외국에서 벌어진 사건들의 약해진 메아리만은 아니었다. 모든 것은 밖에서 벌어지고 안에서는 아무 일도 일어나지 않는다는 관념 자체가 절망과 초조에서 비롯된 환상이었다. 왜냐하면 실패하는 역사, 제자리걸음하거나 반복하는 역사도 또한, 우리가 잘 알고 있듯이, 역사이기 때문이다. 지금까지 내가 말한 모든 이론적·실천적 경험은 사실 바로 독일의 현실에 대한 점진적인 실험적 발견과 밀접히 관련되어 있었다. 사이비 "자유주의자" 프리드리히 빌헬름 4세가 전제군주로 변화함에 따라 청년 헤겔파의 희망의 배후에 있던 이론적 체계 전체를 쓰러뜨린 1840년의 실망, 『라인 신문』에서 시도된 이성에 의한 혁명의 실패, 그를 애초에 지지했던 독일 부르주아지의 구성 분자들에 의해 버림받은 마르크스의 핍박과 망명은 **사실들을 통해** 마르크스에게 저 유명한 "독일적 빈곤"에 의해서 감추어졌던 것, 도덕적 분개에 의해 규탄된 그 "속물근성", 그리고 **이 도덕적 분개 자체**를 가르쳤다. 그가 알게 된 것은 어떠한 **오해**의 여지도 없는 구체적인 역사적 상황, 즉 경직되고 잔인한 계급관계들과, 독일 부르주아지가 보이는, 이성의 증명들 전체보다도 강력한 착취 및 공포의 조건반사였다. 그리하여 모든 것이 동요했고, 마르크스는 드디어 그를 눈멀게 한 저 이데올로기적 어둠의 현실을 발견했다. 마르크스는 외국의 현실에 독일의 신화들을 투사하기를 포기할 수밖에 없게 되었고, 이 신화들은 외국에서 아무런 의미를 갖지 못할 뿐만 아니라 그 신화들 속에서 독일의 예속성을 꿈으로 달래던 독일에서조차 아무런 의미를 갖지 못한다는 것을 인정할 수밖에 없게 되었으며, 독일의 현실을 백일하에서 보기 위해서는 반대로 외국에서 습득한 경험들의 빛을 독일에 비추어야 한다는 것을 인정할 수밖에 없게 되었다.

희망컨대 다음과 같은 것이 이해되면 좋겠다. 즉, 마르크스의 사고의 이런 극적인 탄생을 진정으로 사고하고자 한다면, 그것을 "**지양**"이라는 용어로 사고하기를 포기하고 **발견들**이라는 용어로 사고해야 한다는 것, 진리의 내재성이라는 환상 속에서 자신의 종말[목적]을 공허하게 예견하는 것일 뿐인 지양이라는 무고하지만 음험한 개념에 내포된 헤겔 논리의 정신을 버리고, **이데올로기적 내재성의** 환상들을 정확히 종식시키는 **실제적 경험 및 현실적 출현의 논리를** 택해야 한다는 것, 요컨대 **이데올로기 자체 속으로 현실적 역사가 틈입한다**는 논리를 택해야 한다는 것, 그렇게 함으로써 끝으로 마르

크스주의적 시각에 절대 불가결하고 더욱이 마르크스주의적 시각이
요구하는 하나의 실제적 의미를 마르크스의 경험의 **개인적 스타일**
에, 즉 현실적인 것과의 그의 만남들 하나하나에 확신 및 새로운 발
견의 큰 힘을 실어 준, 구체적인 것에 대한 그의 비상한 관심 두기
에, 부여해야 한다는 것 말이다.[58]

나는 여기서, 우리가 아직도 활용하고 있는 **발견들**이 마르크스에
게서 생산되도록 하기 위해 청년 마르크스라는 이 독특한 존재 속에

---

[58] 이미 이해되었겠지만, 출현의 논리에 대해 말한다는 것은 예컨대 베르그송이 한 것처럼
발명의 철학을 소묘하는 것이 아니다. 왜냐하면 이 돌발은 어떤 텅 빈 본질의, 자유의, 또는
선택의 현현manifestation이 아니기 때문이다. 그것은 반대로 자기 자신의 경험적 조건들의
효과일 뿐이다. 덧붙이자면, 이 논리는 **이데올로기들의 역사**에 대한 마르크스의 이해[관념]
자체에 의해 요구된다. 왜냐하면 근본적으로 마르크스의 발견들의 현실적 역사의 이런 전
개에서 출현하는 결론은 **이데올로기적 역사 자체를 의문에 부치기** 때문이다. 관념론적 비판
의 내재론적 테제가 논박당했다는 것과 이데올로기적 역사 자체는 자기 자신에 대한 이해
가능성intelligibilité의 원리일 수 없다는 것이 명백해졌을 때, 이데올로기적 역사는 현실적 역
사, 즉 이데올로기적 역사의 형성들 및 왜곡들과 이 형성들 및 왜곡들의 재구조화들을 설명
해 주며 이데올로기적 역사 속에서 출현하는 현실적 역사를 통해서만 이해될 수 있다는 것
이 알려졌을 때, 바로 이때에 **역사로서의** 이 **이데올로기적 역사**에서 아직도 남아 있는 것은
무엇인지 자문해야 하며, 이데올로기적 역사는 아무것도 아니란 것을 인정해야 한다. 마르
크스는 "도덕, 종교, 형이상학, 그리고 그 밖의 이데올로기 및 그에 상응하는 의식 형태들은
더 이상 자립성Selbständigkeit의 가상Schein을 갖지 않는다. **그것들은 역사를 갖지 않고**, 발전을
갖지 않는다. 오히려 자신들의 물질적 생산과 물질적 교통Verkehr을 발전시키는 인간들이 자
신들의 현실을 변화시킴과 함께 자신들의 사고와 이 사고의 산물을 변화시킨다"라고 말한
다[『독일 이데올로기 I』, 김대웅 옮김, 두레, 1989, 66쪽. 번역은 수정함]. 따라서 다시 출발점
으로 돌아와서 나는 "철학의 역사"는 "전미래"로 쓰일 수 없다고, 이는 전미래는 역사적 이
해 가능성의 범주가 아니기 때문에 그러할 뿐만 아니라, 또한 엄밀한 의미의 철학의 역사는
존재하지 않기 때문에 그렇다고 말하고자 한다. 여기서 이 두 이유는 **동일한 이유**이다.

한 인간의 고유한 심리와 세계의 역사를 결합한 역사의 이 **실제적 경험**의 연대기 또는 변증법을 제시하겠다고 나서지는 못하겠다. 세부적인 것에 대해서는 "아버지" 코르뉘를 읽어야 한다. 왜냐하면 코르뉘처럼 박식하지도 않았고 그처럼 정보들을 갖지도 못했던 메링을 제외하고는 코르뉘 외에 그 누구도 이 필수 불가결한 작업을 하지 않았기 때문이다. 이 때문에 나는, 청년 마르크스에 대한 접근으로는 코르뉘가 실제 쓴 역사밖에 없기 때문에, 코르뉘가 오랫동안 읽힐 것이라고 분명히 예견할 수 있다.

다만 희망컨대, 내가 일반적으로 너무나 무시되고 있는 다음과 같은 사정들을, 즉 (그의 탄생에 비추어 볼 때) 그가 어떤 **우연한 시작**에서 출발해야 했는지를, 그리고 **그가 얼마나 거대한 환상들의 층을, 그것을 지각할 수 있기도 전에 뚫고 나가야 했는지**를 보여 줌으로써, 청년 마르크스의 예속된 사고와 마르크스의 자유로운 사고 사이에 존재하는 비상한 관계를 생각할 수 있게 했다면, 나는 그것으로 족하겠다. 어떤 의미에서, **이런 출발점을 고려한다면, "마르크스의 청년기는 마르크스주의에 속한다"**는 말을 결코 할 수 없을 것이다. 이 말을 이 젊은 독일 부르주아의 진화는 모든 역사적 현상과 마찬가지로 역사적 유물론의 원리들을 적용함으로써 해명할 수 있다는 말로 이해하지 않는 한 말이다. 물론 청년 마르크스는 마르크스주의로 **나아갔는데**, 그것은 자신의 기원들과의 놀라운 결별이라는 대가, 그가 태어난 독일의 역사에 의해 배양된 환상들에 대한 영웅적인 전투라는 대가, 이 환상들이 감추고 있던 현실들에 대한 날카로운 주목이라는 대가를 치르고서 이루어졌다. "마르크스의 경로"가 모범적이라면, 이것은 그의 기원들과 주변 조건들 때문이 아니라 **진리**를 자칭하는 신화들로부터 해방되려는 그의 완강한 의지 때문이며, 이 신화들을 뒤엎고 제거한 현실적 역사의 경험이 행한 역할 때문이다.

이제 마지막 논점을 다루어 보려 한다. 한편, 이런 해석이 청년 마르크스의 저작들에 대한 더 나은 독해를 가능케 해준다면, 이런 해석이 사고의 깊은 통일성(사고의 문제설정)에 의해 이론적 요소들을 해명함으로써, 그리고 마르크스의 실제적 경험의 획득물들(마르크스의 역사, 마르크스의 발견들)을 통한 이 문제설정의 생성을 해명함으로써, 마르크스가 이미 마르크스인지 여부, 마르크스가 아직 포이어바흐주의자인지 아니면 포이어바흐를 넘어섰는지 여부에 관한 끊임없이 논쟁되던 문제들에 종지부를 찍는 것을 가능케 해준다면, 다시 말해 청년 마르크스 진화의 매 시기에 그의 사고의 직접적 요소들이 갖는 내적·외적 의미를 고정하는 것을 가능케 해준다면, 다른 한편, 이런 해석은 마르크스의 **결말** 지점에서부터 고려된 마르크스의 **시작의 필연성**이라는 **또 다른 질문**을 미결 상태로 두거나, 더 정확히 말해서, 이 질문을 도입한다.

사실 마르크스가 자신의 **시작에서 벗어나야 할** 필연성, 다시 말해 자신을 뒤덮고 있던 비상하게 육중한 이데올로기적 세계를 뚫고 나아가고 소멸시켜야 할 필연성은 **부정적** 의미(환상들로부터의 해방)만을 가졌던 것이 아니라, 그 환상들 자체에도 불구하고, 모종의 **형성적** 의미도 가졌던 것 같다. 물론, 역사적 유물론이 발견되리라는

"기운이 감돌고 있었고", 여러 면에서 볼 때 마르크스는 현실에 합류하기 위해, 그리고 이미 부분적으로는 인지되었거나 획득된 진리들에 도달하기 위해 엄청난 양의 이론적 노력을 쏟아부었다고까지 생각할 수 있다. 그러니 필시 발견의 "짧은 길"(예컨대 1844년 논문에서 엥겔스가 간 길,[59] 게다가 마르크스가 그 발자취를 찬양한 요제프 디츠겐Joseph Dietzgen의 길)이 있었을 것이고, 마르크스가 택한 "**긴 길**"이 있었을 것이다. 그렇다면 마르크스 자신의 시작이 부과한 이 이론적 "**장정**"長征에서 마르크스는 무엇을 얻었는가? 그가 **결말로부터 그토록 먼 곳에서** 시작함으로써, 철학적 추상 속에 그토록 오래 체류함으로써, 현실을 다시 발견하기 위해 그런 공간들을 편력함으로써 얻은 것은 무엇인가? 아마도 그것은 그가 개인으로서 비판적 정신을 날카롭게 가다듬게 되었다는 것과 계급투쟁과 이데올로기들에 대한 역사적으로 비견할 수 없도록 주의 깊은 "임상적 감각"을 취득했다는 것일 터이요, 그뿐 아니라, 특히 헤겔과 접촉함으로써, 모든 과학적 이론의 구성에 불가결한 **추상화**의 감각과 실제, 즉 헤겔 변증법이 그에게 그 추상적이고 "순수한" "모델"을 제공한 **이론적 종합** 및 **과정의 논리**의 감각과 실제를 익힌 것일 터이리라. 나는 여기서 이 질문에 대답을 제시한다는 허세를 부리지 않으면서 이 기준점들을 제시한다. 그렇지만 아마도 이 기준들은, 현재 진행 중인 과학적 연구들과 결합되어야 한다는 유보하에, 마르크스의 형성에서 독일 이데올로기와 심

---

59 엥겔스의 「국민경제학 비판 개요」, 같은 글 참조.

지어 독일 "사변철학"이 수행한 역할이 무엇일 수 있었는지를 규정해 줄 것이다. 나는 기꺼이, 이 역할을 **이론적 형성**formation théorique의 역할로 보기보다는 **이론을 위한 훈련**formation à la théorie의 역할로, 즉 이데올로기 자체의 이론적 형성물들을 통한 이론적 지성의 교육의 일종으로 보고자 한다. 이렇게 보면, 독일 지성의 이데올로기적 과잉 발전은 그것이 스스로 **내세우는** 것과는 전혀 다른 형태로 청년 마르크스의 예비교육에 기여한 것으로 나타난다. 이 기여는 독일 지성의 이데올로기적 과잉 발전이 마르크스로 하여금 자신의 **신화들의 이쪽편에** 다다르기 위해 자신의 이데올로기 전체를 비판하도록 한 필요성에 의해서, 그리고 동시에, 마르크스로 하여금 독일 이데올로기의 체계들의 추상적 구조들을 **그 타당성 여부와 상관없이** 조작할 수 있도록 한 훈련에 의해서, 이중적으로 이루어졌다. 그리고 만약 마르크스의 발견에서 몇 걸음 물러나서, 마르크스가 새로운 과학적 학문 분야를 창립했다는 것을, 그리고 이 과학의 **출현** 자체는 역사에 대한 모든 위대한 **과학적 발견들**과 유사하다는 것을 생각할 때, 새로운 대상 또는 새로운 영역이 분명히 드러나지 않고서는, 예전의 이미지들과 예전의 신화들이 추방된, 의미의 새로운 지평과 새로운 땅이 나타지 않고서는, 어떠한 위대한 발견도 이루어질 수 없다는 것을 인정해야 한다. 그러나 동시에, 전적으로 필연적으로, 이 새로운 세계의 발명자는 **이전의 형태들 바로 그 속에서** 지성을 단련해야 했고, 그 형태들을 배우고 실천했어야 했으며, 그 형태들을 비판하면서 일반적인 추상적 형태들을 조작하는 취향과 기술을 취하고 배워야 했다. 그는 이 이전의 형태들과 친밀해지지 않고서는 **자신의 새로운 대상을 사고하기 위해 새로운 것들을** 감지할 수 없었을 것이다. 모든 위대한 역사적 발견을 필연적이게 만드는 것까지는 아닐지라도 이를테면 긴급하게 만드는 인간 발전의 일반적 맥락 속에서, 스스로 그런 발견의 저자가 되는 개인은 **자기가 잊어버려야 하는 것 바로 그 속에서 자기가 발견하게 될 것을 말하는 기술을 배워야 한다**는 역설적 조건에 처한다. 아마도 청년 마르크스의 저작들에 임박성과 영속성의 이 비극을, 시작과 종말 사이, 언어와 의미 사이의 이 극단적 긴장을 부여한 것은 또한 이 조건이리라. 이런 비극과 긴장에 사로잡힌 운명은 되돌릴 수 없다는 것을 잊지 않고서는 그것들로부터 하나의 철학을 만들어 낼 수 없을 것이다.

1960년 12월

III

모순과 과잉결정
(탐구를 위한 노트)

헤겔의 경우에 변증법은 머리로 서 있다. 그 신비적 외피 속에서
합리적 핵심을 찾아내려면 그것을 전도轉倒해야 한다.

칼 마르크스, 『자본』, 독일어 제2판 후기

마르그리트_{Margritte}와 기_{Gui}에게

얼마 전에 나는 청년 마르크스에 대한 논문[1]에서 "헤겔의 전도"라는 개념의 모호성을 강조했다. 내가 보기에, 엄밀히 파악할 때 이 표현은, 실제로 "사변철학을 발 위에" 다시 세웠지만 그 결과 확고한 논리의 힘으로 관념론적 **인간학**을 이끌어 냈을 뿐인 포이어바흐에게 전적으로 들어맞는 것이었고, 마르크스, 적어도 자신의 "인간학적" 단계에서 벗어난 마르크스에게는 적용될 수 없는 것이었다.

나는 더 밀고 나아가, **"헤겔의 경우에 변증법은 거꾸로 서 있다. 그 신비적 외피**_gangue/Hülle_ **속에서 합리적 핵심**_noyau/Kern_**을 찾아내려면 그것을 전도해야 한다"**[2]라는 잘 알려진 구절에서 "전도"라는 정식은

---

1 앞 장 「청년 마르크스에 대하여」를 보라.

2 칼 마르크스, 『자본』 제2판 후기. 나는 독일어 원본을 자구 그대로 번역한다. 몰리토르의 번역본도 마찬가지로 이 텍스트[제2판]를 번역한 것이지만(_Le Capital,_ Costes, p. xcv), 거기에는 약간의 판타지가 들어 있다. 마르크스가 감수한 루아M. Joseph Roy의 프랑스어판[1872]에서는, 예컨대 "die mystifizierende Seite der Hegelschen Dialektik"를 "헤겔 변증법의 신비적 측면le côte mystique"이라고 번역하면서, 텍스트를 부드럽게 만든다. 그나마 텍스트를 아예 삭제하지는 않은 곳에서는 말이다.

[독일어 mystifizieren은 '신비화하다'라는 본래의 뜻에서 전화된 '기만하다, 현혹하다, 우롱

직설적인 것일 뿐 아니라 은유적인 것이기까지 하며, 문제를 해결하

하다'라는 뜻을 가지며, 그 명사형 Mystifikation은 '기만, 현혹, 우롱'의 뜻을 갖는다. 알튀세르는 Roy가 mystifizierend(기만하는, 기만적인)를 mystique(신비적)로 번역해 마르크스의 원뜻을 약화시킨 것을 지적하고 있다. 알튀세르는 mystifizierend를 mystificateur(기만하는, 기만적인)로 번역한다.『자본』제1권의 새로운 프랑스어 번역본(*Le Capital* livre 1, PUF, 1993)의 옮긴이 르페브르 등도 이것을 mystificateur로 번역했다. 하지만『자본』국역자들은 mystifizierend를 '신비적'으로, Mystifikation을 '신비화'로 부적절하게 번역해 왔다.]
예를 들어 보자. 원전에는 "헤겔의 경우에 변증법은 머리로 서 있다chez Hegel, la dialectique est la tête en bas/Sie steht bei ihm auf dem Kopf. 그 신비적 외피la gangue mystique/die mystische Hülle 속에서 합리적 핵심le noyau rationel/der rationelle Kern을 찾아내기 위해서는 그것을 전도해야renverser/umstülpen 한다"라고 되어 있다. 그러나 루아는 "헤겔의 경우에 변증법은 머리로 걷는다. 그 변증법의 완전히 합리적인 형상을 발견하기 위해서는 그것을 발 위에 다시 세우는 것으로 충분하다"라고 번역했다!!! 핵심noyau과 그 외피gangue는 빼먹었다. 아마도 마르크스가 루아의 번역본에서 자신의 텍스트보다 덜 모호하지는 않더라도 덜 "어려운" 텍스트를 받아들인 것이리라고 말한다면 이 또한 흥미 있는 일이리라. 그렇지만 마르크스가 그랬다는 것을 어찌 알 수 있겠는가? 마르크스가 사후事後에 자신의 본래의 표현들 몇 개의 어려움을 인정하기라도 했단 말인가?
다음은 독일어 원문의 중요한 구절들을 번역한 것이다[아래 국역문은 옮긴이가『자본』제2판 후기 독일어 원본에서 직접 번역한 것이다.『자본 I-1』, 강신준 옮김, 도서출판 길, 2008, 60-61쪽도 참조].

"나의 변증법적 방법은 그 원리에서der Grundlage nach 헤겔의 변증법과 다를 뿐만 아니라, 그것과 정반대이다. 헤겔에게는 그가 이념Idee이란 이름으로 자립적 주체로까지 전화시킨 사고 과정이 현실적인 것의 창조자이고, 현실적인 것은 사고 과정의 외적 현상을 이룰bildet 뿐이다. 이와 반대로 나에게는 관념적인 것das Ideelle은 인간의 머릿속에서 전환되고 번역된 물질적인 것에 지나지 않는다. 헤겔 변증법의 기만적mystifizierende 측면에 대해서는 약 30년 전 그것이 아직 유행하고 있을 당시에 이미 내가 비판한 적이 있다. …… 그래서 나는 저 위대한 사상가의 제자임을 공공연히 자인했으며, 가치론에 대한 장 곳곳에서 그의 고유한 표현 방식에 아양을 떨기까지kokettirte 했다. 변증법이 헤겔의 수중에서 기만Mystifikation을 겪었지만, 이것이 그가 변증법의 일반적 운동 형태들을 최초로 포괄적이고 의식적인 방식으로 서술했음을dargestellt 부정하게 만드는 것은 아니

는 만큼이나 또한 제기한다는 의견을 제시하고자 한다.

이 구절 속에서 "전도"라는 정식을 실제로 어떻게 이해할 것인가? 문제 되는 것은 더 이상 헤겔의 **전도** 일반, 즉 있는 그대로의 사변철학의 전도가 아니다. 우리는 『독일 이데올로기』 이후 이런 시도가 아무런 의미도 갖지 않는다는 것을 안다. 사변철학을 (그것으로부터 예컨대 유물론을 끌어내기 위해) 순수하고 단순하게 전도한다고 주장하는 이는 철학의 프루동에 불과할 것이다. 그는, 프루동이 부르주아 경제학의 비의식적 수인∞ㅅ이었던 것처럼, 사변철학의 비의식적 수인일 것이다. 지금 문제 되는 것은 **변증법**, 오직 변증법이다. 그러나 사람들은 마르크스가 "**신비적 외피 속에서 합리적 핵심을 찾아내야**" 한다고 말했을 때 그 "**합리적 핵심**"은 **변증법 자체**이고 **신비적 외피**는 **사변철학**이라는 식으로 생각할 수 있을 것이다. 게다가 이것은 엥겔스가 **방법**을 **체계**와 구별하면서[3] 전통적으로 신성화된 용어

다. 그의 경우에 변증법은 머리로 서 있다. 그 신비적 외피 속에서 합리적 핵심을 찾아내기 위해서는 그것을 전도해야 한다."

"기만적으로 된mystifizierten 형태의 변증법은 독일적 유행이었는데, 이는 그것이 현존하는 것das Bestehende을 미화하는 것으로 보였기 때문이다. 합리적 형상Gestalt의 변증법은 부르주아들과 그들의 교의의 대변자들에게는 분개할 만한 것이었으며 공포스러운 것이었다. 왜냐하면 그것은 현존하는 것의 긍정적 이해 속에 그것의 부정, 곧 필연적 몰락에 대한 이해도 내포하기 때문이며, 모든 기성既成의gewordne 형태를 운동의 흐름 속에서, 즉 그것의 일시적인 측면에서 파악하기 때문이며, 또 어떤 것으로부터도 위압되지 않고, 그 본질상 비판적이고 혁명적이기 때문이다."

3 프리드리히 엥겔스, 「루드비히 포이에르바하 그리고 독일 고전철학의 종말」, 『칼 맑스·프리드리히 엥겔스 저작선집 6』, 같은 책. 특히 249쪽.

들로 한 말이기도 하다. 따라서 우리는 귀중한 핵심, 즉 변증법을 보존하기 위해 외피, 즉 신비적 싸개(사변철학)를 던져 버리면 될 것이다. 그렇지만 동일한 구절에서 마르크스는 핵심의 깍지 벗기기와 변증법의 전도는 하나라고 말한다. 그러나 어떻게 이 추출이 전도일 수 있겠는가? 달리 말해서, 이 추출 속에서 무엇이 "전도"되었는가?

이를 좀 더 자세히 살펴보기로 하자. 일단 변증법이 관념론적 외피로부터 추출되면 그것은 **"헤겔 변증법의 정반대"**가 된다. 이는 변증법이 헤겔의 이상화되고 전도된 세계에 관련되기를 그만두고 이제는 마르크스에게 와서 현실 세계에 적용되리라는 것을 의미하는가? 바로 이런 의미에서 헤겔은 **"변증법의 일반적 운동 형태들을 최초로 포괄적이고 의식적인 방식으로 서술한"** 인물이었다. 따라서 관건은 헤겔에게서 변증법을 **되찾아서** 그것을 이념이 아닌 삶에 적용하는 것이었다. "전도"는 변증법의 "방향"sens의 전도가 될 것이다. 그러나 이런 방향의 전도는 실상 변증법을 손대지 않은 채로 놓아둘 것이다.

그런데, 앞의 논문에서 나는 바로, 청년 마르크스의 예를 말하면서, 변증법을 그 헤겔적 형태로 **엄밀하게** 재수용한다는 것은 우리를 위험한 모호성의 상태로 이끌 수밖에 없는데, 이는 이데올로기적 현상에 대한 마르크스주의적 해석의 원리들 자체에 따를 때 **핵심**_noyau_[4]

---

4 noyau[경우에 따라 핵심核心을 지칭하기도 하고 핵각核殼을 지칭하기도 한다]에 대해서는 헤겔의 『역사철학 강의』의 「서설」을 참조할 것(Gibelin 옮김, Vrin 출판사, p. 38). "그들[역

이 겉싸개 속에 자리 잡고 있듯이 변증법이 체계 속에 자리 잡고 있을 수 있다고 생각하기란 불가능하다는 것을 염두에 둘 때 그러하다는 의견을 제시했다. 이를 통해 내가 말하고자 한 것은, 헤겔의 이데올로기가 헤겔 그 자신 안에서 변증법의 본질을 오염시키지 않는다고 생각하기란 불가능하다는 것, 또는 이 "오염"은 "오염" 이전의 순수한 변증법이라는 허구에 기초할 수밖에 없기 때문에, "추출"이라는 단순한 기적에 의해 헤겔 변증법이 헤겔적이기를 그치고 마르크스주의 변증법이 된다고 생각하기란 불가능하다는 것이다.

사상의 위인들]은 다음과 같은 조건에서 영웅으로 칭해질 수 있다. 즉 자신의 목표와 소임을 단지 평온하고 정돈되어 있고 기존 체계에 의해 신성화된 사태의 흐름 속에서 끌어올린 것이 아니라, 그 내용이 감춰져 있고 현재적 존재에 이르지 못한 원천으로부터 끌어올린, 즉 아직 지하에 있는 내적 정신, **주어진 껍데기**Schale/noyau[핵각核殼, 즉 핵과核果의 내과피內果皮]**에 맞는 씨**Kern/amande[내과피 속의 씨]**가 아니라 다른 씨이기 때문에 그 껍데기를 두드리고 부수는 씨와 같이 외적 세계를 두드리고 부수는** 저 내적 정신으로부터 끌어올린 한에서 말이다"[*Vorlesungen über die Philosophie der Geschichte*에서 직접 번역함. 국역본들에는 이 부분이 오역되어 있다. 『역사철학 강의』, 권기철 옮김, 동서문화사, 1978, 39쪽; 『역사철학 강의 I』, 김종호 옮김, 삼성출판사, 1976, 65쪽 참조].
껍데기noyau[핵각核殼]와 과육pulpe과 씨amande의 오랜 역사에서 재미있는 변화가 생긴다. 여기서 껍데기noyau는 씨를 내장한 껍데기coque[핵각核殼]의 역할을 한다. 여기서 껍데기noyau는 외부이고 씨amande는 내부이다. [알튀세르가 '변화'라 말한 것은 『자본』 제2판 후기 프랑스어 번역에서 noyau가 Kern(껍데기 속의 씨, 즉 핵심)인 것과 반대로 『역사철학 강의』 프랑스어 번역에서는 noyau가 Schale(씨를 싸고 있는 껍데기, 즉 핵각)이기 때문이다. 씨(새로운 원리)는 더 이상 자신에게 맞지 않는 옛 껍데기를 파괴하는 것으로 끝난다(그것은 옛 껍데기 속의 씨였다……). 씨는 **자신에게 맞는 껍데기**, 즉 새로운 정치적·사회적 형태들 등등을 원한다. 헤겔의 역사 변증법의 문제가 등장할 때에는 항상 이 텍스트를 염두에 두어야 할 것이다.

그런데, 급히 쓴『자본』제2판 후기의 몇 줄 속에서 마르크스는 이런 어려움을 분명히 감지하고 있었음이 드러난다. 마르크스는 은유들의 축적 속에서, 그리고 특히 추출과 전도의 특이한 만남 속에서 자신이 **말한** 것보다 약간 더 많은 것에 대해 암시할 뿐 아니라, 루아가 [프랑스어 번역본에서] 반쯤 감춘 다른 구절들에서는 그것을 분명히 말한다.

신비적 외피는 사람들이 (엥겔스의 추후의 몇몇 해설에 의거해[5]) 그렇

---

5 엥겔스의『루드비히 포이에르바하 그리고 독일 고전철학의 종말』을 참조할 것[같은 책. 이하 번역을 다소 수정함]. 이 텍스트의 모든 정식들을 문자 그대로 받아들여서는 결코 안 된다. 한편으로 이 텍스트는 광범한 대중적 전파를 목표로 한 것이며 따라서 엥겔스 자신이 숨기지 않듯이 상당히 도식적이다. 다른 한편으로 이 텍스트는 40년 전에 역사적 유물론의 발견이라는 거대한 지적 모험을 실행한 사람, 따라서 저 **철학적** 의식 형태들, 자신이 그것의 역사의 큰 줄기를 쓰고 있는 그 **철학적** 의식 형태들을 겪어 본 사람이 쓴 것이다. 실제로 이 텍스트에는 포이어바흐의 이데올로기에 대한 상당히 주목할 만한 비판이 제시되며(엥겔스는 "그[포이어바흐]에게 자연과 인간은 여전히 단순한 **말**Worte일 뿐이다"라는 것을 잘 파악하고 있다. [271쪽]), 헤겔주의에 대한 마르크스주의의 관계가 훌륭히 제시된다. 엥겔스는 예컨대 (이것은 나에게 핵심적인 것으로 보인다) 칸트에 대비한 헤겔의 비상한 비판적 능력을 보여 주면서도, 같은 말로 **"변증법적 방법은 헤겔적 형태로는 사용 불가능하다"**라고 선언한다[273쪽]. 또 다른 근본적인 테제는 철학의 발전은 철학적이지 않다는 것이다. 즉, 청년 헤겔파로 하여금 헤겔의 "체계"에 대립하도록 한 것은 그들의 종교적·정치적 "투쟁의 실천적 필요성들"이었고[250쪽], 철학자들을 앞으로 추동한 것은 자연과학과 산업의 진보였다[256쪽]. 또한『신성가족』등에 대한 포이어바흐의 심대한 영향을 엥겔스가 인정하고 있다는 점에도 주목해야 한다[251쪽]. 그렇지만 바로 그런 이 텍스트는 문자 그대로 받아들이면 우리를 궁지로 몰아넣을 정식들도 담고 있다. 예컨대 "전도"라는 주제가 여기서 아주 진지하게 수용되어 엥겔스로 하여금 논리적이라 해야 할 다음과 같은 결론에 이르게 한다. "그러므로 결국 헤겔의 체계는 방법과 내용 면에서 관념론적으로 **전도된**[머리로 선]auf den Kopf gestellten **유물론**을 표상할 뿐이다"[256쪽]. 마르크스주의로의 헤겔

게 믿으려 하는 것처럼 사변철학 또는 "세계관" 또는 "체계", 즉 **방법**에 **외부적인** 것으로 간주되는 하나의 요소가 결코 아니며 바로 변증법 자체와 관계되는 것임을 발견하기 위해서는 독일어 텍스트를 꼼꼼히 읽는 것으로 충분하다. 마르크스는 "**변증법이 헤겔의 수중에서 기만을 겪었다**"라고까지 말하며, 이 "**기만적 측면**"과 "**신비화된 형태**"에 대해서 말하고, 정확히 헤겔 변증법의 이 **신비화된 형태**에 자신의 변증법의 **합리적 형상**을 대립시킨다. **신비적 외피**는 변증법 자체의 **신비화된 형태일 뿐**이라는 것을, 즉 ("체계"처럼) 변증법에 상대적으로 외부적인 하나의 요소가 아니라 **헤겔 변증법과 동체**同體**인 내적** 요소라는 것을 이보다 더 명쾌히 말하기는 힘들다. 따라서 변증법을 해방하기 위해서는 **첫 번째 싸개**(체계)로부터 끄집어내는 것만으로는 충분치 않다. 또한 변증법을 그것의 몸에 붙어 있는

의 전도가 진정으로 근거 있는 것이라면, 역으로 헤겔은 앞서서 전도된 유물론일 뿐이어야 한다. 이중의 부정은 그리하여 긍정이 된다. 조금 뒤에 우리는 이 헤겔 변증법이 머리(현실이 아닌 관념)로 서 있기 때문에 헤겔적 형태로는 사용 불가능하다는 것을 보게 된다. "그러므로 개념 변증법 자체는 현실 세계의 변증법적 운동의 의식적 반사Reflex에 지나지 않게 되었다. 그리하여 **머리로 선 헤겔 변증법, 아니 더 정확히 말해서 땅을 딛고 선 그 머리에서 나온 변증법이 다시 발로 서게 되었다**"[274쪽]. 이것은 물론 근사적近似的 정식들인 것이지만, 그 근사성 바로 그 속에 어려움이 놓여 있다. 또한 주목할 만한 것으로, 모든 철학에서 체계를 세워야 할 필요성에 대한 특이한 확언("헤겔은 하나의 체계를 만들어야 했고 철학 체계는 재래의 요청에 따라 어떠한 종류든 절대 진리로 종결되어야 했기 때문이다."[247쪽]), "인간 정신의 불변의 욕구", 즉 "모든 모순을 극복하려는 욕구"에서 생겨나는 체계의 필요성에 대한 확언과, 포이어바흐의 유물론의 한계들을 시골 생활 및 그에 따른 우둔화와 고독으로부터 설명하는 서술을 들겠다[271쪽].

두 번째 외피, 감히 말하자면 변증법 자체로부터 분리 불가능한 변증법 자체의 살갗이자 자체가 **그 원리**$_{Grundlage}$**에서까지 헤겔적인** 이 두 번째 외피로부터도 해방되어야 한다. 따라서 문제는 아무런 고통이 없는 추출이 아니라고, 그리고 이 외관상의 껍질 벗기기는 실제로는 **탈기만**脫欺瞞, démystification, 즉 추출한 것을 변형하는$_{transforme}$ 작업이라고 말할 수 있다.

따라서 나는, 어림잡아 말하면 변증법의 "전도"라는 이 은유적 표현은 **동일한 방법**을 적용해야 할 **대상**(헤겔에게는 이념의 세계, 마르크스에게는 현실 세계)**의 본성**의 문제를 제기하는 것이 아니라, 오히려 그 자체로서 고려된 **변증법의 본성**의 문제, 즉 **변증법의 특유한 구조들**의 문제를 제기한다고 생각한다. 변증법의 "방향"의 전도라는 문제가 아니라 **변증법의 구조들의 변형**이라는 문제 말이다. 첫 번째의 경우 변증법의 적용 대상들에 대한 변증법의 외부성은, 즉 방법의 적용에 대한 질문은, **전**前**변증법적인 질문**, 즉 엄밀히 말해 마르크스에게 의미를 가질 수 없는 질문을 제기한다는 것은 지적할 가치도 없다. 반대로 두 번째의 문제는 마르크스와 그의 제자들이 그것에 대한 구체적 대답을 이론과 실천 속에서, 이론 또는 실천 속에서 제공하지 않았다고 볼 수 없는 현실적 질문을 제기한다.

따라서 텍스트에 대한 이 긴 설명의 결론을 내려 보자. 만약 마르크스주의 변증법이 "그 원리에서" 헤겔 변증법의 정반대라면, 만약 그것이 합리적이며, 신비적인-신비화된-기만적인$_{mystique-mystifiée-mystificatrice}$ 것이 아니라면, 이 근원적 차이는 그것의 본질 속에서, 그것의 **고유한 결정들**_déterminations_ **및 구조들** 속에서 드러나야 한다는 것이다. 명확히 말하면, 이 결론은 부정, 부정의 부정, 대립물들의 동일성,[6] "지양", 양질 상호 전화, 모순 등과 같은 **헤겔 변증법의 근본적 구조들이 마르크스의 경우에는(마르크스가 이 구조들을 수용하는 한에서. 그러나 마르크스가 이 구조들을 항상 수용하는 것은 아니다) 헤겔의 경우에 가졌던 것과는 상이한 구조를 갖는다**는 것을 함축한다. 이 결론은 또한 **이런 구조의 차이들**을 드러내고 기술하고 규정하고 사고하는 것이 가능하다는 것을 함축한다. 그리고 나는, 이것이 가능하다면, 이것은 따라서 마르크스주의를 위해 **필요하며** 심지어 **사활적으로 중요하다**고 말하려 한다. 왜냐하면 체계와 방법의 차이, 철학 또는 변증법의 전도, "합리적 핵심"의 추출 등과 같은 근사치들을, 이 정식들로 하여금 우리의 위치에서 사고하도록 만들지 않고, 즉 우리가 생각하기를 포기하고 마르크스의 저작을 완성한다고 완전히 가치 떨어진 몇몇 말들의 마술에 자신을 맡기면서, 무한히 반복하는 것에 만족할 수는 없기 때문이다. 나는 **사활적으로 중요하다**고 했는데, 이는 내가 **오늘날 마르크스주의의 철학적 발전은 바로 이 과업에 달려 있다**고 확신하기 때문이다.[7]

---

6 [옮긴이] 이 '대립물들의 동일성'die Identität der Gegensätze/l'identité des contraires은 '대립물의 통일과 투쟁의 법칙'이라 할 때의 '대립물들의 통일[성]'Einheit/unité과 다른 것이 아니다. 레닌은, Identität보다 Einheit가 나은 용어일 것이지만, 용어는 본질적인 문제가 아니라고 말한다. V. I. 레닌, 「변증법의 문제에 대하여」, 『철학 노트』, 홍영두 옮김, 논장, 1989, 299-300쪽 참조.

●

　스스로 대가를 치러야만 하기에, 나는 나에게 가해질 위험들을 감수하면서 **"가장 약한 고리"**라는 레닌주의적 주제를 분명한 예로 삼아 마르크스주의적 모순 개념을 잠시 생각해 보겠다.

　레닌은 이 은유에 무엇보다도 먼저 실천적 의미를 부여한다. 사슬은 그것의 가장 약한 고리가 강한 만큼 강하다. 일반적으로 주어진 상황을 통제하려 하는 자는 어떤 약한 지점도 체계 전체를 취약하게 만들지 않도록 감시해야 한다. 반면 체계 전체를 공격하고자 하는 자는, 외관상 세력 관계가 그에게 불리하다 하더라도, 체계의 전체 힘을 허약하게 만드는 하나의 취약점을 발견하는 것으로 충분하다. 방어 기술을 알았을 뿐만 아니라 방어물을 그 결점에 따라 판단하면서 한 곳을 붕괴시킬 줄도 안 마키아벨리나, [루이 14세의 장군으로 축성가

---

7 마오쩌둥毛澤東이 1937년에 쓴 소책자『모순론』은 헤겔적 시각과는 전혀 다른 관점에서 모순에 대한 마르크스주의적 이해[관념]conception를 제시한 일련의 분석들을 담고 있다 (「모순론」,『모택동 선집 1』, 김승일 옮김, 범우사, 2001). 주요 모순主要矛盾과 부차 모순次要矛盾, 모순의 주요 측면主要方面과 부차 측면次要方面, 적대적対抗性的 모순과 비적대적非対抗性的 모순, 모순 발전의 불균등성不平衡性의 법칙 등 이 텍스트의 핵심적 개념들은 헤겔에게서 찾아볼 수 없는 것들이다. 중국공산당 내의 교조주의에 대항한 투쟁에 의해 고취된 마오의 텍스트는 그러나 일반적으로 **기술적인**descriptif 것에 머물러 있고, 반대로 몇몇 측면에서는 **추상적**이다. 기술적이라 함은 그의 개념들이 구체적 경험들에 상응하기 때문이다. 부분적으로 추상적이라 함은 새롭고 생산적인 이 개념들이 사회와 역사에 대한 마르크스주의적 이해[관념]의 **필연적 귀결**로서보다는 오히려 **변증법** 일반의 **특수화들**spécifications로서 나타나기 때문이다.

인] 보방을 읽은 독자에게는 여기까지는 새로울 것이 없다.

그러나 여기서 흥미로운 것이 시작된다. 가장 약한 고리 이론은 확실히 혁명당에 대한 레닌의 이론 속에서 레닌을 인도했으며(혁명당은, 적에게 노출되지 않고 또한 적을 패퇴시키기 위해, 그 의식과 조직에서 어떠한 균열도 없는 통일체가 되어야 할 것이다), 또한 혁명 자체에 대한 레닌의 고찰을 고취했다. 왜 러시아에서 혁명이 **가능했고**, 왜 러시아에서 혁명이 **승리했는가?** 러시아에서 혁명은 러시아를 넘어서는 이유 때문에 **가능했다.** 그것은 제국주의 전쟁의 발발과 더불어 인류가 **객관적으로 혁명적인** 상황에 들어섰기 때문이다.[8] 제국주의는 낡은 자본주의의 "평화적" 외모를 깨버렸다. 산업 독점체들의 집중과 산업 독점체들의 금융 독점체들에로의 종속은 노동 착취와 식민지 착취를 가중시켰다. 독점체들 간의 경쟁은 전쟁을 **피할 수 없게** 만들었다. 그러나 바로 이 전쟁이 수많은 대중들과 나아가 그들로부터 징병이 이루어진 식민지 인민들을 끝없는 고통 속에 몰아넣었고, 엄청난 숫자의 병사들을 대량 학살 속에, 그러나 또한 역사 속에 집어던졌다. 모든 나라에서 전쟁 경험과 전쟁의 공포는 자본주의적 착취에 대항

8 "인류 전체를 궁지에 몰아넣은 것, 그리고 수백만 명의 사람들이 목숨을 잃고 유럽 문명이 파멸하도록 내버려 둘 것이냐 아니면 모든 문명화된 나라에서 권력을 혁명적 프롤레타리아트에게 이전하고 사회주의 혁명을 완수하느냐 하는 딜레마에 처하게 한 것은 제국주의 전쟁에 의해 산출된 객관적 조건들이다." V. I. Lénin, Œuvres, t.XXIII, p. 400["Farewell Letter to Swiss Workers"(1917. 3. 26), *Collected Works*, Vol. 23, pp. 370-71. 이하 모든 레닌 인용은 독자들의 편의를 위해 프랑스어판 전집 대신에 웹에서 이용 가능한 영어판 전집(Progress Publishers판) 인용으로 표시하되, 번역은 프랑스어판을 대본으로 한다].

하는 한 세기 전체에 걸친 긴 저항의 중계소와 계시자로서 역할을 했다. 그것은 또한 이 저항에 마침내 충격적인 자명성과 행동의 실질적 수단들을 제공함으로써 저항의 집중점으로서 복무했다. 그러나 유럽의 대부분의 인민 대중을 사로잡은 이런 결말(독일과 헝가리의 혁명, 프랑스와 이탈리아의 폭동들과 대규모 파업들, 토리노의 소비에트)은 유럽에서 **"가장 낙후한"** 나라인 **러시아에만 혁명의 승리를 초래했다.** 왜 이런 역설적 예외가 벌어졌는가? 그 근본적인 이유는 바로 러시아가 제국주의적인 **"국가들의 체계"**[9]에서 가장 약한 고리였다는 데 있다. 세계대전은 이 취약성을 악화시키고 심화시켰다. 그러나 이 취약성이 전쟁 때문인 것만은 아니다. 1905년의 혁명이 그 실패 속에서도 이미 차르 치하 러시아의 취약성을 입증했고 그 정도를 드러내 주었다. 그 취약성은 **한 국가 내에서 당시 가능했던 모든 역사적 모순들의 축적과 심화**라는 특유한 양상에서 초래된 것이다. 이 역사적 모순들은, 20세기의 여명기에 사제들의 사기 행각의 도움을 받아 방대한 규모의 **"미개한"**[10] 농민 대중을 짓눌렀고 위기가 격화될수록 더욱 잔학해진 봉건적 착취 체제의 모순들이었다. 이것은 특이하게 농민 반란을 노동자 혁명에 접근시킨 상황이었다.[11] 대도시와 그 근교, 광산

---

9 V. I. Lenin, "Report of the Central Committee to the Eighth Congress of the RCP(B)"(1919. 3. 18-23), *Collected Works*, Vol. 29, p. 153.

10 V. I. Lenin, "Pages From A Diary"(1922. 12. 15), *Collected Works*, Vol. 33, p. 462.

11 V. I. Lenin, *Left-Wing Communism, an Infantile Disorder*(1920년 4-5월), *Collected Works*, Vol. 31, p. 59[『공산주의에서의 "좌익" 소아병』, 김남섭 옮김, 돌베개, 1989, 62-63쪽]; "The Third

지역, 유전 지역 등에서 광범위하게 발달한 자본주의적·제국주의적 착취의 모순들. 인민 전체에 부과된 식민지 착취 및 식민지 전쟁의 모순들. (특히 노동자들이 집중되는 관계 속에서의) 자본주의적 생산방식의 발전 단계와(4만 명의 노동자와 보조 인력을 갖추고 있었던, 세계에서 가장 큰 공장인 푸틸로프 공장이 페트로그라드에 있었다) 농촌의 중세적 상태 사이의 거대한 모순. 착취자와 피착취자 사이에서뿐만 아니라 지배계급들(권위주의적 차르 체제에 결부되어 있었던 봉건적 대지주들, 경찰과 군인, 부단히 음모를 획책하고 있었던 소귀족들, 차르에 대항해 싸우고 있던 대부르주아지와 자유주의적 부르주아지, 순응주의와 아나키즘적 "좌익주의" 사이에서 동요하던 소부르주아들) 내부에서도 벌어지는 나라 전체에 걸친 계급투쟁의 심화. 이상의 모순들에, 사건들의 세부 수준에서, 러시아에서 내적·외적 모순들이 이렇게 "얽히는 것" 밖에서는 이해될 수 없는 다음과 같은 또 다른 "예외적" 정황들circonstances[12]이 추가된다. 즉, 차르 체제의 탄압하에서 망명할 수밖에 없었고 그리하여 망명지에서 서유럽 노동자계급의 정치적 경험의 유산(무엇보다도 마르크스주의)을 이어받고 스스로 "교육한" 러시아의 혁명적 엘리트의 **"선진적"** **성격(그 의식과 조직에서 서방의 모든 "사회주의" 당들을 능가한** 볼셰비키 당[13]의 형성과 관련된 정황). 일반적으로 모든 심각한 위기의 시기에 그

International and its Place in History", *Collected Works*, Vol. 24, p. 311.

12 V. I. Lenin, "Our Revolution"(1923. 1. 16), *Collected Works*, Vol. 33, p. 477.

13 V. I. Lenin, *Left-Wing Communism, op. cit.*, p. 26[『공산주의에서의 "좌익" 소아병』, 19-20쪽].

러하듯이 계급 관계를 생생하게 드러내 주고 결정화結晶化시킨, 그리고 또한 **소비에트**[14]라는 대중들의 정치적 조직의 새로운 형태를 발견하게 해준 1905년 혁명이라는 **"마지막 총연습".** 이상의 것들에 못지않게 독특한 마지막 정황으로, 제국주의 국민들의 피로가 볼셰비키로 하여금 역사 속에서 "돌파구"를 열 수 있도록 제공한 뜻밖의 "휴식"과, 차르를 쫓아내고자 결정적 순간에 혁명 놀이를 한 프랑스와 영국 부르주아지의 의도된 것은 아니지만 효과적이었던 지원.[15] 요컨대 **가능한** 혁명을 앞둔 러시아의 특권적 상황은 그 세부적 정황들에 이르기까지 다른 나라들에서는 찾아볼 수 없었던 **역사적 모순들의 축적과 격화**에 기인한다. 러시아는 **제국주의 세계에 비해 적어도 한 세기가 뒤늦었으면서도 동시에 그 첨병이었다.**

이 모든 것에 대해 레닌은 수많은 텍스트에서 언급하고 있고,[16] 스탈린은 1924년 4월의 강연에서 특히 명료하게 요약하고 있다.[17]

14 V. I. Lenin, "The Third International and its Place in History", *op. cit.*, p. 311.

15 V. I. Lenin, "Report to the Petrograd City Conference of the RSDLP(B)", *Collected Works*, Vol. 34, p. 141.

16 특히 *Left-Wing Communism*, pp. 24-26, 70-71, 74-75, 93-95[『공산주의에서의 "좌익" 소아병』, 18-20, 76, 80-81, 105-107쪽]; "The Third International and its Place in History", *Collected Works*, Vol. 29, p. 310-311; "Our Revolution", *op. cit.*, pp. 477ff; "Letters from Afar(No. 1)", *Collected Works*, Vol. 23, pp. 298ff.; "Farewell Letter to Swiss Workers", *Collected Works*, Vol, 23, pp. 367-373. 혁명의 조건에 대한 레닌의 탁월한 이론(*Left-Wing Communism*, pp. 24-26, 93-95)은 러시아의 특수한 상황의 결정적 효과들을 완벽하게 포괄하고 있다.

17 Joseph Stalin, "The Foundations of Leninism", *Collected Works*, Vol. 6[「레닌주의의 기초」, 『스탈린 전집 1』, 전진, 1988. 특히 75-77쪽, 90-95쪽, 111-115쪽]. "교육학적" 무미건조함에

자본주의 발전의 불균등성은 1914년 전쟁을 통해 러시아혁명으로 귀결한다. 그 이유는 인류 앞에 열린 혁명의 시기에 러시아가 **제국주의 국가들의 사슬의 가장 약한 고리**였기 때문이고, 러시아에 당시 가능했던 가장 많은 양의 역사적 모순들이 축적되었기 때문이며, 러시아가 **가장 뒤쳐졌으면서도 가장 앞선** 국민이었는데 이것은 분열된 그 지배계급들이 회피할 수도 해결할 수도 없었던 거대한 모순이었기 때문이다. 달리 표현하면, 러시아는 프롤레타리아 혁명의 전야에 부르주아혁명에 지체되어 있었고, 따라서 두 혁명을 동시에 잉태하고 있었으며, 하나를 미룬다 해도 다른 하나를 억제할 수 없었다. 레닌은 이 예외적이며 (지도적 계급들에게) "출구 없는" 상황 속에서 러시아에서의 혁명의 **객관적 조건들**을 포착해 냈다는 점에서, 그리고 약한 고리가 없는 사슬인 공산당 안에서 제국주의적 사슬의 이 약한 고리를 결정적으로 공격할 수단인 **주체적 조건들**을 만들어 냈다는 점에서 옳았다.

마르크스와 엥겔스가 역사는 항상 자신의 **나쁜 측면**을 통해 진보한다고 선언했을 때 이와 다른 어떤 것을 말한 것이 아니다.[18] 여기서 나쁜 측면이란 역사를 지배하는 자들에게 가장 나쁜 측면이라는 뜻이다. 또한 말에 폭력을 가함이 없이, 그것을 **다른 측면에서** 역

도 불구하고 이 저작은 여러 면에서 주목할 만하다.

18 [옮긴이] 프랑스어로 된 마르크스의 원문은 다음과 같다. "투쟁을 구성해 역사를 만드는 운동을 산출하는 것은 (프루동이 말하는) 이 나쁜 측면le mauvais côté이다." 칼 마르크스, 「철학의 빈곤」(1847), 『칼 맑스·프리드리히 엥겔스 저작선집 1』, 같은 책, 284쪽 참조.

사를 기다리는 자들에게 가장 나쁜 측면이라고 이해하자! 예컨대, 경제적으로 급속히 팽창 중인 가장 강력한 자본주의국가에 속해 있다는 특권을 통해 — 그들 자신 또한 득표수에서 급속히 팽창 중이었는데, 이런 일치란 일어날 수 있게 마련이다 — 가까운 시일 내에 사회주의적 승리를 이룰 수 있다고 믿었던 19세기 말의 독일 사회민주주의자들이 바로 그들이다. 분명히 그들은 역사는 **다른 측면**, 즉 "좋은" 측면을 통해서, 즉 **더 많은 경제적 발전**의 측면, 더 많은 팽창의 측면, **그 가장 순수한 형상으로 환원된 모순**(자본과 노동 간의 모순)의 측면을 통해서 발전한다고 믿었다. 이런 것들이 강력한 국가 장치로 무장한 독일에서, 비스마르크와 이어 빌헬름[2세]의 경찰적·관료적·군사적 보호를 대가로, 자본주의적·식민주의적 착취의 막대한 이윤을 대가로 자신의 정치적 혁명을 포기한 부르주아지와 국수주의적이고 반동적인 소부르주아지에 의해 괴상하게 치장된 독일에서 벌어지고 있다는 것을 잊고서 말이다. 그들은 이 경우에 **모순**의 이토록 단순하고 순수화된 형상은 아주 단순히 **추상적**이라는 것을 잊고 있었다. 현실적 모순은 이 "정황들"과 하나를 이루고 있어서 단지 **이 정황들을 통해서만 그리고 이 정황들 속에서만** 판별될 수 있고 식별될 수 있고 다루어질 수 있는 것이다.

이런 실천적 경험의 핵심, 그리고 그것이 불러일으킨 레닌의 고찰의 핵심을 파악해 보자. 그러나 먼저, 유일하게 이것만이 레닌을 깨우친 경험인 것은 아님을 지적해 두고자 한다. 1917년 이전에 1905년이 있었고, 1905년 이전에 영국과 독일의 커다란 역사적 환멸이 있었으며, 그전에 파리코뮌이 있었고, 더 거슬러 올라가서는 1848~49년의 독일의 실패가 있었다. 이 모든 경험들은 그 진행 과정 속에서 **직접적 또는 간접적으로 고찰되었고**(엥겔스의 『독일에서의 혁명과 반혁명』, 마르크스의 『프랑스에서의 계급투쟁』, 『브뤼메르 18일』, 『프랑스 내전』, 「고타강령 비판」, 엥겔스의 『에르푸르트강령 비판』), 이전의 다른 혁명적 경험들, 즉 영국과 프랑스의 부르주아혁명과 연관지어졌다.

그렇다면 이런 실천적 실험들과 그것들에 대한 이론적 해설들을 어떻게 요약할 것인가? 마르크스주의적인 혁명적 경험은 다음과 같은 것을 입증한다고 말하는 수밖에 없을 것이다. 즉, 일반적 모순은 (그러나 이것은 이미, 적대적인 두 계급 간의 모순 속에 핵심적으로 구현되어 있는 생산력들과 생산관계들 간의 모순으로, 특수화되어 있다) 혁명이 "당면 과제로 되어 있는" 상황을 규정하는 데는 충분할지라도, 결코 그 자신의 단순한 직접적 힘으로 "혁명적 상황"을 초래할 수는 없고, 하물며 혁명적 단절의 상황과 혁명의 승리를 초래할 수 있는 것은 더욱 아니라는 것 말이다. 이 모순이 강한 의미에서 **"능동적"**으로 되기 위해서는, 즉 단절들의 원리가 되기 위해서는, "정황들"과 "흐름들"이, 그 기원과 방향이 어떠하든 간에(이것들 중 다수는 그 기원과 방향에서 **필연적으로** 혁명과 역설적으로 무관하고 게다가 혁명에 "절대적으로 대립해" 있다), 하나의 **단절의 통일성** 속으로 **"융합"**되도록 축적되어야 한다. 이런 단절의 통일성이 형성되는 것은 이 "정황들"과 "흐름들"이 인민 대중의 거대한 대다수를 지도적 계급들이 **방어할 능력을 상실한** 체제에 대한 공격에 **집결시키는** 결과를 달성할 때이다.[19] 이런 상황은 근본적 조건들이 "단일의 국민적 위기" 속으로 "융합할" 것을 전제할 뿐만 아니라, 별도로(추상적으로) 고려된 각 조건 자체가 또한 모순들의 "축적"으로 "융합"할 것을 전제한다. 달리 어떻게, 계급들(프롤레타리아, 농민, 소부르주아)로 분할된 인민 대중이, 의식적으로 또는 의식하지 못한 가운데, 기존 체제에 대한 총공격에 **함께** 투신할 수 있었겠는가? 그리고 오랜 경험과 확고한 본능에 입각해 계급적 차이들(봉건세력, 대부르주아, 실업가, 금융인 들 등등)에도 불구하고 피착취자들에 대항하는 신성동맹을 결성할 줄 알았던 지배계급들이 그처럼 무력해지고, 대체할 정치적 해결책도 대체할 지도자들도 없이 결정적 순간에 분열되고, 외국의 계급적 지원도 박탈당하고, 자신들의 국가장치의 요새 바로 그 안에서 무장해제당하고, 착취와 폭력과 사기를 통해 그다지도 속박당하고 지배자들을 존경하게 만들었던 이 인민에 의해 갑자기 압도된 것이 달리 어떻게 가능했겠는가? 그중 몇몇은 근원적으로 이질적이며 그 기원도, 방향도, 적용의 **수준** 및 **장소**

19 이 구절 전체는 다음을 보라. 1) *Left-Wing Communism*, pp. 84-85, 94[『공산주의에서의 "좌익" 소아병』, 94쪽, 105-106쪽]. 특히, "'**하층 사람들**'이 예전의 방식대로 살기를 원하지 않고, '**상층 사람들**'이 더 이상 예전의 방식대로 살아갈 수 없을 때, 오직 그때에 혁명은 승리할 수 있다"[국역본 94쪽 참조]. 이 형식적 조건들은 『공산주의에서의 "좌익" 소아병』 105-106쪽에서 제시된다. 2) V. I. Lenin, "Letters from Afar (No. 1)", *Collected Works*, Vol. 23, pp. 297-308. 레닌은 p. 302에서 "혁명이 그렇게도 빨리 승리한 것, 그것은 오직 극도로 특이한 역사적 상황의 결과로, **절대적으로 상이한 조류들**, 절대적으로 이질적인 계급적 이해관계들, 절대적으로 상충하는 정치적·사회적 의도들이 충격적으로 '조화로운' 방식으로 융합되었다는 사실 때문이다"라고 쓰고 있다.

도 각각 다른 "모순들", 그러나 그럼에도 하나의 단절의 통일성 속으로 "뒤섞여 들어가는" 모순들의 저 놀라운 축적이 이런 상황 속에서 **하나의 동일한 놀이**_{jeu} **속에서** 작동할 때에, 일반적 "모순"의 단순한 유일한 힘에 대해 말하는 것은 더 이상 가능하지 않다. 물론 (혁명이 당면 과제인) 이 시대를 지배하는 근본 모순contradiction fondamentale은 이런 모든 모순들 속에서, 그리고 이 모순들의 "융합" 속에서까지, 작동하고 있다. 그렇지만 엄밀히 말해서 이 "모순들"과 그것들의 "융합"이 근본 모순의 **순수한 현상**에 불과한 것이라고 주장할 수 없다. 왜냐하면 "융합"을 달성하는 "정황들"과 "흐름들"은 근본 모순의 순수하고 단순한 현상 이상의 것이기 때문이다. "정황들"과 "흐름들"은 모순의·**항**項들 가운데 하나이면서 동시에 이 모순의 **존재 조건**이기도 한 생산관계들로부터 도출된다. 그것들은 고유한 견고성과 효력efficace을 지닌 심급들인 상부구조들로부터, 자기 특유의 역할을 행사하는 결정으로서 개입하는 국제 정세 자체로부터 도출된다.[20] 즉, 작용 중인 각각의 심급을 구성하는(그리고 레닌이 말한 이 "축적" 속에서 표출되는) "차이들"은 하나의 현실적 통일성 속으로 **"뒤섞여 들어가는"** 것이지만, 하나의 순수한 **현상**으로서 하나의 **단순한** 모순의 내적 통일성 속으로 "해소"되는 것이 아니다. 혁명적 단절[21]의 이런

---

20 레닌은 소비에트 혁명의 승리의 원인들에 러시아의 풍부한 자연과 광대한 국토를 포함시키기까지 한다. 광대한 국토는 혁명의 피난처였고 혁명의 불가피한 정치적·군사적 "후퇴들"의 피난처였다.

21 레닌이 자주 말한 것처럼 "위기"의 상황은 이 상황을 겪고 있는 사회구성체의 구조와 동

"융합" 속에서 이 심급들이 **구성하는 통일성**은 **이 심급들의 본질에 따라 그리고 이 심급들의 고유한 효력에 따라,** 즉 이 심급들의 본모습으로부터 그리고 이 심급들의 행위의 특유한 양태들에 따라 구성된다. 이 심급들은 이 **통일성을 구성하면서** 자신들을 작동시키는 근본적 통일성을 **재구성하고** 완성한다. 그러나 그러면서 이 심급들은 이 근본적 통일성의 다음과 같은 **본성**을 지시해 준다. 즉, "모순"은 자신이 그 속에서 작용하는 사회적 몸체 전체의 구조로부터 분리될 수 없고, 자신의 실존existence의 형식적 **조건들**로부터 분리될 수 없으며, 자신이 지배하는 **심급들**로부터도 분리될 수 없다. 따라서 모순은 그 자체가, 그 핵심에서, **이 심급들에 의해 영향 받으며,** 하나의 동일한 운동 속에서 결정적이면서 또한 결정되고, 자신이 작동시키는, 사회구성체의 다양한 **수준들**과 다양한 **심급들**에 의해 결정된다. 우리는 모순은 **그 원리상 과잉결정된다**고 말할 수 있을 것이다.[22]

나는 (다른 학문 분야들로부터 빌린) 이 **과잉결정**surdétermination이라는 용어에 특별히 집착하지는 않지만, 더 나은 표현이 없기에 **지표**이자 동시에 **문제**로서 이를 사용한다. 이 용어를 사용하는 또 하나의 이유는, 왜 우리가 **헤겔적 모순과는 전혀 다른 어떤 것**을 다루고 있는

역학을 드러내 주는 역할을 수행한다. 혁명적 상황에 대해 언급된 것은 따라서, 모든 차이를 고려하면서, 혁명적 위기에 선행하는 상황 속의 사회구성체에 대해서도 언급될 수 있다.

22 **적대적**(폭발적·혁명적) 모순對抗的矛盾들과 **비적대적** 모순非對抗的矛盾들의 구별이라는 주제에 대해 마오쩌둥이 발전시킨 것을 참조할 것. 「모순론」, 6절 "모순에서 적대가 차지하는 위치", 같은 책, 394-396쪽.

지를 이 용어가 잘 드러내 주기 때문이다.

사실 헤겔의 모순은, 비록 종종 과잉결정된다는 겉모양을 띰에도 불구하고, 결코 **실제로 과잉결정되지** 않는다. 예컨대 의식의 "경험들"과 절대지의 도래에서 정점에 이르는 이 "경험들"의 변증법을 기술하는 『정신현상학』에서 모순은 **단순한 것으로 나타나지 않고** 반대로 대단히 복잡한 것으로 나타난다. 엄밀히 말해 오직 첫 번째 모순인 감성적 확신과 그것의 지_知 사이의 모순만이 단순하다고 말할 수 있다. 그러나 의식의 생산의 변증법 속으로 진전해 나가면 나갈수록 의식은 더욱 풍부해지고 의식의 모순은 더욱 복잡해진다. 그렇지만 이런 복잡성은 **실제적**_{effective} **과잉결정**의 복잡성이 아니라, 과잉결정의 겉모양만을 갖는 누적적 **내부화**의 복잡성이라는 것을 우리는 드러낼 수 있을 것이다. 사실 의식은 자신의 생성_{devenir/Werden}의 각 계기에 자신의 과거의 선행한 본질들의 **모든 반향들을 통해서**, 그리고 상응하는 역사적 형식들의 **암시적 현존**을 통해서 (자신이 도달한 단계에 상응하는) 자기 자신의 본질을 살고 경험한다. 이를 통해 헤겔이 말하고자 한 것은, 모든 의식은 폐기-보존된(지양된) **하나의 과거**를 바로 자신의 현재 속에 지니고 있으며, 또한 **세계**를 지니고 있다는 것이다(의식은 세계의 의식일 수 있지만, 『정신현상학』에서 세계는 주변에 머무르며 가능적·잠재적으로 출현할 뿐이다). 그리고 따라서 의식은 또한 **자신의 지양된 본질들의 세계들을** 과거로서 갖는다는 것이다. 그러나 의식의 이 과거 형상들과 (이 형상들에 상응하는) 이 잠재적 **세계들**은 결코 현존 의식에 대해 **이 의식 자체와 상이한 실제**

적 규정들_déterminations_로서 영향을 미치지는 못한다. 이 형상들과 세계들은 의식이 그것으로부터 생성되어 온 바로 그것의 **반향들**(의식의 역사성의 기억들, 유령들)**로서만**, 즉 **자기에 대한 예견들 또는 암시들로서만** 의식에 관여할 뿐이다. 이는 과거는 오직 과거 자신이 내장하고 있는 미래의 (즉자적) 내적 본질일 뿐이기 때문이며, 과거의 이런 현존은 의식 자체의 자기 현존이지 **의식에 외부적인 하나의 진정한 규정이 아니기** 때문이다. **원환들의 원환으로서 의식은 오직 하나의 중심만을 가지고 있고**, 이 중심만이 유일하게 의식을 규정한다. 따라서 의식이 자신의 중심에서 다른 원환들의 효력의 작용을 받을 수 있으려면, 요컨대 의식의 본질이 다른 원환들에 의해 과잉결정되려면, 의식은 **의식 자신과는 다른 중심을 갖는 원환들, 즉 탈중심화된 원환들을 가져야** 할 것이다. 그러나 사실은 그렇지 못하다.

이런 진실은 『역사철학 강의』에서는 더 명료히 나타난다. 여기서도 우리는 과잉결정의 **겉모양들**과 마주친다. 즉, 모든 역사적 사회들은 정치적 법률에서부터 풍속, 관습, 금융적·상업적·경제적 체제들, 교육 체계, 예술, 철학 등을 거쳐 종교에 이르기까지 무한한 구체적 규정들에 의해 구성되지 않는가? 그렇지만 이런 규정들 가운데 그 어느 것도 그 본질에서 다른 규정들에 대해 **외부적**이지 않다. 왜냐하면 이 규정들은 모두가 합쳐져서 하나의 기원적起源的인 유기적 총체를 구성할 뿐만 아니라, 무엇보다도 특히 이 총체는 이 모든 구체적 규정들의 **진리**인 **유일한 내적 원리 속에 반영되기** 때문이다. 그리하여 로마에서 그 거대한 역사나, 그 제도들, 위기들과 기획들은 **추상적인 법적 인격**이라는 내적 원리가 시간 속에서 현현顯現하고 이어 사멸한 것에 불과한 것이다. 이 내적 원리는 추월된 역사적 구성체들의 모든 원리들을 **반향들로서** 자신 속에 함유하는데, 그러나 이 반향은 바로 내적 원리 자신의 반향이다. 이 때문에 이 원리는 오직 하나의 중심, 즉 원리 자신의 기억 속에 보존된 과거의 모든 세계들의 중심을 갖는다. 이 때문에 **이 원리는 단순하다**. 그리고 바로 이 단순성 속에서 이 원리 고유의 **모순**이 드러난다. 로마에서 추상적인 법적 인격 개념에 내재하는 모순에 대한 의식인 **스토아적 의식**이 그런 경우이다. 이 의식은 **주관성**의 구체적 세계를 **지향하지만 그것을 놓친다**. 바로 이 모순이 로마 자체를 해체할 것이며, 중세 기독교 속의 **주관성의 형상**이라는 자신의 미래를 산출할 것이다. 로마의 모든 복잡성은 따라서 이 무한한 역사적 풍부성의 내적 본질에 불과한 로마의 단순한 원리의 모순을 결코 과잉결정하지 않는다.

따라서 핵심적인 질문을 제기하는 데에는 **왜** 헤겔은 역사적 변이變異의 현상들을 모순에 대한 이 **단순한 개념** 속에서 생각했는가 자문해 보는 것으로 족하다. 사실상 헤겔적 모순의 단순성은 모든 역사적 시기의 본질을 구성하는 **내적 원리**의 단순성에 의해서만 가능하다. **총체성을**, 즉 주어진 역사적 사회(그리스, 로마, 신성로마제국, 영국 등)의 무한한 다양성을, 하나의 **단순한 내적 원리로 환원하는** 것이 **원리상** 가능하기 때문에, **그렇게 함으로써 모순에 대해 원리상 획득된 바로 이 단순성이** 모순에 반영될 수 있게 된다. 더 명료히 말할 필요가 있을까? (헤겔이 몽테스키외에게서 그 아이디어를 빌려 온)

이 환원 자체, 역사적 세계의 구체적 삶을 형성하는 **모든** 요소들(경제적·사회적·정치적·법률적 제도들, 풍속, 도덕, 예술, 종교, 철학과 심지어 전쟁, 전투, 패배 등의 역사적 **사건들**)을 **하나의** 내적 통일성의 원리로 환원하는 것, 이런 환원은 한 국민의 구체적 삶 전체를 하나의 **내적 정신적 원리**의 외화-소외Entäusserung-Entfremdung로 간주한다는 **절대적 조건**하에서만 가능하다. 이때 하나의 내적 정신적 원리란 결국 **이 세계의 자기의식의 가장 추상적 형태, 이 세계의 종교적 또는 철학적 의식, 즉 이 세계의 고유한 이데올로기** 이외의 어떤 것이 결코 아니다. 생각건대 이제 독자들은 어떤 의미에서 "신비적 외피"가 "핵심"에 영향을 미치고 오염시키는지 깨달았을 것이다. 왜냐하면 **헤겔적 모순의 단순성은 한 민족의 이런 내적 원리의 단순성의 반영에 불과한 것, 다시 말해 한 민족의 물질적 현실이 아니라 가장 추상적인 이데올로기의 반영에 불과한 것**이기 때문이다. 그리하여 또한 헤겔은 고대 동양 세계로부터 오늘날에 이르는 보편사를 "변증법적"인 것으로, 즉 **단순한** 모순의 원리의 단순한 작용에 의해 움직이는 것으로 우리에게 제시할 수 있었다. 이 때문에 사실상 헤겔에게는 진정한 단절이, 현실적 역사의 실제적 종말이 없고, 또한 근원적 시작도 없다. 이 때문에 또한 헤겔의 역사철학은 한결같이 "변증법적" 변이들로만 가득 차 있다. 이 놀라운 이해[관념]는 정신의 정점에서만 방어될 수 있다. 이 정신의 정점에서는 한 민족이 사멸하더라도 상관이 없는데, 이는 그 민족이 이념의 한 계기의 규정된 원리를 구현했기 때문이고(이념은 다른 많은 계기들을 가지고 있다), 그런 원리를 구현하면서 또한 그것을 벗어 던지고 그것을 역사라는 이 자기 기억에, 그리고 동시에 **다른** 민족에게(자신과 이 다른 민족의 역사적 관계는 매우 느슨할지라도!) 물려주었기 때문이다. 이 다른 민족은 이념의 한 계기의 규정된 원리를 자신의 실체 속에 반영하면서 그 원리 속에서 자기 자신의 내적 원리에 대한 약속을, 즉 마치 우연에 의한 것처럼 이념의 논리적으로 연속적인 계기를 발견할 것이다. 등등. 이 모든 (비록 진정 천재적인 안목의 순간들이 번득이고 있다 할지라도) 자의적恣意的인 논리들이 단지 헤겔의 "세계관"에만, 단지 그의 "체계"에만 **기적적으로 감금되어 있는** 것이 아니다. 그것들은 **구조 속에,** **변증법의 구조들 자체 속에,** 특히 이 역사적 세계의 구체적 내용들을 그것들의 이데올로기적 종말[목적]Fin을 향해 마술적으로 움직이게 하는 임무를 갖는 이 "**모순**" 속에 반영되어 있다는 것을 마지막으로 분명히 이해해야 한다.

바로 이 때문에 헤겔 변증법의 마르크스주의적 "전도"는 순수하고 단순한 추출과는 전혀 다른 것이다. 변증법의 헤겔적 구조가 헤겔의 "세계관"에 대해, 즉 그의 사변철학에 대해 유지하는 **긴밀하고도 내밀한 관계를** 명료하게 포착한다면, **바로 이 변증법의 구조들을 철저하게 변형하도록 강제되지 않으면서** 이 "세계관"을 **진정으로** 던져 버리는 것은 불가능하다. 이 변증법의 구조들을 철저하게 변형하지 않는다면 우리는, 원하든 원하지 않든 간에, 헤겔이 죽은 지 150년 후, 마르크스가 죽은 지 100년 후에도 저 유명한 "신비적 외피"라는 누더기를 끌고 다니게 될 것이다.

이제 레닌에게로, 그리고 그를 통해 마르크스에게로 돌아가자. 레닌주의적 실천과 고찰이 입증하듯이 러시아에서 혁명적 상황이 정확히 근본적 계급 모순의 **강력한 과잉결정**에 기인한 것이 사실이라면, 아마도 우리는 이런 "예외적 **상황**"에서 무엇이 **예외적인 것**인지, 그리고 모든 예외가 그렇듯이 이 예외도 규칙을 밝혀 주는 것은 아닌지, 이 예외가 규칙이 모르는 사이에 **규칙 자체**인 것은 아닌지 자문해야 할 것이다. 왜냐고? 결국, **우리는 항상 예외 속에 있지 않은가?** 1849년 독일에서의 실패도 1871년 파리에서의 실패도 예외였고, 1914년의 국수주의적 배신에까지 이르는 20세기 초 독일 사회민주주의의 실패도 예외였고, 1917년의 성공도 예외였다. 그런데 도대체 **무엇에 견주어** 예외란 말인가? 순화되고 단순한 "변증법적" 도식의 **추상적**이지만 안락하고 안심시키는 어떤 관념, 자신의 단순성 그 속에 헤겔적 모델의 기억을 보유한(또는 그 모양을 재발견한), 그리고 특히 자본과 노동 간의 "아름다운" 모순과 같은 추상적 모순의 해결하는 "힘"에 대한 신앙을 보유한 그런 순화되고 단순한 "변증법적" 도식의 관념에 견주어 예외가 아니라면 말이다. 나는 분명히, 이 **순화된** 도식의 **"단순성"**이 대중 동원의 어떤 **주관적** 필요성들에 부응했다는 것을 부정하지 않는다. 결국 우리는 유토피아적 사회주의의 형태들**도 또한** 역사적 역할을 수행했다는 것, 그것들이 역사적 역할을 수행할 수 있었던 것은 대중들의 의식에 가닿는 용어들로 대중들을 사로잡았기 때문인데, 이는 대중들을 멀리 이끌고 나가기 위해서는 바로 그렇게 해야만 하기 때문이라는 것을 잘 알고 있다.

언젠가 유토피아적 사회주의에 대해 **마르크스와 엥겔스가 한 작업**
을 마르크스주의 역사의 전반기에 **마르크스주의**의 영향을 받은 대
중 의식의(심지어 몇몇 마르크스주의 이론가들의 의식의) 아직 도식주의
적이고 유토피아적인 형태들에 대해서도 행해야 할 것이다. **그런 의**
식의 조건들과 형태들에 대한 진정한 역사적 연구를 말이다.[23] 그런

---

23 엥겔스는 요제프 블로흐[1871~1936]에게 보낸 1890년 9월 21일자 편지에서 다음과 썼
다. "젊은이들이 때때로 경제적 측면에 마땅히 두어야 할 것 이상으로 무게를 두는 데에는
부분적으로는 마르크스와 나 자신에게 책임이 있습니다. **우리는 적수들을 논박할 때 그들**
이 부인한 주요 원칙을 강조하지 않을 수 없었으며, 또 상호작용에 참가하는 기타 계기들을 설
명하는 데 응분의 지면을 할애할 시간과 장소와 기회를 항상 갖고 있었던 것은 아닙니다"[『칼
맑스·프리드리히 엥겔스 저작선집 6』, 같은 책, 504쪽. *MEW*, Band 37, S. 465]. '최종 심급
에서의 결정'에 대한 엥겔스의 서술에 대해서는 본 논문의「보유」를 보라.
전개할 연구의 이런 순서 속에서 나는 19세기 마르크스주의의 역사에서의 기계론적-숙명
론적 경향에 대한 그람시의 노트를 인용하고자 한다. "**결정론적·숙명론적·기계론적 요소는**
실천철학의 직접적인 이데올로기적 '향기'였고, 특정 사회계층들의 '하급적'*subalterne* 특성이 필
연화시키고 역사적으로 정당화시킨 종교 및 흥분제(그러나 마취제 같은 흥분제)의 한 형태였
다. 투쟁의 주도권을 갖고 있지 않을 때 그리고 투쟁이 일련의 패배들로 끝날 때 기계적 결정
론은 도덕적 저항과 응집과 끈기 있고 집요한 인내의 엄청난 힘이 된다. '나는 일시적으로 패
배했지만 결국 사물들의 힘은 내 편이 될 것이다.' 진정한 의지는 역사의 어떤 합리성에 대한
믿음으로, 즉 고해적 종교들의 예정설 및 섭리의 대체물로 나타나는 열정적 목적론*finalisme*의
경험적이고 원초적인 한 형태로 위장한다. 이 경우에조차 의지의 강력한 활동성이 존재한다는
것을 강조해야만 한다. …… 어떻게 하여 숙명론은 활동적이고 현실적인 의지의 허약함을 감
출 뿐인가를 강조해야 한다. 바로 이 때문에 대중의 순박한 철학이며 바로 그렇다는 그 유일한
이유 때문에 힘의 내재적 요소이기도 한 기계적 결정론의 경박성을 드러내야 한다. 기계적 결
정론이 지식인들의 성찰적이고 정합적인 철학이 될 때 그것은 수동성과 미련한 자족성의 원천
이 된다." Antonio Gramsci, *Œuvres choisies*, Éd. Sociales, pp. 33-34[「철학 연구」, 『옥중수고 II
: 철학·역사·문화편』, 이상훈 옮김, 거름, 1993, 177-178쪽 참조]. **마르크스주의 이론가의 글**
에서 이런 '지식인'-'대중'의 반정립이 제기되었다는 것이 이상하게 여겨질 수 있으리라. 그렇

데, 사실 이 시기의 마르크스와 엥겔스의 중요한 정치적·역사적 텍스트들 전체가 이 이른바 "예외들"에 대한 최초 고찰의 재료들을 제공해 준다. 이 텍스트들로부터 **자본-노동의 모순은 결코 단순하지 않으며, 이 모순은 자신이 그 속에서 작동하는 구체적인 역사적 정황들과 형태들에 의해 항상 특수화된다**는 근본적인 관념이 도출된다. 자본-노동의 모순은 상부구조의 형태들(국가, 지배적 이데올로기, 종교, 조직된 정치운동 등)에 의해 특수화된다. 자본-노동의 모순은 또한 **내적·외적인 역사적 상황**에 의해 특수화된다. 이 내적·외적인 역사적 상황은 한편으로는 **국민적 과거** 자체(완수되었거나 "억제된" 부르주아혁명, 완전히 또는 부분적으로 제거되었거나 제거되지 않은 봉건적 착취, 지역적 "풍속", 특유한 국민적 전통들, 정치적 투쟁들과 행동들의 "고유한 스타일" 등)에 따라 자본-노동의 모순을 결정하고 다른 한편으로는 (자본주의 국민들 간의 경쟁 또는 "제국주의적 국제주의"가 지배하거나 제국주의 내부에서의 경쟁이 지배하는) 현존의 **세계적 맥락**에 따라 자본-노동의 모

지만 그람시의 지식인 개념은 우리의 개념보다 무한히 폭넓다는 것, 그것은 지식인들이 스스로 형성된다는 생각에 의해 정의되는 것이 아니라 조직자이자 (다소간 하급적인) 지도자로서의 사회적 역할에 의해 정의된다는 것을 알아야 한다. 바로 이런 의미에서 그람시는 다음과 같이 쓴다. "**한 당의 모든 구성원이 지식인으로 간주되어야 한다는 말은 야유와 조롱의 대상이 될 수 있다. 그렇지만 깊이 생각해 보면 이보다 더 정확한 말은 없다. 층들을 구별해야 할 것인데, 한 정당에서 가장 낮은 층에 아주 많은 사람들이 속할 수도 있고 가장 높은 층에 아주 많은 사람들이 속할 수도 있다. 중요한 것은 그들이 수행하는 지도 및 조직의 기능, 즉 교육적 기능과, 따라서 지적 기능이다.**" *Œuvres choisies*, Éd. Sociales, p, 440[「지식인」, 『옥중수고 II : 철학·역사·문화편』, 26쪽 참조].

순을 결정하는데, 이런 현상들의 다수는 레닌적 의미의 "불균등 발전의 법칙"에 따라 전개된다고 할 수 있다.

겉으로는 단순하게 보인다 해도 모순은 **항상 과잉결정된다**고 말할 수밖에 없다. 바로 여기서 예외는 자신을 규칙으로, 규칙의 규칙으로 드러낸다. 그래서 **새로운 규칙**에 입각해 과거의 "예외들"을 규칙의 방법론적으로 단순한 예들로서 생각해야 한다. 이제 나는 이 규칙의 관점에서 현상들 전체를 포괄하기 위해, **"과잉결정된 모순"**은 **역사적 억제**의 방향, 즉 모순의 진정한 "차단"의 방향으로 **과잉결정될** 수도 있고(예컨대 빌헬름 황제 시대의 독일), **혁명적 단절**[24]의 방향으로 **과잉결정될** 수도 있다고(1917년의 러시아), 그러나 이 둘 중 어느 조건 속에서도 **모순은 결코 순수한 상태로 나타나지 않는다**고 주장할 것이다. 내가 보건대 "순수성" 자체란 예외일 것이며, 그런 사례를 찾기는 힘들다.

그런데 모든 모순이 마르크스주의의 역사적 실천과 역사적 경험 속에서 **과잉결정된 모순**으로 나타난다고 한다면, 그리고 헤겔적 모순에 대비해 마르크스주의적 모순의 **특수성**을 구성하는 것이 이런

24 엥겔스가 슈미트C. Schmidt에게 보낸 1890년 10월 27일자 편지를 참조할 것. "**경제적 발전에 대한 국가권력의 반작용은 세 가지 양식이 있을 수 있습니다. 반작용이 경제적 발전과 같은 방향을 취할 수 있는데, 이때는 발전이 더욱 급속히 진행됩니다. 반작용이 경제적 발전과 반대 방향을 취할 수 있는데, 이때는 오늘날 모든 큰 민족의 경우에서 그러한 것처럼 결국은 그 반작용이 파산합니다.**"[Engels an Conrad Schmidt, 27. Okt. 1890, *MEW*, Band 37, S. 490. 『칼 맑스·프리드리히 엥겔스 저작선집 6』, 박종철출판사, 1997, 514쪽]. 두 가지 극단적 상황의 특징들이 여기서 잘 제시되어 있다.

과잉결정이라고 한다면, 또한 헤겔적 모순의 단순성은 하나의 "세계관" 및 특히 이 세계관에 반영되는 역사관과 관련되는 것이라면, 마르크스주의적 모순의 **과잉결정의 내용은 무엇이며 존재 이유는 무엇인지** 자문해야 하며, 마르크스주의적 사회관이 **이 과잉결정 속에 어떻게 반영될 수 있는지** 질문을 제기해야 한다. 이 질문은 근본적으로 중요하다. 왜냐하면, 만약 마르크스의 모순의 고유한 구조를 마르크스의 사회관 및 역사관에 연결시키는 **필연적 연관**을 드러내지 못한다면, 만약 마르크스주의적 역사 이론의 개념들 바로 그 속에서 이 과잉결정에 근거를 부여하지 못한다면, 과잉결정이라는 범주는 "허공에" 머무를 것이기 때문인데, 그 이유는, 비록 정확하고 정치적 실천에 의해 검증되었다고 하더라도 이 범주는 지금까지 단지 **기술적**記述的일 뿐이었고 따라서 **우연적**이었을 뿐이며, 그리하여 **모든 기술**記述**과 마찬가지로** 앞으로 나타날 이런저런 **철학적** 이론들에 의해 좌우될 수 있기 때문이다.

그렇지만 여기서 우리는 또 한 번 헤겔적 모델의 유령과 만날 것이다. 이제 더 이상 모순의 추상적 모델이 아니라 이 추상적 모델에 반영되는 **역사관**conception de l'histoire이라는 구체적 모델을 만난다. 사실 마르크스주의적 모순의 특유한 구조가 마르크스주의적 **역사관**에 기반을 두고 있다는 것을 드러내기 위해서는, 이 이해[관념]conception 자체가 헤겔적 이해/관념의 순수하고 단순한 "전도"가 아니라는 것을 확고히 해야 한다. 그런데, 우선 개략적으로 보면 마르크스가 헤겔의 역사관을 "전도"했다는 것을 지지할 수가 있다. 이 점을 간략히 밝혀

보자. 헤겔의 이해[관념] 전체를 지휘하는 것은 각 사회에 내재하는 원리들의 변증법, 즉 이념의 계기契機들의 변증법이다. 마르크스가 스무 번쯤이나 말했듯이 헤겔은 물질적 삶, 민족들의 구체적 역사를 의식의 변증법(한 민족의 자기의식, 이데올로기)을 통해 설명한다. 반대로 마르크스의 경우에는 인간들의 역사를 설명해 주는 것은 그들의 물질적 삶이다. 그들의 의식, 이데올로기들은 그들의 물질적 삶의 현상에 불과하다. "전도"의 모든 겉모양들이 이 대립 속에 갖춰져 있다. 그러니 희화戲畫가 될 정도로 극단에까지 나아가 보자. 우리가 헤겔에게서 보는 것은 무엇인가? 그것은 18세기의 정치 이론과 정치경제학의 성과들을 다시 취하는 사회관이다. 그것은 모든 사회(물론 근대적 사회. 그러나 근대는 예전에는 싹일 뿐이었던 것을 드러낼 뿐이다)가 **두 사회**, 즉 욕구들besoins/Bedürfnisse의 사회 또는 **시민사회**와, 정치적 사회 또는 국가, 그리고 국가 속에 구현되는 모든 것(종교, 철학, 요컨대 시대의 자기의식)으로 구성된다는 사회관, 달리 말해서, 도식적으로, 한편의 물질적 삶과 다른 한편의 정신적 삶으로 구성된다는 사회관이다. 헤겔의 경우에 물질적 생활(시민사회, 즉 경제)은 **이성의 간지**奸智에 불과한 것으로, 자율성의 겉모습 속에서 자신에게 낯선 법칙에 의해 움직여진다. 이 법칙이란 물질적 생활의 존재 조건이기도 한 물질적 생활의 **목적**Fin, 즉 국가, 따라서 정신적 생활을 말한다. 그런데 여기에도 외견상 마르크스를 탄생시키는 모습을 취하면서 헤겔을 전도하는 하나의 방식이 있다. 그것은 바로, 시민사회와 국가, 경제와 정치-이데올로기라는 **헤겔의 용어들을 전도하는, 즉 이 용어들을 보존**

하는 방식이다. 단 본질을 현상으로 전화시키고 현상을 본질로 전화시키면서, 달리 말해 이성의 간지를 **반대 방향으로** 작동시키면서 말이다. 헤겔에게 경제의 본질이 정치적-이데올로기적인 것인 반면, 마르크스에게는 정치적-이데올로기적인 것의 본질이 경제적인 것이 될 것이다. 정치적인 것, 이데올로기적인 것은 그것들의 "진리"[진실]인 경제적인 것의 순수한 현상에 불과하게 될 것이다. 의식(시대의 자기의식)의 "순수한" 원리, 헤겔의 경우에 한 역사적 민족의 모든 규정들déterminations/Bestimmungen에 대한 이해 가능성의 원리인 이 단순한 내적 원리가 이렇게 그것의 대립물인 **또 다른 단순한 원리**, 한 역사적 민족의 모든 규정들의 이해 가능성의 유일한 원리가 되는 물질적 삶, 경제라는 단순한 원리에 의해 대체되는 것이다.[25] **희화인가?** 맷돌, 물레방아, 증기기관에 대한 마르크스의 유명한 구절[26]을 자구 그대로 받아들이거나 맥락에서 분리해 받아들이면 바로 이런 방향으로 나아가게 된다. 이런 유혹의 지평에서 우리는 **헤겔 변증법의 정확한 짝**을 갖게 된다. 차이는 단지 이념의 계기적繼起的 시기들이 아니라 경제의 계기적 시기들을 내적 모순이라는 동일한 원리의 힘에 의해 탄생시키는 것에 있을 뿐이다. 이런 유혹은 역사의 변증법을

---

25 물론 모든 "전도"에서 그렇듯이, 헤겔적 이해[관념]를 보이는 용어들 자체, 즉 **시민사회**와 **국가**는 보존될 것이다.

26 [옮긴이] 마르크스의 원문은 "맷돌moulin à bras은 봉건영주가 있는 사회를 산출할 것이고 증기 제분기moulin à vapeur는 산업자본주의 사회를 산출할 것이다"이다(「철학의 빈곤」, 『칼 맑스·프리드리히 엥겔스 저작선집 1』, 같은 책, 273쪽. 번역은 수정함).

계기적 **생산양식들**을 발생시키는 변증법으로, 즉 극단적으로는 생산의 상이한 **기술들**로 근원적으로 환원하는 것으로 귀결한다. 마르크스주의의 역사에서 이런 유혹들은 **경제주의** 그리고 **기술주의**라는 고유한 이름으로 등장한다.

그러나 이런 "일탈들"에 대항해 마르크스와 그의 계승자들이 수행한 이론적·실천적 투쟁의 기억을 즉각 환기하는 데에는 그 두 용어를 인용하는 것으로 족하다. 증기기관에 대한 너무나도 유명한 텍스트에 견주어 볼 때 경제주의에 반대하는 단호한 텍스트들은 또 얼마나 많은가! 따라서 이런 희화화를 집어던지자. 경제주의에 대한 공식적 규탄의 목록을 늘어놓기 위해서가 아니라, 이런 규탄 속에서, 그리고 마르크스의 실제 사고 속에서 **어떤 진정한 원리들**이 작동하고 있는지를 검토하기 위해서 말이다.

이제 외관상의 엄밀성 속에서 "**전도**"라는 허구를 유지하는 것은 결정적으로 불가능하다. 왜냐하면 실은 **마르크스는 사회에 대한 헤겔적 모델의 용어들을 "전도"하면서 그 용어들을 보존하지 않았기** 때문이다. 마르크스는 이 용어들과는 아주 먼 관계만을 가질 뿐인 다른 용어들로 이 용어들을 대체했다. 게다가 그는 그에 앞선 시기에 이 용어들 사이를 지배하던 **관계**를 뒤엎었다. 마르크스의 경우에는 **용어들과 동시에 그 용어들 간의 관계**의 성격과 의미가 변화한다.

우선 용어들이 더 이상 동일하지 않다.

물론 마르크스는 아직도 "시민사회"société civile에 대해 말한다(특히 『독일 이데올로기』에서 그런데, 그것은 "부르주아사회"société bourgeoise/ bürgerliche Gesellschaft로 부정확하게 번역되었다). 그러나 이는 과거에 대한 암시를 통해 자신의 발견의 **장소**를 드러내기 위한 것이었지 그 **개념**을 다시 취하기 위한 것이 아니었다. 이 개념의 형성에 대한 더 세밀한 연구가 이루어져야 할 것이다. 실제로 이 개념을 통해서는 경제사의 진정한 이론이나 경제의 진정한 이론이 모습을 드러낸 것이 아니라, 정치철학의 추상적 형태들하에서 그리고 18세기 정치경제학의 좀 더 구체적인 형태들하에서, **경제적 행동들의 기술**記述**과 근거 부여**_fondation_ 요컨대 일종의 **철학적-경제학적 현상학**이 모습을 드러낸 것이다. 그런데 주목해야 할 것은 경제학자들(스미스, 튀르고 등)뿐 아니라 철학자들(로크, 엘베시위스Claude Adrien Helvétius 등)의 경우에도 시민사회에 대한 이런 기술이, 헤겔이 시민사회의 정신을 완벽히 요약하면서 **"욕구들의 세계"**[27]라고 부른 것, 즉 개인들의 특수 의지와 사적 이해에 의해, 한 마디로 "욕구들"에 의해 정의되는 **개인들 사이의 관계들에** 직접적으로 결부되어 있는 세계(마치 이 세계 자신의 본질에 결부되어 있는 것처럼 그런 개인들 사이의 관계들에 결부되어 있는 세계)를 기술하는 (그리고 그것에 근거를 부여하는) 것이 과제인 것처럼 행해졌다는 점이다. 마르크스가 정치경제학에 대한 자신의 이해[관념] 전체를 이런 전제(**경제인**, 그리고 그것의 법률적 또는 도덕적 추상화, 철학자들의 **"인간"**)에 대한 비판 위에 정초했다는 것을 안다면, 우리는 이 전제의 **직접적 생산물**인 한 개념[시민사회]을 마르크스가 계승할 수 있었을까 의

---

27 [**옮긴이**] 헤겔의 "욕구들의 체계"das System der Bedürfnisse를 말한다.

심하지 않을 수 없게 된다. 마르크스의 관심사는 사실 경제적 행동들에 대한 이런 (추상적) **기술**도, 경제인이라는 신화 속에서 이 기술의 이른바 **기초를 찾는** 것도 아니었다. 그에게 중요한 것은 이 세계의 "[해부학적] **구조**_anatomie_, 그리고 이 "[해부학적] **구조**"의 **변이의 변증법**이었다. 바로 이 때문에 (개인들의 경제적 행동들의 세계이며 이 행동들의 이데올로기적 기원인) "**시민사회**" 개념은 마르크스에게서 사라진다. 바로 그 때문에 마르크스는 (예컨대 스미스가 실증적 노력의 결과로 시장의 법칙들 속에서 **되찾는**) **추상적인 경제적 현실** 자체를 특정한 사회구성체의 **생산양식**이라는 더 구체적이고 더 깊은 현실의 효과로서 이해한다. 그리하여 (이 경제학적-철학적 **현상학**이 평계로 사용했던) 개인적인 경제적 행동들이 최초로 자신들의 **존재 조건**에 의해 헤아려지게 된다. **생산력들**의 발전 정도, **생산관계들**의 상태, 이제는 이것들이 마르크스의 근본적 개념들이다. "시민사회"는 마르크스에게 이 개념들의 장소를 가리켜 주었지만(바로 이곳을 파고들어야 한다) 이 개념들의 재료를 공급해 주지는 않았음을 인정해야 한다. 대체 헤겔의 어디에서 이 모든 것을 발견할 수 있는가?

국가에 관련해서는 마르크스가 헤겔과 같은 내용을 결코 갖지 않았다는 것을 입증하기가 너무도 쉽다. 물론 국가가 더 이상 "**이념**의 현실"일 수 없다는 이유 때문만이 아니라, 무엇보다도 국가가 착취자들로 이루어진 지배계급에 복무하는 강제의 **도구로서** 체계적으로 사고되었기 때문이다. 여기서도 마르크스는 국가의 속성들에 대한 "기술"과 승화의 저변에서 **새로운 개념**을 발견한다. 그것은 **생산관**

계들과 직접 관련되는 **사회 계급 개념**, 마르크스에 앞서 18세기부터 예감되었고(랭게[28], 루소 등), 심지어 헤겔이 『법철학』에서 다시 취했으며(거기서 그것은 국가에서 승리를 거두는 이성의 간지의 "현상", 즉 빈자와 부자의 대립으로 제시된다), 1830년대의 역사학자들이 빈번히 사용한 사회 계급 개념이다. 이렇게 새로운 개념을 개입시킨 것, 그리고 이 개념을 경제구조라는 근본 개념과 연관시킨 것, 이것은 **국가의 본질** [에 대한 파악]을 밑에서 꼭대기까지 개작하는 것이었다. 이제 국가는 더 이상 인간 집단들의 위에 있는 것이 아니라 지배계급에 복무하는 것이 되고, 예술, 종교, 철학 속에서 완성될 사명을 갖는 것이 아니라 예술, 종교, 철학으로 하여금 지배계급의 이해에 복무하게 만드는 것이 되며, 게다가 국가 자신이 **지배적인 것으로** 만든 관념들과 주제들로부터 예술, 종교, 철학이 구성되도록 강제하는 것이 되며, 따라서 시민사회의 "진리", 또는 다른 어떤 것의 진리, 심지어 경제의 "진리"이기를 그치고 한 사회 계급의 행위와 지배의 수단이 된다. 등등.

그렇지만 변하는 것은 **용어들**만이 아니다. **용어들 사이의 관계들** 자체가 변한다.

이것을 새로운 용어들의 증가가 야기하는 역할들의 새로운 기술

---

28 [옮긴이] 시몽-니콜라-앙리 랭게Simon-Nicolas-Henri Linguet(1736~94)는 프랑스 혁명기에 경제학적 자유주의에 맞서 싸운 반혁명파 변호사이자 문필가이다. 마르크스는 『잉여가치학설사』 7장 「랭게, 노동자의 '자유'에 관한 부르주아-자유주의적 견해에 대한 초기의 비판」에서 랭게의 『민법 이론』(1767)을 분석한다. K. 맑스, 『영여가치학설사 1』, 편집부 옮김, 아침, 1989, 385-392쪽(*MEW*, Band. 26-1, pp. 320-326).

적 배분으로 생각해서는 안 될 것이다. 실제로 새로운 용어들은 어떻게 배열되는가? 한편에서는 **구조**(경제적 토대, 즉 생산력들과 생산관계들)로, 다른 한편에서는 **상부구조**(국가와 모든 법률적·정치적·이데올로기적 형태들)로 배열된다. 그러나 우리는 범주들의 이 두 배열 사이에 **헤겔적 관계**(헤겔이 시민사회와 국가 사이에 부과하는 관계) **자체**, 즉 "~**의 진리**"라는 개념으로 승화된 **현상에 대한 본질의 관계**를 유지하려 할 수 있음을 이미 보았다. 헤겔에게 국가는 시민사회"**의 진리**"이고, 시민사회는 이성의 간지의 작용 덕분에 국가 속에서 **완성되는** 국가의 현상에 불과하다. 그런데 홉스 또는 로크의 지위로 격하되는 마르크스에게도 시민사회는 경제적 이성의 간지가 한 계급, 지배계급을 위해 복무시킬 국가, 시민사회의 현상인 국가"**의 진리**"에 불과하게 될 것이다. 너무도 깔끔한 이 도식에게는 안됐지만, 사실은 그렇지 않다. 마르크스의 경우에 경제적인 것과 정치적인 것의 암묵적 동일화(~의 현상-본질-진리)는 모든 사회구성체의 본질을 구성하는 구조-상부구조 복합체 속에서의 **결정적**_déterminantes_ **심급들** 간의 관계라는 **새로운 이해**[관념]로 대체된다. 구조와 상부구조 사이의 이 특유한 **관계들**이 아직도 이론적으로 탐구되고 정교하게 구상되어야 할 가치가 있다는 데에는 의문의 여지가 없다. 그렇지만 마르크스는 우리에게 "사슬의 양쪽 끝"만을 제시하면서 이 둘 사이에서 한편으로 (**경제적**) **생산양식에 의한 최종 심급에서의 결정**과 다른 한편으로 **상부구조들의 상대적 자율성과 특유한 효력**을 찾으라고 한다. 이를 통해 마르크스는 자기의식(이데올로기)에 의한 설명이라는 헤겔적 주제 및 ~의 현상-본질-진리라는 헤겔적 주제와 분명히 결별한다. 진정으로 우리는 **새로운 용어들** 사이의 **새로운 관계**를 다루게 된다.

1890년에 이것이 **새로운 관계**라는 것을 이해하지 못한 젊은 경제학자들에 반대해 논점을 다시 분명히 한 노년 엥겔스의 말을 들어 보자. 생산은 결정적 요인[계기]Moment이지만, 오직 "**최종 심급에서**" 그러하다.[29] "**마르크스도 나도 그 이상의 것을 주장한 적이 없습니다.**" "**이 구절을 곡해해**" 경제적 요인이 유일한 결정적 요인이라고 말하는 이는 이 구절을 "**아무것도 말하지 않는, 추상적인, 부조리한 구절로 변화시키는 것이 됩니다.**" 엥겔스는 다음과 같이 설명한다. "**경제적 상태는 토대입니다. 그러나 상부구조의 다양한 요인들 — 계급투쟁의 정치적 형태들과 계급투쟁의 결과들 — , 전투가 끝난 후 승리한 계급이 제정한 제도들 즉 법적 형태들, 그리고 이 모든 현실적 투쟁들이 거기 참가한 이들의 두뇌에 반영된 것들, 즉**

---

29 엥겔스, 1890년 9월 21일자, 「블로흐에게 보낸 편지」[*MEW*, Band 37, S. 465. 『칼 맑스·프리드리히 엥겔스 저작선집 6』, 박종철출판사, 1997, 504쪽].
[옮긴이] 원문은, "유물론적 역사관Geschichtsauffassung에 따르면 역사에서 최종 심급에서 결정적인 요인[계기]das in letzter Instanz bestimmende Moment은 현실적 삶의 생산과 재생산입니다"이다. 『칼 맑스·프리드리히 엥겔스 저작선집 6』, 508쪽(번역은 수정함). 엥겔스는 콘라트 슈미트에게 보낸 1890년 10월 27일자 편지에서도 "생산은 최종 심급에서 결정적인 것das in letzter Instanz Entscheidende입니다"라고 쓴다(같은 책, 512쪽). 독일어 표현 in letzter Instanz는 직역하면 '최종 심급에서'이지만 비유적으로 '최종적으로', '결국'의 뜻으로도 사용된다. 엥겔스 자신도 이 표현을 이런 뜻으로 사용하는 경우가 많다.

정치적·법적·철학적 이론들과 종교적 견해들, 그리고 이 견해들의 교리 체계로의 발전 등도 마찬가지로 역사적 투쟁들의 경과에 영향을 끼치며, 많은 경우에 특히 역사적 투쟁들의 형태를 결정합니다." 이 "형태"$_{Form}$라는 말을 강한 의미로 받아들여 형식적인 것$_{le\ formel}$과는 전혀 다른 것을 지시하게 해야 한다. 엥겔스 말을 더 들어 보자. "프로이센 국가도 역시 역사적인 원인들, 최종 심급에서 경제적인 원인들에 의해 성립했고 계속 발전했습니다. 그러나 북부 독일의 수많은 소국들 중에서 바로 브란덴부르크가 남북의 경제적·언어적 차이를, 종교개혁 이후에는 종교적 차이까지를 구현하는 강대국이 되도록 결정한 것은 경제적 필연성일 뿐 다른 어떤 요인들(무엇보다도 브란덴부르크가 프로이센을 점유함으로써 폴란드와 얽힌 것, 그리고 이를 통해 오스트리아 왕가 권력의 형성에 실로 결정적으로 중요한 국제정치적 관계들에 연루된 것)도 아니라고 한다면, 그것은 실로 편협하고 고루한 주장이라고 할 수밖에 없습니다."[30]

따라서 여기 사슬의 양쪽 끝이 있다. 경제가 **역사**$_{Hitoire}$의 경로를 결정한다. 그러나 **최종 심급에서** 그러하다. 최종적으로 결정적이라고$_{schließlich\ entscheidenden}$ 엥겔스는 기꺼이 말한다. 그러나 이 경로는

---

30 「블로흐에게 보낸 편지」, 같은 책, 509쪽[번역은 수정함]. 엥겔스는 다음과 같이 덧붙인다. "마르크스는 이 이론[유물사관]이 일정한 역할을 하고 있지 않은 글을 쓴 적이 별로 없습니다. 특히 『브뤼메르 18일』은 이 이론을 적용한 훌륭한 실례입니다. 『자본』의 많은 지적들도 그러합니다"[같은 책, 510쪽]. 엥겔스는 또한 이 이론을 적용한 예로 자신의 『반 뒤링』과 『포이어바흐와 독일 고전철학의 종말』을 언급한다.

상부구조의 다양한 형태들, 지역적 전통들[31], 국제적 정황들의 세계를 통해 "관철된다". 나는 이 검토에서 **최종 심급**, 즉 경제에 의한 결정과, 상부구조들, 국민적 전통들, 국제적 사건들에 의해 부과되는 고유한 결정들 사이의 관계에 대해 엥겔스가 제안하는 **이론적 해법**은 제쳐 두려 한다. 여기서는 단지 그것으로부터 **경제적인 것에 의한 최종 심급에서의 결정에 대한** (상부구조들로부터, 국내적·국제적인 개별특수적particulières 정황들로부터 야기된) **효력 있는 결정들의 축적**이라고 불러야 할 것을 취하는 것으로 족하다. 내가 제출한 **과잉결정된 모순**이라는 표현이 바로 **여기서** 명확해질 것으로 보이는데, 왜냐하면 과잉결정의 존재는 더 이상 순수하고 단순한 **사실**이 아니기 때문이고, 우리는 이 과잉결정의 존재를, 그 핵심에서, 비록 우리의 설명이 아직 지시적인 것에 머문다 하더라도, **그것의 토대**_fondement_에 연관시켰기 때문이다. 상부구조의 형태들과 국내적·국제적 정세의 현실적 실존, 대부분이 특수하고spécifique 자율적이며 따라서 순수 **현상**으로 환원 불가능한 현실적 실존을 인정하자마자 이 **과잉결정**은 불가피한 것, 사고 가능한 것이 된다. 따라서 끝까지 밀고 나가서 다음과 같이 말해야 한다. 이 과잉결정은 역사의 언뜻 보아 유일무이하거나 일탈적인 상황들(예컨대 독일)에 관련된 것이 아니라 **보편적인 것**이라고, 경제의 변증법은 결코 **순수한 상태로** 작동하지 않는다

---

31 엥겔스는 "정치적인 조건들 등도, 심지어 인간의 두뇌에 출몰하는 전통들도 일정한 역할을 수행합니다"라고 쓴다(「블로흐에게 보낸 편지」, 509쪽).

고, 역사 속에서 상부구조들 등의 이 심급들이 자신의 과업이 완수된 후에는 각자 길을 비켜서는 것을, 또는 시간이 도래함에 따라 경제 폐하가 변증법의 왕도를 걸어 나아가도록 하기 위해 이 경제의 순수한 현상으로서 흩어져 버리는 것을 목격할 수는 결코 없다고 말이다. 처음 순간에도 마지막 순간에도, "최종 심급"의 고독한 시간은 결코 종을 울리지 않는다.

요컨대, 엥겔스가 [마르크스와 엥겔스의 논지를 곡해하는] 경제주의적 "구절"에 대해 말했듯이, 과잉결정되지 않은 "순수하고 단순한" 모순이라는 관념은 **"공허한, 추상적이고 부조리한 구절"**이다. 그런 아이디어가 교육학적 모델로 사용될 수 있었다거나 더 정확히 말해 역사의 특정 시점에서 논쟁적이고 교육적인 수단으로 사용될 수 있었다는 점이 이 아이디어의 운명을 영구히 고정하지는 않는다. 결국 교육제도들도 역사 속에서 변화하는 것이다. 이제는 교육학을 정황들의 수준으로, 즉 역사가 필요로 하는 수준으로 끌어올리려 노력해야 할 때이다. 그러나 이런 교육학적 노력은 또 다른 노력, 즉 순전히 이론적인 노력을 **전제한다는** 것을 깨달을 수 있어야 할 것이다. 왜냐하면, 마르크스가 우리에게 일반적 원리들과 구체적 예들(『브뤼메르 18일』, 『프랑스 내전』 등)을 제공했고 사회주의적·공산주의적 운동의 역사의 정치적 실천 전체가 구체적인 "경험적 안내서"의 무궁한 저수지를 형성하고 있음에도 불구하고, **상부구조들 및 다른 "정황들"의 특유한 효력에 대한 이론은 대부분 앞으로 정교제작해야 할 상태에 있다**고 말해야 할 것이기 때문이다. 또한 그것들의 효력에 대한 이론에 앞서서, 또는 (그것들의 효력을 확인해야만 그것들의 **본질**에 가닿을 수 있으므로) 그와 동시에, **상부구조의 특유한 요소들의 고유한 본질에 대한 이론**을 정교제작해야 할 것이다. 이 이론은, 대탐사들 이전의 아프리카 지도처럼, 그 윤곽과 큰 산맥들과 큰 강들은 알려져 있지만 잘 파악된 몇몇 지역을 제외하고는 그 세부가 종종 알려져 있지 않은 영역으로 남아 있다. 마르크스와 레닌 이래 누가 이 영역에 대한 탐사를 **진정으로** 시도했거나 속행했는가? 내가 알기로는 그람시밖에 없다.[32] 그렇지만 이런 과업은 무엇보다도 상부구조들의 실존과 본성에 기반을 둔 마르크스주의적 모순의 **과잉결정**의 성격에 대해 내가 제시한 이 근사치보다는 더 정확한 명제들의 형태로라도 진술하기 위해서는 필수적인 것이다.

마지막 예시 하나를 추가하기로 한다. 마르크스주의적 정치적 실천은 "**잔재**"라 불리는 현실에 끊임없이 부딪친다. 잔재가 존재한다는 데에는 의문의 여지가 없다. 잔재의 생명력은 강인하다. 레닌은

---

32 문학 및 철학의 역사에 국한된 루카치의 시도들은 불명예스러운 헤겔주의로 오염되어 있는 것 같다. 마치 루카치가 짐멜과 딜타이의 제자였던 것에 대해 헤겔을 통해 죄 사함을 받으려 한 것처럼 말이다. 그람시는 그와는 차원이 다른 인물이다. 『옥중수고』의 논변들과 메모들은 이탈리아와 유럽의 역사의 모든 근본적인 문제들, 경제적·사회적·정치적·문화적 문제들을 다루고 있다. 『옥중수고』에는 오늘날 근본적으로 중요한 상부구조들의 문제에 대한 절대적으로 독창적이고 종종 천재적인 통찰들이 담겨 있다. 또한 거기에는, 모든 진정한 발견들이 그러하듯이, 새로운 개념들이 담겨 있다. 그중 한 예가 헤게모니 개념인데, 그것은 경제적인 것과 정치적인 것의 상호침투 문제들에 대한 이론적 해법의 개요를 제시하는 뛰어난 사례이다. 불행히도 그 누가, 적어도 프랑스에서는, 그람시의 이론적 노력을 수용하고 연장했는가?

이미 혁명 이전에 러시아 당[사회민주노동당] 내에서 잔재에 대항해 투쟁했다. 새삼 상기할 것도 없이 혁명 이후 줄곧, 그리고 오늘날까지도, 잔재는 많은 어려움들과 전투들과 논평들에 재료를 제공하고 있다. 그런데, **"잔재"**란 과연 무엇인가? 그것의 이론적 지위는 어떠한가? 본질적으로 **"심리학적"**인 것인가 아니면 사회적인 것인가? 그것은 혁명이 첫 번째 법령들로 파괴할 수 없었던 몇몇 경제적 **구조들**의 잔존물로 환원되는가? 예컨대 레닌이 그토록 노심초사한 소생산(러시아에서는 특히 소농민 생산)과 같은 것인가? 또는 정치적 구조, 이데올로기적 구조 등의 **다른 구조들, 풍속들, 관습들**, 게다가 고유의 특징들을 지닌 **"국민적 전통"**과 같은 **"전통들"**이 문제 되는 것인가? **잔재**, 이것은 계속 언급되지만 **자신의 이름**이 아니라(이름은 하나 가지고 있다) **자신의 개념**을 아직 찾고 있는 용어이다. 그런데 이 용어에 합당한 개념을 제공하려면(그것은 그런 개념을 이미 획득했다!) **"지양"**과 **"자신의 부정 자체 속에서의 부정된 것의 보존"**(즉, 부정의 부정)이라는 모호한 헤겔주의에 만족해서는 안 될 것이다. 왜냐하면, 헤겔로 잠시 되돌아가면 우리는 헤겔에게 **"지양된"** 과거의 잔재는 단순히 **기억**의 양태, 즉 **예견**의 역※에 불과하며 따라서 예견과 동일물인 기억의 양태로 환원됨을 확인하게 되기 때문이다. 사실 인류 역사의 여명기에, 하늘, 바다, 사막과 같은 거대한 형상들에게, 다음에는 돌에 동물 모양으로 새겨진 자신의 형상에게 즐겁게 사로잡혀 있던 동양 정신의 최초의 웅얼거림 속에 이미 절대정신의 완성된 미래에 대한 비의식적 예감이 드러난 것과 마찬가지로, 시간의 매순간에 과거는 전에 그랬던 것에 대한 기억의 형태로, 즉 현재에 대한 과거의 속삭이는 약속의 형태로 살아남는다. 바로 그 때문에 **과거는 불투명하지도 않고 장애물도 아니다.** 과거는 항상 소화消化될 수 있는데, 왜냐하면 **미리 소화되었기** 때문이다. 로마는 그리스에 의해 잉태된 세계 속에서 잘 군림할 수 있었고, "지양된" 그리스는 재생된 사원들, 동화된 종교, 다시 사고된 철학 같은 객관적 기억들 속에서 살아남았다. 그리스가 자신의 로마적인 미래를 분만하기 위해 사멸할 때 그리스는 자신이 알지 못한 상태에서 이미 로마가 되어 있었고, 로마 속에서 로마를 결코 저지하지 않았다. 바로 이 때문에 현재는 자신의 과거의 그림자들로부터 양식을 공급받을 수 있고, 심지어 그 그림자들을 자기 앞에 투사할 수 있다. 로마적 미덕의 거대한 조상彫像들이 자코뱅들에게 혁명 및 테러의 길을 열어 주었듯이 말이다. 즉, 현재의 과거는 결코 현재와 다른 어떤 것이 아니고 모든 **인간적 생성**Devenir Humain의 숙명인 이 내부성의 법칙을 환기해 줄 뿐이다.

그러나 이것은 다음과 같은 것을 이해시켜 주기에 충분하다고 나는 생각한다. 마르크스에게 "지양"은, 만약 이 단어에 아직도 의미가 있다면(솔직히 말해 이 단어는 그 어떤 **엄밀한** 의미도 갖지 않지만), 그런 역사적 안락함의 변증법과는 아무런 연관이 없으며, 마르크스에게 과거는 그림자와는, 설령 "객관적"인 그림자라 하더라도, 전혀 다른 것, 즉 마르크스가 언급하는 비참한 노동자에게 추위와 배고픔과 밤이 그러하듯이 무섭게 실제적이고 활동적인 구조화된 현실이다. 그렇다면 어떻게 이 **잔재를 사고할** 것인가? 우리는 그것들을 몇 개의 현실들로부터, 마르크스에게 정확히 **현실들**인 것, 즉 상부구조들, 이 데올로기들, "국민적 전통들", 나아가 풍속들과 한 국민의 "정신" 등 으로부터 사고해야 한다. 그것들을 **모든 모순의, 그리고 한 사회의 모든 구성적 요소의 과잉결정**으로부터 사고해야 한다. 이 과잉결정 은, 1) **구조**에서의 혁명이 **그 자체로** 기존의 상부구조들과 특히 **이데 올로기들**을 순식간에 변화시킬 수 없게 한다(만약 경제적인 것에 의한 결정이 유일한 결정이라면 그처럼 변화할 것이다). 왜냐하면 이것들은 **자신 들의 생존의 직접적 맥락 밖에서도 존속하기에** 충분한, 나아가 대용 代用 존재 조건을 일시적으로 재창조 내지 "분비"하기에 충분한 견고 함을 가지고 있기 때문이다. 2) 혁명에 의해 산출된 새로운 사회가 자신의 새로운 상부구조의 형태들 자체를 통해, 동시에 특수한 (국내 적·국제적) "정황들"을 통해 **이전 요소들의 존속, 즉 재활성화를 유발 할 수 있게** 한다. 이런 재활성화는 과잉결정을 박탈당한 변증법 속에 서는 전혀 생각될 수 없을 것이다. 가장 뜨거운 문제를 피하지 않고 말하자면, 어떻게 그처럼 관대하고 자존심 강한 러시아 인민이 스탈 린의 탄압의 범죄들을 그토록 엄청난 정도까지 견딜 수 있었는가, 그 리고 어떻게 볼셰비키 당은 그 범죄들을 용인할 수 있었는가, 그리고 끝으로 어떻게 공산주의 지도자가 그런 범죄행위들을 명령할 수 있 었는가 하는 질문이 제기될 때, 모든 "지양"의 논리는 포기되어야 하 고 "지양"에 대한 언급 자체가 포기되어야 할 것으로 보인다. 그렇지 만 여기서도 분명히, **이론적으로** 할 일이 많이 남았다. 모든 것에 우 선하는 역사적 작업들에 대해서만 말하는 것이 아니다. 그러나 역사적 작업들이 모든 것에 우선하기 때문에 나는 마르크스주의적이고 자 하는 역사적 작업들에 우선적인 것에 대해 말하고자 한다. **엄밀성**이 그것이다. **마르크스주의적 개념들과 그 함의들, 그리고 그 발전에 대한 엄밀한 이해[관념], 그리고 마르크스주의적 개념들에 고유하게 속하는 것, 즉 마르크스주의적 개념들을 그것들의 유령들과 영구히 구별하는 것에 대한 탐구와 엄밀한 이해[관념]가 그것이다.**

오늘날 그 어느 때보다 중요한 것은, 첫째가는 유령들 중의 하나가 헤겔의 그림자임을 인식하는 것이다. 이 유령을 밤으로 돌려보내기 위해서는 **마르크스에게 조금 더 많은 빛을 비추어야 하며,** 같은 말이지만 **헤겔 자신에게 마르크스주의의 빛을 조금 더 많이 비추어야 한다.** 이런 값을 치르고 나서야 우리는 "전도"에서, 그 모호함과 그 혼란들에서 벗어날 수 있을 것이다.

1962년 6월~7월

보유●

여기서 잠시 멈추어 앞의 글에서 일부러 제쳐 두었던 블로흐에게 보낸 편지의 한 구절을 다루려 한다. 왜냐하면 경제에 의한 "최종 심급에서의" 결정의 근거 문제에 대한 엥겔스의 이론적 **해법**을 담고 있는 이 구절은 엥겔스가 "경제주의적" 교조주의에 대립시키는 마르크스주의적 테제들과 사실은 **무관하기** 때문이다.

물론 그것은 하나의 단순한 편지일 뿐이다. 그러나 이 편지가 도식주의와 경제주의에 대한 비판에서 **결정적으로 중요한** 이론적 문헌이기에, 그리고 이 편지가 이미 **역사적** 역할을 수행했고 또 아직도 수행할 수 있기에, 그 **근거**에 대한 논증이 더 이상 우리의 비판적 요청에 부응하지 못한다는 것을 숨기지 않는 것이 좋겠다.

엥겔스의 해법은 분석의 상이한 두 수준에 **동일한 모델**을 개입시키고 있다.

● 논문 「모순과 과잉결정」에 대한 이 「보유」는 여기 처음 발표되는 것이다. 엥겔스가 블로흐에게 보낸 편지는 1890년 9월 21일자이다[*MEW*, Band 37, S. 462-465].

A) **첫 번째 수준** : 엥겔스는 상부구조들이 경제의 순수한 현상이기는커녕 고유한 효력을 지닌다는 것을 분명히 한다. "[상부구조의 다양한 요인들이] **많은 경우에 특히 역사적 투쟁들의 형태를 결정합니다**." 이때 제기되는 문제는 다음과 같다. 즉, 이런 조건들 속에서, 상부구조들의 현실적인 그러나 상대적인 효력과, 경제가 "**최종 심급에서**" 결정적이라는 원리, 이 양자의 **통일성**을 어떻게 사고할 것인가? 서로 구별되는 이 효력들 사이의 관계를 어떻게 사고할 것인가? 이 통일성 속에서 경제라는 "최종 심급"의 **역할**에 어떻게 **근거를 부여할** 것인가? 엥겔스의 대답은 다음과 같다. "**이 모든 요인들은 상호작용을 하며, 이 상호작용 속에서 결국 경제적 운동이 무한히 많은 우연들**(즉, 그 내적 상호 연관이 너무 멀거나 너무 입증 불가능하기에 상호 연관이 없다고 간주하고 지나쳐 버릴 수 있는 사물들과 사건들)**을 통해서 필연적인 것으로서 자신을 관철해 갑니다.**"[1] 따라서 이것은 "**상부구조의 다양한 요소들**"이 상호작용·반작용하면서 **무한한** 효과들을 생산한다는 설명적 모델이다. 이 효과들은 무한히 많은 **우연들**(그 수가 무한하며, 그것들 사이의 **내적 연관**이 너무도 멀고 그리하여 너무도 파악하기 어려워서 **무시할 만한** 우연들)로 여겨질 수 있으며, 이 우연들을 관통해 "**경제적 운동**"이 자신의 길을 터 나아간다. 이 효과들은 **우연들**이고 경제적 운동은 **필연, 우연들의 필연**이다. 나는 우연들-

---

1 [옮긴이] 「블로흐에게 보낸 편지」, 『칼 맑스·프리드리히 엥겔스 저작선집 6』, 같은 책, 508쪽(번역은 수정함).

필연의 **모델**과 이 모델의 전제들을 잠시 제쳐 놓겠다. 이 텍스트에서 특이한 것은 상부구조의 상이한 요소들에 **부여된 역할**이다. 마치 이 요소들 사이에서 일단 **작용-반작용** 체계가 작동하면 이 요소들은 자기들 사이에 **무한히 다양한 효과들**(엥겔스에 따르면 사물들과 사건들)**을 산출하게** 되고, 이 무한히 다양한 효과들 사이로 경제가, 마치 무한한 우연들 사이로 달려가는 것처럼, 자신의 왕도를 달려간다는 듯이 사태가 전개된다. 달리 말해서, 상부구조의 요소들은 분명히 **효력**을 갖지만 이 효력은 무한한 효과들 속으로, **말하자면 무한한** 우연들 속으로 분산되며, 이런 극단적인 무한소에 이르게 될 때, 우리는 그 효과들, 우연들 사이의 내적 연관을 이해 불가능한 것(입증하기에 너무 어려운 것)으로, 따라서 **존재하지 않는** 것으로 간주할 수 있게 된다. 무한소적 분산은 따라서 상부구조들의 **거시적** 실존 속에서 인지된 상부구조들의 효력을 **미시적 비존재 속으로** 분산되게 하는 효과를 갖는다. 물론 이 비존재는 인식론적인 것이다(이 미시적 연관은 존재하지 않는 것으로 **"간주될"** 수 있다. 이는 이 미시적 연관이 존재하지 않는다는 것이 아니라, 이 미시적 연관이 **인식**에 대해서 존재하지 않는다는 것을 뜻한다). 그러나 어쨌든 간에 바로 이 무한소적인 미시적 다양성 내부에서 거시적 필연성이 **"결국 자신의 길을 터 나아간다."** 다시 말해, 결국 지배적이게prévaloir 된다.

여기서 두 가지를 지적해야 한다.

첫 번째 지적. 이 도식에는 **진정한 해법**은 없고, 단지 해법의 **한**

부분만이 작출作出되어 있다. 우리는 서로 작용·반작용하는 상부구조들이 자신들의 효력을 무한소적인 "사건들과 사물들"로, 즉 무한소적 "우연들"로 현실화시킨다는 것을 알게 된다. 우리는, 이런 우연들의 목적이 최종 심급에서 결정적인 (경제적) **필연성**이라는 반대 개념을 도입하는 것이므로, 바로 이 우연들의 **수준에서** 해결의 근거를 찾을 수 있어야 한다는 것을 본다. 그러나 그것은 절반의 해결에 불과한데, 이는 **이 우연들**과 **이 필연성** 사이의 관계에 근거가 부여되지도 않았고 그 관계가 설명되지도 않았기 때문이며, 엥겔스가 **이 필연성**을 이 우연들에 **외부적인** 것으로(무한한 우연들 사이로 자신의 길을 터 나아가는 운동처럼) 제시했기 때문이다. 그런데 우리는 **이 필연성이 바로 이 우연들의 필연성인지, 그리고 만약 그렇다면 왜 그런지** 알지 못한다. 이 질문은 여기서 미해결 상태로 있다.

두 번째 지적. 우리는 엥겔스가 이 텍스트에서 **상부구조의 형태들**을 그 내적 연관이 이해 불가능한(따라서 무시할 만한) 사건들의 미시적 무한성의 기원인 것처럼 제시하는 것을 보고 놀란다. 왜냐하면 한편으로 우리는 하부구조의 형태들에 대해서도 똑같이 말할 수 있을 것이기 때문이다(사실 미시적인 경제적 사건들의 세부는 이해 불가능하고 무시될 수 있다고 말할 수 있다!). 그렇지만 특히 이 **형태들**은, 그 자체로, 정확히 **현실의 원리들**로서의 형태들이며, 또한 **이 형태들의 효과들의 이해 가능성의 원리들**로서의 형태들이기도 하다. 이 형태들은 완벽하게 인식 가능하며, 그 자체로 그것들로부터 야기되는 **사건들**

의 투명한 이유이기도 하다. 엥겔스는 어찌하여 이 형태들과 이 형태들의 본질 및 역할에 대해서는 그토록 빨리 지나쳐 버리고 이 형태들의 무시할 만하고 이해 불가능한 미시적 먼지와 같은 효과들에 대해서만 고찰하는가? 더 세부적으로 말하자면, 먼지와 같은 우연들로의 이런 **환원**은 이 형태들의 **현실적**이고 **인식론적**인 기능과는 **절대적으로 반대되는** 것이 아닌가? 엥겔스가 원용했으니 말하자면, 마르크스가 『브뤼메르 18일』에서 행한 것은 오로지 이 "상이한 요인들"의 작용과 반작용의 분석, 이 상이한 요인들의 **효과들**에 대한 완벽하게 이해 가능한 분석이 아니면 무엇이었는가? 그런데 마르크스가 이런 "증명"을 행할 수 있었던 것은 그가 이 요인들의 **역사적 효과들**과 **미시적 효과들**을 혼동하지 않았기 때문이다. 상부구조의 형태들은 실제로 무한한 사건들의 원인이지만, 이 모든 사건들이 **역사적**인 것은 아니다(모든 아이들에게 아버지가 있지만 모든 "아버지들"에게 아이가 있는 것은 아니라는 볼테르의 말을 참조하라). 사건들 중에서 앞서 말한 "요인들"이 **취하고 선택하는, 요컨대 있는 그대로의 것으로서 생산하는** 것들만이 역사적이다(예 하나만 들자면, 정부의 모든 정치인은 자신의 **정책**에 따라, 또한 자신의 **수단들**에 따라, 사건들 중에서 **선택**을 하고, **선택된 사건들을 역사적 사건들의 지위에 올려놓는다.** 예컨대 시위를 진압해서라도 말이다). 따라서 이 **첫 번째 수준**에서 행해진 논의는 다음과 같이 요약될 수 있을 것이다. 1) 우리는 진정한 해법을 가지고 있지 않다. 2) (여기서 문제 되는) **상부구조**의 형태들의 효력이 무한한 수의 미시적 효과들(이해 불가능한 우연들) 속에서 발휘되는 것으로 파악하는 것은 상부구조의 **본**

성에 대한 마르크스주의적 이해[관념]에 상응하지 않는다.

   B) **두 번째 수준.** 우리는 실제로 엥겔스가 그의 분석의 두 번째
수준에서 상부구조라는 사례를 **포기하고** 자신의 모델을 **그 모델에
상응하는** 다른 대상, 즉 개별 의지의 결합에 적용하는 것을 본다. 우
리는 또한 엥겔스가 우연들과 필연 사이의 **관계를** 제시함으로써, 즉
그 관계의 **근거를 제공함으로써** 질문에 대답하는 것을 본다. 엥겔스
는 다음과 같이 말한다.

   역사는 다음과 같은 방식으로 만들어집니다. 즉, 최종 결과는 언제나
   수많은 개별 의지들Einzelwillen의 갈등들로부터 생겨나며, 각각의 개별
   의지는 다시 다수의 특수한 생활 조건들을 통해 지금 있는 것과 같은
   개별 의지로 형성됩니다. 따라서 서로 교차하는 무수한 힘들Kräfte이,
   힘들의 평행사변형들의 무한한 집합이 존재하며, 그것으로부터 합력
   Resultante, 즉 역사적 사건이 생겨납니다. 이 합력 자체는 다시 전체로
   서, **의식 없이**bewußtlos, 그리고 의지 없이willenslos 작용하는 어떤 힘Macht
   의 산물로 간주될 수 있습니다. 이는 각 개인이 원하는 것은 다른 각
   개인의 방해를 받으며, 나타나는 것은 아무도 원하지 않았던 어떤 것
   이기 때문입니다. 그리하여 지금까지의 역사는 자연 과정과 같은 방식
   으로 진행되며, 또한 본질적으로 자연과 동일한 운동 법칙 아래 놓여
   있습니다. 개별 의지는 자신의 체질이, 그리고 외적인, 최종 심급에서
   경제적인 상황들Umstände(각 개인에게 고유한 상황 또는 일반적-사회

적인 상황)이 그쪽으로 몰아가는 어떤 것을 원하는데, 그러나 자신이 원하는 것에 도달하지 못하고 하나의 전체적 평균에, 하나의 공동의 합력에 융해됩니다. 그러나 이로부터 개별 의지=0 으로 놓을 수 있다는 결론을 내릴 수 있는 것은 아닙니다. 반대로, 각각의 개별 의지는 합력에 기여하며, 그런 한에서 그 합력에 포함되어 있는 것입니다.[2]

너무 긴 인용에 대해 양해를 바란다. 인용이 길어진 것은 이 인용문이 우리의 질문에 대한 대답을 함유하고 있기 때문이다. 여기서 사실 필연은 **우연들 자체의 수준에, 우연들 자체 위에 우연들의** 전체적 합력으로서 **근거지어져 있다.** 따라서 필연성은 **우연들의 필연성**이다. 첫 번째 분석에서 결여되어 있던 대답이 **여기에는 분명히 존재한다.** 그러나 우리는 이런 대답을 어떤 조건에서 획득했는가? **대상을 변화시켰다는 조건**에서, 즉 상부구조들 및 상부구조들의 상호작용에서, 그리고 결국 상부구조들의 미시적 효과들로부터 출발하지 않고, **세력 관계 속에서 서로 대립하고 결합되어 있는 개별 의지들에서** 출발한다는 조건에서 획득했다. 모든 것이 마치, 상부구조들의 효력에 적용된 **모델**이 실은 이 모델의 진정한 대상인 우리가 지금 다루고 있는 **개별 의지들의 놀이**로부터 **차용된** 것처럼 전개된다. 그리하여 우리는 그 모델이 자신의 것이 아닌 첫 번째 대상에 적중하는 데에는 실패했고 **진짜 자신의 것인** 두 번째 대상에는 도

2 [옮긴이] 「블로흐에게 보낸 편지」, 같은 책, 509-510쪽(번역은 수정함).

달할 수 있었음을 이해하게 된다.

그렇다면 증명은 어떻게 행해지는가? 증명은 **힘들의 평행사변형**이라는 물리학적 모델에 기초하고 있다. 의지도 또한 동일한 힘이다. 두 개의 의지가 서로 대립하는 경우, 단순한 상황에서는, 그 합력은 둘 각자와는 다른, 그러나 둘에게 공통되는 **제3의 힘**이 될 것이다. 그리하여 두 개의 의지 각각은, 비록 스스로 그렇다는 것을 인지하지 **못한다** 하더라도, 그것의 일부분이고 공작자共作者이다. 따라서 우리는 구성 요소인 힘들에 대한 **합력의 초월성**이라는 근본적 현상이 기원에서부터 출현하는 것을 본다. 구성 요소인 힘들 각각의 크기로부터의 초월성과, 이 힘들의 힘들 자신 속으로의 반영으로부터의 초월성!!(여기서 문제가 되는 것은 의지들이므로, 이 힘들의 의식으로부터의 초월성)이라는 이중의 초월성이 그것이다. 이것이 함축하는 바는 1) 합력의 크기는 힘들 각각의 크기와는 전혀 다르다는 것(보태질 경우 더 강해지고 상반될 경우 더 약해진다는 것)이고, 2) 합력은 본질적으로 **비의식적**이라는 것(각각의 의지의 의식에 합치하지 않는다는 것, 그것은 **주체 없는 힘**, 객관적인 힘인 동시에 출발점에서부터 **누구의 것도 아닌 힘**이라는 것)이다. 이것이 바로 그 도착점에서 그 합력이 "전체로서, **의식 없이**, 그리고 의지 없이 작용하는 어떤 힘의 산물로 간주될 수 있는" 전체적 합력으로 되는 이유이다. **최종 심급에서** 승리하는 이 힘의 **근거가 제시되었고** 이 힘의 **기원이 확인되었다**는 것은 명백하다. 경제의 결정은 이제 더 이상 경제가 그것들을 관통해 길을 터 나아가는 저 우연들에 외부적인 것이 아니라 **내부적인 본질**이다.

나는 다음과 같은 것들을 드러내고자 한다. 1) 우리는 지금 **엥겔스의 모델의 진정한 대상**에 관여하고 있다. 2) 이런 합치 덕분에 엥겔스는 자신이 제기하는 질문에 실질적으로 대답하며, 자신이 제기한 문제에 대한 **해법을** 실제로 우리에게 제공한다. 3) 문제와 해법은 모델이 자신의 대상에 합치함으로써만 존재한다. 4) 이 대상이 존재하지 않으므로 문제도 해법도 존재하지 않는다. 5) 이 모든 헛된 구성의 이유를 찾아내야 한다.

나는 엥겔스가 **자연**에 준거한 것을 의도적으로 제쳐 놓겠다. 그가 사용한 모델 자체가 **물리적인** 것이므로(이 모델의 첫 번째 예는 홉스에서 찾을 수 있고, 그 후 수많은 후속판들이 나왔는데, 그중 특히 순수한 돌바크의 것을 특별히 지적해 둔다) 엥겔스가 우리를 역사에서 **자연**으로 넘겨 보내는 것은 전혀 놀랍지 않다. 이것은 증명이 아니라 동어반복이다. (여기서 문제 되는 것은 단지 사용된 **모델**일 뿐이고 따라서 이 논의에서는 **자연변증법**은 당연히 문제가 되지 않는데, 그 이유는 자연변증법은 전혀 다른 질문에 속하기 때문이다.) 인식론적으로 동어반복이란 헛되고 공허한 것이지만, 그럼에도 불구하고 **교육적** 역할을 수행할 수도 있다. 이처럼 곧장 **자연**으로 넘어갈 수 있다는 것은 논의의 여지가 없이 안심되는 일이다(홉스는 이미 이에 대해, 사람들은 정치에 대해서는 서로 머리카락을 뜯고 생명을 빼앗으면서도 이등변삼각형의 빗변과 물체의 낙하에 대해서는 엄청 서로 일치를 본다고 말했다.)

나는 첫눈에 볼 때 **모델과 대상 사이의** 대단히 완벽한 일치를 실현하는 것으로 보이는 엥겔스의 논변 자체를 좀 더 세밀하게 검토해 보고자 한다. 그런데 우리는 무엇을 보는가? **즉각적** 수준에서는 모델과 대상의 일치를 본다. 그러나 우리는 이 수준 아래에서 그리고 이 수준 너머에서 **증명되지** 않고 **가정된** 일치를 보며, 그리고 이 일치의 자리에서 **비결정**을 본다. 다시 말해서, 인식의 관점에서 공백을 본다.

개별 의지들의 수준 아래에서. 힘들(개별 의지들)의 평행사변형을 상상할 때 우리를 놀라게 한 내용의 자명성은 이 개별 의지들의 **결정들**의 기원(따라서 원인)의 문제를 제기할 때(엥겔스는 이 문제를 제기한다!) 사라진다. 이때 우리는 **무한으로 넘겨진다.** "각 개별 의지는 다시 다수의 특수한 생활조건들을 통해 지금 있는 것과 같은 개별 의지로 형성된다." 각각의 의지는 절대적인 시작으로 간주될 때에는 단순하지만, "체질", "외적인" 상황들, "각 개인에게 고유한 상황들", "또는", "일반적–사회적인 상황들", "최종 심급에서 경제적인" 외적 상황들로부터 도출되는 무한한 상황들의 산물이 된다. 이 모든 서술들은 뒤죽박죽이 되고, 순전히 우연적이고 단독적인 결정들과 **나란히** 일반적 결정들(특히 **바로 문제가 되는** 최종 심급에서 결정적인 경제적 상황들)이 등장한다. 엥겔스가 여기서 두 가지 유형의 설명을 한데 뒤섞고 있다는 것은 확실하다.

첫 번째 유형. 비마르크스주의적인, 그렇지만 **자신의 현재의 대상**과 가설들에 적응된 유형으로, 이것은 **무한한 상황들** 또는 무한한 우연들에 의한 설명이다(엘베시위스와 돌바크에게서 이런 형태를 발견할 수 있다). 이 설명은 (이미 18세기의 경우에 그랬던 것처럼, 특히 모든 신적인 개입을 반박하는 것이 목표인 한) 비판적 가치를 가질 수 있지만, 인식의 관점에서는 **공허하다**. 이 설명은 **내용 없는** 무한성을, 추상적이고 거의 프로그램적이지 못한 일반화를 제시할 뿐이다.

두 번째 유형. 그렇지만 **동시에** 엥겔스는 **일반적이면서** 동시에 **구체적인** 결정들, 즉 **사회적** 상황들과 (최종 심급에서 결정적인) **경제적** 상황들을 (본질적으로 미시적인) 무한한 상황들에 포함되는 것으로 꼽음으로써 **마르크스주의적 설명**의 유형을 도입한다. 그러나 이런 유형의 설명은 **자신의 대상에 대답하지 못하는데**, 왜냐하면 이 유형의 설명은 **산출하고 정립해야 할** 해법(이 종국적인 결정의 일반화)을 출발점에서부터 제출하기 때문이다. 요약하면 다음과 같다. 엥겔스가 제기하는 대상과 문제에 머무를 경우 우리는 무한성과 비결정에(따라서 인식론적 공백에) 직면하게 되며, 그러지 않을 경우 바로 그 순간 우리는 정확히 **질문의 대상인** (내용이 충만한) 해법을 출발점 자체로 받아들이게 된다. 이렇게 되면 우리는 더 이상 **대상 속에도 문제 속에도** 있지 않게 된다.

개별 의지들의 수준 너머에서. 우리는 다시 동일한 양자택일 앞에 서게 된다. 이는 일단 첫 번째 평행사변형이 제시된 후에는 최종적 합력과 동등하지 않은 형식적인 하나의 합력만을 가질 수 있기 때문이다. 최종적 합력은 무수한 합력의 합력, 즉 평행사변형들의 무한 증식의 산물일 것이다. 여기서도 마찬가지로, 경우 하나는, 마지막 결과 속에서 우리가 **연역하고자** 하는 합력, 즉 최종 심급에서 경제적 결정 등과 합치하게 되는 합력을, 최후의 합력 속에서 산출하기 위해, 무한을(즉 결정되지 않는 것을, 따라서 인식론적 공백을) 신뢰하는 것이다. 즉, **충만을 생산하기 위해 공백에 의거하는 것**이다(그리하여 예컨대 힘들의 합성이라는 순수하게 **형식적인** 모델을 취하는 경우에, 엥겔스는 언급된 대치하는 힘들이 서로 상쇄하고 서로 반대로 작용할 수 있다는 것을 놓치지 않는다. ······ 이런 조건 속에서, 예컨대 전체적 합력이 **영零**이 되지 않을 것임을, 또는 어쨌든 전체적 합력이 정치적인 것이나 종교적인 것이 아니라 **우리가 원하는 합력, 즉 경제적인 것**임을 증명할 것인가? 이 형식적 수준에서 **합력들의 내용에 대한 어떠한 종류의 보증도, 어떠한 합력에 대한 어떠한 보증도 없다**). 다른 경우는, **기다리는 결과를 최종적 합력 속에** 부정하게 **밀어 넣고**, 그리하여 거기서, 개별 의지의 조건화 속에서 처음부터 다른 미시적인 결정들 속에 밀어 넣은 거시적인 결정들을, 요컨대 경제를 정말로 재발견하는 것이다. 나는 [개별 의지들의 수준] **'아래에서'** 부분에서 내가 말한 것을 다시 반복할 수밖에 없다. 어떤 경우에 우리는 엥겔스가 자신의 대상(개별 의지들)에 대해 부과한 **문제** 속에 머물러 있을 수 있다. 이 경우에 우리는 무수한 평행사변형들과 그것의 합력이라는 인식론적 공백에 빠지게 된다. 다른 경우에 우리는 아주 단순히 마르크스주의적 해법을 **수용한다**. 그러나 이 경우에 마르크스주의적 해법에 **근거를 제공하지 못한** 것이 되며, 이 해법은 **모색할** 가치도 없는 것이 된다.

따라서 다음과 같은 문제가 제기된다. 왜 **개별 의지들**의 수준에서는 모든 것이 그처럼 명료하고 잘 일치되는가? 그리고 왜 개별 의지들의 **아래에서** 그리고 **너머에서는** 모든 것이 공허하게 되거나 동어반복이 되는가? 그토록 **잘 제기된** 문제가, **대상**(그 속에서 문제가 제기된 대상)에 그처럼 잘 상응하는 문제가, 우리가 애초의 대상으로부터 **멀어지자** 어떻게 그토록 해결 불가능하게 되는가? **문제의 자명성과 동시에 문제 해결의 불가능성**을 지휘하는 것이 다름 아니라 문제의 **이 최초의 대상**임을 깨닫지 못한다면 이 질문은 수수께끼 중의 수수께끼로 남을 것이다.

엥겔스의 모든 논증은 사실상 힘들의 평행사변형이라는 물리학적 모델에 관련지어진 **개별 의지들**이라는 매우 특수한 **이 대상**에 매달려 있다. **바로 이것이 엥겔스의 진정한 전제, 방법론적이고 이론적인 전제이다.** 모델은 바로 거기서 의미를 갖는다. 즉, 이 모델에 **내용을** 부여할 수 있고 또 **조작할** 수 있다. 이 모델은 경합, 분쟁, 협력처럼 언뜻 보아 "기초적인" 양면적 관계들을 "기술한다." 이 수준에서 우리는 이전의 미시적 원인들의 무한한 다양성이 현실적이고 은밀하고 가시적인 단위들 속에서 다시 포착된다는 인상을 받을 수 있다. 이 수준에서는 우연이 인간이 되고 전에는 운동이던 것이 의식적 의지가 된다. 바로 거기서 모든 것이 시작되고 바로 거기서 우리는 **연역하기** 시작할 수 있다. 그러나 불행하게도, 그처럼 확실한 근거가 어떠한 것에도 근거를 부여하지 못하고, 그처럼 명료한 원리가 어둠으로만 통할 뿐인데, 이것은 그 기초 또는 원리가 자기 자신 속에만 머무르고 우리가 그것으로부터 기대할 수 있는 모든 것의 부동의 증거로서의 **자기 자신의 자명성**을 반복하는 한 그러하다. **이 자명성**은 정확히 무엇인가? **이 자명성이 고전적인 부르주아 이데올로기와 부르주아 정치경제학의 전제들의 자명성과 다른 것이 전혀 아님**이 인지되어야 한다. 이 고전적 이데올로기의 출발점이, 홉스의 코나투스의 합성에서든, 로크와 루소의 일반의지의 형성에서든, 엘베시위스와 돌바크의 일반 이해의 생산에서든, 스미스 또는 리카도의 (관련 텍스트들이 많은) 원자론적 행동들에서든 간에, 바로 저 유명한 **개별 의지들**의 대결이 아니라면 그 무엇이겠는가? 이 개별 의지들은 결코 현실의 출발점이 아니라 현실의 표상의 출발점, 자연 속에서(즉 영구히) 부르주아지의 **목표들의 근거를** (영구히) **제공하려는** 의도를 갖는 **신화**의 출발점이다. 마르크스가 **이런 명시적 전제에 담겨 있는 경제인이라는 신화를** 그토록 철저히 비판했는데, 반면 어떻게 엥겔스는 이런 전제를 그토록 순진하게 다시 수용할 수 있었을까? 부르주아 경제학의 허구와 똑같이 낙관적인 허구, 마르크스보다는 로크와 루소에 더 가까운 허구에 의해서가 아니라면 엥겔스는 어떻게 개별 의지들의 합력과 이 합력들의 합력이 실제로 **일반적 내용**을 가지며 **경제의 최종 심급에서의** 결정을 진정으로 구현한다고 설명할 수 있을 것인가?(올바르게 진행된 투표를 통해, 서로 갈라진 특수 의지들로부터 일반의지라는 기적적인 미네르바가 나타날 것을 열렬히 바라 마지않은 루소가 생각난다!). (루소를 제외한) 18세기의 이데올로

그들은 그들의 전제가 **전제 자체 이외의 다른 어떤 것**을 생산할 것을 요구하지 않았다. 그들은 아주 단순히 이 전제에 대해 **이 전제가 이미 구현하고 있던 가치들**에 근거를 부여할 것을 요구했다. 그렇기 때문에 **그들에게 동어반복은 의미를 지니고 있었다.** 물론 전제로부터 전제 자체에 반대되는 것을 찾기를 **원하는** 엥겔스에게 동어반복은 금지된 것이다.

이 때문에 최종적으로 엥겔스는 바로 자신의 텍스트에서 자신의 주장들을 거의 무無로 귀착시킨다. 그 도식과 그 "증명들"에서 남아 있는 것은 과연 무엇인가? 합력들의 전체 체계가 주어져 있는 최종적 합력은 애초의 개별 의지들의 무엇인가를 포함하고 있을 것이라는 구절, **"개별 의지 각각은 합력에 기여하며, 그런 한에서 그 합력에 포함되어 있다"**라는 구절이 남아 있다. 그것은, **전혀 다른 맥락에서**, 역사에 대한 자신들의 파악에 대해 불안해하는, 또는, 신의 죽음 이래로, 자신들의 역사적 인격성에 대한 확인에 대해 불안해하는 정신들을 **안심시킬** 수 있을 사고이다. 나는 이것이 절망들을, 다시 말해 희망들을, 배양할 수 있는 하나의 좋은 절망한 사고라고까지 말하고자 한다. (사르트르가 엥겔스의 "질문"의 기초 위에서, 즉 역사의 "작자 없는" 필연성의 "기초" 및 생성에 대한 질문 위에서, **비록 상이한 영감에서 출발하는 것이지만** 마찬가지로 철학적인 논변들을 전개하면서, **동일한 대상을 추적한다**는 것은 우연이 아니다).

우리에게 아직도 남아 있는 것은 무엇인가? 최종 **합력**은 더 이상

장기적인 경제적 결정이 아니라 "**역사적 사건**"이라는 구절이 남아 있다. 개별 의지들이 따라서 **역사적 사건들**을 산출한다! 그렇지만 더 가까이서 들여다보면, 우리는 이 도식이 우리에게 **사건의 가능성**은 제공하지만(얼마간의 사람들이 서로 대결한다. 무슨 일인가가 항상 **일어나거나** 아무 일도 일어나지 않는다. 아무 일도 일어나지 않는 것도 하나의 사건이다. 고도Godot를 기다리기) **역사적 사건의 가능성은 절대로 제공하지 않는다**는 것, 사람들에게 낮이나 밤이나 **도래하는** 무한히 많은 것들, 개별적인 만큼 익명적인 그런 많은 것들과 **역사적** 사건 그 자체를 구별할 이유는 절대로 제공하지 않는다는 것을 극단적 엄밀성을 가지고 인정할 수 있다. 따라서 질문을 **역으로**, 또는 오히려 **다른 방식으로** (단번에) 제기해야 할 것이다. 만약 우리가 **비역사적인 사건의 (정의되지 않은) 가능성으로부터 역사적인 사건을 발생시키려 한다면,** 우리는 결코 — 양을 질로 전화시키는 법칙의 힘을 원용한다 하더라도 — 역사적 사건을 설명하지 못할 것이다. **이런저런** 사건이 **역사적** 사건이 되는 것은, 그것이 **사건**이라는 사실 자체 때문이 아니라, 그 사건이 **그 자체로 역사적인 형태들 속으로, 역사적인 것 자체의 형태들(구조 및 상부구조의 형태들) 속으로 삽입되기** 때문이다. 그것들은 엥겔스가 자신의 최초의 모델의 근접물을 포기했을 때에도 붙잡고 있었던 그 악무한惡無限과는 아무런 관계도 없는 형태들이다. 반대로 그것들은 완벽하게 **정의 가능하고 인식 가능한**(마르크스가, 그리고 마르크스 이후에는 레닌이 반복해 말한 것처럼 경험적인, 즉 비철학적인 과학적 학문 분야들을 통해 인식 가능한) 형태들이다. 이 형태들 속으로 떨어지는 사건, **이 형태들에 대해 가능한 내용인** 사건, 이 형태들에 영향을 미치고 이 형태들에 관여하고 이 형태들을 강화하거나 동요시키는 사건, 이 형태들을 유발하거나 이 형태들에 의해 유발되는, 게다가 이 형태들을 선택하고 선발하는 사건, 바로 이런 사건이 **역사적 사건**이다. 따라서 모든 것을 지휘하는 것, 엥겔스가 제기하는 **잘못된** 문제의 해법을 미리 보유하고 있는 것은 바로 이 형태들인데, 왜냐하면 엥겔스의 문제는 전혀 문제가 아니었기 때문이다. 사실을 말하자면, 엥겔스는 자신이 제기한 문제에 대해 해법을 가지고 있지도 않은데, 왜냐하면 엥겔스가 순전히 **이데올로기적인** 전제들로부터 출발해 제기한 문제 이외에 **다른 문제**는 결코 없었기 때문이다!

물론, 다시 한 번, **부르주아 이데올로기**에게는 문제의 겉모양이 있었다. **원리들**(경제인과 그것의 **정치적·철학적** 변형들)에 입각해 역사의 세계를 재발견하는 것이 그것이다. 그 원리들은 과학적 설명의 원리들이기는커녕, 그 반대로 자기 자신의 **세계에 대한 이미지**, 자기 자신의 열망들, 자신의 **이상적** 프로그램(자신의 본질로 환원될 수 있는 세계. 즉, 개인들의 의식적 의지, 개인들의 행위들과 사적 기획들 등)이었다. 그러나 이 이데올로기가 없었다면 **이** 문제는 결코 제기되지도 않았겠지만, 이 이데올로기가 마르크스에 의해 소거된 이후에는, 어떻게 이 문제가 여전히 이 이데올로기가 제기한 문제로 남아 있을 수 있겠는가? 다시 말해서, 어떻게 그것이 여전히 **하나의** 문제로 남아 있을 수 있겠는가?

두 가지 지적을 하고 너무 긴 이 주석을 마치려 한다. 하나는 인식론적 지적이며 다른 하나는 역사적 지적이다.

엥겔스의 **모델**을 생각하면서 나는 모든 과학적 학문 분야discipline
는 **어떤 수준**, 정확히 말해 **그 학문 분야의 개념들이 내용을 부여받
는** 수준에서(내용이 없이는 개념은 아무것도 아닌 것의 개념이 될 것이다. 즉,
그것은 더 이상 개념이 아닐 것이다) 성립한다는 것을 지적하고자 한다.
마르크스의 **역사적 이론**의 수준, 그것은 **구조 개념, 상부구조 개념**
그리고 **이 개념들의 모든 특수화들**spécifications의 수준이다. 그렇지만 **동
일한 과학적 학문 분야가 자신의 수준과는 다른 수준에서, 어떠한 과
학적 인식**의 대상도 아닌 수준에서(우리의 경우 무한한 상황들로부터 개
인적 의지들이 발생하고, 무한한 평행사변형으로부터 최종적 합력이 발생하는
수준에서) **자신의 고유한 대상의 가능성과 이 대상에 상응하는 개념
들의 가능성을** 생산하려 한다면, 그 학문 분야는 **인식론적 공백** 속으
로, 또는 인식론적 공백의 혼미昏迷로서의 **철학적 충만** 속으로 떨어진
다. 이것이 바로 블로흐에게 보낸 편지에서 엥겔스가 행한 **근거 부여**
시도의 운명이다. 엥겔스의 시도 속에서 인식론적 공백을 철학적 혼
미와 구별할 수 없는데, 이 둘은 **하나의 동일한 것**이기 때문이다. 정
확히 이 대목에서, 자연과학들의 모델들에서 차용한 논변들을(이 차
용이 결국이 논변들의 순전히 **도덕적인** 유일한 **보증금**이다) 전개하는 엥겔스
는 **철학자일** 뿐이다. 그가 준거하는 "모델"의 사용법이 철학적이다.
그러나 또한, 그리고 무엇보다도, 바로 그의 **근거 부여 기획**이 철학
적이다. 나는 이 점을 일부러 강조하는데, 왜냐하면 최근의 다른 예,
엥겔스와 마찬가지로 역사적 유물론의 인식론적 개념들에 **철학적으**

로 **근거를 부여하려** 한 사르트르의 예가 있기 때문이다(사르트르는 자신이 하는 일에 대해 알고 있고 그것에 대해 말한다는 점에서 엥겔스보다 유리한 위치에 있다). 사르트르가 엥겔스의 대답과 논변들은 거부하지만 **엥겔스의 시도 자체**에는 근본적으로 찬성한다는 것을 확인하기 위해서는 『변증법적 이성 비판』의 몇 쪽(예컨대 pp. 68-69)을[3] 읽는 것으로 충분하다. 엥겔스와 사르트르 사이에는 수단에 대해서만 대립이 있을 뿐인데, 그러나 이 점에서 그들은 동일한 **철학적** 임무에 의해 결합되어 있다. 사르트르가 자신의 길을 가는 것을 막을 수 있는 유일한 방법은 엥겔스가 그에게 열어 준 길을 막아 버리는 것이다.

그렇지만 이때에, 엥겔스의 몇몇 텍스트들에 나타나는 이런 철학적 유혹의 문제가 제기되지 않으면 안 된다. 왜 엥겔스에게서 천재적인 이론적 직관과 나란히 모든 **"철학"**에 대한 마르크스주의적 비판에 미달하는 이런 후퇴의 사례들이 발견되는가? 이 질문에 대한 답은 오직 마르크스주의적 사고와 "철학" 사이의 관계들의 역사, 그리고 마르크스의 발견이 가져온 새로운 (비이데올로기적인 의미에서) 철학적인 이론의 역사로부터만 도출될 수 있다. 물론 이 문제를 여기서 논의할 수는 없다. 그렇지만 이 문제를 올바로 **제기하고** 이어 해결할 열망과 수단들을 갖추기 위해서는 아마도 먼저 이 문제가 **존재함**을 확신해야 할 것이다.

3 [옮긴이] 장 폴 사르트르, 『변증법적 이성 비판』, 박정자 외 옮김, 나남, 2009 124-126쪽.

IV

피콜로 극단
베르톨라치와 브레히트
(유물론적 연극에 대한 노트)

여기서 나는 지난 1962년 7월 밀라노의 피콜로 극단이 테아트르 데 나시옹Théâtre des Nations[1]에서 행한 훌륭한 공연에 대해 올바르게 평해 보려 한다. 올바르게. 왜냐하면 베르톨라치의 연극 〈우리의 밀라노〉El Nost Milan는 파리 비평계로부터 총체적인 비난과 실망의 대상이 되었고[2] 이 때문에 작품에 걸맞은 규모의 관중을 끌어들이지 못했기 때문이다. 올바르게. 왜냐하면 스트렐레르Giorgio Strehler[1921~97][3]의 선택과 연출은 우리의 기분 전환을 목적으로 하는 역하고 진부한 공연이 아니라 현대적 연출 기법과 관련된 문제들의 핵심으로 우리를

1 [옮긴이] 파리 중심부 플라스 뒤 샤틀레에 있는 사라 베르나르 극장Le théâtre de la Ville – Sarah-Bernhardt의 예전 이름.

2 "대단한 멜로드라마", "형편없는 통속극", "유독한 중부 유럽식 참상慘狀 묘사주의", "최루성 멜로드라마", "아주 고약한 감상물感傷物", "닳아빠진 낡은 구두", "[에디트] 피아프를 위한 노래", "참상 묘사주의적 멜로드라마, 경쟁적 사실주의" - 『파리지앵-리베레』Parisien-Libéré, 『콩바』Combat, 『피가로』Figaro, 『리베라시옹』Libération, 『파리-프레스』Paris-Presse, 『르 몽드』Le Monde의 논평들.

3 [옮긴이] 조르조 스트렐레르는 이탈리아의 오페라 및 연극 연출가로 이탈리아 최초의 시민 극단인 밀라노 피콜로 극단의 공동 설립자 가운데 한 명이다. 밀라노 피콜로 극단을 통해 브레히트와 셰익스피어 연출가로 명성을 얻었고, 오페라 무대에서도 유럽 최고의 오페라 연출가로 한 시대를 풍미했다. <우리의 밀라노>도 그의 연출작 중 하나다.

끌어들이기 때문이다.

•

이어질 논의에 대한 이해를 돕기 위해 베르톨라치Carlo Bertolazzi [1870~1916]의 연극의 내용을 간략히 소개하는 것을 양해해 주기 바란다.[4]

총 3막 중의 제1막의 무대는 1890년대 밀라노의 티볼리이다. 가을날 저녁 짙은 안개가 낀 어느 빈티 나는 허름한 놀이 공원. 이 안개는 벌써 이곳이 우리의 신화 속의 이탈리아와는 다른 이탈리아임을 알려 준다. 하루 일과를 마친 후 허술한 집들 사이를, 카드점집들과 곡예단과 장터의 모든 유혹들 사이를 배회하는 사람들, 이들은 실업자들, 수공업자들, 반 거지들, 미래를 쫓는 소녀들, 몇 푼 벌 기회를 노리는 늙은이들, 술 취한 군인들, 경찰에 쫓기는 소매치기들 따위이다. 이 사람들 또한 우리의 신화 속의 사람들이 아니다. 그들은 저녁 식사 전에(그들 모두가 저녁 식사를 할 수 있는 것은 아니다), 밤이 되기 전

4 베르톨라치는 19세기 말의 밀라노 출신 극작가이다. 그는 작가로서 그다지 성공하지 못했는데, 이는 필시 그가 당시의 "연극 취향"을 결정한 관중, 즉 부르주아 관중을 불편하게 만들 만큼 특이한 스타일의 "진실주의적"véritiste 작품을 고집했기 때문일 것이다.

에 능력껏 시간을 보내고 있는 하층 프롤레타리아트이다. 한 삼십 명쯤 되는 사람들이 이 빈 공간을 지나다니며 무언가를, 아마도 무언가 시작되기를 기다린다. 문들 앞에 멈추어 있으니 쇼를 기다리는 것은 아니고, 그저 아무것도 벌어지지 않는 자신들의 삶 속에서 무언가 벌어지기를 기다리는 것이다. 그들은 기다린다. 그렇지만 1막의 끝부분에서 어느 "신상身上 이야기"histoire[5]가 소묘되고, 어느 운명의 형상이 짧은 섬광 속에 제시된다. 곡예단의 불빛을 받아 젊은 처녀 니나가 찢어진 천막을 통해 위험한 곡예를 하고 있는 광대를 마음을 다 담아 바라본다. 밤이 온다. 잠시 시간이 멈춘다. 니나를 탐내는 못된 청년 토가소가 이미 그녀를 감시하고 있다. 짧은 도발, 물러남, 떠남. "불 먹는 묘기"를 부리는 늙은이, 니나의 아버지가 나타나 모든 것을 다 보았다. 무언가 극적 사건이 될 만한 것이 꾸며졌다.

드라마? 그것은 2막에서 완전히 잊힌다. 한낮이다. 장소는 싸구려 식당의 구내. 여기에도 1막과 똑같이 가난한 사람들이 가득한데 등장인물들은 다르다. 똑같은 밑바닥 직종들과 실업, 과거의 잔해들, 현재의 비극과 희극, 즉 영세 수공업자들, 거지들, 마부 한 명, 늙은 가리발디군 병사 한 명, 여자들 등등. 그리고 이 **룸펜 프롤레타리아트**와는 뚜렷이 대비되는, 공장을 건설하고 있는 노동자들. 그들은 이미 산업과 정치에 대해서, 그리고 미래에 대해서까지 이야기한다. 그

---

5 [옮긴이] histoire(stòria)는 '역사'이자 '이야기'이다. 여기서는 개인의 '역사'라고 할 만한, 신상의 변화를 초래하는 사건과 사건에 대한 '이야기'를 가리킨다.

러나 미래 이야기는 이제 겨우, 그리고 아직 어렵게 조금 할 뿐이다. 이것이 로마 정복[1870년]과 이탈리아 통일운동Risorgimento[1870년 완료] 20년 후의 밀라노의 뒷모습이다. 왕과 교황은 왕좌를 차지하고 있고, 민중들은 비참한 상황에 있다. 그렇다. 2막의 낮은 1막의 밤의 진실이다. 이 사람들은 삶에서는 역사histoire를 갖지 않고, 오직 꿈속에서만 갖는다. 그들은 생존한다. 그뿐이다. 그들은 먹는다(노동자들만이 공장의 사이렌 소리가 들리면 가버린다). 그들은 먹고 기다린다. 아무 일도 일어나지 않는 삶. 그리고 막이 끝날 즈음 뚜렷한 이유도 없이 니나가 무대에 나오고, 그녀와 함께 극이 다시 시작된다. 광대가 죽었다는 것을 우리는 알게 된다. 남자들과 여자들이 차차 떠나간다. 토가소가 갑자기 나타나 니나를 강제로 껴안고 가진 푼돈을 내놓으라 한다. 약간의 실랑이가 있은 후, 아버지가 들어온다. (니나는 긴 탁자 끝에서 운다.) 아버지는 식사는 하지 않고 술을 마신다. 그는 격렬한 싸움 끝에 토가소를 칼로 찔러 죽이고, 자기 행위에 놀라 얼이 빠져 도망가게 된다. 발자국 소리가 한참 난 후에 짧은 섬광이 비친다.

제3막. 야간 부녀 보호소의 새벽이다. 벽에 달라붙어 앉아 있는 늙은 여자들이 지껄이거나 입을 다물고 있다. 건장하고 체격 좋은 농부 출신 여자 하나가 결국 시골로 돌아가려 한다. 여자 몇 명이 무대를 가로지른다. 항상 그렇듯이, 누군지는 알 수 없다. 자선사업을 하는 부인이 이들을 모두 데리고 성당 미사에 간다. 아침 종이 울린다. 이어 무대는 텅 비고, 드라마가 다시 전개된다. 니나는 보호소에서 자고 있다. 아버지가 감옥에 가기 전에 마지막으로 그녀를 보기 위해 온다. 그가 토가소를 죽인 것은 그녀를, 그녀의 명예를 위한 것이었다고 알려 주러 온 것이다. 그런데 돌연 모든 것이 뒤집힌다. 니나가 아버지에게, 아버지가 자기에게 키워 준 환상들과 허위들에, 그녀의 아버지의 파멸의 원인이 될 꾸며 낸 이야기들에 대들고 나서는 것이다. 그녀는 도망가게 될 것이다. 그것도 홀로. 달리 방법이 없기에. 그녀는 밤과 빈곤뿐인 이 세계를 떠날 것이고, 쾌락과 돈이 지배하는 다른 세계로 들어갈 것이다. 토가소가 옳았다. 그녀는 지불해야 하는 대가를 지불할 것이고, 몸을 팔 것이다. 그러나 그녀는 다른 쪽의 인간, 자유와 진실 쪽의 인간이 될 것이다. 이제 사이렌이 울린다. 노쇠한 몸뚱이일 뿐인 아버지는 그녀를 껴안아 주고 나서 떠난다. 사이렌이 계속 울린다. 니나는 몸을 꼿꼿이 세우고 낮의 빛 속으로 떠난다.

●

이상이 몇 마디로 간추린 이 연극의 주제들이자 공연 순서이다. 결국 별것이 없다. 그렇지만 오해들을 유발하기에는 충분하며, 또 그런 오해들을 불식하고 그 표면 아래 있는 놀라운 심오함을 발견하기에도 충분하다.

첫 번째 오해, 이것은 당연히 "참상 묘사주의적 멜로드라마"라는 비난이다. 그렇지만 이 오해에서 벗어나기 위해서는 이 극을 "체험" 했거나 이 연극의 구조에 대해 고찰해 보는 것으로 족할 것이다. 이 연극이 멜로드라마적 요소들을 지니고 있다면 그것은 이 드라마 전체가 그런 요소들에 대한 비판일 뿐이기 때문이다. 사실 딸의 신상 이야기를 멜로드라마와 같은 양식으로 체험하는 것은 니나의 아버지이다. 딸의 돌발 사건만이 아니라 무엇보다도 딸과의 관계 속에서 자신의 삶을 사는 것은 아버지이다. 딸을 위해 상상적 조건의 허구를 만들어 내고, 딸을 흉중의 환상들 속에서 기른 것은 바로 아버지이다. 딸에게 키워 준 환상들에 실체와 의미를 부여하려고 절망적으로 노력하는 것은 아버지다. 그는 자신이 딸에게 은폐한 세계와의 모든 접촉으로부터 딸을 순수하게 보호하려 하면서, 딸을 수긍시키지 못해 절망하면서, 악의 근원인 토가소를 죽인다. 그리하여 그는 딸에게 이 세계의 법칙을 면하게 해주기 위해 자신이 만들어 낸 신화들을 실제로 그리고 강렬히 산다. 이때 아버지는 바로 멜로드라마의 인물 자체이며, "세상의 법칙"에 대해 착각하고 있는 "심정의 법칙"이다. 니나가 거부하는 것은 바로 이 고의적인 비의식이다. 그녀 쪽에서는 세상을 실제로 경험한다. 광대의 죽음과 함께 그녀의 청춘의 꿈들도 죽었다. 토가소가 그녀를 눈뜨게 하여 어린 시절의 신화도 아버지에게 배운 신화도 함께 쓸어버렸다. 그의 폭력까지도 그녀를 말과 의무들로부터 해방했다. 요컨대 그녀는 헐벗고 잔혹한 이 세계, 거기서 도덕이란 기만일 뿐인 이 세계를 보았다. 그녀는 자신의 구제는 오직 자기 손에 달려 있다는 것, 다른 세계로 건너가는 유일한 방법은 자신이 처분할 수 있는 유일한 재산인 자신의 젊은 몸을 파는 것임을 깨달았다. 제3막 끝부분의 큰 논쟁은 니나가 아버지와 하는 논쟁 이상의 것이다. 그것은 환상 없는 세계와 "심정"의 가련한 환상들 사이의 논쟁이며, 현실 세계와 멜로드라마적 세계 사이의 논쟁이고, 베르톨라치와 스트렐레르가 그것 때문에 비난당한 바로 그 멜로드라마적 신화들을 파괴하는 드라마적 의식 획득이다. 그런 불만을 표하는 사람들은 그들이 객석에서 이 연극에 가하고자 했던 비판만을 아주 쉽게 이 연극에서 발견했을 것이다.

그러나 더욱 깊은 두 번째 이유가 이 오해를 쫓아 버린다. 나는 앞에서 이 연극의 "배열"을 설명할 때 이 연극의 "시간"의 이상한 리듬을 지적함으로써 그 이유를 암시했다고 생각한다.

사실 이것은 그 내적 분리라는 점에서 특이한 작품이다. 우리는 세 막이 모두 동일한 구조, 그리고 거의 동일한 내용을 보여 준다는 것을 이미 보았다. 텅 빈, 길고 느린 시간과 섬광처럼 짧은 꽉 찬 시간의 공존, 우연적이거나 삽화적인 상호관계들 속에 있는 많은 사람들로 들끓는 공간과, 치명적 갈등으로 엮여 있으며 아버지, 딸, 토가소라는 세 인물이 등장하는 짧은 공간의 공존이 그것이다. 달리 말하면, 이것은 40여 명의 인물이 나오지만 극적 사건은 세 명이 거의 담당하는 극이다. 게다가 이 두 시간 또는 두 공간 사이에는 **명료한** 관계가 전혀 없다. 시간의 인물들은 섬광의 인물들에게 무연無緣한 것 같다. 시간의 인물들은 섬광의 인물들에게 규칙적으로 자리를 물려주고(마치 극적 사건의 뇌우가 시간의 인물들을 무대에서 쫓아내듯이), 다음 막에서 자신들의 리듬에는 이질적인 그 순간이 사라지면 다른 모습을 하고 되돌아온다. 이 분리에 잠재된 의미를 천착함으로써 우리는 이 연극의 핵심에 이르게 된다. 왜냐하면 관객들은 1막에서부터 3막에 이르기까지 당황스러운 유보에서 경탄으로, 이어 열정적 찬동으로 이행하면서 실제로 이런 천착을 체험하기 때문이다. 나는 여기서 이 체험된 천착에 대해서만 숙고하려 하며, 관객에 반x해 관객에게 영향을 끼치는 이 잠재적 의미를 드러내어 말하려 한다. 여기서 결정적인 질문은 다음과 같은 것이다. 어떻게 하여 이 분리는 이토록 풍부하게 표현적일 수 있는가? 그것은 무엇을 표현하는가? 관계들의 부재에 근거를 부여하고 그 부재를 정당화하는 하나의 잠재적 관계를 암시하는 이 관계들의 부재는 어떠한 것인가? 언뜻 보아 서로 낯선, 그렇지만 하나의 살아지는vécu 관계에 의해 결합되는, 시간성temporalité의 이 두 형태는 어떻게 공존할 수 있는가?

답은, 진정한 관계를 구성하는 것은 바로 관계들의 부재라는 역설 속에 있다. 이 작품은 이 관계의 부재를 형상화하는 데, 그리고 그것에 생명을 불어넣는 데 성공함으로써 독창성을 획득한다. 요컨대 나는 우리가 상대하는 것이 1890년대 밀라노 민중의 삶의 연대기에 도금처럼 덮어 씌워진 멜로드라마가 아니라 믿는다. 우리가 상대하는 것은 하나의 실존, 즉 1890년대 밀라노 하층 프롤레타리아트의 실존에 의해 비판되는 하나의 멜로드라마적 의식이다. 이 실존이 없다면 우리는 문제 되는 것이 어떠한 멜로드라마적 의식인지를 알 수 없을 것이다. 멜로드라마적 의식에 대한 이런 비판이 없이는 밀라노

극빈층의 실존 밑에 깔려 있는 드라마를, 즉 그들의 무력함을 포착하지 못할 것이다. 이 세 막의 핵심을 구성하는 비참한 실존의 연대기는 도대체 무엇을 의미하는 것인가? 왜 이 연대기의 시간은 완전히 전형화되고 완전히 이름 없고 상호 교환 가능한 인물들의 분열 행진인가? 왜 이 희미한 만남들의 시간, 주고받는 대화들의 시간, 유발되는 언쟁들의 시간은 바로 텅 빈 시간인가? 왜 제1막에서 제2막으로, 제2막에서 제3막으로 진행할수록 이 시간은 침묵과 부동不動 상태를 향해 가는가? (1막에서는 아직도 무대에 삶과 움직임의 겉모습이 있다. 2막에서 사람들은 모두 앉아 있고, 몇몇은 벌써 침묵하기 시작한다. 3막에서 늙은 여자들은 벽의 일부가 되어 있다.) 이는 이 비참한 시간의 실제 내용을 암시하기 위해서일 것이다. 그것은 아무 일도 일어나지 않는 시간, 희망도 미래도 없는 시간, 과거조차 (나이 든 가리발디군 병사의 경우처럼) 반복 속에 고정되어 있고 미래는 공장을 건설하는 석공들의 정치적 중얼거림을 통해 겨우 모색되는 시간, 몸짓들이 이어지지도 않고 효과를 낳지도 못하는 시간, 따라서 모든 것이 삶의, "일상생활"의 표피아래에서 이루어지는 몇몇 주고받기로 요약되는 시간, 즉 유산되어버리는, 또는 그 허영심이 드러나면서 무無로 돌아가는 토론들이나 논쟁들로 요약되는 시간, 요컨대 **역사**Histoire 비슷한 것은 아직 아무것도 일어나지 않는 정지된 시간,[6] 텅 빈 시간, 텅 빈 것으로 받아들

---

6 이 영세민들에게는 싸움꾼들을 갈라놓고, 젊은 실업자 부부의 경우처럼 너무 생생한 고통들을 피해 나가고, 이 삶의 모든 고난들과 모든 소용돌이를 이 삶의 진실로, 즉 침묵으로,

여지는 시간, 인물들의 상태의 시간 바로 그것이다.

이 점에서 제2막의 연출은 내가 아는 한 가장 탁월한 것인데, 왜냐하면 제2막은 우리로 하여금 정확히 **그런 시간을 직접적으로 지각하게** 해주기 때문이다. 제1막에서 우리는 티볼리의 넓은 공터가, 낮이 끝나면 몇몇 환상과 몇몇 매혹적인 조명 주위를 배회하려 모여드는 실업자들이나 멍한 사람들의 무기력에나 어울리는 것이 아닌지 의심하게 된다. 제2막에서는 그 무료 접대소의 텅 비고 닫힌 공간이 이 사람들의 상태를 가리키는 시간의 형상 바로 그것이라는 점이 아주 분명히 드러난다. 오래되어 얼룩진 커다란 벽 밑에, 그리고 세월이 흘러 반쯤 지워졌지만 아직 읽을 수 있는 규약들로 덮여 있는 손이 닿지 않는 천정의 경계면에, 커다란 긴 식탁 두 개가 무대의 각광 脚光과 나란히 있다. 식탁 하나는 무대 앞쪽에, 다른 하나는 무대 중간에 놓여 있다. 그 뒤에는, 벽에 맞대어, 식당 출입 통로의 경계를 이루는 수평 철봉이 하나 있다. 그리로 남자들과 여자들이 들어온다. 오른편 끝에는 식탁들과 직각으로 높은 칸막이벽이 있어 부엌을 둘로 나눈다. 쪽문 둘이 있는데 하나는 술, 다른 하나는 음식이 나오는 곳이다. 칸막이 뒤로 부엌, 김 나는 솥들, 그리고 침착한 요리사가 있다. 나란히 놓인 식탁 두 개뿐 아무 장식도 없는 이 널따란 공간, 그리고 벽으로 된 기나긴 무대 배경이 견디기 어렵도록 간소하고 공허한 장소를 이루고 있다. 식탁 여기저기에 몇 사람이 앉아 있다. 정면

부동 상태로, 무로 되돌리려는 암묵적인 공모가 있다.

으로 또는 등을 돌리고. 그들은 앉은 대로 정면으로 또는 등을 돌리고 얘기를 할 것이다. 그들에게는 너무 큰 공간, 그들이 결코 채울 수 없을 공간에서. 거기서 그들은 하찮은 교류를 할 것이다. 그들은 식탁과 긴 의자 너머로 말대꾸를 한 어쩌다 만난 이웃과 어울리려 자리를 옮기곤 하겠지만, 그들을 지배하는 변함없는 무언의 규약의 글자들 아래에서, 그들을 내내 그들 자신으로부터 갈라놓는 식탁들과 긴 의자들을 결코 치워 버리지 않을 것이다. 이 공간, 그것은 바로 그들의 삶의 시간이다. 한 사람은 여기 있고, 한 사람은 저기 있다. 스트렐레르가 그들을 배치했다. 그들은 지금 있는 자리에 그대로 있을 것이다. 먹으면서, 먹기를 그치면서, 또 먹으면서. 바로 그럴 때 동작들 자체가 자신의 온전한 의미를 드러낸다. 막이 시작될 때 정면에 보이는 인물. 그의 얼굴은 그가 두 손으로 옮기려 하는 스프 접시와 거의 같은 높이에 있다. 그가 숟가락으로 음식을 뜨는 시간, 그것을 입으로 가져가고 조금도 흘리지 않도록 긴 동작으로 입보다 더 높이 가져가는 시간, 그리고 마침내 입이 차면 삼키기 전에 양을 가늠하면서 먹는 양을 조절하는 시간. 등을 보이고 있는 다른 이들도 팔꿈치를 높이 올려 등을 비틀면서 같은 동작을 취하고 있다. 우리는 그들이 먹고 있을 뿐 부재함을 본다. 마치 우리가 밀라노에서, 그리고 세계의 모든 대도시에서, 그것이 자기 삶의 전부이고 시간을 다르게 살도록 허용해 주는 것은 아무것도 없기에 무대 위의 그들과 똑같은 성스러운 동작을 하고 있는 부재하는 모든 이들, 모든 타인들을 보듯이 말이다. (무대에서 서두르는 이들은 석공들뿐인데, 이는 사이렌이 그들의 삶과 노동을 박자에 맞게 만들기 때문이다.) 공간의 구조, 장소 및 인물의 배치, 기본동작들의 지속 등을 통해 사람들과 그들이 사는 시간 간의 깊은 관계를 이토록 강렬하게 형상화시킨 예를 나는 본 적이 없다.

본질적인 것은 "연대기"의 이런 시간적 구조에 다른 시간적 구조, 즉 "드라마"의 시간적 구조가 대치된다는 점이다. 왜냐하면 드라마의 시간(니나)은 꽉 차 있기 때문이다. 그것은 몇 번의 섬광들, 매듭지어지는 시간, "극적인" 시간이다. 그 속에서 역사가 진행되지 않을 수 없는 시간. 하나의 저항 불가능한 힘에 의해 내부로부터 움직이는 시간, 스스로 자신의 내용을 생산하는 시간. 이것은 탁월한 변증법적 시간이다. 다른 시간을, 그리고 다른 시간의 공간적 형상화의 구조들을 소멸시키는 시간. 사람들이 구내식당을 떠나고 오직 니나와 아버지와 토가소만 남았을 때, 무엇인가가 갑자기 사라져 버렸다. 마치 식사하던 자들이 무대장치를 함께 가지고 떠난 것처럼(스트렐레르는 천재적인 수완으로 두 막을 하나로 만들고 같은 무대장치 위에 상이한 두 막을 상연했다), 벽면들과 식탁들의 공간 자체를, 이 장소들의 논리와 의미를 가지고 떠난 것처럼. 마치 단 하나의 갈등이 이 가시적이고 텅 빈 공간을 다른 하나의 비가시적이고 꽉 찬 뒤집어지지 않는 공간으로, 공간을 드라마를 향해 몰아넣는 단 하나의 차원, 결국, 드라마가 정말로 벌어지도록 되어 있었다면 공간을 드라마를 향해 몰아넣어야 했던 단 하나의 차원을 갖는, 그런 공간으로 대체한 것처럼.

베르톨라치의 작품에 심오함을 부여하는 것은 바로 이 대립이다. 한편에는 아무 일도 일어나지 않고 행동, 발전을 유발할 내적 필연성이 없는 비변증법적인 시간이 있다. 다른 한편으로는 자신의 내적 모순에 의해 자신의 생성과 결과를 생산하도록 추동되는 변증법적 시간(갈등의 시간)이 있다. 〈우리의 밀라노〉의 역설은 거기서 변증법이 말하자면 측면으로, 막후에서, 무대의 구석 어느 곳에서, 그리고 각 막이 끝날 무렵에 작동한다는 것이다. 우리는 이 변증법을 (그것은 모든 극작품에 필수 불가결해 보이기는 하지만) 오래 기다렸지만, 등장인물들은 이 변증법을 비웃는다. 이 변증법은 제 시간을 다 소요하며, 마지막에야 도래한다. 처음에는 밤에, 저 유명한 부엉이들로 대기가 무거울 때에, 다음에는 정오의 종이 울리고 해가 이미 기울기 시작할 때에, 끝으로 새벽이 올 때에. 이 변증법은 언제나 모든 사람이 떠나고 나서야 도래한다.

이 변증법의 "지체"를 어떻게 이해할 것인가? 헤겔과 마르크스의 경우에 의식이 지체하는 것처럼 이 변증법도 지체하는가? 그러나 어떻게 변증법이 지체할 수 있는가? 오직 한 가지 조건, 의식의 다른 이름이라는 조건하에서만 그러하다.

〈우리의 밀라노〉에서 변증법이 막후에서, 무대의 구석 어느 곳에서 작동한다면, 그것은 그 변증법이 다름 아닌 한 의식의 변증법, 즉 아버지의 변증법, 그의 멜로드라마의 변증법이기 때문이다. 그래서 이 변증법의 파괴야말로 모든 현실적 변증법의 전제 조건이다. 여기서 독자들은 마르크스가 『신성가족』에서 행한 외젠 쉬Eugène Sue 작품의 등장인물들에 대한 분석을 상기할 필요가 있다.[7] 그들의 극적 행동의 원동력은 부르주아적 도덕의 신화들과의 동일화이다. 이

7 마르크스의 텍스트는 멜로드라마에 대한 명시적인 정의를 담고 있지는 않다(맑스·엥겔스,『신성가족』, 편집부 옮김, 이웃, 1990, 93-129쪽, 271-328쪽). 그러나 이 텍스트에서 마르크스는 멜로드라마의 기원起源을 우리에게 제시한다. 쉬는 이 기원의 웅변적인 증인이다.

a) [외젠 쉬의 소설]『파리의 신비들』Les Mystères de Paris에서는 도덕과 종교가 "자연적" 인물들에게 도금鍍金되어 있다(그들은 빈곤이나 불운에도 불구하고 "자연적"인 존재들이다). 얼마나 힘이 들어간 도금인가! 이 도금을 위해 로돌프의 냉소주의, 신부神父의 도덕적 협박, 경찰과 감옥과 감금 같은 장구裝具가 필요했다. 끝내 "자연"은 굴복하고 만다. 그리하여 낯선étrangère 의식이 "자연"을 지배할 것이다(그리고 자연을 구제하기 위해 파국들이 점점 증가할 것이다).

b) 이 "도금"의 기원은 명확하다. 이 "결백한 자들"에게 자기 것이 아닌 의식을 부과하는 자는 로돌프이다. 로돌프는 민중peuple도 아니고 "결백한 자"도 아니다. 그렇지만 그는 (당연히도!) 민중을 "구제"하기를 원하고, 민중에게 그들은 영혼을 가지고 있으며 신이 존재한다는 것 따위를 알려 준다. 요컨대 로돌프는 민중이 원해서든 강제로든 간에 그들에게 그들이 흉내 낼 부르주아 도덕을 부과해 그들을 얌전하게 만든다.

c) 우리는 쉬의 소설은 그의 기획의 고백 자체라고 추측할 수 있다(맑스·엥겔스,『신성가족』, 292쪽. "외젠 쉬의 등장인물들은 …… 쉬로 하여금 등장인물들을 다른 방식이 아니라 바로 그런 방식으로 행동하도록 결정한 쉬 자신의 작가적 의도를 자신들의 고찰로서, 자신들의 행위의 의식적 동기로서 진술해야 한다."). 쉬의 기획은 "민중"에게 그들이 의당 가져야 할 의식에 대한 예비교육이자 또한 그들이 민중이기 위해서는 의당 가져야 할 의식(즉, "구원된" 의식, 다시 말해 예속되고 마비되고 중독된, 요컨대 도덕적이고 종교적인 의식)인 문학적 신화를 제공하는 것이다. 민중을 위해 멜로드라마의 민중적 신화를 발명하고, 민중에게 무료 숙박소와 무료 급식소, 즉 아주 숙고해 만든 예방적 자선의 체계를 "제공"함과 동시에 대중신문의 연재소설들과 싸구려 "소설들"을 제공 또는 부과한 것이 바로 부르주아지임을 이보다 더 노골적으로 말할 수는 없을 것이다.

d) 제도권 비평가들 대다수가 멜로드라마를 혐오하는 것을 보면 그래도 짜릿하게 재미있다. 마치 멜로드라마를 발명한 것이 부르주아지 자신이라는 것을 부르주아지가, 이 비평가들을 통해, 망각했다는 듯이 말이다. 그렇지만 이 발명은 이미 구식이 되었다는 것을 아주 정직하게 인정해야 한다. "민중"에게 배포되는 신화들과 자선 행위들은 오늘날 다른 방식으로, 더욱 교묘하게 조직되고 있다. 또한 그것은 근본적으로 타자들을 위한 발명이었다는 것을, 그리고 당신들의 좋은 작품들이 완전히 받아들여져 누구나 볼 수 있게 당신들의 오른

비참한 자들은 도덕적·종교적 의식의 논변들 속에서, 빌린 금박 장

편에 앉아 있는 것을, 또는 조금도 거리낌 없이 당신들의 무대를 으스대며 거니는 것을 보는 것은 틀림없이 매우 당황스러운 일이라는 것을 인정해야 한다. 예컨대 오늘날 (현대의 대중적 "신화"인) 감성 잡지la Presse du cœur가 지배적 이념들의 정신적 콘서트에 초대되는 것을 상상할 수 있을까? 등급들을 혼동해서는 안 된다[감성 잡지는 전성기인 1948~55년 사이에 매년 수십만 부씩 팔리던 통속 잡지들을 지칭하는 이름이다. 보통 연애 중심의 만화 몇 편, 유명한 연애소설 발췌, 생활 지식, 패션, 별자리 운세, 게임 따위를 담고 있었고, 지면의 4분의 3이 감상적·낭만적인 픽션으로 채워져 있었다].

e) 남들에게 금지한 것을 자신에게는 허용할 수가 있다는 것은 사실이다(이것은 예로부터 "위대한 자들"의 의식 속에서 위대함의 표시였다). 역할의 교환이 그것이다. 지체 높은 사람이 놀이 삼아 하인이나 종업원 전용 뒷계단을 빌려 쓸 수가 있다(즉, 자신이 서민에게 준 것 또는 내버려 둔 것을 빌려 쓸 수 있다). 이때 모든 것은 은밀한 교환의 암시된 의미에, 짧은 차용 기간에, 차용 조건들에 달려 있다. 요컨대, 무엇에도 속지 않는다는 것을, 남들을 속이기 위해 사용하는 수단들에 의해서도 속지 않는다는 것을 자신에게 입증하는(그런데 이런 입증이 필요하기나 한 것인가?) 놀이의 아이러니에 모든 것이 달려 있다. 요컨대, 사람들은 자신이 "민중"에게 만들어 주고 나누어 주는(또는 파는) 신화들과 값싼 상품을 민중에게서 빌릴 수 있는데, 이는 그것들을 적절히 조리하고 적절히 "취급한다"는 조건하에서 그러하다. 이런 부류 중에는 일급의 "배달인들"traiteurs(브뤼앙, 피아프 등)이 있고, 시시한 "배달인들"(레 프레르 자크)도 있다[traiteur는 문자 그대로는 '취급하는 사람'이지만, 통용되는 단어로는 '주문을 받아 요리를 만들어 배달하는 사람'이다. 알튀세르는 이 단어의 이중의 의미를 활용해 통속 예술의 이데올로기적 역할을 기술하고 있다. 아리스티드 브뤼앙Aristide Bruant은 하층 사람들의 생활을 노래한 '현실과 샹송'의 시조이며, 에디트 피아프도 현실파에 속한다. 4인조 그룹 레 프레르 자크Les Frères Jacques는 전통적인 샹송을 불렀다]. 그들은 스스로 자신의 방법들보다 더 위에 서는 아양 떨기coquetterie를 통해 "민중"이 된다. 그렇기 때문에 그들은 그들이 민중에게 그렇게 되기를 강요하는 그런 민중, 민중적 "신화"의 민중, 멜로드라마의 향기가 나는 민중이 되는(되지 않는) 놀이를 해야 한다. 그렇지만 이 멜로드라마는 무대(진짜 무대, 극장 무대)에 올릴 가치가 없다. 그것은 카바레에서 조금씩 맛보는 것으로 족하다.

f) 내 결론은 기억상실도 아이러니도, 혐오도 아첨도 비평은커녕 비평의 그림자도 산출하지 못한다는 것이다.

식 속에서, 자신의 비참한 삶을 산다. 그 속에서 그들은 자신의 문제들과 조건 자체를 분장扮裝시킨다. 이런 의미의 멜로드라마는 현실적 조건 위에 도금된 낯선 의식이다. 멜로드라마적 의식의 변증법은, 이 의식은 외부에서(부르주아 도덕의 승화의 알리바이의 세계에서, 부르주아 도덕의 거짓말의 세계에서) 빌려 와야 하는데, 그럼에도 이 의식에 대해 근원적으로 낯선 조건(하층민)의 의식으로서 체험되어야 한다는 대가를 치르고서만 가능하다. 그 결과, 한편으로 멜로드라마적 의식과 다른 한편으로 멜로드라마의 인물들의 실존 사이에, 엄밀히 말해서, **모순**이 존재할 수 없다. 멜로드라마적 의식은 자신의 조건들에 대해 모순적이지 않다. 멜로드라마적 의식은 일정한déterminée 조건에 외부로부터 부과되었으나 이 일정한 조건과 변증법적 관계를 갖지 않는 전혀 별개의 의식이다. 이 때문에 멜로드라마적 의식은 자신의 현실적 조건들을 무시하고 자신의 신화 속에 들어박힌다는 조건하에서만 변증법적일 수 있다. 현실 세계를 피해, 멜로드라마적 의식은 파국의 평화를 오직 타자의 깨지는 소리에서만 찾을 수 있는 숨 가쁜 갈등으로부터 모든 환타지적 형식들을 끌어낸다. 멜로드라마적 의식은 이 소란을 운명으로, 이 소란의 헐떡임을 변증법으로 간주한다. 여기서 변증법은 공백으로 전환하는데, 이는 이 변증법이 현실 세계와는 완전히 단절된 공백의 변증법일 뿐이기 때문이다. 자신의 조건들과 모순되지 않는 이 낯선 의식은 자신의 힘으로는, 자신의 "변증법"에 의해서는, 자신으로부터 벗어날 수가 없다. 이 의식에는 단절이 필요하다. 그리고 이 허망함에 대한 인지,

이 변증법의 비변증법적 성격에 대한 발견이 필요하다.

　이런 것은 쉬의 작품에서는 결코 일어나지 않지만 〈우리의 밀라노〉에서는 일어난다. 마지막 장면이 드디어 이 극과 이 극의 구조가 갖는 역설의 이유를 제시해 준다. 아버지와 충돌할 때, 아버지를 그의 꿈들과 함께 밤으로 돌려보낼 때, 니나는 아버지의 멜로드라마적 의식과, 그리고 그것의 "변증법"과 단절한다. 이 신화들과 이 신화들이 유발하는 갈등들은 이제 그녀에게는 완전히 끝났다. 그녀는 아버지, 의식, 변증법, 이 모든 것을 배船 밖으로 내던지고 다른 세계의 문턱을 넘어선다. 마치 일들이 일어나는 것은 하층 세계라는 것을 보여 주려는 듯이. 모든 것이, 즉 이 가난한 세계의 빈곤뿐만 아니라 그 세계의 의식의 하찮것없는 환상들이 시작하는 곳, 이미 시작한 곳은 하층 세계라는 것을 보여 주려는 듯이. 무대의 끄트머리에서만, 자신이 결코 침입할 수도 지배할 수도 없는 역사의 갓길에서만 권리를 갖는 이 변증법은 하나의 현실적 상황에 대한 하나의 허위의식의 영影에 가까운 관계를 아주 정확히 형상화한다. 궁극적으로 무대에서 쫓겨나는 이 변증법은 의식의 내용에 대해 낯선 현실적 경험이 부과하는 필연적 단절의 귀결이다. 그녀를 낮으로부터 갈라 놓는 문을 넘어설 때 니나는 자신이 삶, 어쩌면 잃어버릴지도 모를 자신의 삶이 어떻게 될지를 아직 모른다. 그러나 우리는 적어도 그녀가 진짜 세계로, 틀림없이 돈의 세계이며 또한 비참을 생산하고 비참에 "극적" 의식까지도 부여하는 세계인 진짜 세계로 떠난다는 것을 안다. 마르크스가 다른 세계, 즉 자본의 세계에 대한 경험 및 연구로 넘어가기 위해 민중적 의식을 포함한 의식의 가짜 변증법을 폐기할 때에, 그는 이것과 다른 어떤 것을 말한 것이 아니다.

여기서 어쩌면 혹자는 나를 멈추게 하고, 내가 극작품에서 이끌어 내는 것이 작가의 의도를 넘어서는 것이라고, 그리고 당연히 스트렐레르에게 속하는 것을 베르톨라치에게 돌리고 있다고 나를 반박하려 할 것이다. 그러나 이런 지적은 전혀 의미가 없다고 말하고자 한다. 여기서 문제가 되는 것은 희곡의 잠재적 구조일 뿐 다른 어떤 것이 아니기 때문이다. 베르톨라치의 명시적 의도들은 중요하지 않다. 중요한 것은, 그의 작품의 단어들과 인물들과 행위를 넘어서, 작품 구조의 근본적 요소들 간의 내적 관계이다. 더 나아가, 이 구조를 베르톨라치가 의식적으로 원한 것인지 비의식적으로 생산한 것인지는 중요하지 않다. 그의 작품의 구조가 그의 작품의 본질을 구성하며, 이 구조만이 스트렐레르의 해석과 관중들의 반응을 이해할 수 있게 해준다.

관객들이 당황한 것은 스트렐레르가 이 특이한 구조[8]의 함의들에

---

8 "이 작품의 주된 특징은 아직 정의되지 않은 진실의 갑작스러운 출현에 있다……. <우리의 밀라노>는 '낮은 목소리로'sotto voce의 극, 부단히 과거로 거슬러 올라가고 다시 사고되는 극, 때때로 분명해지지만 다시금 미루어질différé 뿐인 극, 채찍질로 제자리에서 팔짝팔짝 뛰는 것 같은 회색의 긴 선으로 구성되는 극이다. 의심할 나위 없이 바로 이런 이유로 니나와 그의 아버지의 몇몇 결정적인 비명 또는 고함이 특히 비극적으로 부각된다. 작품의 이런 은밀한 구조를 강조하기 위해 우리는 연극의 구성을 부분적으로 변경하기로 했다. 제2막과 제3막을 하나로 합침으로써 베르톨라치의 네 막이 세 막으로 줄었다……"(팸플릿의 소개 글).

대해 날카로운 의식을 가지고 있었기 때문이며, 그의 연출과 배우들에 대한 지도가 이 의식에 의해 규정되었기 때문이다. 관객들이 받는 감동은 이런 세세한 민중적 삶이 "제시"되어 있다는 것만 가지고는 설명되지 않는다. 즉, 그것은 비참함 속에서도 운명을 감내하면서 하루하루 살고 살아남으며, 운명에 대해 때로는 웃음으로, 때때로는 연대로, 대개는 침묵으로 복수하는 이 민중의 빈곤으로는 설명되지 않는다. 그것은 니나와 그녀의 아버지와 토가소의 번개와 같은 드라마에 의해 설명되지도 않는다. 그 감동은 근본적으로 이 구조와 이 구조의 심층적 의미에 대한 비의식적 지각에 의해 설명된다. 어디서도 이 구조는 노출되지 않고, 어디서도 이 구조는 담화 또는 교환의 대상이 되지 않는다. 어디서도 우리는 가시적인 인물이나 행동의 진행을 지각하는 것처럼 이 구조를 극 속에서 직접적으로 지각할 수 없다. 그렇지만 이 구조는 거기 있다. 민중의 시간과 드라마의 시간 사이의 암묵적 관계 속에, 이 두 시간의 상호적 불균형 속에, 이 두 시간 사이의 부단한 "회송"回送 속에, 끝으로 이 시간들의 진정한 그리고 기만적인 비판 속에 있다. 스트렐레르의 연출이 관객들로 하여금 이 현존을 명료한 의식의 용어로 직접적으로 옮기지 못하면서도 지각케 하는 것은 이 잠재적인 날카로운 관계, 겉보기에는 무의미한 듯하지만 실은 결정적인 이런 긴장이다. 그렇다. 관객들은 연극 속에서 무엇인가 관객들을 넘어서는 것에 대해, 아마도 극작가를 넘어서는 것, 그러나 스트렐레르가 작가에게 제공하는 것에 대해 박수를 보낸다. 단어들과 몸짓들보다 심층적인, 운명을 결코 고찰하지 못하면서 그 운명을 사는 극 중 인물들의 직접적 운명보다 심층적인 감춰진 의식에 대해 박수를 보낸다. 우리에게 단절과 시작이자 다른 세계와 다른 의식의 약속인 니나, 이 니나 자신이 자기가 행하는 것에 대해 알지 못한다. 여기서 진정으로, 그리고 정당하게, 의식이 지체한다고 말할 수 있을 것이다. 이것은 비록 아직 눈을 뜨지 못하고 있다 할지라도 결국 현실적 세계를 겨냥하는 의식이기 때문이다.

●

이상의 숙고된 "실험"이 근거 있는 것이면, 우리는 다른 실험들의 의미에 대해서도 검토함으로써 이 고찰을 다른 실험들을 조명하는 데 사용할 수 있을 것이다. 내가 여기서 염두에 둔 것은 브레히트의 위대한 희곡들이 제기하는 문제들, 그 원리적인 면에서 소격효과疏隔效果/Verfremdungseffekt 개념 또는 서사극das epische Theater 개념에 의거해서는 아마도 완전히 해결될 수 없었던 그런 문제들이다. 나에게 대단히 충격적이었던 것은 베르톨라치의 희곡에서 발견되는 불균형적-비판적인 잠재적 구조, 무대 측면의 변증법의 구조가 본질적으로 〈억척어멈과 그의 자식들〉과 (무엇보다도 특히) 〈갈릴레이의 생애〉 같은 희곡의 구조이기도 하다는 사실이었다. 우리는 이 작품들에서도 서로 통합되지 않는, 서로 아무런 관계가 없는, 공존하고 교차하지만

248

그러나 결코 서로 만나지 않는 시간성의 형태들을 발견하며, 국지화되어 있고 분리되어 있고 허공에 떠 있는 변증법 속으로 엮이는 사건들을 발견하며, 하나의 내적 분열의 표지標識, 하나의 해소되지 않는 타자성의 표지를 지닌 저작들을 발견한다.

(항상 스스로 변증법적이라 믿고 변증법적인 것처럼 처신하는) 의식의 환상들에 대한 진정한 비판, (갈등, 드라마 등등의) 가짜 변증법에 대한 진정한 비판을 이 변증법의 토대이며 인식되기를 기다리는 당황스러운 현실에 입각해 수행할 수 있게 해주는 근거는 이 특수한 잠재적 구조의 동역학이며, 특히 상호 명시적 관계를 결여한 변증법적 시간성과 비변증법적 시간성의 공존이다. 그리하여 〈억척어멈과 그의 자식들〉에서는 그녀의 맹목성의 개인적 드라마에 대한, 그리고 그녀의 탐욕의 가짜 긴급성에 대한 전쟁이 벌어지고, 〈갈릴레이의 생애〉에서는 진리적인 것을 열망하는 의식보다 더 굼뜬 역사, 자신의 짧은 생애 내에 결코 역사를 지속적으로 "책임질" 수 없을 의식에게 또한 당혹스러울 역사가 전개된다. 의식의 환상들에 대한 내재적 비판을 가능하게 하는 것은, (변증법적-드라마적 방식으로 자기 자신의 상황을 살며 자기 자신의 원동력들에 의해 세계 전체가 움직인다고 믿는) 의식과 이런 자칭 변증법에 무관심하고 그것과 별개인 외관상 비변증법적인 현실 간의 이 무언의 대결이다. 이런 것들이 말해졌느냐 여부는 중요하지 않다(브레히트의 작품에서는 우화나 **노래**의 형식으로 말해졌다). 그런 비판을 실행하는 것은 종국적으로 말이 아니라 작품의 구조적 요소들 사이의 내적 세력 관계들 및 내적 세력 비관계들non-rapports이다. 즉,

진정한 비판은 내재적으로만 가능하며, 의식적이기 전에 이미 현실적이고 물질적이다. 또한 나는 이 불균형적이고 탈중심화된 구조를 유물론적 성격을 지닌 모든 연극적 시도에서 본질적인 것으로 간주해야 하지 않겠는가 자문한다. 이 조건에 대한 분석을 더 전진시키면 마르크스의 다음과 같은 근본적 원리를 손쉽게 발견하게 될 것이다. 즉, 어떠한 형태의 이데올로기적 의식도 자기 자신의 내부적 변증법에 의해 자신으로부터 벗어날 수 있는 그 무엇을 자신 속에 지닐 수 없다는 원리, **엄밀한 의미에서 의식의 변증법은 존재하지 않는다**는 원리, 즉 자기 자신의 모순들의 힘에 의해 현실 자체에 이르는 의식의 변증법은 존재하지 않는다는 원리가 그것이다. 요컨대 그것은 일체의 헤겔적 의미의 "현상학"은 불가능하다는 것인데, 왜냐하면 의식은 자신의 내적인 전개에 의해서가 아니라 **자기와 별개인 것**에 대한 근원적 발견에 의해서 현실에 가닿기 때문이다.

정확히 이런 의미에서 브레히트는, 극작품의 의미와 함의들을 자기의식의 형태로 주제화하기를 포기함으로써, 고전극의 문제설정을 전복한 것이다. 이것은, 관객들에게 진정한 그리고 활동적인 새로운 의식이 생기도록 하기 위해, 브레히트의 세계는 자기의식의 형태로 자신을 완벽하게 만회하고 형상화하려는 모든 시도를 필연적으로 자신에게서 제거해야 했다는 것을 뜻한다. 고전극은(셰익스피어와 몰리에르는 여기서 제외되어야 하며, 그들의 예외성에 대한 질문이 제기되어야 한다) 드라마의 조건들, 드라마의 "변증법"이 한 중심적 인물의 거울 반사적 사고 속에 완전히 반영되는 그런 드라마를 제공했다. 요컨대,

고전극은 한 의식 속에, 말하고 행동하고 사색하고 생성하는 한 인간 존재, 우리에게 드라마 자체인 한 인간존재 속에, 자신의 총체적 의미를 반영하는 드라마를 제공했다. "고전주의적" 미학의 이런 형식적 조건(더 유명한 다른 "통일성들"을 통솔하는 드라마적 의식의 중심적 통일성)이 고전주의적 미학의 물질적 내용과 밀접한 관련을 갖는다는 것은 아마도 우연이 아닐 것이다. 내가 여기서 암시하려 하는 것은, 고전극의 재료 또는 주제들(정치, 도덕, 종교, 명예, "영광", "정념" 등)은 바로 이데올로기적 주제들이며, 이 주제들은 그 이데올로기적 본질이 결코 의문에 부쳐지지 않은 상태로, 즉 비판되지 않은 상태로, 계속 이데올로기적인 것으로 남는 것이다("의무"나 "영광"에 대립된 "정념" 자체는 이데올로기적 대위법일 뿐 결코 이데올로기의 실제적 해체가 아니다). 그러나 구체적으로 이 비판되지 않은 이데올로기란 아주 단순히 한 사회 또는 한 시대가 그 속에서 자신을 (인식하는connaît 것이 아니라) 인지하는reconnaît "친숙한", "익히 알려진", 투명한 신화들이 아니라면 그 무엇이겠는가? 한 사회나 시대가 자신을 인지하기 위해 자신을 비추어 보는 거울, 자신을 인식하기 위해서 부숴야 하는 것은 그 거울이 아니겠는가? 한 사회 또는 한 시대의 이데올로기란 그 사회 또는 그 시대의 자기의식이 아니라면 그 무엇이겠는가? 즉, 하나의 직접적 재료, 자기 자신의 신화들의 투명성 속에서 자기 세계의 총체를 사는 자기의식의 형상 속에 자발적으로 자신의 형태를 연루시키고, 그런 자기의식의 형상 속에서 자발적으로 자신의 형태를 탐색하고 또 자연히 찾아내는 직접적 재료가 아니라면 그 무엇이겠는가? 나는 여기서 왜 이 신화들이(즉 있는 그대로의 이데올로기가) 고전주의 시기에 **일반적으로** 문제시되지 않았는가 하는 질문을 제기하지는 않겠다. 나로서는, 자신에 대한 현실적 비판을 결여한(정치, 도덕, 종교에 대한 현실적 이론의 수단도 욕구도 갖지 못한) 시대는 무비판적 연극 속에서, 즉 그 연극의 (이데올로기적) 재료가 자기의식의 미학의 형식적 조건들을 요구하는 그런 연극 속에서, 자신을 형상화하고 자신을 인지하는 경향이 있을 수밖에 없다는 결론을 내릴 수 있게 된 것으로 충분하다. 브레히트가 이 형식적 조건들과 단절하는 것은 다름 아니라 그가 이미 이 형식적 조건들의 물질적 조건들과 단절했기 때문이다. 브레히트가 특히 생산하고자 한 것은 사람들이 그 속에서 사는 자생적 이데올로기에 대한 비판이었다. 이 때문에 필연적으로 그는 자신의 희곡들에서 이데올로기의 미학의 형식적 조건들인 자기의식을(그리고 그것의 고전주의적 파생물들인 통일성의 규칙들을) 배제하지 않을 수 없었다. 브레히트의 희곡들에서는(내 말은 항상 그의 "위대한 희곡들"에 대한 것이다) 어떤 인물도 드라마의 조건들의 총체를, 반영된 형태로, 자신 속에 포괄하지 못한다. 브레히트에게 드라마 전체의 거울인 총체적이고 투명한 자기의식이란 이데올로기적 의식의 형상에 불과할 뿐이다. 이 이데올로기적 의식의 형상은 세계 전체를 바로 자신의 드라마 속에 내포시키지만, 이 세계는 도덕과 정치와 종교의 세계, 요컨대 신화들과 마약들에 불과한 것이다. 이런 의미에서 그의 희곡들은 정확히 탈중심화되어 있는데, 왜냐하면 그것들은 중심을 가질 수 없기 때문이며, 그는 환상들로 가득 채워진 나이브한 의식에서 출발하지만 세계의 중심이고자 하는 그 의식을 세계의 중심으로 삼기를 거부하기 때문이다. 이 때문에 브레히트의 연극에서는, 감히 말하자면, 중심이 항상 주변에 있으며, 자기의식의 탈기만脫欺瞞이 목표인 한, 중심이 항상 저 너머로, 환상을 넘어 현실로 향하는 운동 속으로 미루어진다. 바로 이런 근본적 이유로 인해, 현실적 생산인 비판적 관계가 그 자체로서 주제화되지 못한다. 이 때문에 어떤 인물도 그 자체로 "역사의 도덕"이 되지 못한다. 인물들 중 하나가 무대 가장자리의 각광脚光으로 다가가 가면을 벗고, 극이 끝나면, "극에서 교훈을 끌어낼" 때를 제외하면 말이다(그러나 이때 그는 외부에서 극을 고찰하는, 아니 더 적절히 말하자면 극의 움직임을 연장하는, 관객에 지나지 않는다. "우리는 최선을 다했습니다. 이제 여러분이 찾을 차례입니다").

아마도 이제, 왜 희곡의 잠재적 구조의 동역학에 대해 말해야 되는지 이해가 되었을 것이다. 희곡의 구조에 대해 말해야 하는 것은 극이 배우들로도 배우들 간의 표현된 관계로도 환원되지 않고, 자생적 이데올로기 속에서 소외된 자기의식들(억척어멈, 그의 아들들, 요리사, 신부 등) 사이에, 그리고 그들의 실존의 현실적 조건들(전쟁, 사회) 사이에 존재하는 동역학적 관계로 환원되기 때문이다. 그 자체로 추상적인(이 추상성은 진정한 구체성이므로, 자기의식들에 대해 추상적인) 이 관계가, 인물들 속에, 그들의 몸짓들 및 행위들 속에, 그들의 역사 속에 형상화되고 제시될 수 있다면, 이것은 오직 그런 것들을 내포하면서도 넘어서는 관계로서만 그렇게 형상화되고 제시될 수 있다. 다시 말해, 추상적인 구조적 요소들(예컨대 〈우리의 밀라노〉에서의 시간성의 상이한 형태들, 드라마적 대중의 외부성 등)은, 그것들의 불균형과 따라서 그것들의 동역학을 작동시키는 관계로서만 그렇게 형상화되고 제시될 수 있다. 이 관계는 비판적 기획 전체를 파괴하지 않고는 어떤 "인물"에 의해 철저히 주제화될 수 없다는 점에서 필연적으로 잠재적 관계이다. 그리하여 이 관계가 비록 전체 행위 속에, 모든 인물들의 실존과 몸짓 속에 내포되어 있을지라도, 거기에서 이 관계는 그들의 의식을 넘어서는 심층적 의미이다. 이 때문에 이 관계는 그 인물들에게 캄캄하게 보인다. 그것은 배우들에게 보이지 않는 한에서 관객에게 보인다. 이 때문에 이 관계는 주어져 있지 않은, 그러나 식별되고 획득되어야 하는 하나의 지각知覺의 양식, 자신을 덮고 있지만 그러나 자신을 발생시키는 기원적起源的 그림자로부터 벗어나야 하는 지각 양식에 따라 관객에게 보인다.

  이상의 지적들은 아마도 브레히트의 소격효과 이론이 제기하는 문제를 명료히 이해하게 해줄 것이다. 이 효과를 통해 브레히트는 관객과 상연되는 연극 사이에 새로운 관계, 비판적이고 능동적인 관계를 창출하려 했다. 그는 관객을 "주인공"의 운명에 매달아 놓고 관객의 정동적 에너지 전체를 극적 카타르시스에 충당한 동일화의 고전주의적 형태들과 단절하고자 했다. 그는 관객으로 하여금 연극에 대해 거리를 두게 하려 했는데, 이 거리 두기는 관객이 연극으로부터 도망칠 수도 없고 그저 연극을 즐기기만 할 수도 없는 상황 속에서 행해지는 것이어야만 했다. 요컨대 그는 관객이 미완성의 극을 완성하는, 단 현실의 삶에서 완성하는 배우가 되기를 원했다. 브레히트의 이 심오한 테제는 너무나도 자주 배우들의 연기에서 일체의 "효과"를 추방하기, 일체의 서정성과 일체의 "파토스"를 제거하기, "프레스코화 풍"의 연기, 시선을 끄는 모든 강조점을 지우는 등의 간소한 연출(〈억척어멈과 그의 자식들〉에서 보이는 어두운 회색의 땅 색깔 참조), "단조로운" 조명, 독자의 정신을 정세(현실)라는 외적 맥락에 고정시키기 위한 해설 게시판 등과 같은 소격의 기술적 요소들과 관련해서만 해석된 것 같다. 마찬가지로 브레히트의 이 테제는 동일화 현상과 그것의 고전주의적 버팀대인 주인공들에 집중된 심리적 해석들을 유발했다. 동일화의 대상인 (긍정적이거나 부정적인) 주인공의 사라짐이 소격효과의 조건 자체로 간주되었다(더 이상 주인공이 없으니 더 이상 동일화도 없다. 게다가 주인공의 제거는 역사를 만드는 것은 대중이지 "주인공들"[영웅들]이 아니라는 브레히트의 "유물론적" 이해[관념]와 연결되어 있다). 그렇지만 내가 보기에 이런 해석들은 분명히 중요하기는 하지만 결정적이지는 않은 범개념들로 만족하고 있다. 나는 매우 특이한 이 비판적 관계가 관객의 의식 속에서 구성될 수 있다는 것을 이해하려면 기술적 그리고 심리적인 조건들을 뛰어넘어 더 나아가야 한다고 생각한다. 달리 말해서, 관객과 연극 사이에 거리가 발생하려면 이 거리가 연극의 (기술적) 처리나 인물들의 심리적 양태에서만이 아니라 연극 자체의 내부에서 생산되어야만 한다(극 중 인물들은 진짜로 주인공 아니면 비주인공들인가? 〈억척어멈과 그의 자식들〉에서 태평스러운 도시에 적군의 공격을 미리 알리려고 지붕 위에서 끔찍한 북을 치다가 화승총에 맞아 죽는 벙어리 딸. 그녀는 사실 "확실한 주인공"이 아닌가? "동일화"는 일시적으로 이 부차적인 인물에 대해 행해지고 있지 않은가?). 희곡의 한복판에서, 희곡의 내적 구조의 동역학 속에서, 의식의 환상들에 대한 비판이자 의식의 현실적 조건들의 제거인 이 거리가 생산되고 형상화되는 것이다.

관객과 극의 관계의 문제를 제기하기 위해서는 바로 거기(잠재적 구조의 동역학이 희곡 자체 속에서 이 거리를 생산한다는 것)에서부터 출발해야 한다. 여기서도 브레히트는 기존의 질서를 뒤엎는다. 고전극에서는 모든 것이 단순하게 나타날 수 있었다. 즉, 주인공의 시간성이 유일한 시간성이었고 그 나머지는 모두 이 시간성에 종속되었다. 주인공의 적수들까지도 주인공의 척도에 맞춰졌고, 그래야만 **그의** 적수들일 수 있었다. 주인공의 적수들은 주인공 자신의 시간, 주인공 자신의 리듬을 살았으며, 주인공에 종속되어 있었고, 주인공의 종속물에 불과했다. 적수는 실로 **주인공의** 적수였다. 갈등 속에서 주인공은 적수가 주인공에게 속해 있는 만큼이나 적수에게 속해 있었고, 적수는 주인공의 분신, 그의 반영물, 그의 대립물, 그의 밤, 그의 유혹이었고, 주인공 자신에게 등을 돌린 주인공 자신의 비의식이었다. 그렇다. 주인공의 운명은 실로, 헤겔이 쓴 대로, 적수의 의식으로서의 자기의식이었다. 그리하여 갈등의 내용은 주인공의 자기의식에 동일화되었다. 그리고 아주 자연스럽게, 관객은 주인공에 "동일화하면서", 즉 관객에게 제공되는 유일한 시간이자 유일한 의식인 주인공 자신의 시간과 의식에 동일화하면서 연극을 "사는"vivre 것으로 드러난다. 베르톨라치의 희곡과 브레히트의 위대한 희곡들에서는 희곡의 분리된 구조 때문에 이런 혼동이 불가능해진다. 나는 브레히트가 작품들에서 주인공들을 추방했기 때문에 주인공들이 사라진 것이 아니라, 작품 속에서 작품 자체가, 어떠한 주인공들이든지 간에 주인공들을 불가능하게 했고, 주인공들과 그들의 의식을, 그리고 그들의 의식의 허위의 변증법을 소멸시켰다고 말하고자 한다. 이 소거는 행위만의 효과가 아니며, 여러 민중적 인물들이 (신도 황제도 [구원자가] 아니라는 주제에 따라[9]) 예정된 대로 그 행위를 통해 드러낸 표명의 효과도 아니다. 그것은 종결되지 않은 이야기로 이해된 작품 단 한 편의 효과도 아니다. 이 소거는 작품의 세부 수준 또는 연속성의 수준이 아니라 작품의 구조적 동역학이라는 더욱 깊은 수준에서 행해진다.

여기서 주의해야 할 점이 있다. 즉, 지금까지는 극작품에 대해서만 말했지만, 이제는 관객의 의식이 문제가 된다는 것이다. 그렇지만 이것은 사람들이 믿고자 하는 것처럼 새로운 문제인 것이 아니라 같은 문제임을 한 마디로 지적해 두고 싶다. 그러나 이를 받아들이려면 우선 관객 의식에 대한 고전적인 두 모델, 고찰을 가로막는 두 모델을 철회해야 한다. 해로운 첫 번째 모델은 다시금 자기의식의 모델인데, 그러나 이번에는 관객의 자기의식의 모델이다. 물론 관객은 주인공에 동일화하지 않는다. 관객은 주인공에 거리를 둔다. 그러나 판단하고 평가하고 결론을 끌어내는 관객은 극의 외부에 있지 않은가? 억척어멈이 등장한다. 연기는 그녀의 몫이고 판단은 여러분의 몫이

---

9 [옮긴이] 인터내셔널가 제2절의 "지고至高의 구원자들은 없느니, 신도 황제César도 호민관도 구원자가 아니다. 생산자들아, 우리를 스스로 구하자"라는 가사의 주제를 말한다.

다. 무대 위에는 맹목의 형상이 있고, 객석에는 두 시간 동안의 비의식에 의해 의식에 이르는 명석함의 형상이 있다. 그러나 이런 역할 분담은 무대 위에서는 엄밀성에 의해 거부되는 것이 객석에서는 주어지도록 하기에 이른다. 분명히 어떠한 명목으로도 관객은 극이 용인할 수 없는 이런 절대적 자기의식이 아니다. 극이 자신의 "역사"에 대한 "최후의 심판"을 함유할 수 없는 것과 마찬가지로 관객도 극의 최고 심판관이 아니다. 관객 또한 의문시되고 있는 허위의식의 양식으로 연극을 보고 체험한다. 그러니 관객 또한 등장인물들과 마찬가지로 이데올로기의 자생적 신화들 속에, 이데올로기의 환상들과 특권적 형태들 속에 포획된 등장인물들의 형제가 아니라면 무엇이겠는가? 관객이 연극 자체에 의해서 연극에 거리를 두도록 한다는 것은 관객으로 하여금 연극에서 벗어나게 해주려는 것이 아니고 관객을 심판관으로 삼으려는 것도 아니다. 반대로 그것은 관객을 이 외관상의 거리 속에, 이 "생경함" 속에 잡아 두고 끌어들이기 위한 것이고, 관객을 능동적이고 살아 있는 비판 바로 그것인 이 거리 자체로 만들기 위해서이다.

그러나 그렇다면 아마도, 거부될 때까지 출몰할 관객 의식의 두 번째 모델, 즉 동일화의 모델을 부정해야 할 것이다. 여기서 나는 다음과 같은 질문을, 그것에 진정으로 답하지는 않으면서, 명확히 제기하려 한다. 즉, 관객 의식의 지위를 사고하기 위해 (주인공에 대한) 동일화 개념을 원용할 때 위험스러운 동화同化의 위험이 따르지 않는가? 동일화 개념은 엄밀히 말하면 심리학적 개념이고 더 정확히 말하면 정신분석학적 개념이다. 나는 무대 앞에 앉아 있는 관객 내부의 심리적 과정의 효력을 부정하려는 생각이 전혀 없다. 그러나 통제된 심리적 상황들 속에서 관찰되고 기술되고 규정될 수 있는 투사, 승화 등과 같은 현상들 자체만으로는 공연에-참석한-관객의 행동과 같이 특유하게 복잡한 행동을 설명할 수 없다고 말해야만 한다. 그런 행동은 무엇보다도 사회적이고 문화적-미학적인 행동이며, 바로 이런 이유로 또한 이데올로기적인 행위이다. 물론 (엄밀한 심리학적 의미의 동일화, 승화, 해제반응 등과 같은) 구체적인 심리적 과정들이 자신들을 뛰어넘는 행동 속에 어떻게 삽입되는가를 해명하는 것은 중요한 과제이다. 그러나 이 첫 번째 임무가, 우리가 심리학주의로 전락하지 않는 한, 관객 의식 자체의 특수성에 대한 규정이라는 두 번째 과제를 폐기할 수는 없다. 이 의식이 순수한 심리적 의식으로 환원되는 것이 아닌 이상, 이 의식이 사회적·문화적·이데올로기적 의식인 이상, 공연에 대한 이 의식의 관계를 심리적 동일화라는 유일한 형식으로만 사고할 수는 없다. 주인공에 (심리적으로) 동일화하기에 앞서 실제로 관객 의식은 연극의 이데올로기적 내용 속에서, 그리고 이 내용에 고유한 형태들 속에서 자신을 인지한다. 동일화(타자의 형태로 자신에 동일화되기)의 기회이기에 앞서서 연극은 근본적으로 문화적·이데올로기적 인지의 계기이다.[10] 이 자기 인지는 원리적으로 (심리적 동일

10 이런 자기 인지reconnaissance de soi가 이데올로기의 운명을, 최종 심급에서, 좌우하는 요청들로부터 벗어날 수 있다고 믿어서는 안 된다. 사실 예술은 자기 인지인 것 못지않게 자기

화 과정들 자체를, 그것들이 심리적인 것인 한, 가능케 하는) 본질적 동일성
을 전제한다. 즉, 같은 장소, 같은 저녁에 모인 배우들과 관객들을 결
합하는 동일성이 그것이다. 그렇다. 우리는 우선 연극이라는 이 제도
에 의해 결합된다. 그러나 더 심층적으로 우리는 우리의 동의 없이
우리를 지배하는 동일한 신화들, 동일한 주제들에 의해, 자생적으로
체험되는 동일한 이데올로기에 의해 결합된다. 그렇다. 〈우리의 밀
라노〉에서 그렇듯이 특히 가난한 자들의 빵일지라도 우리는 같은 빵
을 먹고, 같은 분노들, 같은 반역들, 같은 망상들을 (적어도 이 임박한
가능성이 부단히 맴도는 기억 속에서) 갖고 있다. 어떠한 역사에 의해서도
움직이지 않는 시간 앞에서 겪는 동일한 낙담까지는 아니더라도 말

인지를 향한 의지이다. 따라서 애초에, 내가 검토를 한정하기 위해 (요컨대) 이미 획득된 것
으로 가정하는 통일성(즉, 문화적·이데올로기적 현상으로서의 표상[재현]을 가능하게 하
는, 공통된 신화들·주제들·열망들의 공유)은 고정된 통일성이면서 또한 원해지거나 거부
된 통일성이기도 하다. 달리 말해서, 연극의 세계에서 또는 더 일반적으로 미학적 세계에서
이데올로기는 본질적으로 인류의 정치적·사회적 투쟁의 소음과 진동이 암암리에 또는 난
폭하게 울려 퍼지는 분쟁과 전투의 장소이기를 결코 멈추지 않는다. 순수한 심리적 과정들
의 효과가 때로는 근본적으로 유보될 수 있다는 것을 알면서도, 전문가적 관객이건 아니건
간에 막이 오르기 전부터 아무것도 듣고자 하지 않는, 또는 막이 오른 후 공연되는 작품 속
에서 또는 작품에 대한 해석 속에서 자기를 인지하기를 거부하는 관객들이 있다는 것을 알
면서도, 관객의 행위를 설명하기 위해 (동일화와 같은) 순수한 심리적 과정들을 앞세우는
것은 기이한 일이라 하지 않을 수 없다. 멀리 가지 않아도 예는 얼마든지 있다. 베르톨라치
는 19세기 말 이탈리아 부르주아지에 의해 거부당했고 그들은 그를 실패자로, 빈자로 만들
지 않았던가? 그리고 여기 1962년 6월의 파리에서도 베르톨라치와 스트렐레르는 "파리"
공중 의식의 통솔자들에 의해 진정으로 이해되지 못한 채 규탄 받지 않았던가? 현재 이탈
리아의 많은 수의 민중이 베르톨라치를 수용하고 인정하고 있는데 말이다.

이다. 그렇다. 억척어멈처럼 우리는 비록 우리 내부에서는 아닐지라도 바로 문 앞에서, 바로 지척에서 동일한 전쟁을 겪고 있으며, 동일한 끔찍한 맹목성을, 눈 속에 동일한 재를, 입속에는 동일한 흙을 갖고 있다. 우리는 동일한 새벽과 동일한 밤을 갖고 있다. 우리는 우리의 비의식이라는 동일한 깊은 구렁을 스치고 있다. 우리는 동일한 역사를 함께 하고 있다. 바로 이런 식으로 모든 것이 시작된다. 바로 이런 이유로 이미 그 원리에서부터 우리 자신이 미리 극 자체이다. 그러니 우리가 그 결말을 아는 것은 중요하지 않은데, 결말은 오직 우리에게로, 즉 여전히 우리 세계로 귀착하기 때문이다. 그렇기 때문에 출발점에서부터 동일화라는 잘못된 문제는 그것이 제기되기도 전에 인지의 현실에 의해 해결되어 버린다. 따라서 유일한 질문은 다음과 같은 것이다. 이 암묵적 동일성의, 이 직접적 자기 인지의 운명은 무엇이 될 것인가? 저자는 이 암묵적 동일성, 직접적 자기 인지로 무엇을 했는가? 브레히트나 스트렐레르와 같은 연출자에 의해 지도되는 배우들은 그것으로 무엇을 할 것인가? 이 이데올로기적 자기 인지는 무엇이 될 것인가? 신화들로부터 결코 벗어나지 못한 채 신화들을 심화시키면서 자기의식의 변증법 속에서 소진될 것인가? 이 무한한 거울을 놀이의 중심에다 놓을 것인가? 그게 아니라면, 그 거울을 옮겨놓고, 구석으로 던지고, 붙들고 또 잃어버리고, 그 거울에서 떠나고, 되돌아와 멀리서부터 그 거울을 낯선 힘, 아주 팽팽히 당겨진 힘들에 노출시켜 마치 멀리서 거울을 깨뜨리는 물리적 진동에 의해 그렇게 된 것처럼 급작스럽게 한 더미 파편들로 깨어 버리게 되는 것이리라.

마지막으로, 문제 하나를 더 잘 제기하고자 할 뿐인 이 정의定義 시도로 돌아가 보면, 극 자체가 관객의 의식인 것으로 보인다. 그 본질적 이유는 관객의 의식은 그를 미리 연극에 결합시키는 내용, 그리고 연극 속에서의 이 내용의 생성 바로 그것이기 때문이다. 즉, 관객의 의식은 이 자기 인지, 연극이 그것의 형상이고 현시présence인 이 자기 인지로부터 연극이 **생산하는** 새로운 결과이다. 브레히트는 옳았다. 연극의 목적이 오직 이 불변의 자기 인지-오인reconnaissance-méconnaissance de soi의 해설에 있다면, 이 해설이 "변증법적"이라 하더라도, 관객은 미리 곡曲을 알고 있는 것이 된다. 그것은 그 자신의 곡이다. 반대로 연극의 목적이 이 범할 수 없는 형상에 타격을 가하는 것이고, 이 부동성을, 환상적 의식의 신화적 세계라는 이 변함없는 영역을 움직이게 하는 것이라면, 연극은 실로 생성이고 관객 속에서의 새로운 의식의 생산이다. 이 새로운 의식은 다른 모든 의식과 마찬가지로 미완성이지만, 바로 이 미완성에 의해, 이 획득된 거리에 의해, 작동 중인 비판의 이 무궁한 노동에 의해 움직여진다. 연극이란 실로 새로운 관객의 생산이다. 극이 끝나는 곳에서 시작하는 배우, 오직 극을 완성하기 위해서 시작하는 배우, 단 삶 속에서 그렇게 하는 배우로서의 관객 말이다.

돌이켜 보니 불현듯이, 저항할 수 없도록, 이런 질문이 엄습해 온다. 나름의 방식으로 미숙하고 맹목적인 이 몇 쪽의 글은 6월 어느 저녁에 상연된 무명의 그 연극, 내 안에서 자신의 미완의 의미를 추적하는, 배우들이 모두 떠나가고 무대장치가 모두 제거된 후 내

안에서, 내 의지와 무관하게, 자신의 무언의 담화의 **도래**를 찾으려 애쓰는 연극 〈우리의 밀라노〉 바로 그것이 아닐까?

1962년 8월

V

칼 마르크스의
『1844년 수고』
(정치경제학과 철학)

『1844년 수고』¹의 출판²은 내가 『라 팡세』 독자들의 주의를 환기하고 싶은 진정한 **사건**이다.

우선 이 출판은 **문학적**이고 **비평적**인 사건이다. 여태까지 프랑스 독자들은 『1844년 수고』를 코스트 출판사의 번역본으로만 접해 왔다(『철학 저작들』*Œuvres Philosophiques*, 자크 몰리토르 옮김, tome IV, Costes, 1937). 그러나 어쩔 수 없이 이 번역본을 읽을 수밖에 없었던 이들은 부분적이고, 중요한 논변들이 잘려 나가고, 오류와 부정확성 투성이인 이 텍스트가 진지한 작업의 도구가 될 수 없다는 것을 경험을 통해 알고 있다. 우리는 이제 보티젤리 덕분에 **최신** 판본을 가지게 되었다(이것이 최신의 판본인 것은, 보티젤리가 모스크바의 마르크스-엥겔스 연구소가 그에게 전해 준 독해와 정정에 관련된 최신 자료들을 이용했기 때문이다). 그의 큰 공로를 인정해야 할 것이다. 이 판본은 가장 합리

---

1 [옮긴이] Karl Marx, *Ökonomisch-philosophische Manuskripte aus dem Jahre 1844*, *MEW*, Band. 40, S. 465-588(『경제학-철학 수고』, 강유원 옮김, 이론과 실천, 2006).

2 에밀 보티젤리Émile Bottigelli가 번역하고 머리말과 옮긴이 주를 단, Karl Marx, *Manuscrits de 1844(Économie politique et philosophie)*, *Œuvres complètes de Karl Marx*, Éditions Sociales, 1962.

적인 순서([구] MEGA의 순서)에 따라 편집되었고, 엄밀성과 면밀함과 비판적 주석을 갖추고 있다는 점에서, 그리고 이 점이 아주 중요한데, **이론적 확실성**을 갖추고 있다는 점에서 탁월한 번역이다(좋은 번역은 번역자가 **번역자 이상**이어야 한다는, 즉 저자의 사고에 대해서뿐 아니라 저자가 양육된 개념적·역사적 우주에 대해 정통하고 깊이 이해하는 인물이어야 한다는 특별한 조건하에서만 가능하다는 점을 지적해야 하겠다. 이 조건은 오늘에야 충족되었다).

다음으로, 이 출판은 **이론적** 사건이다. 우리는 지난 30년간 마르크스에 대한 논쟁과 공격과 방어에서 최선봉의 역할을 수행해 온 텍스트를 마주하게 된 것이다. 보티젤리는 이 큰 논쟁에서 역할들이 어떻게 나뉘어졌는가를 매우 잘 설명하고 있다. 이 위대한 텍스트를 성공시킨 것은 사회민주주의자들이고(먼저 최초의 편집자인 란츠후트와 마이어[3]), 이어 유심론 철학자들, 실존주의 철학자들, 현상학 철학자들 등이 뒤를 이었다. 그러나 그 성공은, 짐작할 수 있듯이, 마르크스에 대한 지식으로부터도 마르크스의 **형성**에 대한 단순한 이해로부터도 아주 동떨어진 정신 속에서 이루어졌다. 『경제학-철학 수고』[이하『수고』]는 마르크스에 대한 윤리학적 해석, (결국 동일한 것이 되지만) 인간학적 해석, 심지어 종교적 해석 전체에 자양분을 공급했다. [이

---

3 [옮긴이] 『1844년 수고』는 1920년대 말 랴자노프Dawid B. Rjasanow와 란츠후트에 의해 발견되어 *Marx-Engels-Gesamtausgabe*, 3 Bände, Moskau/Berlin, 1932의 Abteilung 1, S. 29-172에 실렸고, 같은 해에 Siegfried Landshut und J. P. Mayer, *hrsg.*, Karl Marx, *Der historische Materialismus. Die Frühschriften*, Alfred Kröner Verlag, Leipzig 1932, S. 283-375에 실렸다.

해석에서] 『자본』은, 『수고』에서, 그리고 특히 **소외, 인간주의, 인간의 사회적 본질 등**과 같은 『수고』의 개념들에서 그 주요한 철학적 표현들이 발견되는 청년기의 직관의 발전, 그것도 외관상의 "객관성"을 띤 퇴행적 발전에 불과한 것으로 나타난다. 알려져 있듯이 마르크스주의자들은 뒤늦게야 반응할 생각을 했으며, 그들의 반응은 종종 그들의 두려움과 조급함에 상응하는 것이었다. 그들은 마르크스를 일괄해 방어하려는 경향과, 1844년 텍스트의 **이론적** 위세를 과대평가하면서 스스로 그들의 적수들의 테제를 수용하려는 경향, 단 **『자본』에 유리하도록** 수용하려는 경향을 지니고 있었다. 이 점에 대해 보티젤리는 주목할 만한 정식들을 제시한다(pp. IX, XXXIX). 이 정식들은 진지한 해설자라면 누구도 피해 갈 수 없을 요청을 도입한다. 새롭고 엄밀한 탐구 **방법**, 예견적이거나 회고적인 단순한 동화同化 방법과는 **"다른 방법"**(p. X)을 정의해야 한다는 요청이 그것이다. 우리는 한 전투의 논거였고 한 재판의 구실이었으며 한 방어의 보루였던 이 『수고』를 이제부터는 확고한 방법으로 다룰 수 **있으며**, 다룰 수 **있어야 한다.** 이 『수고』를 마르크스의 **사고**의 형성의 한 **계기**로, 지적 생성의 모든 계기들이 그렇듯이 당연히 미래를 약속하는, 그러나 또한 **독특하고** 환원 불가능한 **현재**를 파악하는 한 계기로 취급해야 한다. 보티젤리가 이 완벽한 번역을 통해 이중의 이론적 수준에서 마르크스주의자들의 관심을 끄는 하나의 **특권적 대상**을 우리에게 제공했다 말해도 이는 결코 과장이 아닐 것이다. 왜냐하면 이 대상은 마르크스의 사고의 **형성**에, 더 정확히 말해서 **전화**에 관계되기 때문이고, 또한 이데올로기들에 대한 마르크스주의적 이론으로 하여금 자신의 방법을 실행하고 시험할 훌륭한 기회를 제공하기 때문이다.

끝으로 이 번역본에는 우리를 본질적인 문제들로 이끌 뿐 아니라 이 문제들을 제기하고 명확히 하는 중요한 역사적 이론적 서문이 실려 있음을 추기하고자 한다.

마르크스의 이전 텍스트들과 비교해 『1844년 수고』의 **특유한** 면모는 과연 무엇인가? 그것은 **근원적으로** 새로운 무엇인가를 가지고 있는가? 대답은 『1844년 수고』가 **마르크스와 정치경제학의 만남**의 산물이라는 **사실**에 있다. 물론 마르크스 자신이 말했듯이 그가 **경제적** 차원의 문제들에 대해 자신의 의견을 제시할 "필요성"에 직면한 것은 이때가 처음이 아니었다(이미 1842년에 산림절도의 문제가 농업에서의 봉건적 소유의 모든 조건을 문제 삼게 했고,[4] 마찬가지로 같은 1842년에 쓴 검열과 언론 자유에 관한 그의 논설[5]은 "산업"의 현실에 맞부딪치는 것이었다). 그러나 그는 경제학을 **몇몇** 경제적 문제들의 수준에서만, 그리고 **정치적** 논쟁들의 각도에서만 만나고 있었다. 요컨대 그는 정치경제학과 만난 것이 아니라, 경제**정책**의 몇몇 결과들 또는 사회적 갈등들의 몇몇 경제적 조건들과 만났을 뿐이다(『헤겔 국법론 비판』, 1843). 그러나 1844년에 마르크스가 만난 것은 정치경제학 **자체**였다. 엥겔스가

---

4 [옮긴이] Karl Marx, "Debatten über das Holzdiebstahlsgesetz", *MEW*, Band. 1, S. 109-147.

5 [옮긴이] 칼 마르크스, 「최근의 프로이센 검열훈령에 대한 논평」(1842), 『마르크스의 초기 저작 : 비판과 언론』, 전태국 외 옮김, 열음사, 1966(*MEW*, Band. 1, S. 3-27).

영국에 대한 "천재적 소묘"에서[6] 마르크스에게 그 길을 열어 주었다. 그러나 정치 내부에서 해결 불가능한 갈등들의 이유를 정치를 넘어서서 찾아내야 할 필요성이 엥겔스뿐만 아니라 마르크스를 이 만남으로 이끌었다. 『수고』는 이 **만남**, 이 **첫 번째** 만남의 바깥에서는 이해되기 어렵다. 이 점에서 결정적으로 중요한 파리 체류 시절(1844년 2~5월)에 마르크스는 고전경제학자들(세Jean Baptiste Say, 스카르벡Fryderyk Skarbek,[7] 스미스)에 대한 연구에 몰두했고, 마치 **한 사실에 대한 기록**을 남기려는 듯이 많은 양의 발췌 노트들을 작성했다. 이 노트들의 흔적은 『수고』의 본문에서 발견된다(제1노트는 아주 긴 인용문들을 담고 있다). 그러나 이 사실에 대한 기록을 작성하던 바로 그 시간에 마르크스는, 적어도 그가 읽은 경제학자들의 경우에는, **이 사실은 어떤 것에도 근거하고 있지 않다**는 것, 이 사실은 허공중에 있고, 자기 자신의 **원리**를 결여하고 있다는 것을 확인한다. 정치경제학과의 만남은 따라서, 하나의 동일한 운동 속에서, 정치경제학에 대한 **비판적 반응**이자 정치경제학의 **근거**에 대한 **엄밀한** 탐구였다.

정치경제학은 **근거를 결여하고 있다**는 마르크스의 확신은 어디에서 온 것인가? 그것은 정치경제학이 수용하고 전화시키지는 않는다 하더라도 확인하고 등재하는 **모순들**로부터 온다. 그것은 무엇보

---

6 [옮긴이] 프리드리히 엥겔스, 「국민경제학 비판 개요」, 같은 글.

7 [옮긴이] 폴란드의 경제학자, 역사가, 소설가, 정치가(1792-1866). 마르크스는 1843-44년에 스미스, 세 등의 저작과 함께 스카르벡의 경제학 저작 『사회적 부에 대한 이론』(1829)을 읽었다.

다도 노동자들의 점증하는 **궁핍화**를 이 특이한 **부**, 정치경제학이 근대 세계에서 그것이 도래하는 것을 찬양하는 이 부에 대립시키는 주요한 모순으로부터 온다. 거기에 십자가가 있고, 거기에 노동자들의 궁핍에 기초한 소유자들의 부처럼 빈곤한 논거 위에 세워진 이 낙관주의적 과학의 실패가 있다. 거기에 또한, 경제학이 결여하고 있는 원리, 경제학의 빛이자 판결일 그 원리를 경제학에 제공하면서 마르크스가 제거하고자 한 추문이 있다.

바로 여기서 『수고』의 다른 측면, 즉 **철학**이 드러난다. 아직 마르크스와 정치경제학의 만남은 보티젤리가 아주 잘 지적하듯이(p. XXXIX, LIV, LXVII) **철학**과 정치경제학의 만남이기 때문이다. 물론 그것은 그저 어느 **철학**이 아니다. 그것은 마르크스가 자신의 모든 실천적-이론적 경험들을 통해 구축하고(이 경험들과 관련해 보티젤리는 헤겔보다 칸트와 피히테에 가까운 최초의 텍스트들의 관념론을, 즉 포이어바흐의 인간학이라는 그 핵심적 계기들을 되새겨 이야기하고 있다) 정치경제학과의 이 만남 자체를 통해 수정하고 정정하고 확충한 철학이다. 어쨌든 그것은 **아직 하나의 철학**, 포이어바흐의 문제설정의 영향을 깊이 받았고(p. XXXIX) 망설임 속에서 뒤로, 즉 포이어바흐로부터 헤겔로 돌아가라는 유혹에 끌린 철학이다. 그것은 정치경제학의 모순을 **사고함으로써**, 그리고 그 모순을 통해 정치경제학 전체와 정치경제학의 범주들 전체를 **소외된 노동**이라는 핵심 개념에서 출발해 사고함으로써 그 모순을 해소하는 철학이다. 여기서 우리는 진정으로 문제의 핵심에 들어와 있으며, 관념론의 유혹과 동시에 성급한 유물론의 유혹에 근접해 있다. 왜냐하면 **언뜻 보기에** 우리는 익숙한 세계에, 말하자면 거기서 사적 소유, 자본, 화폐, 분업, 노동자의 소외, 노동자의 해방^{émancipation}을, 노동자의 약속된 미래인 인간주의를 식별해 낼 수 있는 개념적 풍경 속에 와 있기 때문이다. 『자본』에서 우리가 다시 발견하게 될 범주들이 모두 또는 **거의 모두** 여기에 있다. 그것들은 그 자체로 우리가 『자본』에 대한 예상들로, 더 적절히 말하면 계획 중의 『자본』으로, 다시 적절히 말하자면 점묘點描된 『자본』, 즉 이미 도안되었지만 아직 초벌 그림일 뿐이며 완성된 작품의 천재성을 지녔지만 다 채워지지는 않은 『자본』으로 받아들일 수 있을 범주들이다. 화가들은 단 한 번의 손길에 완성되며 돌연히 만들어지기 때문에 그리는 데 들어간 수고에 비해 아주 훌륭한 연필화를 그리곤 한다. 이렇게 분출하는 어떤 것이 『수고』의 마력 속에, 『수고』의 매혹적인 **논리**와(보티첼리는 정당하게도 『수고』의 "엄밀한 추론"과 "준엄한 논리"에 대해 말하고 있다. p. XXXIII, LXII, LIV) 『수고』의 변증법에 대한 확신 속에 있다. 그러나 『수고』에는 또한 확신이 있다. 즉 이런 논리와 이런 엄밀성이 우리가 『수고』에서 인지하는 개념들에 부여하는 **의미**가 있고, 따라서 이런 논리와 이런 엄밀성의 **의미** 자체가 있다. 이것은 **아직 철학적인 의미**인데, 여기서 나는 **철학적**이라는 단어를 후에 마르크스가 이 단어에 부여하는 것과 **동일한 의미**, 즉 **단호한 유죄판결**의 대상이라는 의미로 사용한다. 왜냐하면 모든 엄밀성과 모든 변증법은 그것들이 봉사하고 빛내는 **의미**만큼만 가치를 갖기 때문이다. 언젠가 이 텍스트의 세부로 들어가서 이 텍스트를 단어 하나하나까지 상세히 설명해야 할 것이다. **소외된 노동**이라는 관건적 개념에 부여된 이론적 지위와 이론적 역할에 대해 질문해야 할 것이다. 이 범개념의 개념적 장場에 대해 검토해야 할 것이다. 그리고 이 개념은 마르크스가 이 개념에 부여한 **기원적 근거**의 역할을 수행하고 있지만 이 개념은, 우리에게 친근한 **경제학적 개념들의** 필연성과 내용을 **인간의 본질**로부터 끌어내는 **인간관** 전체로부터 **이 역할을** 위임 업무 및 임무로서 **받아들인다**는 조건하에서만, 이 역할을 수행할 수 있다는 것을 인지해야 할 것이다. 요컨대 우리는 임박한 미래의 의미를 기다리는 이런 용어들 속에서 다음과 같은 의미, 즉 이 용어들에 자신의 마지막 위세들과 마지막 권력들을 행사하는 철학에 이 용어들을 아직도 붙들어 매어 놓는 의미를, 발견해야 할 것이다. 그리고 나는, 이 논증을 예견할 자유를 남용하고 싶지는 않지만, **이 관계 속에서,** 즉 오래지 않아 철학으로부터 **근원적으로**_radicalement_ **독립적이게** 될 하나의 내용에 대한 철학의 **근원적 지배**의 관계 속에서, **마르크스로부터 가장 먼** 마르크스는 바로 이 마르크스, 가장 가까운 마르크스, 전날 밤의 마르크스, 문턱의 마르크스라고 말하고 싶을 지경이다. 마치 단절에 앞서, 이 단절을 완수하기 위해, 마르크스가 철학에 마지막 모든 기회를, 철학의 반대물에 대한 절대적 지배권을, 한도가 없는 이론적 승리를, 즉 **철학의 패배**를 제공했어야 했다는 듯이 말이다.

보티젤리의 서문은 우리를 이 문제들의 핵심으로 데려간다. 가장 주목할 만한 쪽들 중에는 그가 소외된 노동의 이론적 지위에 대해 질

문하는, 『수고』의 경제학적 개념들과 『자본』의 경제학적 개념들을
비교하는, 마르크스가 **만난** 정치경제학의 이론적 **본성**(1844년의 마르
크스가 생각한 이론적 본성)에 대한 근본적 질문을 제기하는 몇몇 쪽들
이 있다. "부르주아 정치경제학은 마르크스에게 **일종의 현상학으로
서 나타났다**"(p. XLI)는 단순한 한 구절이 나에게는 결정적인 것으로
보인다. 마르크스가 정치경제학을, 그가 나중에 그러는 것처럼 그것
의 개념들의 내용과 그것의 체계에 대해 질문하지 않고, **그것이 자신
을 드러내는 그대로** 받아들였다는 사실이 나에게 극히 중요해 보이
는 것처럼 말이다. **경제학**의 이 "추상화"는 또 다른 "추상화", 즉 경
제학에 **근거를 부여하는** 데 사용되는 **철학**의 추상화를 정당화한다.
또한 『수고』 속에서 작동하는 **철학**에 대한 인지는 우리를 필연적으
로 **우리의 출발점**으로, 즉 정치경제학과의 **만남**으로, 우리로 하여금
다음과 같은 질문을 제기하도록 만드는 만남으로 돌려보낸다. 마르
크스가 **이** 경제학Économie이라는 형상으로 **만난 현실**은 어떠한 현실
인가? 그것은 경제학économie 자체인가? 아니면, 이렇게 보는 것이 더
옳을 것인데, 경제학적 이론들과 분리 불가능한 **경제학적 이데올로
기**인가? 다시 말해서, 앞서 인용한 강한 표현을 쓰자면, 하나의 "**현
상학**"인가?

　글을 끝맺기 전에 하나만 더 지적하고자 한다. 이 해석이 몇몇 사
람들을 당황하게 할 수 있다면, 이것은 그들이 형성기의 마르크스의
이론적 입장들과 정치적 입장들이라 부를 수 있는 것을 별 의심 없이
혼동하기 때문이다(이것은 실로 우리 동시대인들이 피하기 어려운 혼동인데,

왜냐하면 역사적 과거 전체가 우리 동시대인들에게 그 역할들을 구별하는 것을 면제해 주었기 때문이다). 보티젤리는 이 어려움을 매우 잘 파악했고, 이 어려움에 정면으로 맞서 다음과 같이 쓴다. 예컨대, "「헤겔 법철학 비판 서설」(1843)은 마르크스가 프롤레타리아 대의에, 즉 공산주의에 가담했다는 표지이다. **그러나 이것이 역사적 유물론이 이미 정교제작되었음을 의미하지는 않는다.**" 따라서 마르크스의 청년기 텍스트들에 대한 **정치적** 독해와 **이론적** 독해가 있다. 예컨대 『유대인 문제에 관하여』와 같은 텍스트는 공산주의를 위한 투쟁에 **정치적으로 가담하고 있는** 텍스트이다. 그러나 그것은 극도로 "이데올로기적인" 텍스트이다. 그것은 **역사적 유물론을 규정해 줄**, 그리고 젊은 마르크스가 가담한 1843년의 현실적 공산주의 운동을 그 토대에까지 해명해 줄 수 있을 **이후의 텍스트들과 이론적으로 동일시될** 수 없는 텍스트이다. 1843년의 공산주의는 마르크스의 이후의 텍스트들보다 먼저, 그것들과 관계없이 태어났다. 더구나 우리 자신의 경험도, "마르크스주의자"가 아니면서 "공산주의자"일 수 있음을 상기해 준다. 이 구별은 마르크스의 **이론적** 입장 취하기를 그의 **정치적** 입장 취하기와 혼동하고 그리하여 전자를 후자에 의해 정당화하려는 **정치적 유혹**에 빠지지 않기 위해 필요하다. 그러나 명확히 이해하도록 돕는 이 구별은 보티젤리가 정식화한 다음과 같은 요청의 장으로 우리를 돌려보낸다. 마르크스의 **형성**을 설명하기 위해, 따라서 그의 **계기들, 그의 단계들**, 그의 "**현재들**"을, 요컨대 그의 **전화**轉化를 설명하기 위해, 그리고 『수고』가 그 가장 비상한 에피소드인 이 **역설적 변**

증법을 설명하기 위해, "다른 방법"을 구상해야 한다는 요청 말이다. 마르크스는 『수고』를 결코 출판하지 않았다. 그러나 바로 그 때문에 『수고』는, 의문의 여지없이, 우리에게 그의 승리한 그리고 패배한 사고를 발가벗은 모습 그대로 드러내 주며, **근원적인** 마지막 수정, 다시 말해 **최초의** 수정을 통해 마침내 마르크스 자신이 되는 문턱에 있는 마르크스의 모습을 있는 그대로 드러내 준다.

1962년 12월

VI

유물론적 변증법에
대하여
(기원들의 불균등성에 관하여)

이론을 신비주의로 이끌고 가는 모든 신비들은 인간의 실천에서,
그리고 이 실천에 대한 파악에서 그 합리적 해결을 찾는다.

칼 마르크스, 「포이어바흐에 대한 테제들」 중 8번 테제

나에게 가해진 비판들의 특징을 요약해 말하자면, 이 비판들은 내 연구들이 흥미롭다는 것을 인정하면서도 그것들이 이론적·정치적으로 위험하다고 고발한다.

미묘한 차이를 지니고 있는 이 비판들은 두 가지 핵심적 불만을 표명한다.

첫째로, 마르크스를 헤겔로부터 가르는 **불연속성**에 대해 "강조했다"는 것이다. 그 결과 헤겔 변증법과 변증법 자체의 "합리적 핵심"에서 무엇이 남으며, 따라서 『자본』에서, 그리고 우리 시대의 근본 법칙에서 무엇이 남느냐는 것이다.[1]

둘째로, "과잉결정된 모순" 개념을 제시하면서 마르크스주의의 "일원론적" 역사관을 "다원론적" 역사관으로 대체했다는 것이다. 그 결과 역사의 필연성과 통일성, 경제의 결정적 역할에서, 따라서 우리 시대의 근본 법칙에서 무엇이 남느냐는 것이다.[2]

1 로제 가로디는 "마르크스의 헤겔적 유산을 과소평가해 배船 밖으로 던져 버릴 위험을 인식해야 한다. 청년기 저작들과 엥겔스, 레닌만이 아니라 『자본』 자체도 문제가 된다"라고 말한다. Roger Garaudy, "Apropos des manuscrits de 44", *Cahiers du communisme*, mars 1963, p. 118.
2 뮈리는 다음과 같이 말한다. "그[알튀세르]가 마르크스와 엥겔스 이래 알려져 있는 진리

이런 불평들 속에서는 나의 시론들essais에서 그러한 것과 마찬가지로 두 문제problèmes가 쟁점이 되고 있다. 첫 번째 문제는 헤겔의 변증법에 관계된다. 이것은 마르크스가 헤겔의 변증법에서 식별하는 "합리성"이란 어떠한 것인가 하는 문제이다. 두 번째 문제는 마르크스주의 변증법에 관한 것이다. 이것은 헤겔 변증법과 엄밀히 구별되는 마르크스주의 변증법의 **특수성**spécificité은 과연 어떠한 것인가 하는 문제이다. 이 두 문제는 한 문제의 두 측면에 불과한데, 왜냐하면 이 두 측면에서 문제가 되는 것은 오직 마르크스의 사고를 더 엄밀하고 더 명료하게 이해하는 것이기 때문이다.

　　"합리성"과 헤겔 변증법에 대해서는 곧 논할 것이다. 우선 (문제

를 말하기 위해, 소란스럽게, 새로운 개념을 도입했다고 가정하는 것은 합당해 보이지 않는다. 그에게는 하부구조로부터 오는 결정들과 상부구조로부터 오는 결정들 사이에 건널 수 없는 도랑이 존재한다는 것을 강조하는 것이 긴급한 일로 보였다는 것이 훨씬 있음직한 일이다. 아마도 이 때문에 그는 헤겔이 주장한 시민사회와 국가 사이의 모순의 양극을 전복해 마르크스처럼 시민사회를 지배적인 극으로 삼고 국가를 이 본질의 현상으로 삼는 것을 거부한다. 그런데 그는, 연속성의 이런 해소를 역사의 변증법에 자의적으로 도입함으로써, 어떻게 자본주의 자체의 내적 원리가 자신의 특유한 모순 속에서 자기 자신의 발전을 통해 제국주의라는 최고의 단계를, 발전의 불균등성을, 그리고 가장 약한 고리의 필연성을 탄생시키는지를 파악할 수 없다." G. Mury, "Matérialisme et Hyper-empirisme", *La Pensée*, avril 1963, p. 49. 가로디는 다음과 같이 말한다. "매개들이 아무리 복잡하더라도 인간적 실천은 하나이다. 역사의 동력을 구성하는 것은 이 인간적 실천의 변증법이다. '과잉결정들'의 (현실적) 다수성으로 이를 흐리게 하는 것은 무엇보다도 이 주요 모순에 대한 연구인 마르크스의 『자본』의 핵심을, 부르주아사회의 발전의 근본 법칙에 대한 연구를 불명료하게 하는 것이다. 그렇게 된다면, 우리 시대의 발전의 근본 법칙인 사회주의로의 이행 법칙의 객관적 존재를 파악하는 것이 어떻게 가능하겠는가?……"(p. 119).

의 첫 번째 측면을 이끄는) 문제의 두 번째 측면, 즉 마르크스주의 변증법의 **특수성**에 대해 조금 더 상세히 검토하고자 한다.

독자들은 내가 사용하는 **개념들**에 **엄밀한** 의미를 부여하기 위해 내가 최선을 다해 노력하고 있다는 점, 이 개념들을 이해하기 위해서는 이 엄밀성에 주의를 기울여야 하며, 이 엄밀성이 상상적인 것이 아닌 한 이 엄밀성을 받아들여야 한다는 점을 고려해 주기 바란다. 독자들에게, 이론의 대상이 요구하는 엄밀성 없이는 **이론**의 문제question는, 즉 엄밀한 의미의 이론적 실천의 문제는 존재할 수 없다는 점을 환기하고 싶다.

1. 실천적 해법과 이론적 문제. 왜 이론인가?

나의 최근 연구가 제기한 문제problème, 즉 마르크스에 의한 헤겔의 변증법의 "전도"轉倒를 구성하는 것은 무엇이며, 마르크스주의 변증법을 헤겔 변증법과 구별하는 특유한 차이는 어떠한 것인가 하는 문제는 이론적 문제이다.

이것이 **이론적** 문제라고 말하는 것은, 그 문제의 이론적 해법이 우리에게 마르크스주의 이론의 다른 지식들connaissances과 유기적으로 연결된 새로운 지식을 제공해야 한다는 것을 함축한다. 이것이 이론적 **문제**라고 말하는 것은, 여기서 문제 되는 것이 하나의 단순한 상상적 어려움이 아니라 **문제**의 형태로, 즉 명령적impératives 조건들에 의해 지배되는 형태로 제기된 현실적으로 존재하는 어려움이라는 것을 함축한다. 여기서 명령적 조건들이란 그 속에서 문제가 제기되는 (이론적) 지식들의 장場의 정의, 문제가 제기되는(설치되는) 정확한 **장소**의 정의, 문제를 제기하기 위해 필요한 개념들에 대한 정의와 같은 조건들을 뜻한다.

문제의 제기, 검토, 그리고 해결만이, 즉 우리가 앞으로 개입할 **이론적 실천**만이 그런 조건들이 존중된다는 **증거**를 제공할 수 있을 것이다.

그런데 바로 이 경우에, 문제와 이론적 해법의 형태로 진술되어야 하는 것이 **이미 마르크스주의의 실천 속에 존재한다.** 마르크스주의적 실천은 이 "어려움"에 직면했고 이 어려움이 상상적인 것이 아니라 현실적인 것임을 입증했을 뿐 아니라, 나아가 이 어려움을 자기 자신의 한계들 내에서 "청산"하고 사실상 극복했다. 우리의 이론적 문제의 해법은 이미, 오래전부터, 마르크스주의적 실천 속에 **실천적 상태**로 존재했다. 우리의 문제를 제기하고 해결하는 것은 따라서 마르크스주의적 실천이 자신의 발전 과정에서 만나 그 존재를 알렸고 그것이 존재한다는 것을 스스로 고백함으로써 청산한[3] 하나의 현실적 어려움에 부여한 **실천적 상태로 존재하는 "해법"**을 최종적으로 이론적으로 진술한다는 것을 말한다.

따라서 우리의 관심은 이론과 실천 사이의 "간격"을 정확한 지점에서 메꾸는 것일 뿐이다. 상상적인 또는 주관적인 문제를 마르크스주의에 투여하고 "과잉경험론"의 문제들이나 심지어 철학자가 한 개념에 대한 **개인적** 관계들 속에서 겪는 어려움이라고 마르크스가 부른 것을 "해소"하도록 마르크스주의에 요구하자는 것이 결코 아니다. 그렇다. 제기된 문제는[4] 마르크스주의적 실천에 의해 알려진

---

3 "청산한"réglée, 이것은 『정치경제학 비판을 위하여』(1859)의 「서문」에서 사용된 용어이다. 이 「서문」에서 마르크스는 과거를 회고하고 1845년 봄 브뤼셀에서 엥겔스와 만난 일과 『독일 이데올로기』를 저술한 것을 회상하면서, "우리의 과거의 철학적 의식"의 "청산"règlement de comptes/Abrechnung에 대해 말한다[『정치경제학 비판을 위하여』, 김호균 옮김, 중원문화, 1988, 8쪽]. 『자본』 제2판의 후기는 이 청산을 공개적으로 기록하고 있는데, 여기서 이 청산은 헤겔에게 진 빚, 즉 헤겔 변증법의 "합리적 측면"에 대한 후한 인정을 함유하고 있다.

4 물론 이 문제는 이 자리에서 처음으로 제기되는 것이 아니다! 소련에서, 그리고 내가 알기로 루마니아, 헝가리, 동독에서, 그리고 이 문제가 과학적으로 대단히 흥미로운 역사적·

어려움의 형태로 존재한다(존재했다). 따라서 그것을 이론적으로 진술하기만 하면 된다. 그렇지만 실천적 상태로 존재하는 해법에 대한 이 단순한 이론적 **진술**은 자명한 것이 아니다. 이 진술은 현실적인 이론적 노동, 즉 이 실천적 해소의 특유한 **개념** 또는 **지식**을 가공해 낼 뿐만 아니라 존재할 수 있는 혼동들, 환상들, 이데올로기적 근사치들을 (그것들의 뿌리에까지 이르는) 근원적radicale 비판을 통해 실질적으로 파기하는 현실적인 이론적 노동을 요구한다. 이 **단순한** 이론적 "진술"은 따라서, 단일한 운동 속에서, 지식의 **생산**과 동시에 환상에 대한 **비판**을 내포한다.

그리고 만약 누군가가 숙고해 왜 그토록 오래전부터 "잘 알려진" "진리"를 진술하기 위해 그토록 정성을 들이는가 묻는다면[5] 우리는, 다시 단어들을 엄밀한 의미로 사용하면서, 이 진리의 실존은 오래전부터 **알려지고 인지되었지만 인식되지는 않았다**고 대답할 것이다. 왜냐하면 하나의 실존에 대한 (실천적) **인지**는, 혼동된 사고의 근사치 속에서가 아니라면, 결코 **지식**으로(즉, **이론**으로) 인정될 수 없기 때문이다. 그래도 사람들은 다음과 같이 질문할 것이다. 그 해

이론적 연구들을 고취한 이탈리아에서(델라 볼페, 마리오 로시Mario Rossi, 니콜라오 메르케르Nicolao Merker 등등), 이 문제는 현재 마르크스주의적 연구자들의 중요한 작업들의 대상이 되고 있다.

5 뮈리는 "그[루이 알튀세르]가 마르크스와 엥겔스 이래 알려져 있는 진리를 말하기 위해 …… 새로운 개념을 도입했다고 가정하는 것은 합당해 보이지 않는다"라고 선언한다. G. Mury, 같은 글.

법이 실천적 상태로 이미 오래전부터 존재하는데, **이론 속에서** 이 문제를 제기하는 것이 무슨 소용이 있는가? 무엇 때문에 여태까지 실천이 필요로 하지 않았던 이론적 진술을 이 실천적 해법에 부여해야 하는가? 그런 "사변적" 탐구를 통해서 여태까지 가지고 있지 않은 그 무엇을 얻어 낼 수 있는가?

이 질문에 우리는 "[혁명적] 이론 없이는 혁명적 실천도 없다"라는 레닌의 한 마디 말로 답하고자 한다. 일반화하면 이렇다. 이론은 실천에 본질적이다. 탄생하도록, 또는 성장하도록 이론이 도울 수 있는 실천들에 본질적이며, 또한 이론의 대상인 실천에 본질적이다. 그러나 이 말의 자명성만으로는 충분하지 않다. 우리는 그 **타당성의 자격들**을 알아야 하고, 따라서 **실천**에 본질적이라는 **이론**이란 무엇을 뜻하는가 하는 질문을 제기해야 한다.

나는 이 주제로부터 우리 탐구에 필수 불가결한 것만을 발전시킬 것이다. 나는 예비적 근사치로서 다음과 같은 **정의들**을 제안한다.

우리에게 일반적으로 **실천**은 주어진 일정한 일차 재료를 일정한 **생산물**로 **전화시키는** 모든 과정을 뜻한다. 이때 전화란 일정한 ("생산"의) 수단들을 사용하는 일정한 인간 노동에 의해 실행되는 전화를 말한다. 이렇게 파악된 모든 실천에서 과정을 **결정하는** 계기(또는 요소)는 일차 재료도 아니고 생산물도 아니며 좁은 의미의 실천이다. 즉, 특유한 구조 속에서 인간들과 수단들과 수단들의 기술적 사용법을 작동시키는 **전화의 노동** 자체라는 계기이다. 실천에 대한 이런 일반적 정의는 그 안에 개별특수성particularité의 가능성을 함유한다. 즉, 비록 하나의 동일한 복잡한 총체에 유기적으로 속하지만 현실적으로 구별되는 상이한 실천들이 존재한다. "사회적 실천"은, 즉 일정한 사회 내에 존재하는 실천들의 복잡한 통일체는, 따라서 많은 수의 서로 구별되는 실천들을 포함한다. "사회적 실천"의 이 복잡한 통일체는 일정한 생산관계들의 틀 내에서 **일정한 생산수단들을 체계적으로 정돈된 방식으로** 사용해 노동하는 살아 있는 인간들의 활동을 통해 주어진 자연(일차 재료)을 유용한 **생산물**로 전화시키는 실천이 종국적으로 결정적인 실천이도록 구조화되어 있다. 그것이 어떻게 구조화되어 있는지는 뒤에서 볼 것이다. 생산 이외에도, 사회적 실천은 다음과 같은 또 다른 본질적 수준들을 함유한다. 정치적 실천. 정치적 실천은 마르크스주의 정당들 내에서 더 이상 자생적인 것이 아니며, 역사적 유물론이라는 과학적 이론의 토대 위에 조직되고, 자신의 일차 재료, 즉 사회적 관계들을 일정한 생산물(새로운 사회적 관계들)로 전화시킨다. **이데올로기적 실천**(이데올로기 역시, 종교적 이데올로기, 정치적 이데올로기, 도덕적·법적 이데올로기, 예술적 이데올로기를 막론하고, 자신의 대상, 즉 인간들의 "의식"을 전화시킨다). 마지막으로 **이론적 실천**. 실천으로서의 이데올로기가 존재한다는 것이 항상 진지하게 받아들여지지는 않는다. 그렇지만 이 존재에 대한 사전적事前的 인지는 모든 이데올로기 이론에 필수 불가결한 조건이다. **이론적 실천**이 존재한다는 것을 진지하게 받아들이는 사람은 더욱 드물다. 그러나 이론적 실천의 존재라는 이 전제 조건은 마르크스주의에게 이론 자체인 것을, 그리고 "사회적 실천"에 대한 이 이론의 관계를,

이해하는 데 필수 불가결하다.

이제 두 번째 정의. 우리에게 이론은, 이 점에서, 역시 일정한 인간 사회의 "사회적 실천"의 복잡한 통일체에 속하는 **실천의 특수한 한 형태**를 뜻한다. 이론적 실천은 실천의 일반적 정의 속에 들어간다. 이론적 실천은 "경험적" 실천, "기술적"技術的 실천, "이데올로기적" 실천 등의 다른 실천들로부터 자신에게 주어진 일차 재료(표상들, 개념들, 사실들)에 대해 노동한다. 가장 일반적인 형태의 이론적 실천은 **과학적인** 이론적 실천만을 포함하는 것이 아니라 전前과학적인, 즉 이데올로기적인 이론적 실천(과학의 전사前史를 구성하는 "지식"의 형태들과 이 지식 형태들의 "철학들")도 마찬가지로 포함한다. 한 과학의 이론적 실천은 자신의 전사에서의 이데올로기적인 이론적 실천과 항상 명백히 구별된다. 이 구별은 우리가 바슐라르와 함께 "인식론적 절단"coupure épistémologique이라는 용어로 지칭할 수 있는 "질적" 불연속의 형태를 취한다. 우리는 여기서 이 "절단"의 도래 속에서 작용하는 변증법에 대해, 즉 각 경우에 절단을 만들어 내는, 과학의 과거의 이데올로기로부터 과학을 떼어 놓고 이 과거를 이데올로기적인 것으로 밝혀내면서 과학을 창설하는, 특수한 이론적 전화의 노동에 대해 다룰 수는 없다. 우리의 분석에 관계되는 핵심 지점에 국한하기 위해 우리는 구성된 과학의 내부에서 "절단"을 넘어선 위치에 자리 잡을 것이며, 용어들을 사용할 것이다. 즉, 우리는 **과학적** 성격의 모든 이론적 실천을 **이론**이라 부를 것이다. 우리는, 예컨대 만유인력 이론이나 파동역학 등과 또한 역사적 유물론 "이론"과 같은,

현실에 존재하는 과학의 일정한 **이론적 체계**(이 과학의 주어진 시점에서 다소간 모순적인 통일체 속에 있는 근본적 개념들)를 (따옴표를 쳐서) "이론"이라 부를 것이다. 자신의 "이론" 속에서 모든 특정한 과학은 자신의 개념들의 복잡한 통일체(게다가 항상 다소간 문제를 야기하는 통일체) 속에 자신의 결과들, 자신의 이론적 실천의 조건들 및 수단들이 되는 결과들을 반영한다. 우리는 일반 이론, 즉 실천 일반의 이론을 [대문자로 시작하는] 이론Théorie[6]이라 부를 것이다. 이 실천 일반의 이론 자체는 기존의 "경험적" 실천들(인간들의 구체적 활동)의 이데올로기적 생산물을 "지식들"(과학적 진리들)로 전화시키는 기존의 이론적 실천들(과학들)에 대한 이론의 기초 위에서 정교제작된다. 이 이론은 변증법적 유물론과 동일한 것인 유물론적 **변증법**이다. 이 정의들은, 이미 실천적 상태로 존재하는 해법을 이론적으로 진술하는 것이 무슨 소용이 있느냐 하는 질문에 이론적으로 근거를 갖춘 대답을 제공하기 위해 필수적이다.

"이론 없이는 혁명적 행동도 없다"라고 레닌이 말했을 때 이론은 사회구성체들의 발전에 대한 마르크스주의적 과학(역사적 유물론)의 "이론"을 말하는 것이다. 이 발언은 레닌이 1902년 러시아 사회민주노동당의 조직 방법들과 목표들을 검토한 『무엇을 할 것인가?』에 실려 있다.[7] 당시 레닌은 대중들의 "자생성"을 추수하던 기회주

---

6 [옮긴이] 이하 대문자로 시작하는 Théorie는 théorie와 구별하기 위해 고딕체를 써서 "이론"으로 표기한다.

의적 정치에 대항해 투쟁하고 있었다. 그는 기회주의적 정치를 "이론"에 기초한, 즉 해당 사회구성체(당시의 러시아 사회)의 발전에 대한 (마르크스주의적) 과학에 기초한 혁명적 실천으로 전화시키고자 했다. 그러나 이 테제를 진술하면서 레닌은 자기가 말한 것보다 더 많은 것을 행했다. 마르크스주의적 정치적 실천에 이 실천의 근거를 부여하는 "이론"의 필요성을 소환하면서, 그는 사실상 이론, 즉 실천 일반의 이론으로서의 유물론적 변증법에 관련된 하나의 테제를 진술한 것이다.

이론은 다음과 같은 이중의 의미에서 실천에 중요하다. "이론"은 자기 자신의 실천에 직접적으로 중요하다. 그러나 "이론" 자신의 실천에 대한 "이론"의 **관계** 역시, 이 관계가 문제 되는 한에서, 이 관계가 고찰되고 진술된다는 조건하에서, 일반적 이론 자체(변증법)에 관련된다. 이 일반 이론 속에 이론적 실천 일반의 본질이, 그리고 이론적 실천 일반의 본질을 통해 실천 일반의 본질이, 그리고 실천 일반의 본질을 통해 사물들 일반의 전화 및 "생성"devenir의 본질이 이론적으로 표현된다.

실천적 해법의 이론적 진술이라는 우리의 문제로 다시 돌아오면, 우리는 이 문제가 바로 이론에, 즉 변증법에 관계됨을 깨닫게 된다. 변증법에 대한 정확한 이론적 진술은 우선 마르크스주의 변증법

---

7 [옮긴이] V. I. 레닌, "혁명적 이론이 없다면 혁명적 운동도 있을 수 없다", 『무엇을 할 것인가? : 우리 운동의 절박한 문제들』(1902), 최호정 옮김, 박종철출판사, 2014, 38쪽.

이 그 속에서 작동하는 실천들 자체에 관계된다. 왜냐하면 이 실천들(마르크스주의적 "이론" 및 정치)은 자신들의 발전 속에서, 이 발전의 질적으로 새로운 형태들(새로운 상황들, 새로운 "문제들") 앞에서 무장해제된 채로 있지 않기 위해서, 또는 여러 형태의 이론적·실천적 기회주의 속으로 추락 내지 재추락하는 것을 피하기 위해서, 자신들의 실천에 대한(변증법에 대한) 개념을 필요로 하기 때문이다. 종국적으로 "이데올로기적인 오류들"에, 즉 **이론적** 결함에 기인하는 이 "놀라운 일들"surprises과 이 일탈들은 항상, 아주 큰 대가는 아닐지라도, 큰 대가를 치르게 한다.

그러나 이론은 또한 마르크스주의적 이론적 실천이 아직 진정으로 존재하지 않는 영역들의 변형에도 본질적이다. 이 영역들 대부분에서 질문은 『자본』에서 "**해결된**" 것처럼 "**해결되지**" 않았다. **인식론**, 과학사, 이데올로기사, 철학사, 예술사에 대한 마르크스주의적 이론적 실천은 **아직 대부분 앞으로 구성되어야 할 상태에 있다.** 이는 이 영역들에서 작업해 왔고 이 영역들에서 커다란 실제적 경험을 쌓아 온 마르크스주의자들이 없다는 것이 아니라, 마르크스주의자들이 자신들의 뒤에 『자본』에 상당하는 것을, 또는 한 세기에 걸친 마르크스주의적인 혁명적 실천에 상당하는 것을 가지고 있지 못하다는 것을 말한다. 그들의 실천은 대부분 **그들 앞에** 있다. 그것은, 추정된 또는 이데올로기적인 대상이 아니라 **현실적** 대상에 상응하기 위해서는, 그리하여 기술적 실천이 아니라 진정한 이론적 실천이기 위해서는, 앞으로 정교제작되거나 심지어 창설되어야 할 상태에,

다시 말해 올바른 이론적 기초 위에 놓여야 할 상태에 있다. 바로 이런 목적을 위해 그들은, 자신들의 이론적 실천의 형식적 조건들의 윤곽을 드러내 줌으로써 그 이론적 실천의 방향을 예견하게 해줄 수 있는 유일한 방법으로서 이론을, 즉 유물론적 변증법을 필요로 한다. 이 경우에 이론을 사용한다는 것은 선재先在하는 내용에 정식들(유물론의 정식들, 변증법의 정식들)을 **적용하는** 것이 아니다. 레닌 자신은 자연과학의 "사례들"에 변증법을 외부로부터 **적용하는** 것에 대해 엥겔스와 플레하노프를 비난했다.[8] 한 개념의 외부적 적용은 결코 **이론적 실천**과 동등한 것이 아니다. 이 적용은 외부로부터 받아들여진 진리에 **이름** 말고는, 새 이름을 받은 진리들에 어떠한 현실적 변형도 생산할 수 없는 새 이름 붙이기 말고는, 어떠한 변화도

---

8 "헤겔의 논리학을 주어진 형태 그대로 적용해서는 안 된다. 그것을 주어진 것으로 받아들여서는 안 된다. 헤겔의 논리학으로부터 논리학적logischen(인식론적gnoseologischen) 뉘앙스들을 끌어내되, 먼저 그것들을 [1870년에 마르크스가 헤겔에 대해 말한] 관념들의 신비주의Ideenmystik로부터 순화시켜야 한다. 이것은 여전히 중요한 작업이다." V. I. 레닌, 「헤겔의 『철학사 강의』에 대한 적요」, 『철학 노트』, 홍영두 옮김, 논장, 1989, 224쪽(*Philosophische Hefte*, Werke, Band 38, S. 253)[이하 『철학 노트』 인용문 번역은 레닌 전집 독어판, 프랑스어판, 영어판을 대조해 수정한다].

"변증법의 내용의 이런 측면[즉, '대립물들의 동일성'-알튀세르]의 정확성은 과학의 역사에 의해 검증되어야 한다. 사람들은 변증법의 이 측면에 대해 (예컨대 플레하노프의 경우에 그렇듯이) 보통 주의를 기울이지 않는다. 대립물들의 동일성은 **사례들**의 합계로 간주될 뿐이고(플레하노프의 '예컨대 보리 낟알', '예컨대 원시공산주의'. 이 점은 엥겔스의 경우에도 마찬가지인데, 그러나 엥겔스는 '더 쉽게 이해되도록 하기 위해서'라고 말한다), **인식의 법칙**으로(**그리고** 객관적 세계의 법칙으로) 간주되지 않는다". V. I. 레닌, 「변증법의 문제에 대하여」, 『철학 노트』, 299쪽[번역은 수정함].

초래하지 못한다. 예컨대 물리학의 어떤 결과에 변증법의 "법칙들"을 적용하는 것은, 이 적용이 물리학의 이론적 **실천**의 구조 및 발전을 조금도 변화시키지 못한다면, 이론적 실천이 아니다. 더 나쁜 것은 이 적용이 이데올로기적 속박으로 전화할 수 있다는 점이다.

그렇지만, 이 테제는 마르크스주의에 본질적인 깃인데, 변증법적 형식들의 **적용**이라는 교조주의를 버리고 기존의 이론적 실천의 **자생성**에 의지하는 것으로는 충분치 못하다. 왜냐하면, 우리가 알다시피, 과학으로서의 자신의 역사 속에서 자신을 포위하고 있는 관념론의, 즉 **이데올로기들**의 위협과 공격으로부터 무언지 모를 어떤 은총에 의해 언제까지나 보호받는 **순수한** 이론적 실천, 완전히 벌거벗은 과학은 존재하지 않기 때문이다. 우리가 알다시피, "순수한" 과학은 그 과학을 부단히 순화시킨다는 조건하에서만 존재할 수 있으며, 자신의 역사의 필연성 속에서 자유로운 과학은 이 과학을 점거하고 있고 이 과학에 출몰하거나 이 과학을 감시하고 있는 이데올로기로부터 그 과학을 부단히 해방한다는 조건하에서만 존재할 수 있다. 이런 순화, 이런 해방은 오직 이데올로기에 대한, 즉 관념론에 대한 부단한 투쟁을 대가로 해서만 획득될 수 있다. 이론(변증법적 유물론)은 이 투쟁의 이유들과 목표들을 밝혀 줄 수 있고, 이 투쟁을 다른 어떤 방법과도 달리 세계로 인도해 줄 수 있다. 그렇다면, 명확한 실용적 관심들에 의해 지배되는 의기양양한 이 전위적 학문 분야들의 **자생성**에 대해서는 무어라 말할 것인가? 엄밀히 말해서 과학이 아닌데도, "과학적" 방법들(그렇지만 자신들의 추정된 대상의 특수성과는 무관하게 정의된 "과학적" 방법들)을 사용하니 자신은 과학이라고 강변하는 이 학문 분야들 말이다. 이 학문 분야들은 모든 진정한 과학이 그러하듯이 자신도 **대상**을 가지고 있다고 생각하지만, 실은 그것은 주어진 어떤 현실, 게다가 여러 경쟁적 "과학들"이 서로 다투면서 차지하려 하는 주어진 어떤 현실에 불과하다. 즉, 그것은 과학적 사실로 구성되지 못한, 따라서 **통일되지** 못한 현상들의 어떤 영역에 불과하다. 이 학문 분야들은 대부분의 경우 **기술적技術的 실천들**의 통일성만 지닐 뿐이기에, 이 학문 분야들의 현재의 형태 속에서는 진정한 이론적 실천을 구성할 수 없다(**예컨대** 심리사회학, 사회학, 그리고 여러 분야의 심리학).[9]

9 이론적 실천은 지식들을 생산하며, 뒤이어 이 지식들은 기술적 실천의 목표들을 위한 **수단들**로서 나타날 수 있다. 모든 기술적 실천은 자신의 목표들, 즉 이런저런 대상, 이런저런 상황 속에 산출할 명확히 정해진 이런저런 효과들에 의해 규정된다. 수단들은 목표들에 의존한다. 모든 기술적 실천은 이 수단들 중에서 절차들로서 개입하는 지식들, 즉 외부로부터, 기존의 과학들로부터 차용하는 지식들이나, 기술적 실천이 목적을 달성하기 위해 스스로 생산하는 지식들을 이용한다. 이 모든 경우에 기술과 지식의 관계는 반성되지 않은 **외부적** 관계이며, 그것은 과학과 과학의 지식들 사이에 존재하는 반성된 내적인 관계와는 근원적으로 다르다. 노동자계급의 자생적인 정치적 실천에 마르크스주의 이론을 **도입**할 필요성에 대한 레닌의 테제에 근거를 부여하는 것은 이 외부성이다. 있는 그대로 방치된 상태에서 자생적인 (기술적) 실천은 단지 자신에게 부여된 목적을 생산하는 수단으로서 필요한 "이론"만을 생산한다. 이 "이론"은 비판되지 않고 인식되지 않은 이 목적이 이 목적의 실현수단 속에 반영된 것에 불과하다. 즉, 기술적 실천의 목적이 이 목적의 수단 속에 반영된 것의 **부산물**에 불과한 것이다. 자신이 그 목적의 **부산물**에 불과한 그 목적을 의문시하지 않는 하나의 "이론"은 이 목적의 포로, 이 목적을 부과한 현실의 포로로 남아 있게 된다. 심리학과 사회학의 다수의 분야들, 게다가 경제학, 정치학, 예술 등등의 다수의 분야들이 그러하다. 이 점은 가장 위협적인 이데올로기적 위험, 즉 진정한 이론과는 아무런 관계가 없고 기술적 활동의 **부산물**에 불과한 자칭 이론들의 창조 그리고 그 이론들에 의한 지

이 학문 분야들의 지위에 대한 사전적事前的 질문들을 유발하거나 제기할 수 있고 (기술적 실천들이 과학으로 변장한 것을 포함해) 다양하게 변장한 이데올로기를 비판할 수 있는 유일한 이론, 그것은 (이데올로기적 실천과 구별되는) 이론적 실천의 이론, 즉 유물론적 변증법 또는 변증법적 유물론, 변증법에 대한 **특유한** 마르크스주의적 이해[관념]다.

왜냐하면 우리는 아래와 같은 경우에, 변증법에 대한 헤겔의 이론이 그렇듯이 **정확하지** 않다는 단점, **정확한** 것과는 거리가 멀다는 단점을 드러내는 이론의 정식화, 즉 유물론적 변증법의 정식화에 일단 만족하는 것에 분명히 문제가 있을 수 없다는 데 모두 동의하기 때문이다. 즉, 현실적으로 존재하는 과학을 그것을 둘러싸고 있는 이데올로기에 대항해 방어하려 하는 경우에, 때로 그러하듯이 어쩌다 진정한 과학적 요소를 이데올로기적인 요소로 간주함이 없이, 또는, 자주 그러하듯이, 이데올로기적 요소를 과학적 요소로 간주함이 없이, 진정으로 과학에 **속하는** 것과 진정으로 이데올로기에 **속하는** 것을 식별하려 하는 경우에, 또한 (이것은 정치적으로 매우 중요한 것인데) 지배적인 기술적 실천들의 권리 요구들을 비판하고 우리의 시대가, 사회주의와 공산주의가 필요로 하고 앞으로 점점 더 필요로 할 진정한 이론적 실천들을 확립하려 하는 경우에, **마르크스주의** 변증법의 개입을 필요로 하는 모든 임무들과 관련되는 되는 경우에 말이다. 나

배라는 위험을 식별하는 데 극히 중요하다. 기술의 "자생적인" 이론적 힘에 대한 믿음이 **기술공학적 사고**의 핵심을 구성하는 이 이데올로기의 기원을 이룬다.

는 여기서도 이런 근사치가 얼마간 현실에 상응할 수 있고, 그것 자체로서 얼마간 **실천적** 의미를 가지며, 교육에서뿐만 아니라 투쟁에서도 기준점 또는 지표로 활용될 수 있다는 것을 잘 안다(레닌은, "이 점은 엥겔스의 경우에도 마찬가지인데, 그러나 엥겔스는 '쉽게 이해되도록 하기 위해서'라고 말한다"라고 썼다. 『철학 노트』, 299쪽). 그러나 한 실천이 근사치적 정식들을 사용할 수 있기 위해서는 그 실천은 최소한 "참되어야" 하며, 또한 그 실천이 경우에 따라 이론의 진술을 필요로 하지 않을 수 있고 근사치적 이론 속에서 자신을 총괄적으로 인지할 수 있어야 한다. 그러나 실천이 진정으로 **실존하지 않고** 앞으로 **구성되어야** 한다면, 그 근사치는 정말로 하나의 장애가 된다. 이데올로기들(법, 도덕, 종교, 예술, 철학)의 이론, 과학사의 이론과 과학들의 이데올로기적 전사前史의 이론, 인식론(수학들 및 다른 자연과학들의 이론적 실천의 이론) 등의 전위적 영역들, 위험하지만 흥미진진한 전위적 영역들을 탐사하는 마르크스주의적 연구자들, 더욱이 마르크스주의적 이론적 실천의 영역(역사의 영역) 자체에서 어려운 문제들을 제기하고 있는 연구자들, 말할 것도 없이 또한 근원적으로 새로운 형태의 정치적 곤란들(아프리카, 라틴아메리카, **공산주의**로의 이행 등)에 대결하는 또 다른 혁명적인 "연구자들", 이 모든 연구자들은, 만약 그들이 유물론적 변증법으로서 헤겔적 변증법을 가지고 있을 뿐이라면, 설령 그것이 헤겔의 이데올로기적 **체계**로부터 벗어난 것이라 해도, 설령 "전도"되었다고 선언된 것이라 해도 (이 전도의 내용이 헤겔 변증법을 이념이 아닌 현실에 적용하는 것이라면), 그 변증법을 가지고서는 분명히 멀리 나아가지 못할 것이다. 따라서 우리 모두는, 현실적 실천의 영역에서 새로운 어떤 것에 대면하는 데에서든 현실적 실천을 정립하는 데에서든, 유물론적 변증법 **자체**를 필요로 한다.

2. 작동 중인 이론적 혁명

우리는 따라서 마르크스주의 변증법 자체가 그 속에서 작동하고 있는 실천들, 즉 마르크스주의적 이론적 실천(A)과 마르크스주의적 정치적 실천(B)에서 출발한다.

A. 마르크스주의적 이론적 실천

따라서 하나의 이론의 실천이 존재한다. 이론은 고유한 대상에 작용하는, 그리고 자신의 고유한 **생산물**인 **지식**으로 귀결하는 특수한 실천이다. 그 자체로 간주되었을 때 모든 이론적 노동은 따라서 주어진 일차 재료와 "생산수단들"("이론"의 개념들과 개념들의 사용 양식, 즉 방법)을 전제한다. 이론적 노동에 의해 취급되는 일차 재료는, 탄생 중인 과학의 경우에는, 매우 "이데올로기적"일 수 있고, 이미 구성되고 발전된 과학의 경우에는 이미 이론적으로 정교제작된 재료와 이미 형성된 과학적 개념들일 수 있다. 아주 도식적으로 말하자면, 이론적 노동의 수단들, 즉 이론적 노동의 조건 자체인 "이론"과 방법은, 과정의 결정적 계기인 이론적 실천의 "활동적 측면"을 표상한다. 이 이론적 실천의 과정을 그것의 일반성 속에서 인식하는 것, 즉 그것을, 자체가 일반적 전화 과정의 특수한 형태, "사물들의 생성"의 특수한 형태인 실천의 특수한 형태로, 실천의 현실적 차이로 인식하는 것은 이론, 즉 유물론적 변증법의 최초의 이론적 정교 제작을 이룬다.

그런데 (지식들을 생산하는) 현실적인 이론적 실천은 자기 자신의 실천에 대한, 자신의 과정에 대한 이론을 형성할 필요성을 반드시 느끼지 않으면서도 이론으로서의 자신의 직무를 잘 수행할 수 있다. 과학들 대부분이 그런 경우이다. 대부분의 과학들은 "이론"(자신들의 개념들의 체계)을 갖고 있지만, 그것은 자신들의 이론적 실천에 대한 이론은 아니다. 이론적 실천에 대한 이론의 순간, 즉 한 "이론"이 자기 자신의 실천에 대한 이론이 필요하다고 느끼는 순간, 일반적 의미의 방법에 대한 이론의 순간은, 실천적 또는 "이론적" 곤란을 극복하는 것을 돕기 위해, 자신의 작업들 속에 함몰된 실천의 놀이jeu, 따라서 이론적으로 맹목적인 실천의 놀이에 의해서는 풀릴 수 없는 문제들을 해결하는 것을 돕기 위해, 또는 더욱 깊은 위기에 대면하기 위해, 항상 **사후적으로** 온다. 그렇지만 과학은 오랫동안 자신이 행하는 것에 대한 이론, 자신의 실천과 자신의 방법에 대한 이론의 필요를 느끼지 않으면서도 자신의 직무를 수행할 수 있다. 다시 말해, 그러면서도 지식들을 생산할 수 있다. 마르크스를 보라. 그는 "변증법"에 대해서 결코 쓰지 않은 채로 10권에 달하는 저작과 『자본』이라는 기념비적 저작을 썼다. 그는 "변증법"에 대해 쓰겠다고 말했지만 전혀 쓰지 않았다. 그는 그것에 대해 쓸 시간이 없었다. 이것은 그가 그것에 대해 쓰기 위해 시간을 내지 않았다는 말인데, 왜냐하면 그 자신의 이론적 실천에 대한 이론은 당시 그의 이론의 발전에, 즉 그 자신의 실천의 생산성에 **본질적**이지 않았기 때문이다.

그렇지만 마르크스의 "변증법"은 우리에게 중요한 관심사인데, 왜냐하면 그것은 마르크스의 이론적 실천에 대한 이론이었기 때문이다. 즉, 그것은 마르크스주의 **변증법**의 특수성은 무엇인가 하는, 우리를 사로잡고 있는 문제에 대한 (실천적 상태로 존재하는) 해법을 결정하는 이론적 형태였기 때문이다. 이 실천적 해법, 이 **변증법**은 이 변증법 자신이 그 속에서 작동하는 마르크스의 이론적 실천 속에 존재한다. 마르크스가 자신의 이론적 실천 속에서 사용하는 방법, 그가 전화시켜 지식으로 만드는 "주어진 것"에 대한 그의 과학적 노동 속에서 사용하는 방법, 그것은 바로 **마르크스주의 변증법**이다. 그리고 바로 **이 변증법**은, 실천적 상태로, 마르크스와 헤겔의 관계의 문제에 대한 해법을, 즉 마르크스가 『자본』 제2판의 후기에서 헤겔 변증법에 대한 자신의 관계를 청산했다고 우리에게 **신호하고** 알려 준 저 유명한 "전도"의 현실을 내장하고 있다. 이 때문에 오늘날 우리는 마르크스가 필요하다고 느끼지 않았고 따라서 우리에게 물려주지 않은 이 "변증법"을 이토록 아쉬워할 수가 있는 것이다. 우리가 이 변증법을 소유하고 있다는 것을 완벽히 알면서도 말이다. 우리는 이 변증법이 마르크스의 이론적 저작들 속에, 『자본』 속에 있다는 것을 안다. 그렇다. 우리는 거기서 이 변증법을 실천적 상태로 발견한다. 이 점은 물론 근본적으로 중요하다. 그러나 우리는 그것을 **이론적 상태로 발견하는 것이 아니다.**[10]

엥겔스와 레닌은 이 점을 알고 있었다.[11] 그들은 마르크스주의 변증법이 『자본』에 존재한다는 것, **그러나** 실천적 상태로 존재한다는 것을 알고 있었다. 따라서 그들은 마르크스가 우리에게 변증법을 **이론적** 상태로 남겨 놓지 않았다는 **것도** 알고 있었다. 따라서 그들은 헤겔에 대한 사신의 관계가 **청산되었다**고 신호하는 마르크스의 **표시**를 이 해결의 **지식**, 즉 이 해결의 이론과 혼동하지 않았고 혼동할 수 없었다. 극히 일반적인 서술들 속에서, 또는 역사적으로 규정된 이론적으로 긴박한 상황 속에서 그것을 혼동한 경우를 제외하고 말이다. "전도"에 대한 마르크스의 "표시들"은 우리가 이데올로기적 영역에서 일반적으로 자신의 위치를 정하고 방향을 정하는 **기준점들**로 사용될 수 있었다. 그 표시들은 해법이 실존한다는 표시를, 그리고 해법의 실존에 대한 실천적 인지를 표상하지만, 해법에 대한 엄밀한 **지식**을 표상하는 것은 결코 아니다. 바로 이 때문에 마르크스의 표시들은 우리로 하여금 이론을 향해 나아가도록 **부추겨야** 하고 부추길 수 있다. 실천적 해법이 실존한다는 것을 우리에게 신호

10 앞으로 검토할 주목할 만한 예외 하나를 제외하고[뒤에서 논하는 1857년의 "정치경제학 비판 요강" 「서설」을 가리킨다].

11 "마르크스는 우리에게 논리학Logique을 남기지 않았지만, 『자본』의 논리학logique을 남겼다. 그것은 다루어야 할 문제를 위해 최대한 충분히 이용되어야 할 것이다. 『자본』에서 마르크스는 하나의 단일한 과학에 논리학, 변증법, 그리고 유물론의 인식 이론을 적용한다 (세 단어가 필요 없다. 이것들은 하나의 동일한 것이다). 헤겔에게서 가치 있는 모든 것을 수용하고 또 발전시키면서"라고 말한다. V. I. 레닌, 「헤겔의 변증법(논리학)의 구도」, 『철학 노트』, 295-296쪽[번역은 수정함].

해 주는 이 표시들은 우리로 하여금 가능한 한 엄밀하게 이 실천적 해법을 진술하도록 부추겨야 하고 부추길 수 있다.

B. 마르크스주의적 정치적 실천

계급투쟁이라는 마르크스주의적 정치적 실천에서도 사정은 마찬가지이다. 나는 최근의 연구에서 1917년 혁명을 예로 들었는데, 누구나 잘 느끼고 잘 알겠지만 그것과 다른 예들 또는 현재적인 예들을 백 가지라도 들 수 있었을 것이다. 우리는 1917년 혁명의 예에서, 마르크스에게서 온 이 "변증법"이, 그리고 이 변증법 속에서 마르크스를 헤겔과 구별하는 그 "전도"가, 작동하고 있고 시험받고 있음을, 그러나 이 변증법이 아직 **실천적 상태**에 있음을 본다. 이 "변증법"은 마르크스에게서 온다. 왜냐하면 볼셰비키 당의 실천은 『자본』의 변증법에, 마르크스주의 "이론"에 근거를 두고 있기 때문이다. 1917년 혁명 시기의 계급투쟁의 실천 속에서, 그리고 레닌의 고찰들 속에서 우리는 특유한 마르크스주의 변증법을 발견하지만, 그러나 그것은 실천적 상태에 있다. 그리고 여기서도 또한 우리는, 이 정치적 **실천**, 자신의 정해진 일차 재료와 자신의 수단들과 자신의 방법을 지니고 있으며 다른 모든 실천들과 마찬가지로 변혁들을(**지식들**이 아니라, **사회적 관계들**에서의 혁명을) 생산하는 이 정치적 **실천 역시**, 적어도 얼마 동안은, 자기 고유의 실천에 대한 이론, 자신의 "방법"에 대한 이론을 형성할 필요를 깨닫지 않으면서도 완전하게 존재하고 발전할 수 있음을 확인한다. 다른 모든 실천과 마찬가지로 이 정치적 실천은 이 이론 없이도 존재하고 잔존하고 심지어 진보할 수 있다. 그러나 이것은 이 정치적 실천의 대상이(즉 이 정치적 실천이 변혁하는 사회, 즉 기존 세계가) 이 정치적 실천에 다음과 같은 충분한 저항을 대치시키기 전까지만 그러하다. 즉 이 대상이 이 정치적 실천으로 하여금, 적합한 해법들과 그 해법들을 생산하기 위한 **수단들**을 생산하기 위해, 특히 자신의 근거인 "이론"(기존의 사회구성체에 대한 이론) 속에서 자신의 새로운 발전 "단계"의 내용에 상응하는 **새로운 지식들**을 생산하기 위해, [실천과 이론 간의] 이 간격을 메우도록, 자기 자신의 방법에 대해 질문하고 사고하도록 **강제하기에** 충분한 저항을 대치시키기 전까지만 말이다. 이런 "새로운 지식들"의 예로 제국주의 전쟁들 단계의 제국주의 시대에는 "레닌주의"의 이론적 기여라고 불리는 것을 들 수 있으며, 몇몇 이른바 "저발전" 국가들에서 평화공존을 위한 전투 속에서 민족해방 투쟁을 넘어서 최초의 **혁명적** [투쟁] 형태들이 나타나는 현시대에 필수적인, 아직 명명되지 않은 어떤 이름으로 나중에 불리게 될 이론적인 기여들을 들 수 있다.

나의 이런 말을 듣고 난 후에, 아마도 사람들은, 언뜻 보아 레닌의 여남은 개의 결정적인 텍스트가 있고 특히 그중에서도 가장 유명한 『무엇을 할 것인가?』가 있음에도 불구하고 계급투쟁의 실천이 **방법** 또는 이론이라는 이론적 형태하에서 고찰되지 않았다는[12] 것을 읽고 놀랄 것이다. 그러나 예컨대 『무엇을 할 것인가?』는 러시아 공산주의자들의 실천의 이론적·역사적 기초들을 규정하고 행동 프로그램에 길을 열어 주지만 정치적 실천 자체에 대한 이론적 고찰을 구성하지는 않는다. 『무엇을 할 것인가?』는 자기 자신의 방법에 대한 이론, 일반적 의미의 이론을, 그것이 자신의 목적이 아니기 때문에, 구성하지 않는다. 따라서 마르크스주의 변증법이 그 텍스트 속에서 작동함에도 불구하고 그것은 변증법에 대한 텍스트는 아니다.

이 점을 더 잘 이해하기 위해, 앞에서 내가 인용했고 정확한 출전들을 밝힌, 1917년 혁명에 대한 레닌의 텍스트들을 다시 예로 들어 보자.[13] 우선 이 텍스트들의 지위를 명확히 해야 할 것이다. 그것은 역사학자의 텍스트들이 아니라, 투쟁 속에서 힘들게 몇 시간을 쪼개 내어, 투쟁 참여자들에게 그 투쟁에 대해 말해 주고 그 투쟁을 이해시키고자 한 정치 지도자의 텍스트들이다. 따라서 그것은 혁명에 참여한 한 인물이 자신의 경험의 현장에서 자신의 실천적 경험에 대해 고찰하면서 쓴, 직접적으로 정치적인 용도를 띤 텍스트들이다. 나는 내가 요컨대 레닌의 고찰들의 형태, 그 세부 사항, 심지어 그 표현까지를 존중했다고, 그것들을 진정한 역사적 분석을 통해 즉시 극복하려 하지 않고 있는 그대로 제시했다고 비난받은 것을 커다란 영광으로 생각한다.[14] 그렇다. 레닌의 몇몇 고찰들은, 혁명의 승리를 유발하

---

12 앞으로 검토할 주목할 만한 예외 하나를 제외하고.

13 나는 여기서 많은 경우에 내 글들에 대해 출전만 정확히 밝혔다. 출전만 밝히지 않고 나의 모든 글들을 세세히 인용했더라면 좋았을 텐데.

고 허용한 다면적이고 예외적인 정황들을 거론할 때에는, "다원주의", "과잉 경험론", "요인들의 이론" 등으로 불리는 것의 겉모양을 띤다.[15] 나는 그것들을 있는 그대로, 그러나 그것들을 겉모양이 아니라 본질에 따라, 그것들을 겉모양상의 "다원주의"가 아니라 그 겉모양의 심층적으로 이론적인 의미에 따라 받아들였다. 사실 레닌의 이 텍스트들의 의미는 주어진 상황을 단순히 기술하거나 역설적이고 예외적인 다양한 요소들을 경험적으로 열거하는 데 있지 않다. 반대로 이 텍스트들은 이론적 영향 범위를 갖는 **분석**의 의미를 갖는다. 이 텍스트들은 정치적 실천에 절대적으로 핵심적인 하나의 현실, 정치적 실천의 특유한 본질에 도달하기 위해서 우리가 **사고해야** 하는 현실에 관여한다. 이 텍스트들은, 1917년의 마르크스주의적 지도자의 정치적 실천이라는 명확한 예를 통한, 정치적 실천 일반의 장의

14 G. Mury, "Matérialisme et Hyper-empirisme", *La Pensée*, avril 1963, p. 47 참조.

15 레닌은 「먼 곳으로부터의 편지 : 첫 번째 편지」에서 다음과 같이 말한다. "혁명이 그렇게도 빨리 …… 성공한 것은 오로지 극도로 특이한 역사적 상황의 결과, **절대적으로 상이한 흐름들**, 절대적으로 이질적인 계급적 이해관계들, **절대적으로 상충하는** 정치적·사회적 노력들이 탁월하게 '조화로운' 방식으로 융합되었기 때문이다." V. I. Lenin, "Letters from Afar, No. 1", *Collected Works*, Vol. 23, p. 302. 레닌의 강조. 그는 바로 뒤에서(pp. 302-303) "그런 것, 오직 그런 것만이 상황이 진행된 방식이다. 그런 것, 오직 그런 것만이 진실을 두려워하지 않고, 혁명에서 사회세력들의 균형을 냉정히 고려하며, 모든 '**현 상황[계기]**' *current situation/le moment actuel*을 현재의 관점, 현재의 특성들의 관점에서, 그뿐 아니라 심층적인 동력들의 관점, 러시아만이 아니라 전 세계적 수준에서의 프롤레타리아트와 부르주아지의 심층적 이해관계의 관점에서 평가하는 정치가가 취해야 하는 관점이다"라고 선언한다(알튀세르의 강조).

구조에 대한 분석, 그것의 대상에 대한 분석, 또는 (우리가 앞서 제시한 용어를 사용하자면) 그것의 특유한 일차 재료에 대한 분석이다.

이렇게 이해된 레닌의 분석은 다음과 같은 일반적인 이론적 질문에 실천적으로 답한다(레닌의 분석은 실천적 상태에 있는 이런 대답이다). 정치적 실천이란 무엇인가? 정치적 실천을 다른 실천들과 구별하는 것은 무엇인가? 또는, 더 고전적인 정식화를 사용하자면, 정치적 행동이란 무엇인가? 레닌을 통해, 그리고 정치적 상황의 구체성을 "필연성"이 그 속에서 "실현"되는 "우연"으로 간주하는 사변적 테제에 반대해(이것은 헤겔적 테제이지만, 이미 이런 형태로 보쉬에Jacques-Bénigne Bossuet의 사고에서 지배적인 것이었기에, 헤겔의 이 테제는 이전의 이데올로기로부터 계승한 것이다), 우리는 그런 현실적 질문에 대한 이론적 대답을 개시할 수 있게 되었다. 우리는 레닌의 이론적 실천이 명백히 보편사나 제국주의의 일반적 역사를 대상으로 하지 않는다는 것을 안다. 제국주의의 역사는 물론 레닌의 실천에서 중요한 것이지만 레닌의 실천의 고유한 대상을 이루는 것은 아니다. 제국주의의 역사 자체는 다른 활동들의, 즉 마르크스주의 이론가, 마르크스주의 역사가의 활동의 고유한 대상을 이룬다. 그러나 이 경우에 제국주의의 역사는 이론적 실천의 대상이 된다. 레닌은 제국주의를 자신의 정치적 실천 속에서 **현재적** 실존의 양태로, 즉 구체적 현재로 만난다. 역사 이론가 또는 역사학자는 제국주의를 또 다른 양태로, 즉 비현재성 및 추상의 양태로 만난다. 정치적 실천의 고유한 대상은 따라서 이론가와 역사가가 마찬가지로 말하는 역사에 속하는 것이지만, 그러나 그것은 역사와는 **별개의** 대상이다. 레닌은 자신이 제국주의 발전의 산물로서의 사회적 현재, 그것이 아니었다면 자신이 마르크스주의자가 되지 않았을 그런 사회적 현재에 대해 행동하고 있음을 완벽하게 알았지만, 또한 1917년에 자신이 제국주의 일반에 대해 행동하고 있는 것은 아님을 완벽히 알았다. 레닌은 러시아의 구체적 상황, 구체적 정세에 대해, 그가 훌륭하게 "현 상황[계기]"le moment actuel[16]이라고 부른것, 그것의 현재성이 그의 정치적 실천 자체를 규정한 그 상황[계기]에 대해 행동했다. 제국주의에 대한 역사가가 단면으로 잘라서 보도록 강제되는 이 세계 속에서, 이 세계를 자신이 살고 이해한 세계 그대로의 모습으로 보기 위해(이것은 이 세계가, 현존 세계가 그렇듯이, 가능한 유일한 구체성 속에서, 자신의 현재성 속에서, "현 상황[계기]" 속에서, 실존한 유일한 구체적 세계였기 때문이다), 레닌은 이 세계의 구조의 특징들을 이루는 것을 분석한다. 이 특징들을 이루는 것, 그것은 모든 혁명적

16 [옮긴이] 원어는 레닌이 1917년 혁명기에 많이 사용한 테쿠시이 모멘트текущий момент 이다. 이것이 전집 프랑스어판에는 "le moment actuel"(「먼 곳으로부터의 편지」) 또는 "la situation actuelle"(「4월 테제」)로, 영어판에는 "current situation"(「먼 곳으로부터의 편지」) 또는 "present situation"(「4월 테제」)로, 독일어판에는 "gegenwärtige Situation"(「먼 곳으로부터의 편지」) 또는 gegenwärtige Lage(「4월 테제」)로 번역되어 있다(각각 전집 제23권 또는 제24권). 'le moment actuel' 외에는 모두 '현 상황'이라 번역되어 있는 것이다.
　헤겔 변증법의 용어 Moment는 '전체를 구성하는 불가결한 요소'라는 뜻과, '사물의 동적 과정에서 그 변화, 발전을 규정하는 본질적·필연적 통과 단계'라는 뜻을 갖는다. 레닌의 테쿠시이 모멘트текущий момент의 용어법에서 모멘트момент는 주로 '상황'의 의미를 갖지만 헤겔적인 '계기'의 의미도 함께 갖는다. 이 때문에 레닌의 테쿠시이 모멘트의 역어인 le moment actuel을 '현 상황[계기]'로 번역했다.

실천의 가능성과 결말이 그것에 의존하는 본질적 절합節合들, 고리들, 전술적 매듭들이요, 주요 모순이 폭발적으로 되는 이 시기에 반半봉건적이고 반半식민지적이지만 제국주의적인 한 나라의 모순들의 전형적 배열 및 전형적 관계들이다. 레닌의 텍스트들의 대체 불가능한 가치는 한 **정세**conjoncture의 구조의 분석 속에, 이 정세의 모순들의 전위들déplacements과 압축들condensations 속에, 이 모순들의 역설적 통일성 속에 있다. 이것들은 1917년 2월에서 10월에 이르는 정치적 행동이 강한 의미에서 변혁하고자 한 **"현 상황[계기]"**의 실존 그 자체이다.

누군가가 긴 기간에 대한 하나의 역사적 분석, 레닌의 "현 상황[계기]"을 이미 오래전에 시작되었고 자기 자신의 실현된 미래 속에서 이 "현 상황[계기]"을 추월하게 될 하나의 과정에 흡수된 한 순간에 불과한 것으로 만드는 그런 역사적 분석의 흠잡을 데 없는 교훈을 레닌의 텍스트들에 대립시키거나 제안한다면,[17] 그에게는 레닌의 텍스트들에 대한 올바른 접근이 차단되게 된다. 그런 역사적 분석이란 제국주의로 모든 것을 다 설명하는 역사적 분석들, 그리고 이는 사실인데, 혁명적 실천에 대한 자신의 문제들과 분석들 속에서 고투하는 불행한 레닌을 자주 대량의 역사적 논증을 통해 문자 그대로 발목 잡고, 내쫓고, 날려 버리는 역사적 분석들 중의 하나를 말한다. 마치 레닌에게 제국주의가 정확히 이런저런 현재적 모순들이 아니었고, 이 모순들의 구조, 이 모순들의 현재적 관계들이 아니었다는

---

17 G. Mury, "Matérialisme et Hyper-empirisme", pp. 47-48 참조.

듯이! 마치 이 구조화된 현재성이 레닌의 정치적 행동의 유일한 대
상을 이루는 것이 아니었다는 듯이! 마치 한 마디 말로써 마술처럼,
혁명가들의 대체될 수 없는 실천의 현실과 그들의 삶, 그들의 고통
들, 그들의 희생들, 그들의 노력들, 요컨대 그들의 구체적 역사를,
이 첫 번째 실천[혁명가들의 실천]에 기초한 또 다른 실천, 즉 역사학
자들의 실천, 다시 말해 필연적으로 필연성의 기성사실을 고찰하는
과학자들의 실천을 사용해 소산消散시킬 수 있다는 듯이. 마치 과거
를 분석하는 고전적 역사학자의 이론적 실천을, 현재 속에서 현재에
대해, 실행해야 할 필연성에 대해, 이 필연성을 생산할 수단들에 대
해, 이 수단들의 전략적 적용 지점에 대해, 요컨대 자기 자신의 행동
에 대해 고찰하는 혁명적 지도자의 실천과 뒤섞을 수 있다는 듯이.
혁명적 지도자의 고찰 대상이 이런 것인 이유는, 그는 구체적 역사
에 대해 행동하기 때문이며, 그의 오류들과 그의 성공들은 국립도서
관의 분류항 in-8° 서가書架에 있는 책들의 **기록된** "역사"에 단순히
실리는 것이 아니기 때문이다. 그의 오류들과 성공들은 구체적 삶
속에서 영원히 기억될 것이다. 예컨대 1905년, 1914년, 1917년,
히틀러, 프랑코, 스탈린그라드, 중국, 쿠바 등과 같은 이름으로. 이
두 가지 실천을 구별하는 것, 바로 여기에 문제의 근본이 있다. 왜냐
하면 레닌은 자신이 분석하는 모순들이 이 모순들의 역설들까지도
생산하는 하나의 동일한 제국주의에서 유래한다는 것을 누구보다도
잘 알고 있었기 때문이다. 그러나 이 점을 알았기에 레닌은 이 모순
들 속에서 일반적인 역사적 지식과는 다른 것에 관심을 가졌다. 그

는 검증된 과학을 통해 일반적인 역사적 지식을 알고 있었으므로 다른 것에, 즉 자신의 실천적 대상의 구조를 이루는 것에, 모순들의 이 전형성典型性에, 모순들의 전위轉位들과 압축들에, 그리고 그 귀결인 혁명적 단절의 "융합"에, 요컨대 모순들이 구성하는 "현 상황[계기]"에 진정으로 관심을 가질 수 있었다. 바로 이 때문에 "가장 약한 고리" 이론은 "결정적 고리" 이론과 동일한 것이다.

이만큼 짚어 보았으니 이제 차분히 레닌에게로 되돌아갈 수 있게 되었다. 어떤 이데올로기가 역사적 분석의 논증 속에 레닌을 침몰시키려고 아무리 용을 써도, 이 조그만 사람은 항상 거기에, 역사와 우리의 삶의 평원에, 이 영원한 "현 상황[계기]" 속에 있다. 그는 계속해 평온히 그리고 열정적으로 말한다. 그는 계속해 우리에게 다음과 같은 단순한 것에 대해, 즉 자신의 혁명적 실천에 대해, 계급투쟁의 실천에 대해, 요컨대 유일한 현재의 역사의 한가운데에서 역사에 대해 행동하도록 해주는 것에 대해, 모순 및 변증법의 특수성에 대해 말하며, 아주 단순히, 사후적으로 논증하고 설명하는 것이 아니라, 우리의 유일한 현재 속에서 "불가피한" 혁명을 "만들도록" 해주는, 또한 마르크스가 아주 심오하게 말한 것처럼[18] 변증법을 기성

---

18 "기만적mystifizierten 형태의 변증법은 독일에서 유행했는데, 이는 그것이 현존하는 것das Bestehende을 미화하는 것으로 보였기 때문이다. 합리적 형상의 변증법은 부르주아들과 그들의 교의를 대변하는 자들에게 분노와 공포를 불러일으켰다. 이는 그것이 …… 본질상 비판적이고 혁명적이기 때문이다." 칼 마르크스, 『자본』 제2판 후기[『자본 I-1』, 강신준 옮김, 도서출판 길, 2008, 61쪽].

사실旣成事實[19]의 이론으로 만드는 것이 아니라 혁명적 방법으로 만들도록 해주는, 모순의 특유한 차이에 대해서 말한다.

요약해 보자. 마르크스에 의한 헤겔 변증법의 "전도"를 이루는 것은 무엇인가? 마르크스주의 변증법을 헤겔 변증법과 구별하는 고유한 차이란 무엇인가? 제기된 이 문제는, 마르크스의 이론적 실천에 의해서든 계급투쟁의 정치적 실천에 의해서든 간에, 마르크스주의적 실천에 의해 이미 해결되었다. 따라서 그 해법은 마르크스주의의 저작들 속에 실존하는데, 그러나 그것은 실천적 상태로 실존한다. 이제 그 해법을 이론적 형태로 진술해야 한다. 즉, 대부분의 "유명한 인용례들"[20] 속에 그 해법의 실존에 대한 실천적 인지로 있는 것으로부터 그 해법의 실존에 대한 이론적 인식으로 이행해야 한다.

이런 구별은 우리를 마지막 궁지에서 벗어나게 해줄 것이다. 한 대상의 실존에 대한 인지를 한 대상의 실존에 대한 **인식**으로 간주하기란 사실 매우 손쉬운 일이고 따라서 유혹적인 일이다. 이것이 손쉬운 일이기 때문에 사람들은 "유명한 인용문들"의 목록의 일부 또는 전체를 논증 전체로, 또는 이론적 논증의 등가물로 내세워 내 주장에 맞설 수도 있을 것이다. 그래도 이 인용문들은, 문제가 실존하며 해결되었다고 말해 주기 때문에, 귀중한 것들이다. 이 인용문들은 마르

---

19 이것은 지나간 혁명의 기성사실일 수도 있다.

20 나는 우리의 문제에 대해 지침이 되는 마르크스주의 고전들의 잘 알려진 텍스트들을 편의상 이렇게 부른다.

크스가 헤겔의 변증법을 "전도"함으로써 그 문제를 해결했다고 말한다. 그렇지만 이 "유명한 인용례들"은 우리에게 그 전도에 대한 이론적 지식을 제공하지 않는다. 이에 대한 명확한 증거는, 외견상 그토록 명백한 이 전도를 사고할 수 있기 위해서는 대단히 진지한 이론적 노력을 바쳐야 한다는 점이다. 사실, 우리에게 제시된 "해석들" 중 너무도 많은 것들이 그 "유명한 인용례들"을 말만 바꾸어 반복하는 데 한정되어 있다(그러나 말 바꾸어 따라 하기는 설명이 아니다). 또한 그것들은 "전도", "합리적 핵심"이라는 (직설적이지만 수수께끼 같은) 개념들을 엄밀한 진짜 마르크스주의적 개념들과 뒤섞는 데 한정되어 있다. 마치 엄밀한 진짜 마르크스주의적 개념들의 이론적 명료성이 전염을 통해 "전도", "합리적 핵심"과 같은 개념들의 어두움을 밝혀줄 수 있다는 듯이, 마치 알려진 것과 잘 알려지지 않은 것 또는 알려지지 않은 것의 동거同居로부터 지식이 산출될 수 있다는 듯이,[21] "전도" 또는 "핵심"의 실존에 대한 인지를 그것들에 대한 인식으로 변모시키기 위해서는 한두 개의 과학적 개념들을 근접시키는 것으로 족하다는 듯이 말이다. 그러느니, 자신의 입장에 대해 확실히 책임지고, 예컨대 "전도"에 대한 마르크스의 문구는 **참된 지식**이라고 선언

21 마르크스는 1875년의 「고타강령 비판」에서 다음과 같이 말한다. "그렇다면 다음과 같은 질문이 제기된다. 즉, 국가 제도는 공산주의 사회에서 어떠한 변환을 겪게 되는가? …… 이 질문에 대해서는 오직 과학만이 대답할 수 있으며, 인민이라는 말에다 국가라는 말을 수천 번 결합해도 벼룩이 뛴 만큼도 문제에 접근하지 못한다." 『칼 맑스·프리드리히 엥겔스 저작선집 4』, 박종철출판사, 1995. 385쪽.

하고, 위험을 안고 이 테제를 이론적 실천의 시험에 부치고 그 결과를 검토하는 편이 훨씬 설득력 있을 것이다. 이런 시도는 흥미로운데 왜냐하면 이 시도는 현실적 경험이기 때문이며, 귀류법歸謬法에 의한 논증에 이르기 때문이다. 이런 시도는 마르크스로 하여금 그가 "전도"를 통해 우리에게 지식을 가져다주었다고 말하도록 하기 위해서는 그의 사고를 대폭 변화시켜야 한다는 것을 가르쳐 준다.[22]

이런 유혹들과 이런 경험은, 나름의 방식으로, 해법이 실존한다는 표시 속에서 해법의 이론을 찾을 수 없다는 것을 확언해 준다. 해법이 실천적 상태로 실존한다는 것과 이 해법을 인식한다는 것은 별개의 일이다.

●

나는 마르크스가 우리에게 "변증법"을 남겨 주지 않았다고 말했다. 그러나 이 말이 전적으로 정확하지는 않다. 마르크스는 일급의 방법론적 텍스트, 그러나 불행히도 미완성인 텍스트를 우리에게 남겨 주었다. 1857년의 "정치경제학 비판 요강" 「서설」이 그것이다.[23]

22 뛰리는 이런 경험을 앞에 인용된 글에서 시도했다.
23 [옮긴이] 이곳과 이 논문 뒤의 몇 곳에서 알튀세르는 이 「서설」Einleitung의 간행 연도를

이 텍스트는 "전도"라는 말을 직접 쓰지는 않지만, 전도의 현실에 대해서, 즉 정치경제학의 개념들의 과학적 사용의 타당성의 조건에 대해서 말하고 있다. 그것으로부터 하나의 변증법의 근본 요소들을 끄집어내기 위해서는 이 사용에 대해 고찰하는 것으로 충분하다. 이 사용은 실천적 상태에 있는 변증법과 다름없기 때문이다.

　　나는 레닌이 자신의 이론적 실천 속에서 작동하는 변증법의 이론적 진술로서의 "변증법"을 남겨 주지 않았다고 말했고, 더 일반적으로, 계급투쟁의 마르크스주의적 실천 속에 작동하는 변증법을 진술하기 위한 이론적 노동은 앞으로 행해져야 한다고 말했다. 그러나 이런 말들은 전적으로 정확하지는 않다. 레닌은 그의 『철학 노트』

1859년으로 썼는데, 이를 1857년으로 바로잡는다.

　　마르크스의 "1857~58년 경제학 수고"는 후에 『정치경제학 비판 요강』*Grundrisse der Kritik der politischen Ökonomie*으로 출판되었으며(*MEW*, Band 42), 이 책은 그룬트리세*Grundrisse*로 약칭된다(국역본은 『정치경제학 비판 요강』 I, II, III,, 김호균 옮김, 백의, 2000). 이 "1857~58년 경제학 수고", 즉 그룬트리세는 ① "Bastiat und Carey"와 ② "Grundrisse der Kritik der politischen Ökonomie"("정치경제학 비판 요강")와 ③ 이 "Grundrisse der Kritik der politischen Ökonomie"의 서문 초안인 "Einleitung"(「서설」)으로 구성되어 있다. 따라서 이 책에서는 이 "Einleitung"을 『정치경제학 비판 요강』 「서설」이 아니라 "정치경제학 비판 요강" 「서설」로 표기한다.

　　알튀세르가 이 논문을 쓴 때는 이 "수고", 즉 그룬트리세의 프랑스어 번역본이 간행되기 전이었고, 당시 이 「서설」 프랑스어 번역본("Introduction à la critique de l'économie politique")은 마르크스가 1859년에 출판한 『정치경제학 비판을 위하여』*Zur Kritik der politischen Ökonomie*의 프랑스어 번역본 *Contribution à la Critique de l'Economie politique*(Éditions Sociales, 1957)에 부록으로 수록되어 있었는데, 알튀세르는 이 "Introduction⋯"의 집필 연도(1857년)를 그것이 수록된 *Contribution*⋯의 원본의 간행 연도와 혼동해 1859년으로 쓴 것이다. 이하 「서설」 인용시 옮긴이가 독일어 원문에서 직접 번역한다.

에서 "변증법"에 대한 소묘라고 할 수 있는 몇 구절을 우리에게 남겨 주었다. 마오쩌둥은 1937년 중국공산당의 교조주의적 일탈에 대항하는 정치적 투쟁이 한창일 때 『모순론』이라는 중요한 텍스트에서 레닌의 노트들을 발전시켰다.[24]

　나는 우리가 어떻게 이 텍스트들, 이미 매우 정교제작된 형태를 취하고 있어서 우리가 그것을 발전시키고 그 기초로 돌아가면 충분할, 그러나 항상 숙고해야 할 이 텍스트들 속에서, "마르크스주의 변증법의 특수성은 무엇인가?"라는 우리의 질문에 대한 이론적 대답을 발견할 수 있는지를 보여 주고자 한다.

---

24 *La Pensée*, décembre 1962, p. 7, Note 6 참조.

3. 이론적 실천의 과정

이는 …… 사고의 총체성Gedankentotalität으로서의, 사고의 구체Gedanken konkretum로서의 구체적 총체성이 사실상 사고의 산물, 파악의 산물 인 한에서 옳다. 그러나 그것은 결코 직관과 표상의 밖에서 또는 위에 서 사고하고 스스로 태어나는 개념의 산물이 아니라, 직관과 표상을 개념들로 가공해 내는 작업의 산물이다.

칼 마르크스, "정치경제학 비판 요강"의 「서설」, 1857

마오쩌둥은 모순의 "보편성"에서 출발하는데 이것은 오직 계급투 쟁의 실천 속의 모순에 대해서만 심각하게 말하기 위해서이다. 마오는 보편성은 특수성 속에서만 존재한다l'universel n'existe que dans le particulier[25]

25 [옮긴이] 마오의 원문에는 "보편성은 특수성 속에 존재한다"普遍性即存在于特殊性之中/l'uni-versel existant dans le spécifique와, "(모순의 보편성과 모순의 특수성의 관계는 곧 모순의 일반 성과 개별성의 관계이다.) …… 이런 일반성은 일체의 개별성 속에 포함되어 있다"这种共性 即包含于一切个性之中/ce général n'existe que dans le particulier라는 연관된 두 문장이 있다. 알튀세르 는 뒷 문장의 주어 ce général[这种共性]을 앞 문장의 주어 l'universel[普遍性]로 바꾸어 "보편성 은 특수성 속에서만 존재한다"라고 썼다. 국역본은 「모순론」, 『모택동 선집 1』, 같은 책, 2001, 379-380쪽 참조.
참고로 말하면, 『모순론』 원문의 普遍性/特殊性의 짝이 『모순론』 독일어 번역본, 영어 번는 그 자체 "보편적"인 원리, 그가 모순과 관련해, 모순은 항상 특수하다spécificique, 특수성은 보편적으로 모순의 본질에 속한다는 보편적 형태로 고찰하는 그 원리에 의거한다. 특수성을 탄생시킬 수 있기 위해서는 보편성의 보충을 필요로 하는 듯이 보이는 보편성의 이 사전적事前的 "노동"을 조롱하면서, 이 "노동"을 헤겔의 "부정적인 것"의 노동으로 간주할 수도 있을 것이다. 그러나 유물론을 올바르게 이해한다면, 이 "노동"은 보편성의 노동이 아니라 하나의 사전적 보편성에 **대한** 노동, 이 보편성에 대해 추상화나 "철학적"(이데올로기적) 유혹을 금지하는 것을, 그리고 힘을 행사해 이 보편성을 보편성의 조건에, 즉 과학적으로 특수화된 하나의 보편성의 조건에 되돌리는 것을 자신의 목적과 결과로 하는 노동이다. 보편성이 이런 특수성이어야 한다면, 우리는 이런 특수성의 보편성이 아닌 하나의 보편성을 내세울 권리를 가지고 있지 않다.

변증법적 유물론에 본질적인 이 점을 마르크스는 ["정치경제학 비판 요강"의] 「서설」의 예에서 다룬다. 거기서 마르크스는, 일반적 개념들(예컨대 "생산", "노동", "교환" 등의 개념)의 사용이 과학적인 이론

역본, 스페인어 번역본, 이탈리아 번역본에는 각각 Allgemeinheit/Besonderheit, universality/particularity, universalidad/particularidad, universalità/particolarità로 되어 있는 반면, 프랑스어 번역본에는 universalité/le caractère spécifique(또는 le spécifique)로 되어 있다. 즉, 프랑스어 번역본에서만 용어법이 다른데, 이는 프랑스어의 particulier/spécifique의 용어법이, 다른 언어들의 이에 대응하는 단어들(예컨대 particular/specific)의 용어법과 많이 다르기 때문이다.

적 실천에 필수적이지만, 이 첫 번째 일반성은 과학적 노동의 생산물과 일치하지 않는다는 것을, 즉 과학적 노동의 결과가 아니라 그 전제 조건이라는 것을 논증한다. (우리가 "일반성 I"이라 부를) 이 첫 번째 일반성은 과학의 이론적 실천이 특수화된 "개념들"로, 즉 지식이라는 "구체적인" (우리가 "일반성 III"이라 부를) 또 다른 일반성으로 전화시킬, 일차 재료를 구성한다. 그렇다면 일반성 I이란, 즉 과학적 노동이 가해지는 이론적 일차 재료란 무엇인가? 경험론 또는 감각론의 이데올로기적 환상("나이브하지" 않고 단순한 "일탈"이 아니며 이데올로기처럼 필연적이고 근거 있는 환상)과는 반대로, 하나의 과학은 결코 ("감각들" 또는 "개인들"의) 순수한 직접성과 단일성을 본질로 갖는 하나의 실재물實在物에 대해 노동하지 않는다. 과학은 항상 "일반적인 것"에 대해 노동한다. 이 "일반적인 것"이 "사실"의 형태를 지닐 경우에조차 그러하다. 예컨대 갈릴레이의 물리학이나 마르크스의 사회구성체들의 진화의 과학 같은 하나의 과학이 구성될 때, 과학은 항상 기존 개념들에 대해, "표상들"에 대해, 즉 이데올로기적 성격의 사전적 일반성 I에 대해 노동한다. 과학은 순수하고 절대적인 "사실들"의 "소여"일 객관적인 순수 "소여"에 대해 "노동"하지 않는다. 이와 반대로, 과학의 고유한 노동은 선행한 이데올로기적인 이론적 실천에 의해 정교제작된 **이데올로기적 "사실들"**에 대한 비판을 통해 **자기 자신의 과학적 사실들을 정교제작하는 데 있다.** 자기 자신의 특유한 "사실들"을 정교제작하는 것은 동시에 자기 자신의 "이론"을 정교제작하는 것이기도 한데, 왜냐하면 이른바 순수 현상이 아니라 과학적 사실은 이론적 실천의 장에서만 식별되기 때문이다. 이미 구성된 하나의 과학이 발전할 때 그 과학은, 아직 이데올로기적 개념들로 구성되었거나, 과학적 "사실들"로 구성되었거나, 아니면 이미 과학적으로 정교제작되었지만 과학 이전의 단계에 속하는 개념들(과거의 일반성 III)로 구성된 일차 재료(일반성 I)에 대해 노동한다. 따라서 과학은 이 일반성 I을 일반성 III(지식)으로 전화시키면서 노동하고 생산한다.

그러나 **누가** 노동하는가? 과학이 노동한다는 표현은 무엇을 뜻하는가? 모든 전화(모든 노동)는 이미 우리가 본 것처럼 일정한 생산수단들을 작동시킴으로써 일차 재료를 생산물로 전화시키는 것을 전제로 한다. 과학의 이론적 실천에서 무엇이 생산수단들에 상응하는 계기, 수준, 심급인가? 만약 이 생산수단들에서 잠정적으로 인간을 제외한다면, 우리가 앞으로 "일반성 II"라고 부를 것이 이 생산수단에 상응하는 계기, 수준, 심급이다. 일반성 II는 개념들의 몸체에 의해 구성되는데, 고려 대상인 (역사적) 시점에서 이 개념들의 몸체의 다소간 모순적인 통일체가 과학의 "이론"을 구성한다. 이 과학의 "이론"은 과학의 "문제" 전체가 그 속에서 필연적으로 제기되는 장을 규정한다(과학의 문제가 제기되는 장이란, 과학이 자신의 대상 속에서 만나는 곤란들, 즉 과학이 자신의 "사실들"과 자신의 "이론"의 대결 속, 자신의 과거의 "지식들"과 자신의 "이론"의 대결 속, 또는 자신의 "이론"과 자신의 새로운 지식들의 대결 속에서 만나는 "곤란들"이, 그 장에 의해서 그리고 그 장 속에서 문제의 형태로 제기되는 장을 말한다).[26] 이 이론적 노동의 변증법 속으로 들어가지는 않은 채 이런 도식적인 표시들indications로 만족하기로 하자. 이론적 실천은 일반성 I에 대한 일반성 II의 노동에 의해 일반성 III을 생산한다는 것을 이해하는 데는 이런 표시들로 충분하다.

따라서 이런 표시들은 다음과 같은 두 가지 중요한 명제들을 이해하는 데 충분하다. 1) 일반성 I과 일반성 III 사이에는 결코 본질의 동일성이 없고 현실적인 전화가 항상 있는데, 이 전화는 이데올로기적 일반성의 과학적 일반성으로의 전화(바슐라르가 예컨대 "인식론적 절단"이라 부른 형태로 숙고되는 변이)에 의한 것일 수도 있고, 과거의 일반성을 "포괄"하면서도 인정하지 않는, 즉 그것의 "상대성"을, 그리고 그것의 타당성의 (종속된) 한계들을, 규정하는 새로운 과학적 일반성의 생산에 의한 것일 수도 있다.

26 "이론" 개념에 의해 지칭되는 이 일반성 II에 대해서는 내가 여기서 할 수 있는 것보다 훨씬 더 면밀한 검토를 해야 할 필요가 분명히 있다. 여기서는 다만 내가 "이론"이라 부르는 것의 통일체가 하나의 과학 속에서 통일된 이론적 체계라는 숙고된 형태로 존재하는 경우는 매우 드물다는 것만 말해 두기로 하자. 이 통일체는 적어도 실험과학들에서는 순수하게 이론적으로 존재하는 개념들뿐만 아니라, 이론적 개념들이 많은 부분 투여되어 있는 기술technique의 장 전체도 또한 포함한다. 문자 그대로 그리고 명시적으로 이론적인 부분이 모순적이지 않은 형태로 통일되어 있는 경우는 아주 드물다. 그런 이론적인 부분은 이론적으로 숙고되지 않은 통일성을 지닌 복잡하고 모순적인 전체 속에 공존하는 국지적régionales 이론들 속에서 국소적으로localement 통일된 영역들로 이루어져 있는 경우가 대부분이다. 각 과학의 이론적 생산의 노동 속에서 매번 특수한 양식으로 작동하는 것은 바로 이런 극단적으로 복잡하고 모순적인 통일성이다. 예컨대 실험과학들 속에서, "현상들"을 "사실들"로 구성하는 것, 현존하는 곤란을 문제의 형태로 제기하는 것, 관념론적 전통에서 "가설" 등으로 불린 것의 현실적 몸체인 이론적-기술적 배치들dispositifs을 설치함으로써 그 문제를 해결하는 것은 바로 이런 통일성이다.

2) 일반성 I을 일반성 III으로 이행시키는 노동, 즉 일반성 I과 일반성 III을 구별하는 본질적인 차이를 사상하고 말하자면, "추상적인 것"을 "구체적인 것"으로 이행시키는 노동은, 이론적 실천의 과정에만 관계한다. 다시 말해서, 그것은 전적으로 "지식 내에서" 이루어진다.

"과학적으로 올바른 방법"은 추상적인 것에서부터 출발해 사고 속에서 구체적인 것을 생산하는 데 있다고 선언했을 때[27] 마르크스가 말하고자 한 것은 이 두 번째 명제이다. [추상적인 것과 구체적인 것이라는] 바로 이 단어들은 너무도 자주 이데올로기적 환상들과 연결되거니와, 이런 환상들에 빠지는 것을 피하기 위해서는, 다시 말해서, **추상적인 것**이 이론 자체(과학)를 지칭하는 반면 **구체적인 것**은 현실적인 것le réel을, 즉 이론적 실천이 그것에 대한 지식을 생산하는 "구체적" 현실들을 지시한다고 믿지 않기 위해서는, 하나의 지식인 **사고의 구체**le concret-de-pensée와 지식의 대상인 **현실 구체**le concret-réalité라는

---

27 마르크스는 1857년의 「서설」에서 다음과 같이 말한다. "현실적이고 구체적인 것으로부터mit dem Realen und Konkreten …… 시작하는 것이 올바른 것처럼 보인다. 그렇지만 더 자세히 살펴보면 이것은 잘못된 것임이 드러난다. …… 후자[일반적 개념들에서 구체적 개념들로 나아가는 경제학 체계의 방법—알튀세르]가 분명히 과학적으로 올바른 방법이다. 구체적인 것은 그것이 수많은 규정들의 총괄die Zusammenfassung vieler Bestimmungen이요 다양한 것들의 통일이기 때문에 구체적이다. 따라서 구체적인 것은 …… 총괄 과정, 결과로서 현상하지 출발점으로 현상하지 않는다. …… [과학적 방법에서는—알튀세르] 추상적 규정들이 사고의 경로를 통해 구체적인 것의 재생산에 이른다. …… 추상적인 것으로부터 구체적인 것으로 상승하는 방법은 사유가 구체적인 것을 점취하고, 이를 정신적으로 구체적인 것으로 재생산하는 방식일 뿐이다." 칼 맑스, 「서설」, 『정치경제학 비판 요강 I』, 같은 책, 70-71쪽.

두 가지 상이한 구체를 혼동하지 않기 위해서는, 이 테제의 정확한 의미를 포착해야 한다.[28] 지식 구체le concret-connaissance를 생산하는 과정은 전적으로 이론적 실천 속에서 진행된다. 물론 이 과정은 현실적 구체le concret-réel에 관련되지만, 이 현실적 구체는 "여전히 두뇌 밖에서 자립적으로 존속한다"(「서설」, 72쪽). 이 현실적 구체는 현실적 구체에 대한 지식인 또 다른 "구체"[사고의 구체]와는 결코 혼동될 수 없다. 현재 검토되고 있는 사고의 구체(일반성 III)가 사고의 구체의 대상(현실적 구체)에 대한 지식이라는 점은, 이런 현실을 이른바 문제 (지식Connaissance의 문제)로 전화시키는 이데올로기에게만, 따라서 과학적 실천 자체를 통해 현실적 문제에 대한 문제의 여지가 없는 해결로서 정확히 생산된 것을, 즉 한 대상과 그것에 대한 지식 사이의 문제의 여지가 없는 관계를, 문제가 있는problématique 것으로 사고하는 이데올로기에게만 "곤란"이 된다. 따라서 추상적인 것(일반성 I)과 구체적인 것(일반성 III) 사이의 현실적 구별, 오직 이론적 실천에만 관련되는 이 구별을, 다른 하나의 구별, 즉 (사고와 과학과 이론의

---

28 [옮긴이] le concret-de-pensée는 마르크스의 Gedankenkonkretum(사고의 구체)을 알튀세르가 직접 번역한 역어이며, "현실 구체", "현실적 구체"는 알튀세르 자신의 용어이다. 이 책에서는 le concret가 das Konkrete의 역어로 단독으로 쓰일 때에는 '구체적인 것'으로 번역하지만, le concret-de-pensée, le concret-réalité 등과 같이 복합어로 쓰일 경우 '구체'로 번역한다. 다른 한편, 사고思考와 사유思惟의 차이와 관련해 "사유는 사고를 포함하면서 감정 등도 포괄한 마음의 움직임"이라고 정의한 오모리 신쇼大森莊藏, 『지식의 구축과 그것의 굴레』知の構築とその呪縛(學藝文庫, 1994)의 용어법에 따라 이 책에서는 알튀세르의 pensée를 모두 '사고'로 번역한다. 『요강』 국역본에는 Gedankenkonkretum이 '사유 구체성'으로 번역되어 있다.

본질을 구성하는) 추상을 (현실적인 것의 본질을 구성하는) 구체적인 것에 대립시키는 이데올로기적 구별과 혼동하지 않는 것이 본질적이다.

이런 혼동은 정확히 포이어바흐의 혼동이었는데, 포이어바흐 추종자였던 시기의 마르크스도 이런 혼동을 공유했다. 이런 혼동은 오늘날 유행하는 대량생산된 이데올로기에 자리를 제공할 뿐만 아니라, 그 이데올로기의 때로는 적지 않은 저항적 미덕들의 "자명성"에 사로잡힌 이들로 하여금 출구 없는 이론적 궁지 속에서 길을 잃게 할 우려가 있다. 이론에, 과학에 속한다는 추상을 현실적인 것 자체라는 구체적인 것에 종국적으로 대립시키는 비판은 아직 이데올로기적인 비판이다. 왜냐하면 이런 비판은 과학적 실천의 현실을, 과학적 실천의 추상들의 타당성을, 끝으로 이론적인 "구체적인 것"의 현실성을 부정하기 때문이다. 스스로 "구체적"이기를 원하고 구체적인 것을 원하는 이 이해[관념]conception는, 이해[관념]로서, "참되기"를 원하며, 따라서 지식을 원한다. 그러나 그것은, 바로 지식을 생산하는 실천의 현실성을 부정하면서 출발한다. 그것은 자신이 "전도"한다고 선언하는 바로 그 이데올로기 속에, 즉 추상 일반이 아니라 일정한 이데올로기적 추상 속에 머무른다.[29]

29 포이어바흐 자신이 그런 예이다. 바로 이 때문에 포이어바흐의 "유물론 선언"을 아주 신중하게 다루어야 한다. 나는 『라 팡세』, 1961년 3-4월호에 발표된 「청년 마르크스에 대하여」에서 이 점에 대해 주의를 환기했다. 나는 그 글에서 지금 내가 행하는 비판의 대상이 되는 **아직 이데올로기적인 몇몇 범개념들**을 사용했다. **그런 예의 하나로**, 헤겔의 "지양"을 반박하기 위해서 사용된, 그리고 이데올로기부터 벗어나고 신화로부터 해방되어 헤겔

인식의 과정 한가운데에서조차, 인식의 과정이 그것과 함께 시작되는 "추상적" 일반성과 인식의 과정이 그것과 함께 종결되는 "구체적" 일반성은, 즉 일반성 I과 일반성 III은, 그 본질에서 동일한 일반성이 아니며, 따라서 개념의 자기발생이라는 헤겔적 이해[관념], 보편적인 것이 그것에 의해 스스로 자신을 구체적인 것으로 생산하는 "변증법적" 운동이라는 헤겔적 관념의 "겉모양들"은, 이론적 실천에서 작동하는 "추상" 및 "일반성"의 종류들에 대한 혼동에 기초한다는 것을 이제 인지하기 위해서는 반드시 여기까지 와야 한다. 그리하여 헤겔이, 마르크스가 말했듯이 "현실적인 것das Reale을, 자체 속에 총괄되고, 자체 속으로 침잠하며, 자체로부터 운동해 나오는 사고의 생산물로 파악할"[30] 때에, 헤겔은 다음과 같은 **이중의** 혼동을 일으킨다.

(1) 첫 번째로, 헤겔은 과학적 지식을 생산하는 노동을 "구체적인

에 의해 왜곡된 **원본**l'*original*에 접하기 위한 마르크스의 노력을 예시하기 위해서 사용된, "뒤로 돌아오기"retour en arrière라는 개념이 있다. "뒤로 돌아오기"라는 이 개념은, 그 논쟁적 용법 속에서조차, 이데올로기 **이전의** "현실적인 것"과 "구체적인 것"으로 돌아오기를 제안하면서 "실증주의"를 스쳐 가고 있다. **또 다른 예**는 철학의 역사의 **가능성** 자체에 대한 논쟁적 반박이다. 이 테제는 철학은 (종교, 예술 등과 마찬가지로) 역사를 갖지 않는다고 선언하는 『독일 이데올로기』의 한 구절에 근거를 둔 것이었다. 여기서도 우리는 실증주의의 경계선에 서 있었고, 일체의 이데올로기를(따라서 철학을) (『독일 이데올로기』가 부단히 그렇게 하려고 시도했듯이) 사회구성체의 단순한 (일시적) 현상으로 환원하는 데에서 단 두어 걸음 떨어져 있을 뿐이었다.

30 「서설」, 『정치경제학 비판 요강 I』, 71쪽.

것(현실적인 것)의 발생 과정 자체"로 간주한다. 그러나 헤겔이 이런 "환상"에 빠진 것은 두 번째 혼동 때문이었다.

(2) 헤겔은 인식 과정의 출발점에 등장하는 보편적 개념(예컨대 보편성의 개념 자체, 『대논리학』의 "존재"Sein 개념)을 인식 과정의 본질이나 동력으로, 즉 "자기 자신을 낳는 개념"으로 간주한다.[31] 그는 이론적 실천이 하나의 지식(일반성 III)으로 전화시킬 일반성 I을 전화 과정 자체의 본질과 동력으로 간주하는 것이다. 이것은, 또 다른 실천으로부터 정당하게 빌려 온 비교를 사용하자면[32] 석탄이 변증법적 자기 발전을 통해 증기기관, 공장들, 그리고 오늘날 석탄의 채굴과 무수한 변형을 가능하게 해주는 기술적·기계적·물리학적·화학적·전기적인 대단한 설비들을 생산한다는 것과 같은 것이다. 헤겔이 이런 "환상"에 빠진 것은 그가 보편적인 것과 그것의 기능, 그것의 의미에 대한 이데올로기적 이해[관념]를 이론적 실천의 현실에 부과했기 때문이다. 그러나 실천의 변증법에서, 시초의 추상적 일반성(일반성 I), 즉 노동이 가해지는 일반성은 노동하는 일반성(일반성 II)과 다르고, 하물며 노동의 생산물인 특수화된 일반성(일반성 III), 즉 하나의 지식("이론적 구체")과는 더더욱 다르다. (노동하는) 일반성 II는 (노동이 가해지는) 일반성 I의 단순한 발전, 즉자에서 대자로의 일반성 I의

---

31 「서설」, 72쪽[번역은 수정함].

32 이 비교는 근거 있는 것인데, 구별되는 이 두 실천이 실천의 일반적 본질을 공유하기 때문이다.

이행이(이 이행이 아무리 복잡하더라도) 결코 아니다. 왜냐하면 일반성 II는 검토되고 있는 과학의 "이론"이며, 그 자체로서, 엄밀한 의미의 현실적 전화의 과정, 즉 (즉자에서 대자로의 발전이라는 헤겔의 모델에 따른) 단순한 발전의 형태가 아니라 현실적인 질적 불연속을 유발하는 변이變異와 재구조화의 형태를 띠는 과정인 하나의 과정 전체(정립될 때부터의 과학의 역사)의 결과이기 때문이다. 일반성 I에 대해 노동할 때 일반성 II는 따라서 결코 자기 자신에 대해 노동하는 것이 아니다. 과학의 창설시에도 그러하고 그 과학의 역사 속에서도 그러하다. 그렇기 때문에 일반성 I은 언제나 이 노동으로부터 현실적으로 전화되어 나온다. 일반성 I에 일반성의 일반적 "형태"가 아직 남아 있다 해도, 그 "형태"는 우리에게 일반성 I에 대해 아무것도 가르쳐 주지 않는데, 왜냐하면 일반성 I은 전혀 다른 일반성이 되었기 때문이다. 즉, 그것은 여전히 이데올로기적인 일반성도 아니고 과학의 이미 지나간 단계에 속하는 일반성도 아닌, 모든 경우에, 질적으로 새로운 특수화된 과학적 일반성이 되었기 때문이다.

이론적 실천의 이런 현실, 이론적 실천의 이런 구체적 변증법, 즉 상이한 일반성들(일반성 I, II, III) 사이에 개입하거나 출현하는 질적인 불연속, 헤겔은 이것들을 부정한다. 더 정확히 말해, 헤겔은 이것들을 사고하지 않으려 한다. 어쩌다 이것들을 사고하게 되는 경우에, 헤겔은 이것들을 또 다른 현실의 현상으로 만든다. 여기서 또 다른 현실이란 헤겔에게는 본질적이지만 철저하게 이데올로기적인 것, 이념의 운동이다. 헤겔은 이 운동을 과학적 노동의 현실에 투사하고, 추상에서 구체에 이르는 과정의 통일성을 최종적으로 개념의 자기 전개로, 즉 기원적 즉자가, 바로 소외의 형식들을 통해, 자신의 시작과 동일한 자신의 결과의 생성 속으로 단순히 전개해 가는 것으로 파악한다. 이렇게 하여 헤겔은 이론적 실천의 과정 자체를 구성하는 현실석인 질적 차이들과 전화들, 본질적인 불연속들을 인식하지 못한다. 그는 그것들에 하나의 이데올로기적 모델, 단순한 내부성의 전개의 모델을 부과한다. 말하자면 헤겔은 자신이 그것들에게 부과한 이데올로기적 일반성이 이론적 실천 속에서 작동하는 세 유형의 일반성들(I, II, III)의 유일한 구성적 본질이라고 선언한다.

이제 비로소 헤겔에 대한 마르크스주의적 비판의 깊은 의미가 그 모든 함의와 함께 명확해지기 시작한다. 헤겔의 근본적 결함은 "사변적" 환상에만 있는 것이 아니다. 포이어바흐가 이미 폭로한 이 사변적 환상은 사고와 존재를, 사고의 과정과 존재의 과정을, "사고된" 구체와 "현실적" 구체를 동일화하는 것으로 이루어진다. 그것은 전형적인 사변적 과오, 사물들의 질서를 뒤집고 (추상적인) 개념의 자기 발생 과정을 (구체적인) 현실적인 것의 자기발생 과정으로 간주하는 추상화의 과오이다. 마르크스는 『신성가족』에서 이에 대해 아주 명료히 설명한다.[33] 즉, 헤겔의 사변철학에서는 과일의 추상Abstraktion이 자신의 자기 규정적 자기 생성 운동을 통해 배, 포도, 자두를 생산한다

---

[33] 『신성가족』은 1844년에 쓰였다. 같은 주제가 『독일 이데올로기』(1845)와 『철학의 빈곤』 (1847)에서도 다뤄졌다.

는 것이다.[34] 포이어바흐는 이미 1839년에 [「헤겔 철학 비판을 위하여」에서] 헤겔의 "구체적 보편자"das konkrete Allgemeine에 대해 경탄할 만한 분석을 하면서 이 점을 더욱 잘 설명하고 비판했다. 따라서 우리에게 자신과의 대비에 의해 추상의 **좋은** 용법(유물론적 용법)을 가르쳐 주는 추상의 **나쁜** 용법(관념론적이고 사변적인 용법)이 있다. 이것은 이해하기 쉽다. 이 모든 것은 단순하고 명료하다! 그리고 우리는 해방적 "전도"를 통해 사물을, 즉 추상을, 옳은 방향으로 놓을 준비를 한다. 왜냐하면, 과일의 (일반적) 개념이 자기 전개에 의해서 과일들을 생산하는 것이 아니라 반대로 (구체적) 과일들이 과일의 개념을 생산하기 때문이다(안 그런가?). 그런데 우리는 이에 동의하는가?

아니, 엄밀히 말해서, 동의할 수 없다. 우리는 이런 "전도" 속에 내포된, 그저 이런 "전도"에 대해 말할 수 있게 해주는, 이데올로기적 혼동에 대해 동의하지 않는다. 문제 되는 전도에서 엄밀성은 근본적인 이데올로기적 혼란을 전제한다는 조건하에서만 가능하다. 이 혼란은 마르크스가 포이어바흐주의자이기를, 또는 포이어바흐의 용어들을 원용하기를, 진정으로 그만 둔 다음에야 과일의 일반적 개념이 구체적 과일들의 추상을 통해 생산"되었을" 것과 똑같은 방식으로 하나의 과학적 개념이 생산된다는 생각을 지탱해 준 경험론적 이데올로기를 의식적으로 포기한 다음에야, 벗어날 수 있었던 혼란이었다. 1857년의 「서설」에서 과학적 인식의 전체 과정은 현실적 구

---

34 [옮긴이] 맑스·엥겔스, 『신성가족』, 같은 책, 98쪽(*MEW*, Band. 2, S. 60).

체로부터가 아니라 하나의 추상으로부터, 일반성으로부터 시작된다
고 말할 때에, 마르크스는 자신이 이데올로기와, 단지 사변적 추상만
을 고발하는 것과, 즉 사변적 추상의 전제들과, 실제로 결별했음을
입증하고 있다. 마르크스가 한 과학의 일차 재료는 항상 주어진 일반
성(일반성 I)의 형태로 존재한다고 선언할 때에, 그는 하나의 사실의
단순성을 갖는 이 테제를 통해 하나의 새로운 모델을, 좋은 추상에
의한 개념의 생산이라는 경험론적 모델, 구체적 과일들에서 출발하
고 "과일들의 개체성들을 추상함으로써" 과일들의 본질을 끌어내
는 경험론적 모델과는 아무런 관계가 없는 새로운 모델을 우리에게
제시한다. 이것은 이제 과학적 노동에 관한 한 명료하다. 즉, 과학적
노동은 "구체적 주제들"에서 출발하는 것이 아니라 일반성 I에서 출
발한다. 그렇지만 이 점은 이 일반성 I에 대해서도 참인가? 일반성 I
은 헤겔적 사변이 잘못 사용했을 뿐인 이 **좋은 추상**에 의해 생산된,
인식의 사전적 단계가 아닌가? 그러나 이런 테제는 불행히도 변증법
적 유물론에 유기적으로 속하지 않는다. 그것은 경험론적이고 감각
론적인 이데올로기에 속할 뿐이다. "감각적[감성적, 물질적]인 것
Sinnlichkeit을 객체의 형태로", 즉 실천 없는 직관의 형태로 파악했다고
포이어바흐를 규탄할 때 마르크스가 거부한 것이 바로 이런 테제이
다. 일반성 I은, 예컨대 "과일"의 개념은, "주체"(의식, 또는 심지어 "실
천"이라는 이 신화적 주체)에 의해 실행되는 "추상 작업"의 산물이 아니
라, 경험적·기술적技術的, 이데올로기적인 상이한 수준들의 구별되는
여러 구체적 실천들이 항상 관여하는 정교제작의 복잡한 과정의 결

과이다. (저 초보적인 예로 돌아온다면, 과일의 개념은 그 자체가, 그것의 기원들에서, 구별되는 영양학적·농업적 실천들, 게다가 마술적·종교적·이데올로기적 실천들의 산물이다.) 인식이 이데올로기와 단절하지 않은 한에서는, 모든 일반성 I은 따라서 사회적 전체le tout social의 실존에 필수 불가결한 근본적 실천들 중의 하나인 이데올로기에 의해 깊이 각인되어 있다. 구체적 개체들로부터 그것들의 순수한 본질을 추출한다는 **추상** 행위는 **하나의 이데올로기적 신화이다.** 일반성 I은 추상이 추출해 내야 하는 대상의 본질에 본질적으로 불합치한다. 이론적 실천이 일반성 I을 일반성 III으로 전화시킴으로써 드러내고 제거하는 것이 바로 이 불합치성이다. 따라서 일반성 I 자체가 "전도"가 전제하는 경험론적 이데올로기의 모델을 거부한다.

요약해 보자. 과학적 실천이 (구체적) 지식을 생산하기 위해 추상적인 것에서 출발한다는 것을 인지한다는 것은 또한 이론적 실천의 일차 재료인 일반성 I이, 이 일반성 I을 "사고의 구체", 즉 지식(일반성 III)으로 전화시키는 일반성 II와는 질적으로 상이하다는 것을 인지하는 것이다. 이 두 유형의 일반성을 구별하는 차이에 대한 부정, (노동이 가해지는) 일반성 I에 대한 (노동하는) 일반성 II의 우위에 대한, 즉 "이론"의 우위에 대한 몰인식, 이것은 마르크스가 비판하는 **헤겔의 관념론의 기반 바로 그것**이다. 이것은 추상적 사변을 현실로 또는 구체적 과학으로 "전도"한다는 아직 이데올로기적인 "전도"의 겉모양의 배후에서, 헤겔적 이데올로기의 운명과 마르크스주의 이론의 운명이 결정되는 결정적 지점이다. 왜 마르크스주의 이론의 운명이 결정된다고 하는가? 이것은, 누구나 알듯이, 단절의 근본적인 이유들, 사람들이 인정하는 이유들이 아니라 작동하고 있는 이유들이, 그 단절이 초래할 것으로 기대되는 해방이 단지 자유의 기다림 즉 자유의 결여일 것인지 아니면 자유 자체일 것인지를 영구히 결정할 것이기 때문이다.

이런 까닭에 "전도" 개념을 하나의 **인식**으로 간주하는 것은 그 개념을 지탱하는 이데올로기를 받아들이는 것, 즉 이론적 실천의 현실성 자체를 부정하는 이해[관념]를 받아들이는 것이 된다. 따라서 "전도" 개념이 신호해 주는 "청산"은, 개념의 자기발생을 "(현실적) 구체의 발생" 자체로 여기는 이론을 반대의 이론으로, 즉 현실적인 것의 자기발생을 개념의 발생으로 여기는 이론으로, 전도하는 데 있을 수 없다("전도"라는 표현을 허용하는 것은, 이런 대립이 진정으로 근거 있는 것이었다면, 바로 이런 대립일 것이다). 이 청산은 과학적 실천의 현실과 동떨어진 이데올로기적 이론을 기각하고, 질적으로 상이한 이론으로 그것을 대체하는 데 있다(이것이 결정적인 점이다). 질적으로 상이한 이론이란 과학적 실천의 본질을 인지하고, 과학적 실천을 사람들이 과학적 실천에 부과하고자 하는 이데올로기와 구별하며, 과학적 실천의 고유한 특성들을 진지하게 받아들이고 그 특성들을 사고하고 진술하며, 이런 인지 자체의 실천적 조건들을 사고하고 진술하는 이론을 말한다.[35] 이 지점에 이르러 우리는 종국적으로 "전도"의 문

---

35 이런 단절의 노동은 칼 마르크스라는 한 사람의 이론적 실천의 결과이다. 여기서 청년 마르크스에 대한 나의 논문(이 책의 「청년 마르크스에 대하여」)에서 간략히 소묘한 질문

제question가 더 이상 존재할 수 없음을 알게 된다. 왜냐하면 이데올로기를 전도함으로써 과학이 획득되는 것이 아니기 때문이다. 우리는 이데올로기가 그 속에서 자신이 현실적인 것에 관여한다고 믿는 그런 영역을 포기하는 조건하에서만, 즉 이데올로기적 **문제설정**을(이데올로기의 근본적 개념들의 유기적 전제를, 그리고 이 체계와 더불어, 이 개념들의 대부분까지를) 포기하고, **"또 다른 요소들 속에"**,[36] 새로운 과학적인 문제설정의 장 속에 새로운 이론의 활동을 기초 짓는 데로 나아감으로써만, 과학을 획득할 수 있다. 나는 이 용어들을 신중하게 사용한다. 그리고 간단한 시험으로서, 누구든, 어떤 이데올로기가 됐든지 간에, 하나의 이데올로기의 문제설정을 전도함으로써 구성된 진정한 과학, 즉 이데올로기의 문제설정 자체의 토대 위에 구성된 진정한

으로 돌아갈 수는 없다. 거기서 나는, 역시 전화의 노동이었던 마르크스의 이론적 실천이 왜 필연적으로 이론 속에서 인식론적 절단이라는, 단절의 탁월한 형태를 취해야 했는지를 밝혀야 했다.

헤겔에 대한 마르크스의 관계가, 최종 분석에서, 더 이상 전도의 관계가 아니라 전적으로 상이한 관계로 드러나는 지점에서부터, (『철학 노트』의 놀라운 직접적 반응들 속에서) 레닌 자신에게 놀랍고 역설적으로 보였던 것이 이제 아마도 더 잘 이해될 수 있으리라고 시사해도 되지 않을까? 헤겔에게서 이용 가능한 분석들, 그리고 물론 고립된 것들이지만, 유물론적 성격의 몇몇 표명들이 발견될 수 있다고 시사해도 되지 않을까? 마르크스와 헤겔의 관계가 전도의 관계가 아니라고 한다면 헤겔 변증법의 "합리성"이 월등히 잘 이해된다고 시사해도 되지 않을까?

36 나는 청년 마르크스의 한 문단에서 빌려 온 이런 "이론적 이미지"를 『라 누벨 크리틱』 (1960년 12월호), p. 36에서 제시한 바 있다. ["마르크스의 이론적 혁명이란 바로 **과거의 요소**, 즉 헤겔적이고 포이어바흐적인 철학의 요소로부터 해방된 **새로운 요소** 위에 자신의 이론적 사고를 세운 것이었다." 이 책 93쪽].

과학의 예를 하나 들 수 있으면 들어 보라고 제안하고자 한다.[37] 나는 이 도발에 한 가지 조건만 붙이겠다. 단어들을 은유적 의미가 아니라 엄밀한 의미로 사용하라는 것이다.

[37] 생각건대 이런 종류의 도발은 마르크스주의자들의 정치적 경험의 반향을 불러일으킬 것이다. 왜냐하면 누군가에게 원인을, 결정적인déterminante 근본 구조를 변화시킴이 없이 결과를 변화시킬 수 있으면 변화시켜 보라고 하는 것은 개혁주의에 대한 비판과 유사한 것이다. 즉, 그것은 사물들의 질서를 그 사물들 자체의 토대 위에서 전도할 수 있다고 믿는, 예컨대 기존의 사회적 관계들의 토대 위에서 사회적 불평등을 사회적 평등으로, 인간에 의한 인간의 착취를 인간들 사이의 협동으로 전도할 수 있다고 믿는, 세상의 모든 개혁주의자들에 대한 공산주의자들의 일상적인 도발과 유사한 것이기 때문이다. 노동자들의 투쟁가는 "세상은 바닥부터 뒤바뀔 것이다"라고 하는데[인터내셔널가 1절의 "세상은 바닥부터 뒤바뀔 것이고 지금 아무것도 아닌 우리가 모든 것이 될 것이다"라는 가사를 말한다], 이것은 이론적으로 나무랄 데 없는 것이다.

4. "이미 주어진" 구조화된 복잡한 전체

> …… 가장 단순한 경제적 범주는 …… 이미 주어진 구체적인, 살아 있
> 는 전체의 추상적·일방적 관계로서 존재할 수밖에 없다.
>
> 칼 마르크스, "정치경제학 비판 요강"의 「서설」

　　이제 우리는 모든 모순의 특수성spécificité으로부터 멀리 떨어져
있다. …… 아니, 우리는 아직 그것으로부터 한 발자국도 떠나지 않
았다. 그러나 우리는 이제 그 특수성이 아무래도 좋은 일반성의 특
수성, 즉 극단적인 경우에 이데올로기적 일반성의 특수성은 아니라
는 것을 안다. 그것은 일반성 III의 특수성, 지식의 특수성일 것이다.
　　그렇다면 모순의 이 "특수성"이란 무엇인가?
　　변증법은 "사물 자체의 본질 속에 있는 모순을 탐구하는 것이
다."[38] 또는, 같은 말이지만, "대립물들의 동일성의 이론"이다. 바로
이를 통해 "변증법의 핵심이 이해되겠지만, 그러나 이것은 설명과
전개를 필요로 한다"라고 레닌은 말한다.[39] 마오는 이 텍스트들을

---

38 [옮긴이] V. I. 레닌, 「헤겔의 『철학사 강의』에 대한 적요」, 『철학 노트』, 208쪽(마오의 인
용 : 「모순론」, 같은 책, 360쪽).

인용하고 "설명과 전개로", 즉 그 "핵심"의 내용으로, 요컨대 모순의 특수성에 대한 정의로 나아간다.

여기서 우리는 갑자기 아주 주목해야 할 세 가지 개념과 만나게 된다. 두 개는 구별 개념이다. ① **주요 모순**과 부차 모순들의 구별. ② 모순의 **주요 측면**과 부차적 **측면**의 구별. 끝으로 ③ 모순의 **불균 등 발전**. 이 개념들은 "이렇게 되어 있군"c'est ainsi[40]의 양식樣式으로 제 시된다. 이 개념들은 마르크스주의 변증법에 본질적인데 왜냐하면 그것들은 마르크스주의 변증법에 특유한 것이기 때문이라고들 말한 다. 이런 주장들의 깊은 이론적 근거를 찾는 일은 우리의 몫이다.

첫 번째 구별만 검토하더라도, 이 구별은 동일한 한 과정 속에 여러 모순들이 존재한다는 것을 직접적으로 가정한다는 것을 충분 히 알 수 있다(그렇지 않다면 주요 모순을 부차 모순들에 대립시킬 수 없다). 이 구별은 복잡한 과정이 존재함을 함축한다. 그래서 마오는 "단순 한 과정에는 한 쌍의 대립물이 있을 뿐이고 복잡한 과정에는 한 쌍 을 넘는 대립물이 있다"라고 말한다.[41] 왜냐하면 "모든 복잡한 과정

---

39 [옮긴이] V. I. 레닌, 「헤겔의 『논리학』에 대한 적요」, 『철학 노트』, 같은 책, 178쪽.

40 [옮긴이] 알프스산맥 앞에서 헤겔이 한 말 "es ist so!"를 번역한 것이다. 이 책 361쪽 옮긴 이 주 65를 보라.

41 [옮긴이] 「모순론」, 같은 책, 388쪽. 마오의 원문에는 "한 쌍의 모순"—對矛盾, "한 쌍 이상 의 모순"—對以上的矛盾으로 되어 있는데, 문맥을 보면 여기서 "모순"은 마오가 "대립물"을 잘못 쓴 것이 분명하다. "모순"이라 하려면 "한 쌍의 모순"이 아니라 "한 개의 모순"이어 야 한다. 『모순론』 국역본, 일본어 번역본에는 원문 그대로 "모순"으로 되어 있으나, 영어 번역본, 프랑스어 번역본, 독일어 번역본에는 "대립물"로 정정되어 있다.

은 두 개 이상의 모순을 포함하기 때문이다."[42] "복잡한 사물의 발전 과정에는 많은 모순이 존재하는데 그중에는 반드시 하나의 주요 모순이 있다."[43] 두 번째 구별(모순의 주요 측면과 부차적 측면)은 각각의 모순 속에서 과정의 복잡성을, 즉 그 과정 안에 복수의 모순들이 존재하고 그중 하나가 지배적임을 반영할 뿐이기 때문에, 고찰해야 하는 것은 바로 이 복잡성이다.

따라서 이 근본적 구별들의 한복판에서 우리는 과정의 복잡성을 발견한다. 여기서 우리는 다시 마르크스주의의 핵심 지점, 다른 각도에서 접근한 동일한 중심 지점을 건드린다. 마오는 "두 개의 대립물이 있는 단순한 과정"을 제쳐 두는데, 그는 그런 단순한 과정은 그의 대상, 즉 복수의 모순들을 내장하고 있는 사회와는 무관하다는 사실상의 이유로 그런 과정을 배제하는 것 같다. 그러나 그는 동시에 "두 개의 대립물이 있는 단순한 과정"의 순수한 가능성을 마련해 두지 않았던가? 그리하여 우리는 이런 "두 개의 대립물이 있는 단순한 과정"이 본질적인 기원적起源的 과정이고, 다른 복잡한 과정들은 그것의 복잡화, 즉 그것의 발전된 현상이 아닌지 자문해 볼 수 있을 것이다. 레닌이 필론Philon 이래로 알려져 있는 "일자―著/das Einheitliche/ l'Un의 분열과, 일자의 모순하는 부분들에 대한 인식"이 (레닌의 삽입

---

42 [옮긴이] 이 말은 마오의 원본에는 없다. 그러나 "한 쌍을 넘는 대립물이 있다"는 것은 곧 "두 개 이상의 모순이 있다"는 것과 같은 말이다.

43 「모순론」, 같은 책, 381쪽[번역은 수정함].

절 생략) "변증법의 본질('본질적인 것들' 중의 하나, 유일한 근본 특성 또는 근본 특징은 아닐지라도 근본 특성들 또는 근본 특징들 중의 하나)이다"[44]라고 말했을 때 그는 그런 방향으로 기우는 것이 아닌가? 두 개의 모순적 부분으로 분할된 이 일자에서 레닌은 모든 모순의 "모델"뿐만 아니라 "모형"母型/matrice을, 모든 모순이 그 가장 복잡한 형대들 속에서조차 드러내는 기원적 본질을 기술하는 것은 아닌가? 그러니 복잡한 것은 단순한 것의 발전이자 현상에 불과한 것이 아닌가? 이 질문은 결정적으로 중요한 것이다. 왜냐하면 이 "두 개의 대립물이 있는 단순한 과정", 그 속에서 통일체가 두 개의 모순적 부분들로 분열되는 이 과정은 정확히 바로 헤겔적 모순의 모형이기 때문이다.

여기서 우리는 다시 한 번 우리의 해석을 시험에 부칠 수 있으며 부쳐야 한다.

물론 마오는 "단순한 과정"을 기억용으로만 언급할 뿐 어떠한 예도 들지 않는다. 그러나 마오의 분석에서 우리는 복잡한 과정들, 즉 그 속에서 불균등한 다수의 모순들을 지닌 하나의 구조가 이차적으로가 아니라 시원적始原的으로 개입하는 그런 복잡한 과정들만 상대하게 된다. 어떤 복잡한 과정도 실제 단순한 과정의 발전으로 제시되지 않으며, 따라서 결코 복잡한 것이 단순한 것의 현상으로서 제시되지 않는다. 그와 반대로, 복잡한 과정은 복잡한 과정 자체의

---

44 V. I. 레닌, 「변증법의 문제에 대하여」, 『철학 노트』, 299쪽 참조[이 번역본에는 "통일물의 분열, 그리고 통일물의 모순되는 성분에 관한 인식"으로 되어 있다].

결과로 제시된다. 복잡한 과정들은 따라서 항상 주어진 복잡성들이며, 이 주어진 복잡성들을 기원적 단순성들로 환원하는 것은 사실적으로도 원리적으로도 결코 고려되지 않는다. 그런데 마르크스의 1857년 「서설」로 되돌아오면 우리는 비상히 엄밀하게 표현된 동일한 요청을 만나게 된다. 마르크스는 그 글에서 정치경제학의 개념들을 고찰하면서, "우리가 생산에 대해 말할 때 그것은 언제나 일정한 사회적 발전 단계에서의 생산, **사회적** 개인들의 생산"[45]이므로, 즉 그것은 구조화된 사회적 전체 속에서의 생산이므로, "생산"의 단순한 보편성의 탄생으로, "생산"의 단순한 보편성의 기원으로 거슬러 올라가는 것은 불가능하다는 것을 보여 주는 데 그치지 않는다. 그 뿐 아니라 그는 우리가 이 복잡한 전체 이하의 것으로 거슬러 돌아 갈 수 있다는 것을 배제한다(이것은 원리적인 배제이다. 그것을 우리에게 금지하는 것은 무지가 아니라 있는 그대로의 생산 자체의 본질, 즉 생산 개념이다). 그는 모든 "단순한 범주"는 사회의 구조화된 전체가 존재함을 전제한다는 것을 드러내는 데 그치지 않는다.[46] 분명히 가장 중요한 것은, 그가 단순성이 기원적이기는커녕, 일정한 조건들 속에서, 하나의 복잡한 과정의 산물일 뿐이라는 것을 드러낸다는 것이다. 오직 그런 것으로서만 단순성은 (그것도 하나의 복잡한 전체 속에서!) 있는 그

---

45 「서설」, 같은 책, 53쪽.

46 "……가장 단순한 경제적 범주는 […] 이미 주어진 구체적인, 살아 있는 전체Ganze의 추상적·일방적 관계로서 존재할 수밖에 없다." 「서설」, 같은 책, 71쪽.

대로의 단순성으로서, 즉 "단순한" 범주의 실존의 형태로서 존재할 수 있다. 노동 또한 그러하다. "노동은 아주 단순한 범주처럼 보인다. 이런 일반성 속의 노동 — 노동 일반 — 에 대한 관념은 매우 오래된 것이다. 그렇지만 경제적으로 이런 단순성 속에서 파악될 때 '노동'은 이런 단순한 추상을 산출하는 관계들과 마찬가지로 근대적인 범주이다."[47] 이와 마찬가지로, 18세기의 신화들이 사회의 경제적 발전의 기원에 있다고 상상한 개인적 생산자, 또는 생산의 기본적 주체로서의 개인은, 이 경제적 "코기토"는, 그 "겉모양"에서조차, 발전된 자본주의사회에서만, 즉 생산의 사회적 성격을 가장 발전시킨 사회에서만 등장할 뿐이다. 마찬가지로, 대표적인 단순한 보편성인 교환도 "역사적으로 가장 발전된 사회 상태들에서만 집약적으로 나타났다. (이 범주는) 결코 모든 경제적 관계들에 침투하는 것은 아니다."[48] 따라서 단순성은 기원적이지 않다. 반대로, 자신의 의미를 단순한 범주에 부여하는 것은, 또는 긴 과정의 끝에 그리고 예외적인 조건들 속에서 어떤 단순한 범주들의 경제적 실존을 생산할 수 있는 것은, 바로 구조화된 전체이다.

이 모든 경우에 우리는 헤겔로부터 동떨어진 세계에 있다. 마르크스는 다음과 같이 말한다. "헤겔은 법철학을 주체의 가장 단순한 법률관계로서의 점유로부터 올바르게 시작한다. 그러나 점유는 훨

47 「서설」, 같은 책, 74쪽[번역은 수정함].
48 「서설」, 같은 곳.

씬 더 구체적인 가족 관계들, 지배복종 관계들이 실존하기 전에는 실존하지 않는다."[49]

1857년 「서설」은 다음과 같은 테제에 대한 긴 논증에 불과하다. 즉, 단순한 것은 복잡한 구조 속에서만 존재할 수 있다. 하나의 단순한 범주의 보편적 실존은 결코 기원적인 것이 아니며, 역사적인 긴 과정의 끝에, 극단적으로 분화된 사회구조의 산물로서 등장한다. 따라서 현실에서 우리가 대하는 것은, 단순한 본질이 됐든 단순한 범주가 됐든 간에 단순성의 순수한 실존이 아니라, 복잡하고 구조화된 존재들 및 복잡하고 구조화된 과정들의 "구체성들"의 실존이다. 바로 이런 근본적 원리가 모순의 헤겔적 모형模型을 영구히 거부하는 것이다.

사실, 우리가 헤겔적 모델을 은유적 의미로 받아들이는 것이 아니라 그것의 엄밀한 본질을 파악한다면, 우리는 이 모델이 "두 개의 대립물이 있는 단순한 과정", 즉 레닌의 인용에서 여전히 언급되는,[50] 두 대립물로 분열되는 단순한 기원적 통일체를 요청한다는 것을 확인하게 된다. 두 대립물의 분열된 통일체를 구성하는 것은 이 기원적 통일체인데, 이 기원적 통일체는 두 대립물의 분열된 통일체 속에서 소외되고, 자기로 남아 있으면서 타자가 된다. 이 두 대립물은 동일한 통일체이지만 이중성 속의 통일체이며, 동일한 내부성이지만 외부성 속의 내부성이다. 이 때문에 이 대립물들 각자는 상대

---

49 「서설」, 같은 책, 72쪽.

50 [옮긴이] 앞에 인용된 "일자一者의 분열과, 일자의 모순적인 부분들"(필론)을 말한다.

에 대해 모순물이고 추상이며, 각자는 자신이 상대의 추상이라는 것을 알지 못하는 가운데, 즉 즉자 상태에서, 상대의 추상일 뿐이다. 이 대립물들은 자신들의 기원적인 통일성을 회복하기 전에, 그러나 기원적 통일성의 분열, 소외를 통해 풍부해지면서, 자신들의 이전의 통일성을 부정한 이 추상의 부정 속에서, 이중성 속의 통일성이고 외부성 속의 내부성이다. 이어서 이 대립물들은, 과거의 자기 부정의 노동으로 풍부해진 새로운 단순한 "통일성", 부정의 부정을 통해 생산된 총체성의 새로운 단순한 통일성을 재구성하게 될 것이기에, 다시금 일자—*가 될 것이다. 우리는 이런 헤겔의 모델의 억제 불가능한 논리가 단순성, 본질, 동일성, 통일성, 부정, 분열, 소외, 대립물, 추상, 부정의 부정, 지양, 총체성, 단순성 등등의 개념들을 정확하게 상호 연결하는 것을 본다. 헤겔 변증법의 전체가 바로 여기에 있다. 즉, 헤겔 변증법 전체가, 자기 자신 속에서 부정성의 힘에 의해 전개되며, 그 발전 속에서, 매번 더욱 "구체적인" 총체성 속에서, 이 기원적인 통일성 및 단순성만을 영구히 회복하는, 단순한 기원적인 통일성이라는 이 근원적radicale 전제에 매달려 있다.

마르크스주의자들은 이 모델을 지름길로 가기 위해, 상징적 방식으로, 부주의에 의해서든 의도적으로든,[51] 원용하거나 사용할 수

---

[51] 의도적으로. 예컨대 마르크스가 『자본』 1권에서 헤겔의 용어들에 "아양을 떪으로써" 동시대인들의 **철학적 우매함**에 대해 가르침을 주려 했을 때 그러하다. 우리가 아직도 그런 가르침을 받아야 하겠는가?

있다. 그러나 엄밀히 파악된 마르크스주의의 이론적 실천은 이 모델을 배제한다. 그것을 배제하는 것은 마르크스주의의 정치적 실천도 마찬가지이다. 마르크스주의가 그것을 배제하는 것은 마르크스주의가 헤겔의 모델의 이론적 전제인 기원적인 단순한 통일성이라는 전제를 배제하기 때문이다. 마르크스주의가 거부하는 것은 "근원적 기원"과 완벽히 일치하겠다는 철학적(이데올로기적) 자만이다. 그 근원적 기원의 형태가 무엇이든 간에 말이다(과정의 제로 지점인 백지상태, 자연 상태, 예컨대 헤겔의 경우에는 무와 직접적으로 동일한 존재인 시작Anfang 개념, 역시 헤겔의 경우에 모든 과정이 그것을 통해 무한히 [재]시작하는, 자신의 기원을 회복하는 단순성 등). 마르크스주의는 또한, (과정의 각 계기에서 재생산되는) 이 기원적인 단순한 통일성, 자기 발전을 통해 과정의 모든 복잡성을 생산하지만, 그러나 그 과정에서 결코 자신을 상실하지 않고[52] 자신의 단순성도 자신의 통일성도 결코 상실하지 않는(이는 다양성과 복잡성은 기원적인 단순한 통일성 자체의 본질을 드러낼 책임이 있는, 기원적인 단순한 통일성의 현상에 불과하기 때문이다) 기원적인 단순한 통일성을 설정하는, 헤겔의 철학적 자만을 거부한다.[53]

[52] 그것의 죽음조차 그것의 소생이 임박했음을 의미할 뿐이다. 마치 [예수의 재판 및 처형이 이루어졌다는] 성聖 금요일이 부활절 일요일[예수가 부활했다는 일요일]이 임박했음을 의미하듯이. 이것은 헤겔 자신의 상징들이다.

[53] 모든 오해를 피하기 위해, "헤겔 변증법"이, 그것도 비상히 순수하고 비타협적인 상태로, 마르크스의 『1844년 수고』(『경제학-철학 수고』)를 영광스럽게 통치하고 있다는 것을 지적해 둔다. 논증을 끝내기 위해 『1844년 수고』에서 헤겔 변증법이 엄밀하게 "전도되어" 있다

그런 전제를 배제하는 것은, 다시 한 번 유감이지만, 그 전제를 "전도"하는 것으로 귀결하지 않는다. 그 전제는 "전도"된 것이 아니라 폐기되었다. 그것은 완전히 폐기되었고(폐기한 것을 "보존하는" 지양이라는 의미에서 폐기된 것이 아니라, 진짜로 폐기되었다!), 그 전제와는 아무런 관련도 없는 **완전히 다른** 이론적 전제로 내체되었다. 기원의 철학이라는 이데올로기적 신화와 이 철학의 유기적 개념들을 대신해, 마르크스주의는 모든 구체적 "대상"의 복잡한 구조라는, 즉 대상의 발전을 지휘하고 동시에 대상에 대한 지식을 생산하는 이론적 실천의 발전을 지휘하는 그런 구조라는 주어진 것le donné에 대한 인지를 원리적으로 확립한다. 더 이상 기원적인 본질이란 존재하지 않으며, 지식이 자신의 과거 속으로 아무리 멀리 거슬러 올라갈지라도, 항상-이미-주어진 것toujours-déja-donné만이 존재한다. 더 이상 단순한 통일성이란 존재하지 않으며, 그것 대신 구조화된 복잡한 통일성이 존재한다. 따라서 (어떤 형태로든 간에) 기원적인 단순한 통일성이란 존재하지 않으며, 그것 대신에 **구조화된 복잡한 통일성이라는 항상-이미-주어진 것**이 존재한다. 그렇다면 헤겔 변증법의 "모형"이 추방된 것이 분명하고, 헤겔 변증법의 유기적 범주들이, 그것들이 특수성을 지니고 있고 실증적으로 결정되어 있는 한, 이론적 지위를 지니면서 계속 존속할 수 없다는 것도 분명한데, 이는 기원적인 단순한 통일성이라는 주제를 "팔아먹던" 범주들, 즉 일자의 "분

는 것도 덧붙인다. 바로 이 때문에 이 엄밀한 텍스트의 엄밀성은 마르크스주의적이지 않다.

열", 소외, 대립물들을 통일하는 (헤겔적 의미의) 추상, 부정의 부정, 지양 등과 같은 범주들의 경우에 특히 그러하다. 사정이 이러하니만큼 마르크스의 1857년의 「서설」에서도 마오의 1937년의 『모순론』에서도 유기적으로 헤겔적인 범주들의 흔적을 전혀 찾을 수 없다는 것은 놀랄 일이 아닐 것이다.

물론 이데올로기적 투쟁(예컨대 뒤링에 대한 투쟁) 속에서, 또는 주어진 결과들의 의미를 예시하기 위한 일반론적 설명 속에서 이런 범주들 중의 몇몇을 원용할 수도 있다. 이런 이데올로기적 투쟁 또는 설명의 수준에 머물러 있는 한, 이런 범주들은, 이데올로기적 실천(투쟁)에서, 하나의 이해[관념]에 대한 일반적 설명에서 사용될 수 있고, 매우 현실적인 결과를 낳을 수 있다. 그렇지만 이 마지막 "설명"(이런저런 예들을 통한 변증법의 법칙들의 예시)은 이론적 실천의 재가를 받지 못하는데, 왜냐하면 그것은 자체로서는 새로운 지식들을 생산하는 진정한 이론적 실천을 이루지 않기 때문이다.

이와 반대로, 마르크스와 레닌 등의 이론적 또는 정치적 실천과 같이 자신의 대상을 실제로 전화시키고 참된 결과들(지식들, 혁명……)을 산출하는 참된 실천에서는 그런 범주들에 대한 이론적 관용의 여지가 사라진다. 이런 범주들 자체가 사라진다. 진정한 실천, 즉 유기적 효과를 낳지 않는 단순한 적용, 자신의 대상에(예컨대 물리학의 실천에), 자신의 현실적 발전에 전혀 변화를 초래하지 못하는 적용이 아니라, 수년간에 걸쳐 유기적으로 구성되고 발전된 진정한 실천에서는, 참된 실천에 진정으로 참여하고 있는 사람의 실천, 하나의 과학

을 구성하거나 발전시키는 데 진력하는 과학자와 계급투쟁을 발전

시키는 데 진력하는 정치가의 실천에서는, 대상에 [정확하지 않은] 근

사치적인 범주들을 부과하는 것조차도 더 이상 용인될 수 없다. 그러

므로 더 이상 아무것도 말할 것이 없는 범주들은 침묵하거나 침묵 속

에 빠져든다. 그래서 오직 현실적으로 구성된 마르크스주의적 실천

들 속에서만 헤겔의 범주들이 오래전에 소멸했다. 거기서 그것들은

"찾아낼 수 없는" 범주이다. 아마도 이 때문에 어떤 이들은 지난 시

기의 특이한 성유골聖遺骨들에 바치기에 합당한 무한히 정성스러운 신

심으로, 만천하에 드러내 놓기 위해, [프랑스어판] 팔절본八切本 2,500

쪽짜리 『자본』 전권全卷에서 **단 두 문장**을 거둔다.[54] 아마도 이 때문에

---

54 한 문장은 부정의 부정에 대한 매우 은유적인 문장이다. 내가 나중에 이야기할 다른 한
문장은 양질 상호 전화에 관한 것이다. 엥겔스는 『반 뒤링』 제1편 제12장과 제13장에서 이
두 텍스트를 인용하고 주석을 단다. [엥겔스는 제12장에서 『자본』 제1권 제4편 「상대적 잉
여가치의 생산」에 나오는 양질 상호 전화에 대한 마르크스의 언급을 인용하고 주석하며,
제13장에서 『자본』 제1권 제7편 제24장에 나오는 "수탈자의 수탈", "개인적 소유의 복원"
으로서의 "부정의 부정"에 대한 마르크스의 언급을 인용하고 주석한다. "부정의 부정"에
대해 한 마디를 덧붙이자면, 오늘날 부정의 부정을 "변증법의 법칙들"에서 기각했다는 이
유로, 그리고 더 일반적으로는 자신의 교조주의를 확고히 하기 위해 헤겔로부터 갈라섰다
는 이유로 스탈린을 비난하는 것이 공식적 합의가 되었다. 동시에 사람들은 헤겔로의 모
종의 복귀가 유익하리라는 의견을 쉽사리 제시한다. 이런 선언들은 아마도 어느 날엔가
논증의 대상이 될 것이다. 나는, 그때까지는, 마르크스주의 변증법의 영역에서 "부정의 부
정"을 제거한 것이 그 저술자의 현실적인 이론적 분별력을 증언해 주는 것임을 인정하는
것이 더욱 간단하리라 생각한다.
[옮긴이] 스탈린은 1938년 『변증법적·역사적 유물론』(『사적 유물론과 변증법적 유물론 : 마
르크스주의와 언어』, 정성균 옮김, 두레, 1989)에서 '부정의 부정'을 '변증법의 근본 법칙들'
에서 제외한다. 마오의 『모순론』(1937)에도 '부정의 부정'은 물론 부정否定이라는 단어 자

그들은 이 두 문장을 또 다른 한 문장으로, 사실대로 말하자면 한 마디 말로, 즉 헤겔을 읽지 않았기 때문에 반세기 동안 아무도 마르크스를 이해하지 못했다고 우리에게 아주 수수께끼 같이 단언하는 레닌의 외침으로, 강화하고자 한다. 다음과 같은 단순한 사실로 되돌아가자. 오직 진정으로 구성된 마르크스주의적 실천들 속에서만 헤겔적 범주들은 사용되지 않고 작동하지 않는다. 거기서 사용되고 작동되는 것은 다른 범주들, 마르크스주의적 실천 속에서 작동하는 마르크스주의 변증법의 범주들이다.

체가 나오지 않는다. 1960년대 중반 마오는 "변증법의 핵심은 대립물의 통일과 투쟁의 법칙이며, 양질 상호전화, 부정의 부정, 연관, 발전 등은 모두 이 핵심 법칙을 가지고 설명할 수 있다"라고 썼다(牟德剛, 「毛澤東對否定之否定規律的思考及其局限性」, 『理論探討』, No. 4, 2004에서 재인용). 소련에서 '부정의 부정'은 스탈린 사후 1950년대 중반에 복권되는데, 이때 철학자들이 새로운 시각에서 '부정의 부정'을 발전시키는 데 마오의 저작들, 특히 『모순론』이 근거로 활용되었다고 한다!

5. 지배 관계를 갖는 구조 : 모순과 과잉결정

> 불질적 생산의 발전이 예컨대 예술적 생산과 맺는 불균등한 관계.
> …… 여기에서 규명되어야 하는 참으로 어려운 점은, 어떻게 생산관
> 계들이 법률관계들로서 불균등한 발전을 하게 되는가 하는 것이다.
>
> 칼 마르크스, "정치경제학 비판 요강"의 「서설」

이런 실천에 대해 우리는 아직도 본질적인 것, 즉 모순들의 불균
등 발전의 법칙을 배워야 한다. 왜냐하면, 마오가 새벽처럼 맑은 한
문장에서 말한 것처럼, "세계에는 절대적으로 균등하게 발전하는 平衡發
展的 것이 없기"[55] 때문이다.

흔히들 그리 생각하듯이 제국주의에만 관계되는 것이 아니라,
실로 "세계의 모든 사물"[56]에 분명히 관계되는 이 "법칙"의 의미와
작용 범위를 이해하기 위해서는, 모든 복잡한 과정 속에서 주요 모
순을 구별하고 모든 모순 속에서 주요 측면을 구별하는, 마르크스주
의적 모순에 본질적인 차이들로 되돌아가야 한다. 나는 지금까지,

---

55 [옮긴이] 「모순론」, 같은 책, 388쪽.
56 [옮긴이] 「모순론」, 같은 곳.

전체le tout 속에서 한 모순이 다른 모순들을 지배할 수 있기 위해서는 전체는 복잡해야 한다고 말함으로써, 이 "차이"를 전체의 복잡성의 지표로서 내세웠을 뿐이다. 이제는 이 지배를 하나의 지표로서가 아니라 그 자체로서 고찰하고, 그것의 함의들을 발전시켜야 한다.

한 모순이 다른 모순들을 지배한다는 것은, 그 속에서 이 모순이 모습을 드러내는 복잡성이 하나의 구조화된 통일성이라는 것을, 그리고 이 구조는 모순들 사이에서 표시되는 지배-종속 관계를 함축한다는 것을 전제한다. 다른 모순들에 대한 한 모순의 지배는, 사실상, 마르크스주의에서는, 대상으로 간주된 집합 속에서의 상이한 모순들의 우연적 분포의 결과일 수 없다. 우리는 "일련의 모순들을 포함하는" 이 복잡한 전체 속에서 다른 모순들을 지배하는 한 모순을, 마치 경기장의 관람석에서 남들보다 머리 하나 큰 관중을 찾아내듯이 "찾아낼" 수는 없다. 지배는 아무래도 좋은 단순한 **사실**이 아니라, 복잡성 자체에 **본질적인** 사실이다. 이 때문에 복잡성은 지배를 자신에게 본질적인 것으로 내포한다. 지배는 복잡성의 구조 속에 기입되어 있다. 통일성은 기원적이고 보편적인 단순한 본질의 통일성이 아니고 또 그러할 수 없다고 확언하는 것은 따라서, 마르크스주의에 낯선 이데올로기적 개념인 "일원론"[57]을 꿈꾸는 자들이 믿는 것처럼

---

57 **일원론**은 1880~1910년 사이에 반종교적·반교권 개입적 투쟁의 용감한 유물론적-기계론적 투사였던 독일의 위대한 생물학자 헤켈Ernst Haeckel의 개인적 이해[관념]에서 핵심적인 개념이다. 헤켈은 매우 활동적인 홍보가였고, 엄청나게 많이 팔린 "대중적" 저작들의 저자였으며, "독일 일원론자 동맹"의 창설자였다. 그는 종교를 "이원론"인 것으로 간주

"다원주의"의 제단에 통일성을 희생시키는 것이 아니라, 전혀 다른 것을 확언하는 것이다. 그것은 마르크스주의에서 말하는 통일성은 **복잡성 자체의 통일성**이며 바로 복잡성의 조직 및 절합의 양식이 복잡성의 통일성을 구성한다는 것을 확언하는 것이다. 그것은 **복잡한 전체가, 지배 관계를 갖도록 절합된 구조**_une structure articulée à dominante_[58]의

했고, 종교에 "일원론"을 대립시켰다. 그는 "일원론자"로서 두 실체(신과 세계, 정신 또는 영혼과 물질)가 아니라 한 실체만이 있다고 추정했다. 헤켈은 나름대로, 이 유일 실체가 (스피노자의 실체가 두 본질적 속성을 지닌다는 것과 얼마간 유사하게) 물질과 에너지라는 두 속성을 소유한다고 생각했다. 그는 물질적 결정이든 정신적 결정이든 간에 모든 결정을 그가 "전능자"라고 주장한 이 실체의 양태들로 간주했다. 플레하노프는 이 "일원론"이라는 주제를 수용하게 되었는데, 그것은 레닌이 플레하노프에 대해 호되게 비판한 기계론적 경향들과 의문의 여지없이 확실히 친화력을 갖는 것이었다. 플레하노프는 헤켈보다 더 "일관적"이었다. 플레하노프는 유일한 실체인 정신으로 모든 것을 설명하는 현대 관념론 또한 "일원론적"임을 인지했다. 그는 마르크스주의를 유물론적 일원론으로 간주했다 (플레하노프, 『일원론적 역사관의 발전에 대하여』_Essai sur la conception moniste de l'Histoire_ 참조). 베스G. Besse, 가로디R. Garaudy, 뮈리G. Mury의 논문들에서 일제히 "일원론"이란 용어와 마르크스주의는 본질적으로 "일원론적"이라고 선언하는 표현들이 발견되는 것은 아마도 플레하노프 탓일 것이다. 엥겔스와 레닌은 플레하노프가 이 이데올로기적 개념에 접근한 것에 대해 가차 없이 규탄했다. 나에 대한 비판자들은 "일원론" 개념을 강한 의미로 사용하기도 하고(뮈리), 다소간 약화된 의미로 사용하기도 한다. 그들은 헤켈이나 플레하노프처럼 "일원론"을 이원론에 대립시키지는 않고 "다원론"에 대립시킨다. 그리하여 그들의 글에서 "일원론"이란 용어는 아마도 방법론적 뉘앙스, 그러나 항상 이데올로기적인 뉘앙스를 갖는다고 할 수 있다. "일원론" 개념은 마르크스주의에서 실증적[긍정적] 이론적 용법을 갖지 않으며, 이론적으로 위험하기까지 하다. 그것은 기껏해야 "'다원론'을 조심해라!"라는 식의 부정적인 실천적 가치를 지닐 뿐이다. 그 개념은 지식으로서의 가치를 전혀 갖지 못한다. 그것에 지식으로서의 가치를 부여하고 그것으로부터 이론적 귀결들을 끌어내는 것(뮈리)은 마르크스의 사고의 왜곡으로 귀착한다.

58 [옮긴이] '지배 관계를 갖도록 절합된 구조'의 번역 문제와 관련해서는 이 논문 말미의

통일성을 가지고 있음을 확언하는 것이다. 마오가 본질적인 것으로 기술한, 모순들 사이와 모순들의 측면들 사이에 존재하는 지배 관계에 궁극적으로 근거를 부여하는 것은 바로 이 특수한 구조이다.

마르크스주의를 다음과 같은 혼란들에 빠뜨리지 않기 위해서는, 즉 하나의 실체의 통일성, 하나의 본질의 통일성, 또는 하나의 행위의 통일성과 같은 통일성의 유일한 모델만이 존재한다는 사고 유형 속에, "기계적" 유물론과 의식의 관념론이라는 쌍둥이 혼란에 빠뜨리지 않기 위해서는, 그런 혼란들로부터 우리를 해방해 주는 이 원리를 확고히 파악하고 비타협적으로 방어해야 한다. 만약 성급하게 하나의 복잡한 전체의 구조화된 통일성을 하나의 총체성의 단순한 통일성과 동류시한다면, 만약 복잡한 전체를 기원적이고 단순한 **유일한** 본질 또는 실체의 순수하고 단수한 발전으로 간주한다면, 가장 나은 경우에는 마르크스로부터 헤겔에게로 떨어질 것이며, 가장 나쁜 경우에는 마르크스로부터 헤켈에게로 떨어질 것이다! 그러나 그렇게 함으로써 우리는 마르크스를 헤겔로부터 구별하는 특유한 차이, 즉 **마르크스주의적 통일성의 유형**을 헤겔적 통일성의 유형으로부터, 또는 마르크스주의적 총체성을 헤겔적 총체성으로부터 발본적으로 분리하는 특유한 차이를 정확히 희생시킬 것이다. "총체성" 개념은 오늘날 대량으로 소비되는 개념이다. "총체성"이라는 한 단어를 원용함으로써 사람들은 거의 비자 없이 헤겔로부터 마르크스

「옮긴이 추기」를 참고할 것.

로, 게슈탈트 심리학으로부터 사르트르로 이동한다. 한 저자로부터 다른 저자에게로 넘어가면서 단어는 그대로 있지만 개념은 달라진다. 때로는 근원적으로 달라진다. 일단 이 개념이 정의된 후에는 이 관용은 중단되어야 한다. 실로 헤겔의 "총체성"은 사람들이 상상하는 것처럼 늘어나고 줄어들고 하는 개념이 아니다. 그것은 그것의 이론적 역할에 의해 완벽하게 한정되고défini 개체화된 개념이다. 마르크스주의적 총체성 역시 한정된, 엄밀한 개념이다. 이 두 "총체성"이 공유하는 것이라고는, ① 단어, ② 사물들의 통일성이라는 모호한 어떤 이해[관념], ③ 이론적 적수들뿐이다. 반면 본질의 수준에서는 그것들은 서로 거의 아무런 관계도 없다. **헤겔적 총체성**은 하나의 단순한 통일성의, 하나의 단순한 원리의 소외된 전개이며, 이 통일성, 이 원리는 그 자체가 **이념**의 전개의 한 계기이다. 따라서 헤겔적 통일성은, 엄밀히 말하면, 자신의 모든 현현顯現들 속에서 존속하고 따라서 자신의 회복을 준비하는 소외 속에서조차 존속하는 단순한 원리의 현상이요 자기 현현이다. 여기서도 다시, 우리가 다루는 것은 결과들을 낳지 않는 개념들이 아니다. 왜냐하면 자신의 소외 속에서 스스로 현현하는 이런 하나의 단순한 본질의 통일성은 다음과 같은 결과, 즉 헤겔적 총체성 속에서 모습을 드러내는 모든 구체적 차이들, 이 총체성 속에서 볼 수 있는 "영역들"(시민사회, 국가, 종교, 철학 등)을 포함한 이런 차이들은, 긍정되자마자 부정되는 결과를 산출하기 때문이다. 이런 차이들이 긍정되자마자 부정되는 이유는, 이 차이들은 총체성의 단순한 내적 원리의 소외의 "계기들"

에 불과하며 이 소외는 이 원리가 설치하는 소외된 차이들을 부정함으로써 완료되기 때문이다. 더 나아가, 단순한 내적 원리의 소외들 — 현상들 — 로서의 이 차이들은 모두가 마찬가지로 이 원리 앞에서 **"대수롭지 않은"** 차이들이며, 즉 현실적으로 동등하며, 따라서 서로 간에도 동등하다. 이 때문에 헤겔의 경우에는 어느 특정한 모순도 **결코 지배적이지 않다.**[59] 이는 헤겔적 전체가 "정신적" 유형의

---

59 헤겔의 이론을 헤겔에 대한 마르크스의 판결과 혼동하면 안 된다. 마르크스의 판결을 통해 헤겔을 알게 된 사람들에게는 매우 놀랍게 보이겠지만, 헤겔은 자신의 사회 이론에서 결코 마르크스의 역逆이 아니었다. 헤겔의 역사적 총체성의 내적 통일성을 구성하는 "정신적" 원리는 결코 마르크스의 경우에 "경제에 의한 최종 심급에서의 결정"의 형태로 나타나는 것과 동류화될 수 없다. 헤겔에게서는 국가에 의한, 또는 철학에 의한 최종 심급에서의 결정과 같은 역의 원리가 발견되지 않는다. 마르크스는 말하기를, **사실상** 헤겔의 사회에 대한 이해[관념]는 이데올로기를 역사의 동력으로 삼는 데로 **귀착**하는데, 이는 그 것이 하나의 이데올로기적 이해[관념]이기 때문이라고 한다. 하지만 헤겔은 이와 비슷한 어떤 것도 말하지 않았다. 헤겔의 경우에는 **사회 안에,** 현존하는 통일성 내에, 최종 심급에서의 결정은 없다. 헤겔의 사회는 자기 내부에 존재하는 하나의 근본적 심급에 의해 통일되지 않으며, 정치적 영역이든 철학적 영역이든 또는 종교적 영역이든 간에 자신의 "영역들" 중의 하나에 의해 통일되지도 않고 결정되지도 않는다. 헤겔의 경우에 사회적 총체를 통일하고 결정하는 원리는 사회의 어떤 "영역"이 아니라, 사회 속에서 어떠한 장소도 어떠한 특권적인 몸체도 갖고 있지 않은 원리인데, 이는 그것이 모든 장소들 속에, 그리고 모든 몸체들 속에 거주하기 때문이다. 그 원리는 사회의 모든 결정들 속에, 즉 경제적 결정들, 정치적 결정들, 법률적 결정들 등의 속에, 그리고 가장 정신적인 결정들 속에까지 있다. 로마의 예를 보자. 헤겔에 따르면, 로마를 통일하고 결정하는 것은 **이데올로기**가 아니라, (그 것 자체가 이념의 발전의 한 계기인) 하나의 "정신적" 원리, 로마의 모든 결정들 속에서, 즉 경제, 정치, 종교, 법 등등 속에서 자신을 드러내는 정신적 원리이다. 이 원리는 **추상적인 법인격**法人格이다. 그것은 로마법이 그것의 여러 현현들 가운데 하나일 뿐인 "정신적 원리"이다. 현대 세계에서 그것은 전적으로 마찬가지로 보편적인 원리인 **주체성**이다. 현대 세계에서 경제는 주체성이며, 정치, 종교, 철학, 음악 등도 마찬가지이다. 헤겔의 사회의 총

통일성을 지닌다는 것을 뜻한다. 그런 통일성 속에서 모든 차이들은 오직 부정되기 위해 설치될 뿐이며, 따라서 대수롭지 않은 차이들이다. 거기서 모든 차이들은 결코 그것들 자체로서 존재하지 않는다. 그것들은 독립적 실존의 겉모양만을 지닐 뿐이다. 거기서 모든 차이들은 이 차이들 속으로 자신을 소외시킨 내적인 단순한 원리의 통일성만을 현현하므로, 이 내적 원리의 소외된 현상으로서 실천적으로 서로 동등하다. 따라서 내가 주장하는 바는,

① 헤겔적 총체성은 현실적으로가 아니라 외관상으로만 "영역들"sphères에 절합되어 있다는 것, ② 헤겔적 총체성의 통일성은 총체성의 복잡성 자체가, 즉 이 복잡성의 구조가 아니라는 것, ③ 헤겔적 총체성은 따라서 지배 관계를 갖는 구조structure à dominante를 결여하고 있는데, 이 지배 관계를 갖는 구조는 하나의 현실적 복잡체가 통일체이도록 해주는 절대적 조건이며, 현실적으로, 이 구조를 변형하고자 하는 하나의 **실천**, 즉 정치적 실천의 대상이도록 해주는 절대적 조건이다. 사회적 총체에 대한 헤겔의 이론이 하나의 **정치**의 기반을 결코 제공하지 못했다는 것, 헤겔적 정치란 존재하지 않고

체성은 이 총체성의 원리가 이 총체성에 대해 내재적이면서 동시에 초월적인, 그러나 이 총체성의 원리가 사회 자체의 그 어느 특정한 현실과도 결코 일치하지 않는 그런 총체성이다. 바로 이 때문에, 헤겔적 총체성은 "정신적인" 유형의 한 통일성, 그 속에서 각각의 요소들은 **전체적 부분들**pars totalis이고, 가시적 영역들은 전술한 내적 원리의 소외되고 회복된 전개에 불과한 그런 통일성을 부여받고 있다고 말할 수 있다. 즉, 헤겔적 총체성의 통일성의 유형을 마르크스주의적 총체성의 통일성의 구조와 (그 역으로서라도) 동일시하는 것은 어떤 명목으로도 불가능하다.

존재할 수 없다는 것은 우연이 아니다.

이것이 전부가 아니다. 만약 모든 모순이 지배 관계를 갖도록 구조화된 복잡한 전체un tout complexe structuré à dominante 내의 모순이라면 복잡한 전체를 그것의 모순들의 밖에서는, 그 모순들 사이의 근본적으로 불균등한 관계들의 밖에서는 고찰할 수 없다. 다시 말해서, 각 모순은, 구조의 각각의 본질적 절합은, 그리고 지배 관계를 갖는 구조 속에서의 절합들의 일반적 관계는 복잡한 전체 자체의 존재 조건들을 구성한다. 이 명제는 가장 중요한 명제이다. 왜냐하면 이 명제는, 전체의 구조는, 따라서 본질적 모순들의 "차이"와 이 모순들의 지배 관계를 갖는 구조는 전체의 실존 자체임을, 모순들의 "차이들"은(즉, 하나의 주요 모순이 있다는 것은, 그리고 각 모순은 주요 측면을 지닌다는 것은) 복잡한 전체의 존재 조건들과 동일한 것임을 뜻하기 때문이다. 분명히 말해서, 이 명제는, "부차적" 모순들이 "주요" 모순의 순수한 현상이 아니라는 것, 주요 모순은 본질이고 부차 모순들은 순전히 이 본질의 현상인 것이 아니라는 것을 함축한다. 이 명제는 부차 모순들이 본질인 주요 모순의 현상일 뿐이어서 주요 모순은 사실상 부차 모순들 **없이도**, 또는 부차 모순들 중의 이런저런 것들이 없이도 존재할 수 있거나 **부차 모순들에 앞서서, 또는 부차 모순들 이후에** 존재할 수 있는 것이 아님을 함축한다.[60] 이와 반대로,

---

60 이런 기원의 신화는 "부르주아적" 사회계약 이론에 의해 예시되어 있는데, 이 이론은, 예컨대 사회계약 이론의 순수한 이론적 보배인 로크의 경우에, 경제적 활동의 법률적·정

이 명제는 부차 모순들이 주요 모순의 실존 자체에 본질적이라는 것, 주요 모순이 부차 모순들의 존재 조건을 구성하는 것과 마찬가지로 부차 모순들도 주요 모순의 존재 조건을 구성한다는 것을 함축한다. 사회라는 이 구조화된 복잡한 전체를 예로 들어 보자. 거기서 "생산관계들"은 생산력들의 순수한 현상이 아니다. 생산관계들은 생산력들의 존재 조건이기도 하다. 상부구조는 구조의 순수 현상이 아니며, 그것은 또한 구조의 존재 조건이다. 이 점은 마르크스가 이미 진술한 원리 자체의 귀결이다. 그것은, 사회가 없는 생산, 즉 사회적 관계들이 없는 생산은 어디에도 존재하지 않는다는 원리이며, 더 이상 그 너머로 거슬러 올라갈 수 없는 통일성은, 그 통일성 속에서 생산관계들이 생산을 존재 조건으로 한다면 생산 자체는 자신의 형태, 즉 생산관계들을 존재 조건으로 하는 그런 통일성이라는 원리이다. 여기서 오해가 없기 바란다. "모순들" 상호간의 이런 존재 조건화는 모순들 위에 그리고 모순들 내에서 군림하는, 지배 관계를 갖는 구조(이 경우 최종 심급에서의 경제에 의한 결정)를 무효화하는 것이 아니다. 이런 조건화는, 그것의 외관상의 순환성에도 불구하

치적 존재 조건에 선행하는(원리적으로 선행하느냐 사실에서 선행하느냐 하는 것은 별 문제가 되지 않는다) 자연 상태에 경제적 활동이 존재한다고 규정한다! [알튀세르는 로크가 자연 상태에서 사람들이 화폐 사용에 동의했다고, 즉 자연 상태에서 이미 화폐가 사용되었다고 상정하는 것을 꼬집어 말하고 있는 것이다. 화폐 사용에 동의한다는 것은 법률적·정치적 행위인데, 정의상 자연 상태란 이러한 법률적·정치적 행위가 있기 이전의 상태이기 때문이다.]

고, 전체의 복잡성과 전체의 통일성을 구성하는 지배의 구조를 파괴하는 데에 이르지 않는다는 것이다. 정반대로 그것은 각 모순의 존재 조건들의 현실의 내부 자체에서, 전체를 통일하는, 이 지배 관계를 갖는 구조의 현현이다.[61] **모순의 존재 조건들이 모순 자체의 내부에 반영된다는 것, 복잡한 전체의 통일성을 구성하는, 지배 관계를 갖도록 절합된 구조가 각 모순의 내부에 반영된다는 것**, 이것이야말로 마르크스주의 변증법의 가장 심오한 특징이며, 내가 최근에 **"과잉결정"**_surdétermination_[62]이라는 개념으로 포착하고자 한 것이었다.

---

61 마르크스는 외관상으로는 순환적인 조건화들conditionnements 속에 지배 관계를 갖는 구조가 불변적으로 존재한다는 점에 대한 가장 아름다운 논증을 1857년의 「서설」에서 교환을 통해 생산, 소비, 분배가 동일함을 분석할 때 제시한다. 마르크스는 "헤겔주의자에게는 생산과 소비를 동일한 것으로 제시하는 것보다 더 간단한 것은 없다"(「서설」, 63쪽)라고 말하는데, 이 말은 독자를 헤겔적 혼미에 빠지게 한다. 그러나 마르크스가 생산과 소비를 동일화한다는 것은 전적으로 오해이다. 마르크스는 "우리가 도달한 결론은 생산, 분배, 교환, 소비가 동일하다는 것이 아니라, 이들 모두가 하나의 총체의 분절Glieder을, 하나의 통일체Einheit 내에서의 차이들Unterschiede을 이룬다는 것이다"라고 쓴다. 이 통일체 속에서 결정적인 것은, 자신의 특유한 차이를 지닌 생산이다. "따라서 일정한bestimmte 생산이 일정한 소비, 분배, 교환과 **이 상이한 계기들**_Momente_ **상호간의 일정한 관계들**을 결정한다. 물론 생산 역시, 자신의 배타적인einseitige 형태 속에서, 다른 계기들에 의해 결정된다"(「서설」, 69쪽).

62 이 개념을 만든 것은 내가 아니다. 이미 밝혔듯이 나는 이 개념을 기존의 두 학문 분야, 구체적으로 말하면 언어학과 정신분석학으로부터 빌려 왔다. 이 학문 분야들에서 이 개념은 변증법적인 객관적 "내포"를 지니고 있으며, 특히 정신분석학에서는, 여기서 지시하는 내용과 형식적으로 충분히 연계되어 있기에 이런 차용은 자의적인 것이 아니다. 새로운 명료화를 지시하기 위해서는 불가피하게 새로운 단어가 필요하다. 물론 신조어를 만들어 낼 수도 있다. 또한 충분히 인척 관계가 있는 개념을 (칸트가 말하듯이) "수입"할 수도 있다. 이 개념을 길들여 사용하기(칸트)가 쉽도록 말이다. 게다가 이런 "인척 관계"는 역으로

이 점을 이해하기 위해서 친숙한 개념을 통해 우회해 보자. 레닌이 **"마르크스주의의 영혼은 구체적 상황의 구체적 분석이다"**라고 말할 때에,[63] 마르크스, 엥겔스, 레닌, 스탈린, 마오가 **"모든 것은 조건들에 달려 있다"**라고 말할 때에, 레닌이 1917년의 러시아에 고유한 **"징황들"**을 기술할 때에, 마르크스가(그리고 마르크스주의적 전통 전체가) 경우에 따라서 이런저런 모순이 지배한다고 수없이 많은 예를 들어 설명할 때, 그들은 **경험적인** 것으로 보일 수 있는 한 개념에 호소한다. "조건들"이라는 개념이 그것인데, 그것은 현존하는 조건들이자 동시에 고려되는 현상의 존재 조건들이다. 그런데 이 개념이 마르크스주의에 본질적인 것은 정확히 그것이 경험적 개념, 즉 존재하는 것의 확인이 아니기 때문이다. 반대로 그것은 대상의 본질 자체에, 즉 항상-이미-주어진 복잡한 전체에 근거한 **이론적** 개념이다. 실상 이 조건들은 일정한 "시점"에서의, 정치인의 **"현 상황**[계기]"에서의, 전체의 실존 그 자체일 뿐 다른 것이 아니다. 다시 말해서, 전체의 구조의 절합들 사이의 상호 존재 조건들의 복잡한 관계일 뿐이다. 그렇기 때문에 다음과 같은 것을 이해하도록 해주는 것

정신분석학적 현실에 접근할 수 있게 해줄 수 있을 것이다.

63 [옮긴이] 레닌은 1920년 6월, 코민테른의 동남부 유럽 기관지 『코무니스무스』*KOMMUNISMUS*의 한 기고자(B. K.)가 마르크스를 인용하면서 좌익 소아병적으로 의회 보이콧 투쟁을 주장하는 것을 비판하면서, "그는 마르크스주의의 가장 깊은 본질, 살아 있는 영혼이 그 속에 존재하는, 구체적 상황의 구체적 분석을 피해 간다"라고 썼다. V. I. Lenin, *"KOMMUNISMUS"*, *Werke*, Band 31, S. 154(*Collected Works*, Vol. 31, p. 166).

으로서의 "조건들"에 대해 말하는 것이 이론적으로 가능하고 정당하다. 즉, "당면 의제"인 혁명이 다른 곳이 아니라 러시아, 중국, 쿠바에서, 다른 "시점"이 아니라 1917년, 1949년, 1958년에 폭발하고 승리한 것을, 그리고 자본주의의 근본 모순에 의해 유발된 혁명이 제국주의 이전에는 승리하지 못했고, 정확히 역사적 단절 지점들을 형성한 이 유리한 "조건들" 속에서, 이 "가장 약한 고리들"에서, 영국, 프랑스, 독일이 아니라 "후진적인"(레닌) 러시아와 중국, 쿠바(과거의 식민지들, 제국주의의 착취의 땅들)에서 승리한 것을 이해하도록 해주는 것으로서의 "조건들" 말이다. 경험론에, 또는 "이렇게 되어 있군" 및 "우연"의 비합리성에 빠지지 않고 조건들에 대해 이론적으로 말하는 것이 가능하다면, 이는 마르크스주의에서는 "조건들"을 하나의 역사적 과정의 전체를 구성하는 모순들의 (현실적·구체적·현재적) 실존인 것으로 파악하기 때문이다. 그렇기 때문에 레닌은 러시아의 "현존 조건들"을 내세우지만 경험론에 빠지지 않는다. 레닌은 러시아에서의 제국주의 과정의 복잡한 전체의 실존 자체를 그 "현 상황[계기]" 속에서 분석한다.

그러나 조건들이 복잡한 전체의 현재적 실존일 뿐 다른 것이 아니라면, 이 조건들은 복잡한 전체의 모순들 그 자체, 각 모순이 복잡한 전체의 지배 관계를 갖는 구조 속에서 다른 모순들과 맺는 유기적 관계를 자기 내부에 반영하는 그런 모순들 자체이다. 이것은 각 모순이 자기 내부에 자신이 그 속에서 존재하는 복잡한 전체의 지배 관계를 갖는 구조를, 따라서 이 전체의 현재적 실존을, 따라서 자신의

"조건들"을 (다른 모순들과의 특유한 불균등 관계 속에서, 그리고 자신의 두 측면들 간의 특유한 불균등 관계 속에서) 반영하기 때문이고, 각 모순이 이 "조건들"과 하나를 이루기 때문이다. 따라서 "현존 조건들"에 대해 말하는 것은 곧 전체의 "존재 조건들"에 대해 말하는 것이 된다.

이제 헤겔로 되돌아갈 필요도 없이 다음과 같은 것이 분명해진 다. 즉, 헤겔에게, 궁극적으로, "정황들" 또는 "조건들"은 현상일 뿐 이며 따라서 덧없는 것인데, 이는 그것들은 "필연성의 현존"으로 명 명된 "우연성"의 형태로 영구히 이념의 운동의 현현을 표현할 뿐이 기 때문이다. 그렇기 때문에 헤겔에게는 "조건들"이 진정으로 존재 하지 않는데, 이는 헤겔에게 문제 되는 것은, 스스로 복잡성으로 발 전하는 단순성의 덮개 아래, 순수한 내부성일 뿐이며, 이 내부성의 외부성은 내부성의 현상일 뿐이기 때문이다. 마르크스주의에서는 예컨대 **자연과의 관계**가 유기적으로 "존재 조건들"의 부분을 이 룬다. "자연과의 관계"는 주요 모순(생산력-생산관계의 모순)의 양 항兩 項의 하나, 주요 항이다. "자연과의 관계"는 따라서, 존재 조건들로 서, 전체의 부차 모순들 속에, 그리고 그것들의 관계 속에 반영되며, 존재 조건들은 그것들을 자신의 고유한 구조 속에 반영하는 복잡한 전체의 실존의 하나의 현실적인 절대적인 것, 항상-이미-주어진- 소여所與이다. 이런 것들은 헤겔에게는 완전히 낯선 것이다. 헤겔은 사전에 순수하고 단순한 내부성을 상정함으로써 구조화된 복잡한 전체와 이 전체의 존재 조건들을 단번에 거부한다. 이 때문에, 예컨 대, 모든 인간 사회의 존재 조건들인 자연과의 관계가 헤겔의 경우에는 우연한 소여의 역할, 기후, 지리("중간항 – 파나마 지협 – 이 아주 좁은 삼단논법"과 같은 아메리카[64])와 같은 "비유기적인 것"의 역할, 자신[물질적 자연]의 "진리"인 정신에 의해 "지양"되어야 할 물질적 자연을 두고 말한, 저 유명한 "이렇게 되어 있군!"(산맥 앞에서 헤겔이 한 말)[65]의 역할밖에 하지 못한다. 그렇다. 존재 조건들이 이렇게 지리학적 자연으로 환원될 때 실로 그것들은 정신에 의해 흡수되고 부정-지양될 우연성이다. 정신은 이런 우연성의 자유로운 필연성이며, 심지어 우연성(작은 섬이 위대한 인간을 산출하도록 하는 우연성!)의 형태로일지라도 자연 속에 이미 존재한다. 헤겔에게는 자연적 또는 역사적인 이 존재 조건들이 **우연성**에 불과한 것이므로, 그것들은 사회의 정신적 총체성을 전혀 규정하지 못한다. 즉, 헤겔의 경우에 (비경험적이고 비우연적이라는 의미의) 조건들의 부재는 전체의 현실적 구조의 부재와, 지배 관계를 갖는 구조의 부재와, 근본적 결정의 부재와, 모순의 **과잉결정**이 표상하는 모순 속으로의 조건들의 반영의 부

---

64 [옮긴이] 알튀세르는 헤겔이 『역사철학 강의』에서 지협에 대해 논한 것을 두고 이렇게 표현했다.

65 [옮긴이] 헤겔은 1796년, 알프스산맥 여행 일기에 다음과 같이 썼다. "암석학자만이 이 산맥의 진화에 대한 빈약한 추측들을 분출시킬 소재를 발견할 뿐이다. 이 산들의 존속기간에 대한 사고들 속에서, 또는 이 산들에 부과되는 숭고 속에서, 이성은 자신에게 외경심을 불러일으키는, 자신에게 상탄과 찬미를 강요하는 그 어떤 것도 발견하지 못한다. 이 영원히 죽은 덩어리들을 바라볼 때 나에게는 다음과 같은 단조롭고 오래도록 지루한 표상이 떠오를 뿐이었다. 이렇게 되어 있군![es ist so![c'est ainsi]]." Hegel, "Tagebuch der Reise in die Berner Oberalpen", *Werke*, Band. 1, Suhrkampf, 1986, S. 617.

재와 필연적으로 짝을 이룬다.

내가 **"과잉결정"**이라 부르자고 제안한 바 있는 이 "반영"에 대해 이 지점에서 강조하는 것은, 마르크스주의의 이론적 실천뿐만 아니라 정치적 실천이 우리에게 부과하는 이 반영의 현실을 이론적으로 설명하기 위해, 절대적으로 이 반영을 분리해 내고 식별하고 그것에 이름을 부여해야 하기 때문이다. 이 개념을 좀 더 명확히 해보자. 과잉결정은 모순 그 자체가 지닌 다음과 같은 본질적인 특질을 지시한다. 즉, 모순의 존재 조건들이 모순 자체 속에 반영된다. 다시 말해, 모순의 상황situation이 복잡한 전체의 지배 관계를 갖는 구조 속에 반영된다. 이 "상황"은 일의적一義的인 것이 아니다. 이 상황은 모순의 유일한 **"원리상의"** 상황(모순이 결정적 심급 — 사회 속에서는 경제 — 에 대한 관계를 통해 심급들의 위계 속에서 점하는 상황)도 아니고, 모순의 유일한 **"사실상의"** 상황(고려되는 단계 속에서 모순이 지배적인지 또는 종속적인지 하는 것)도 아니며, **이 원리적 상황에 대한 이 사실상의 상황의 관계, 즉 이 사실상의 상황을 총체의 "불변의" 지배 관계를 갖는 구조의 하나의 "변화"**variation[66]**로 만드는 관계 자체이다.**

그렇다면, 모순이 더 이상 일의적일 수 없다는 것을(범주들이 더 이상 단번에 영구히 고정된 역할 및 의미를 가질 수 없음을) 인정해야만 하는데, 왜냐하면 모순은 복잡한 전체의 불균등한 구조에 대한 자신의

---

66 [옮긴이] 이 variation을 mutation(변이)과 구별해 '변화'로 번역하고, 필요할 경우 change-ment(변화)과 구별되도록 원어를 병기할 것이다.

관계를 자신 속에, 자신의 본질 바로 그 속에 반영하기 때문이다. 그러나 더 이상 일의적일 수 없다고 해서 그렇다고 모순이 "모호"해지는 것은 아니다. 마치 어느 시인의 영혼이 지나가는 저 구름일 뿐이라고 말하듯이, 모순은 경험적 다수성 중에서 처음 온 것의 산물일 뿐이라고, 정황들과 "우연들"에 좌우되는 것이라고, 정황들과 "우연들"의 순수한 반영이라고 말할 수 있는 것이 아니다. 정반대로, 모순은 일의적이기를 멈추면서, 단번에 영구히 그 역할과 본질이 결정되어 차려 자세로 머물러 있기를 멈추면서, 모순에 역할을 할당하는 구조화된 복잡성에 의해 결정되는 것으로 드러난다. 이런 끔찍한 말을 사용해도 된다면, 복잡하게-구조적으로-불균등하게-결정되는 것으로 말이다. 고백하자면 나는 "과잉결정되는"이라는 더 짧은 말을 선호했다.

마르크스주의적 모순에 특수성을 부여하고 이론적 실천이든 정치적 실천이든 간에 마르크스주의적 **실천**을 이론적으로 설명할 수 있게 해주는 것은 바로 이 매우 독특한 유형의 결정(이 과잉결정)이다. 오직 과잉결정만이 한 사회구성체(오늘날까지 마르크스주의적 실천이 진정으로 다룬 유일한 것)와 같은 구조화된 복잡체의 구체적 변화들variations과 변이들mutations을, 하나의 고정된 구조화된 전체와 이 전체의 고정된 범주들 및 이 범주들의 고정된 질서(이것이 바로 기계론이다)에 대해 외부적인 "조건들"이 생산한 우연적인 변화들 및 변이들이 아니라, 본질 속에 기입된 이런저런 구체적인 재구조화들로서, 본질 속에서의 각 범주의 "놀이"로서, 본질 속에서의 각 모순의 "놀이"로서,

지배 관계를 갖는 복잡한 구조의 절합들 속에 반영되는 그 구조의 절합들의 "놀이"로서 이해하게 해준다. 이런 매우 독특한 유형의 결정을 식별해 낸 후에도 그것을 수용하고 사고하지 못한다면, 정치적 행동 및 심지어 이론적 행동의 가능성을 사고하는 것이, 즉 아주 정확히 말해서 **정치적·이론적** 실천의 대상(일차 재료)의 본질을, 즉 이런 실천들이 그것에 대해 실행되는 (정치적 또는 이론적) "현 상황[계기]"의 구조를, 사고하는 것이 결코 불가능하다는 것을 아직도 다시 말해야 할까? 이 과잉결정을 파악하지 못하면 다음과 같은 단순한 현실을 이론적으로 설명할 수 없다고 덧붙여 말해야 할까? 즉, 갈릴레이, 스피노자 또는 마르크스와 같은 이론가와, 레닌과 그의 모든 형제들과 같은 혁명가들이 이 작은 "문제들"을 해결하기 위해, 즉 **명백한** 이론을 정교제작하고, **"불가피한"** 혁명을 만들어 내고, 자신들의 개인적인 "우연성"(!) 속에서 이론적 필연성이든 정치적 필연성이든 간에 역사의 필연성을, 미래가 오래지 않아 그 속에서 아주 자연스럽게 자신의 "현재"를 살게 될 그런 역사적 필연성을 실현하기 위해, 온갖 고통과 심지어 생명을 바치면서 행한 경이로운 "노동"의 현실을 말이다.

이 점을 명확히 하기 위해서 마오쩌둥의 용어들을 다시 취해 보자. 일체의 모순들이 불균등성의 대법칙에 종속한다면, 마르크스주의자이기 위해서는, 그리고 정치적으로 행동할 수 있기 위해서는(그리고 덧붙이건대 이론 속에서 생산할 수 있기 위해서는) 어떠한 비용을 치르더라도 모순들 사이에서 그리고 모순의 측면들 사이에서 주요한 것과 부차적인 것을 구별해야 한다면, 이런 구별이 마르크스주의적 실천 및 이론에 본질적이라면, 이는 마오가 지적했듯이 이 구별이 구체적 현실, 사람들이 사는 역사의 현실에 대면하기 위해, **대립물들의 동일성**이 군림하는 하나의 현실을 설명하기 위해 요구되기 때문이다. 대립물들의 동일성이란, ① 일정한 조건들하에서 한 대립물이 상대편 대립물의 자리로 이동하는 것,[67] 모순들 사이에서 그리고 모순의 측면들 사이에서 역할들이 바뀌는 것(우리는 이 대체 현상을 **전위**_déplacement_라 부를 것이다)을 말하며, ② 현실적 통일성 속에서의 대립물들의 "동일성"(우리는 이런 "융합" 현상을 **압축**_condensation_이라 부를 것이다)을 말한다. 지배 관계를 갖는 구조는 불변하지만 그 속에서 역할들의 배치는 변화한다는 것이 실로 실천의 커다란 교훈이다. 즉, 주요 모순이 부차 모순으로 되고 부차 모순이 주요 모순의 자리를 취하며, 주요 측면이 부차 측면으로 되고 부차 측면이 주요 측면으로 되는 것이다. 항상 주요 모순과 부차 모순들이 있지만, 이것들은 지배 관계를 갖도록 절합된 구조 속에서 역할을 교환하며, 반면 이 구조는 불변한다. 마오쩌둥은 **"과정의 발전의 각 단계에서, 주도적 역할을 수행하는 오직 한 가지 주요 모순이 존재한다는 것은 조금도 의심할 나위가 없다"**라고 말한다.[68] 그러나 **전위**에 의해 생산된 이

---

67 「모순론」, 388-389쪽["모순되는 두 측면이 일정한 조건으로 인해 각각 자기와 상반되는 측면으로 전환하며 자기와 대립되는 측면이 처한 위치로 전환한다"].

68 「모순론」, 382쪽[번역은 수정함].

주요 모순은 **압축**에 의해서만("융합"에 의해서만) "결정적"décisive, 폭발적이게 된다. 레닌이 말했듯이 정치적 실천 속에서(또는 이론적 실천 속에서) 전체 사슬이 따르도록 포착하고 끌어당겨야 하는 "결정적 고리"를 구성하는 것은 바로 이 압축이다. 또는, 덜 단선적인 이미지를 사용하자면, 기존의 **"통일물을 해체"**[69]하기 위해 공격해야 하는 전략적인 결절적結節的 위치를 점하는 것은 바로 이 압축이다. 여기서도 역시 지배들의 자의적 연속이라는 겉모양에 사로잡혀서는 안 된다. 왜냐하면 각 지배는 복잡한 과정의 한 단계(역사의 "시대구분"의 토대)를 구성하기 때문이며, 우리가 "단계들", "국면들", "시기들"과 같은 과잉결정되고 특수한 이 "계기契機들"에, 그리고 각 단계를 특징짓는 특유한 지배의 이 변이들에 관여하는 것은 우리가 하나의 복잡한 과정의 변증법에 관여하기 때문이다. 발전의 결절성(특수한 국면들)과 각 국면의 구조의 특수한 결절성은 복잡한 과정의 실존 및 복잡한 과정의 현실성 그 자체이다. 이 결절성이 정치적 실천에서, 그리고 정치적 실천에 대해, 결정적인 현실(그리고 이론적 실천에 대해서도 아주 분명히 결정적인 현실), 레닌이 1917년 혁명에 대한 분석에서 그토록 명료하고 심오한 예를 제시한, 지배의 전위들과 모순들의 압축들의 현실의 토대를 이룬다(이중의 의미에서의 모순들의 "융합"의 점, 즉 이 점이 융합의 점(임계점)이 되도록 여러 모순들이 **압축**("융합")되는 점이자, 혁명적 **변이**의 점, "재구성"의 점).

---

69 「모순론」, 393쪽.

아마도 이런 지적들은 불균등성의 대법칙이 어떠한 예외도 허용하지 않는 이유를 이해하도록 해줄 것이다.[70] 이 불균등성은 어떠한 예외도 허용하지 않는데, 왜냐하면 불균등성 자체가 예외가 아니기 때문이다. 즉, 불균등성은 (예컨대 제국주의처럼) 개별특수적 정황들에 의해 산출되거나, 서로 다른 사회구성체들의 발전의 충돌들(예컨대 "선진국"과 "후진국" 사이의, 식민 지배자들과 식민 피지배자들 사이의 경제적 발전의 불균등성 등) 속으로 개입하는, 파생적 법칙이 아니다. 정반대로, 불균등성은 이런 개별특수적 사례들에 선행하는 시원적 법칙이다. 불균등성은 정확히 이런 개별특수적 사례들의 실존으로부터 귀결하는 것이 아닌 한에서 이런 개별특수적 사례들의 원인을 설명할 수 있다. 모든 사회구성체의 전체 실존이 불균등성의 지배를 받기 때문에, 불균등성은 또한 이 사회구성체와 경제적·정치적·이데올로기적 성숙도가 상이한 여타 사회구성체들과의 관계들도 지배하며, 이 관계들의 가능성을 이해하게 해준다. 따라서 외부적 불균등성이 (예컨대 이른바 "문명들"의 만남들 속에서) 내부적 불균등성에 개입해 내부적 불균등성의 실존의 토대를 이루는 것이 아니다. 반대로 내부적 불균등성이 일차적인 것이며, 외부적 불균등성의 역할의 토대를 이루고, 나아가 대치하는 사회구성체들의 내부에 이 외부적 불균등성이 가하는 효과들의 토대를 이룬다. 내부적 불균등성의 현상들의 원인을 외부적 불균등성에서 찾는 일체의 해석(예컨대 1917년에 러시아

70 「모순론」, 383쪽.

에 존재한 "예외적" 정세를 오직 외부적 불균등성의 관계들을 통해, 즉 국제 관계들과 러시아와 서방 사이의 경제적 발전의 불균등성 등을 통해 설명하는 해석)은 기계론에 빠지거나, 종종 기계론의 알리바이로 작용하는 안과 밖의 상호작용의 이론에 빠지게 된다. 따라서 외부적 불균등성의 본질을 파악하기 위해서는 시원적인 내부적 불균등성으로 거슬러 올라가야 한다.

마르크스주의적 이론 및 실천의 모든 역사가 이 점을 입증한다. 마르크스주의적 이론 및 실천은 불균등성을 기존의 상이한 사회구성체들 사이의 상호작용의 외적 효과로서만 만나는 것이 아니라, 각 사회구성체의 한가운데에서도 만난다. 그리고 각 사회구성체의 한가운데에서 마르크스주의적 이론과 실천은 불균등성을 단순한 외부성의 형태로만(하부구조와 상부구조 간의 **상호작용**으로만) 만나는 것이 아니라, 사회적 총체의 각 심급, 각 모순에 유기적으로 **내부적인** 형태로 만난다. 심급들 간의 위계를 단번에 영구히 설정해 버리고, 각 심급의 본질과 역할을 고정하고, 심급들 간의 관계들의 일의적인 의미를 규정하는 것은 "**경제주의**"(기계론)이지 진정한 마르크스주의적 전통이 아니다. 과정의 필연성이 "정황들에 따른" 역할들의 교환에 있다는 것을 파악하지 못하고 역할들 및 행위자들을 영구히 동일화하는 것은 경제주의이다. 미리 그리고 영구히, 최종 심급에서-결정적인-모순을 지배적인 모순의 **역할**과 동일시하고, 영구히 이런저런 "측면"(생산력들, 경제, 실천 등)을 주요 **역할**과, 또 다른 "측면"(생산관계들, 정치, 이데올로기, 이론 등)을 부차 **역할**과 동류시同類視하는 것은 경제주의이다. 실은 현실의 역사에서 경제에 의한 최종 심급에서의 결정은 경제, 정치, 이론 등의 사이에서의 제1의 역할의 교체 속에서 행사된다. 엥겔스는 이 점을 분명히 파악했고, 경제가 홀로 끼치는 효력으로부터 사회주의의 도래를 기다렸던 제2인터내셔널의 기회주의자들에 대한 투쟁에서 이 점을 지적했다. 레닌의 전체 정치적 업적은 다음과 같은 원리, 즉 경제에 의한 최종 심급에서의 결정은, 과정의 국면들에 따라서, 우연적으로 실행되는 것이 아니라, 본질적으로, 내부적 또는 필연적 이유로 인해, 교체와 전위, 압축 들에 의해 실행된다는 원리의 심오성에 대한 증명이 된다.

불균등성은 따라서 사회구성체에 내부적인 것이다. 왜냐하면 복잡한 전체가 지배 관계를 갖도록 구조화되는 것, 이 **구조적 불변자 자체**가 그런 구조화를 구성하는 **모순들의 구체적 변화들**_variations_**의 조건**이며 따라서 모순들의 전위들과 압축들과 변이들 등의 조건이기 때문이고, 역으로 **이 변화는 이 불변자의 실존이기 때문이다.** 불균등발전은(즉, 복잡한 전체의 발전 과정 속에서 관찰되는 전위와 압축이라는 바로 이 현상들은) 따라서 모순에 외부적인 것이 아니며 반대로 모순의 가장 깊은 본질을 구성한다. 모순들의 "발전" 속에, 즉 과정 자체 속에 존재하는 불균등성은 따라서 모순 자체의 본질 속에 존재한다. 이렇게 **불균등성** 개념이 양적 성격의 외적 비교에 결부되는 것이 아니라면 나는, 이 불균등성하에서 이 불균등성이 지시하는 내적 본질인 **과잉결정**이 인지된다는 것을 조건으로, 기꺼이 마르크스주의적 모순은 "**불균등하게 결정되어**" 있다고 말할 것이다.

검토해야 할 마지막 논점이 아직 남아 있다. 한 과정의 발전에서 모순이 수행하는 **동력**으로서의 역할이 그것이다. 모순에 대한 이해는 그것이 이 동력에 대한 이해를 허용하지 않는다면 아무런 의미도 없을 것이다.

사람들이 헤겔에 대해 말한 것은 어떠한 의미에서 헤겔 변증법이 동력으로 작용하는지, 어떠한 의미에서 개념은 "자기 전개"인지 이해하게 해준다. 밤처럼 아름다운 한 텍스트에서 『정신현상학』이 존재들과 작업들 속에서 작동하는 **"부정적인 것의 노동"**을 찬양하고 죽음 속에조차 정신이 체류함을 찬양할 때에, 이 무한성의 영광스러운 몸체, 존재로 되는 무無의 영광스런 몸체인 정신을 탄생시키기 위해 존재의 몸을 해체하는 부정성의 보편적 불안을 찬양할 때에, 모든 철학자들은 불가사의 앞에 선 것처럼 자신의 영혼 속에서 전율한다. 그렇지만 부정성은 변증법의 동력 원리를, 부정의 부정을, 오직 단순성 및 기원起源이라는 헤겔의 이론적 전제들의 엄밀한 반영으로서만 포함할 수 있다. 변증법은 부정의 부정의 추상으로서의 부정성이며, 이 부정의 부정 자체는 기원적 통일성의 소외의 회복 현상의 추상이다. 이 때문에 모든 헤겔적 시작 속에서는 종말이 작동한다.[71] 바로 이 때문에 기원은 오직 자기 자신 속에서 성장할

---

71 [옮긴이] 헤겔은 다음과 같이 썼다. "진리란 자기 자신의 생성Werden이며, 자신의 종말 Ende을 자신의 목적Zweck으로 전제하면서 이 종말을 시작으로 삼는, 그리고 자신의 실현을 통해서만, 자신의 종말에 가서야만 현실적일 수 있는 원圓과도 같은 것이다." G. W. F. 헤겔, 『정신현상학 I』, 임석진 옮김, 지식산업사, 1988, 75-76쪽(번역은 수정함).

뿐이고, 자신의 소외 속에서 자체적으로 자기 자신의 종말을 생산한다. **"자기 외적 존재성 속에서도 여전히 자기 자체 내에 안주하는 것"**[72]이라는 헤겔의 개념은 그리하여 부정성의 실존이다. 따라서 모순은 헤겔에게 부정성으로서, 즉 "자기 외적 존재성 속에서의 즉자 존재"의 순수한 반영으로서, 따라서 소외의 원리 자체인 이념의 단순성의 순수한 반영으로서, 동력이다.

마르크스에게는 그렇지 않다. 우리가 다루는 과정들이 오직 지배 관계를 갖는 복잡한 구조의 과정들일 뿐이라 할 때에, 부정성 개념은(그리고 부정성 개념이 반영하는 부정의 부정, 소외 등의 개념들은) 그 과정들의 전개에 대한 과학적 이해에 사용될 수 없다. 마찬가지로 전개의 필연성의 유형은 종말이 시작에 반영되는 것의 이데올로기적 필연성으로 환원될 수 없고, 마찬가지로 발전의 동력의 원리는 이념 자신의 소외 속에서의 이념의 전개로 환원될 수 없다. 따라서 **부정성**과 **소외**는 마르크스주의에게 자신들의 고유한 **이데올로기적 내용만을** 내보일 수밖에 없는 이데올로기적 개념들일 뿐이다. 필연성의 헤겔적 유형과 발전의 헤겔적 본질이 거부되었다는 것은 우리가 주관성, "다원주의", 우연성이라는 이론적 공백 속에 떨어졌다는 것을 뜻하지는 않는다. 정반대로, 우리는 헤겔적 전제들로부터 해방

---

72 [옮긴이] 헤겔은 다음과 같이 썼다. "그리하여 이 정신이라는 것은 이상과 같은 피규정성이나 또는 자기 외적 존재성 속에서도 여전히 자기 자체 내에 안주하는 것이기도 하므로, 결국 이것을 다른 말로 하면 바로 즉자대자적인 것이 된다." 헤겔, 『정신현상학 I』, 82쪽.

된다는 조건하에서만 진정으로 이 공백으로부터 벗어날 수 있게 된다. 과정의 생성과 이 생성의 모든 전형적 측면들을 실제로 설명할 수 있는 것은 이 과정이 복잡하기 때문이고, 하나의 지배 관계를 갖는 구조를 갖고 있기 때문이다.

여기서 그 예를 하나만 들겠다. 우리는 **"계급투쟁이 역사의 동력이다"**라는 마르크스주의의 근본 명제의 타당성을 이론적으로 어떻게 옹호할 수 있는가? 즉, 우리가 최종 심급에서 결정적인 것은 정치가 아니라 경제라는 것을 올바르게 알고 있다고 할 때, 우리는 계급투쟁을 통해서 **"현존하는 통일물을 해체할"** 수 있다는 것을 어떻게 이론적으로 옹호할 수 있는가? 지배 관계를 갖는 구조를 가진 복잡한 과정의 현실 밖에서라면, 어떻게 우리는 계급투쟁 자체 내에서의 경제적인 것과 정치적인 것의 현실적 차이를, 즉 더 정확히 말해서, 마르크스주의를 모든 형태의 자생적 또는 조직적 기회주의와 영구히 구별하는 경제적 투쟁과 정치적 투쟁의 실질적 차이를, 이론적으로 설명할 수 있겠는가? 만약 정치적 투쟁이, 구별되는 것임에도 불구하고, 그리고 구별되는 것인 한에서, **복잡한 전체**(경제, 정치, 이데올로기)가 그 속에 **반영되는** 저 현실적 **압축**, 전략적 결절점이 아니라 단순한 현상이라고 한다면, **정치적** 투쟁이라는 구별되는 특수한 수준을 통과해야 할 필연성을 어떻게 설명할 것인가? 끝으로, 만약 모순의 구조가 정치적 실천을 구체적 현실 속에서 가능하게 하지 않는다면, 역사의 필연성 자체가 **정치적 실천**을 통해 이처럼 결정적인décisive 방식으로 관철된다는 것을 어떻게 설명할 것인가? 우리로 하여금 이 필연성을 이해하게 한 마르크스의 **이론**까지도 역시 **생산된** 것임을, 만약 모순의 구조가 이런 생산의 구체적 현실을 가능하게 하지 않았다면, 어떻게 설명할 것인가?

모순이 동력이라고 말하는 것, 이것은 따라서 마르크스주의 이론에서는 모순이 **복잡한 전체의 구조의 명확한 장소들에 자리 잡은 하나의 현실적 투쟁, 몇몇 현실적 대립들**을 내포한다고 말하는 것이다. 그것은 따라서 지배 관계를 갖는 구조 속에서의 모순들의 현재의 관계에 따라 대립의 장소가 변화할 수 있다고 말하는 것이다. 그것은 하나의 전략적 장소에서의 투쟁의 **압축**은 모순들 사이에서의 지배적 모순의 **전위**와 분리 불가능하다고 말하는 것이다. 그것은 **전위**와 **압축**이라는 유기적 현상들이, 그것들이 전체를 재주조再鑄造하는 혁명적 상황[계기]을 뒷받침해 주는 **변이** 또는 질적 도약의 전면적으로 가시적인 형태를 생산할 때까지, "대립물들의 동일성"의 존재 그 자체라고 말하는 것이다. 이런 사실로부터 정치적 실천에서 사활적으로 중요한 구별, 즉 **"비적대"**, **"적대"**, **"폭발"**이라는, 한 과정의 별개의 계기들moments 간의 구별을 설명할 수 있게 된다. 레닌에 따르면 모순은 어떤 시점에서든 항상 작동한다. 위의 세 계기는 따라서 모순의 세 가지 존재 형태에 불과하다. 나는 기꺼이 첫 번째 계기를, 그 속에서 모순의 과잉결정이 **전위라는 지배적 형태**(역사 또는 이론에서의 **"양적 변화들"**이라는 관용적慣用的 표현 속에서 식별되는 것의 "환유적" 형태)로 존재하는 계기로 특징짓겠다. 두 번째 계기는 과잉결정이 **압축이라는 지배적 형태**(사회의 경우에는 첨예한 계급 갈등, 과학의 경우에는 이론적 위기 등)로 존재하는 계기로 특징짓겠다. 마지막으로 (사회, 이론 등에서의) 혁명적 폭발의 계기는, 전체의 해체와 정리 통합을, 즉 질적으로 새로운 토대 위에서의 전체의 전면적 재구조화를 유발하는, 불안정한 전면적 압축의 계기로 특징지을 것이다. 순수하게 "누적적인" 형태는, 그 "누적"이 순전히 양적일 수 있는 한에서(더하기는 단지 **예외적으로만** 변증법적이다) 종속적인 형태로 나타난다. 이 형태에 대해서 마르크스는 단 하나의 예, 은유적 예가 아니라 "예외적" 예(자기 자신의 조건들에 근거를 둔 예외)를 엥겔스가 『반 뒤링』에서 유명한 주석을 가한 『자본』의 한 텍스트(제1권 제4편 제12장 「분업과 매뉴팩처」)에서 제시할 뿐이다.[73]

●

분명히 불완전하고 교육적인 이 분석의 의미를 요약하는 것으로 이 글을 끝내면서, 내가 시도한 것은 단지 마르크스주의의 이론적·

---

73 [옮긴이] 엥겔스는 『반 뒤링』 제1편 제12장 「변증법 : 양과 질」에서 "예컨대 마르크스의 『자본』에는 상대적 잉여가치의 생산이라는 제4편 전체에 걸쳐 협업, 분업과 매뉴팩처, 기계와 대공업의 분야에서 양적 변화가 사물의 질을 변화시키며 또 그와 마찬가지로 사물의 질적 변화가 그것의 양을 변화시키는 경우를 무수히 들고 있다"라고 말한다. 엥겔스, 『반 뒤링론』, 한철 옮김, 이성과 현실, 1989, 172-173쪽.

정치적 실천 속에서 작동하는 마르크스주의 변증법의 특유한 차이를 이론적으로 진술하는 것이었음을, 이것은 내가 제기한 마르크스에 의한 헤겔 변증법의 "전도"의 성질이라는 문제의 대상이었음을 환기하고 싶다. 이 분석이 글의 첫 부분에서 규정한 이론적 탐구의 기초적 요건들에 어느 정도 충실했다면, 이 분석이 제시한 이론적 해법은 우리에게 **이론적 상세 정보들**을, 즉 지식들을 제공해야 할 것이다.

만약 실제로 그러했다면, 우리는 내가 다음과 같은 형식으로 도식적으로 표현하고자 하는 이론적 결과를 아마도 획득했을 것이다.

마르크스주의적 모순의 특유한 차이는 모순의 "불균등성" 또는 "과잉결정"이며, 이 "불균등성" 또는 "과잉결정"은 모순 속에 모순의 존재 조건을, 즉 모순의 실존인 항상-이미-주어진 복잡한 전체의 특수한 (지배 관계를 갖는) 불균등성의 구조를 반영한다. 이처럼 이해된 모순은 모든 발전의 동력이다. 모순의 과잉결정에 기반한 전위와 압축은, 그것들의 우세dominance **여하에 따라, 복잡한 과정의 실존, 즉 "사물들의 생성"의 실존을 구성하는** (비적대적·적대적·폭발적) **국면들을 설명한다.**

만약 레닌이 말했듯이 변증법이, 사물들의 본질 바로 그 속에서, 사물들의 발전·**비발전**·출현·변이들의 원리, 그리고 소멸의 원리인 모순을 파악하는 것이라면, 우리는 마르크스주의적 모순의 특수성에 대한 이런 정의 속에서 **마르크스주의 변증법** 그 자체에 도달했어야 할 것이다.[74]

모든 이론적 진술이 그러하듯이, 이 정의는 그것이 사고하게 해주는 구체적 내용들에 의해서만 존재할 수 있다. 모든 이론적 진술이 그러하듯이, 이 정의는 무엇보다도 먼저 이런 구체적 내용들을 사고하게 해주어야 한다.

이 정의가 구체적 내용들의 총화總和를, 이 정의를 낳게 한 내용들과 그렇지 않은 내용들을 사고할 수 있게 해줄 경우, 오직 이 경우에만 이 정의는 자신이 일반적 의미에서의 이론임을 주장할 수 있다.

우리는 변증법에 대한 이런 정의를 마르크스주의의 이론적 실천과 정치적 실천이라는 두 가지 구체적 내용과 관련해 진술했다.

74 이런 추상적 정의에 반감이 드는 이들은, 이 정의가 다른 게 아니라 마르크스주의의 구체적인 사고와 행동 속에서 작동하는 변증법의 본질을 표현할 뿐이라는 것을 고려하기 바란다. 이런 이례적인 정의를 대하고 놀랄 이들은, 이 정의가 오랜 전통 속에서 "변증법"이라는 단어에 연계되어 온 현상들의 "생성", "탄생과 죽음"에 대한 이해에 아주 정확히 관계된다는 것을 고려하기 바란다. (부정성, 부정, 분열, 부정의 부정, 소외, "지양"과 같은 헤겔의 개념들 중의 어떤 것도 본질적인 것으로 채택하지 않는) 이런 정의에 당혹해 할 이들은, 교체된 새로운 개념이 현실적 실천에 더 적합할 때 부적합한 개념을 상실하는 것은 항상 이득이 된다는 것을 고려하기 바란다. 헤겔적 "모형"matrice의 단순성에 사로잡혀 있는 이들은, "몇몇 특정한 정황들"(사실은 예외적 정황들) 속에서 물질적 변증법이, 매우 제한된 부문 내에서, "헤겔적" 형태를 내보일 수 있지만, 바로 이 예외성 때문에 일반화시켜야하는 것은 바로 이 형태 자체, 즉 예외가 아니라 이 예외성의 조건들이라는 것을 고려하기 바란다. 이런 조건들을 사고하는 것은 곧 헤겔적 형태의 고유한 "예외들"의 가능성을 사고하는 것이다. 따라서 마르크스주의 변증법은 헤겔 변증법의 "난문"難問을 구성한 것을, 예컨대 **비발전**, 원시적 사회든 아니든 간에 "역사 없는 사회들"의 정체停滯를, 예컨대 현실적 "잔재"와 같은 현상을 사고할 수 있게 해준다.

변증법에 대한 이런 정의의 일반적 지위를 정당화하기 위해서는, 즉 변증법에 대한 이 정의가 자신이 그것에 대해 진술한 그 영역을 넘어서는지, 따라서 이론적으로 단련된 보편성을 주장할 수 있는지 여부를 입증하기 위해서는, 이 정의를 다른 구체적 내용들, **다른 실천**들의 시험에 부쳐 봐야 한다. 예컨대, 자연과학의 이론적 실천의 시험에, 과학들 속에서 아직도 문제가 야기되는 이론적 실천들(인식론, 과학사, 이데올로기들의 역사, 철학사 등)의 시험에 부쳐 봐야 한다. 이 정의를 이런 시험에 부치는 것은 이 정의의 유효범위를 확고히 하기 위한 것이요, 경우에 따라, 의당 그래야 하듯이, 이 정의를 정정하기 위한 것이며, 요컨대 우리가 검토한 **"개별특수적인 것"**_le particulier_ 내에서 이 **"개별특수적인 것"**을 개별특수적인 것으로 만든 보편적인 것 자체를 제대로 파악했는지 알아보기 위한 것이다.

이것은 새로운 탐구의 기회가 될 수 있을 것이며, 될 수 있어야 할 것이다.

1963년 4월~5월

옮긴이 추기

'지배 관계를 갖도록 절합된 구조'의 번역 문제

'지배 관계를 갖도록 절합된 구조'une structure articulée à dominante와 그 줄임말인 '지배 관계를 갖는 구조'une structure à dominante는 이 책에서 번역하기에 가장 까다로운 표현이다. la dominante는 화성학에서 으뜸음 다음으로 지배적인 음('도미난테')이며, à dominante는 일반적 용어법에서 '주로, 대개'predominantly, mainly, primarily의 의미를 갖지만, 알튀세르는 관사 없이 쓴 à dominante에 자신의 고유한 의미를 부여해 사용한다.

우선 à dominante를 '지배적인 것을 가진'으로 번역하는 방안이 있는데, 이런 번역은 만족스럽지 못하다. 알튀세르가 『『자본』을 읽자』에서 제시한 '구조적 인과성'causalité structurale에 따르면 "구조의 효력"이 "구조의 요소들 및 이 요소들 간의 구조적 관계들"을 결정하며(Louis Althusser et al., *Lire le Capital*, Quadrige/PUF, 1996, p. 401) 그 역이 아니다. 예컨대, 자본주의하에서 경제는 정치와 이데올로기에 대해 지배적 관계에 있지만, 요소들 간의 이 관계는 단순한 결정 관계가 아니라 과잉결정 관계이며, "요소들 또는 수준들의 과잉결정 또는 과소결정"은 "전체의 결정의 구조의 기능"이다(같은 책, p. 293). 『마르크스를 위하여』와 『『자본』을 읽자』에서 최종 심급에서의 결정과 과잉결정을 사회적 전체의 하나의 결정의 구조 속에서 사고하고자 하는 알튀세르의 논의는 매우 복잡하지만, 그의 근본 사고는 '요소들에 대한 구조의 우위'로 요약된다. à dominante를 '지배적인 것을 가진'으로 번역할 경우 그의 이런 근본 사고가 전달되지 않는다. '지배적인 것'은 하나의 요소이기 때문이다. 알튀세르는 지배적인 것le dominant이라는 말을 의도적으로 피해 à dominante라는 생소한 용어법을 썼다는 것에 유의해야 할 것이다.

참고로 structure à dominante/structure articulée à dominante의 타국어 번역 사례들을 보면 다음과 같다. 이탈리아어본(*Per Marx*, 마리아 투르체토 Maria Turchetto 외 옮김, 1967)에는 그것이 프랑스어 표현과 똑같이 struttura a dominante/struttura articolata a dominante로 번역되어 있다. 스페인어본 (마르타 아르네케르Marta Harnecker 옮김, *La revolución teórica de Marx*, 1967) 에는 estructura dominante/estructura articulada dominante(지배적 구조/절합된 지배적 구조)로 오역되어 있고, 중국어본(『保衛馬克思』, 顧良 옮김, 1984) 에도 '지배적 구조主導結構/다환절多環節 지배적 구조'로 오역되어 있다. 따라서 세 번역은 참고 대상이 되지 못한다.

독일어 번역본(*Für Marx*, 1968/2011)에는 그것이 Struktur mit Dominante/gegliederte Struktur mit einer Dominante(지배적인 것을 가진 구조/하나의 지배적인 것을 가진 절합된 구조)로 번역되어 있다. 한국에서는 진태원이 '지배소를 갖는 구조/지배소에 따라 절합된 구조'로 번역했다(진태원, 「과잉결정, 이데올로기, 마주침」, 진태원 엮음, 『알튀세르 효과』, 그린비, 2011).

벤 브루스터Ben Brewster의 영역본 『마르크스를 위하여』*For Marx*(1969)
에는 그것들이 sturucture in dominance(지배 내 구조)/structure articulated in
dominance(지배 내로 절합된 구조)로 번역되어 있는데, 브루스터가 작성해
『마르크스를 위하여』*For Marx*와 『『자본』을 읽자』*Reading Capital*(1970)의 말
미에 실은 "용어해설"Glossary 전체 항목들을 알튀세르가 교열하고, 일부
항목들에는 문장을 추가했기 때문에, 브루스터의 번역은 사실상 알튀세
르의 승인을 받은 것이다. 알튀세르는 "sturucture in dominance"(structure à
dominante) 항목에서, "요소들은 비대칭적으로 연계되어 있으나 독립적
(모순적)이다. 요소들 중의 하나는 지배적이다"라는 브루스터의 설명 뒤
에 "경제적 토대가 사회구성체 내에서 어떤 요소가 결정적일 것인지를
('최종 심급에서') '결정한다'"라고 추기했다.

　이전에 나는 요소들에 대한 구조의 우위라는 알튀세르의 사고를
반영한 브루스터의 번역을 좇아 structure à dominante/structure articulée
à dominante를 '지배 내 구조/지배 내로 절합된 구조'로 번역했는데
(서관모, 「알튀세르에게서 발리바르에게로」, 『알튀세르 효과』, 같은 책), 이런
번역은 의미 전달이 어렵다는 단점이 있다. 이 책을 번역하는 중에
"모순들 사이와 모순들의 측면들 사이에 존재하는 지배 관계에 궁
극적으로 근거를 부여하는 것은 바로 [복잡한 사회적 전체의] 이 특수
한 구조이다"라는 알튀세르의 문장(이 책 351쪽)이 해답을 제공해 준
다는 것을 깨닫고 그것을 '지배 관계를 갖는 구조'/'지배 관계를 갖
도록 절합된 구조'로 의역했는데, 탈고 무렵에 일본어 번역본(河野健
二, 西川長夫, 田村俶 譯, 『マルクスのために』, 平凡社, 1994)을 접하고 거기

에 그것이 나의 생각에 가깝게 '지배 관계를 갖는 구조'/'지배 관계를 갖는 분절화된 구조'로 번역되어 있음을 발견했다.

일어본의 번역과 나의 번역의 차이는 articulée가 무엇을 수식하는지를 다르게 본 데 있다. gegliederte Struktur(절합된 구조)라는 독일어 번역과 分節化された構造(분절화된 구조)라는 일본어 번역에서는 articulée가 structure를 수식한다. 반면 articulated in dominance라는 브루스터의 번역에서는 articulée/articulated가 à dominante/in dominance를 수식한다. 진태원의 번역에서도 마찬가지이다. 어법상으로는 두 가지 번역이 다 가능하다. 하지만 structure articulée à dominante라는 구절 바로 앞에서 알튀세르가 "복잡성의 조직 및 절합의 양식이 복잡성의 통일성을 구성한다"(이책 350쪽)라고 쓴 것에서 보듯이, 이 표현을 통해 알튀세르는 단순히 구조가 절합되어 있다는 것만을 말한 것이 아니라 구조의 절합 방식을 말한 것이다. 그가 『『자본』을 읽자』에서 쓴 "사회적 총체의, 지배 관계를 갖는, 그리고 차이적인 절합들을 갖는 구조"la structure complexe à dominante et à articulations différentielles de la totalité sociale라는 표현(*Lire le Capital*, p. 296) 역시 이 점을 확인해 준다. 이런 점에서 나는 structure à dominante/structure articulée à dominante를 '지배 관계를 갖는 구조/지배 관계를 갖도록 절합된 구조'로 번역한다.

VII

마르크스주의와
인간주의

나의 분석적 방법은 인간에서 출발하는 것이 아니라 경제적으로
주어진 사회적 시기Gesellschaftsperiode에서 출발한다.

칼 마르크스, 「아돌프 바그너의 『정치경제학 교본』에 대한
방주」(1879-1880), *MEW*, Band 19, S. 371

I

사회주의적 "인간주의"는 당면 의제이다.

사회주의(각자에게 노동에 따라)로부터 공산주의(각자에게 필요에 따라)로[1] 옮겨 가는 시기에 접어든 소련은 "모든 것을 인간을 위해"라는 구호를 내걸고, 개인의 자유, 합법성의 존중, 개인의 존엄성이라는 새로운 주제들을 도입했다. 노동자당들에서는 사회주의적 인간주의의 실현을 찬양하고, 『자본』에서, 그리고 점점 더 자주 청년 마르크스의 저작들에서 사회주의적 인간주의의 이론적 정당성을 찾고 있다.

이것은 역사적 사건이다. 우리는 심지어 사회주의적 인간주의가

---

1 [옮긴이] "자기 자신의 기초 위에서 **발전한** 공산주의 사회가 아니라, 거꾸로 자본주의사회에서 바로 **생겨난** 공산주의 사회"[레닌의 정의로는 사회주의사회]에서는 각 생산자는 "어떤 형태로 사회에 준 것과 동일한 양의 노동을 다른 형태로 되받는다." 칼 마르크스, 「고타강령 초안 비판」, 『칼 맑스·프리드리히 엥겔스 저작선집 4』, 박종철출판사, 1995, 375-376쪽. "공산주의 사회의 더 높은 단계에서 …… 사회는 자신의 깃발에 다음과 같이 쓸 수 있게 된다. 각자는 능력에 따라, **각자에게 필요에 따라!**" 같은 책, 377쪽.

공산주의자들과 사회민주주의자들 사이의 대화를 가능하게 하고 더 나아가 전쟁과 비참을 거부하는 "선한 의지의" 사람들과 더욱 폭넓은 교환을 할 수 있도록 하기에 충분히 안심이 되고 매력 있는 주제가 아닌지 자문해 볼 수 있다. 오늘날 인간주의의 대로는 사회주의로 나아가는 것처럼 보인다.

사실, 혁명적 투쟁의 목적은 항상 착취 종식과 따라서 인간 해방이었다. 그러나 혁명적 투쟁은, 그 최초의 역사적 국면에서, 마르크스가 예견한 것처럼 **계급들**의 투쟁의 형태를 취해야만 했다. 그리하여 혁명적 인간주의는 하나의 "계급적 인간주의", 즉 "프롤레타리아 인간주의"일 수밖에 없었다. 인간에 대한 착취의 종식은 **계급적** 착취의 종식을 뜻했다. 인간의 해방은 노동자**계급**의 해방을, 무엇보다도 프롤레타리아트의 독재에 의한 노동자계급의 해방을 뜻했다. 40년이 넘도록 소련에서는, 거대한 투쟁의 도정에서, "사회주의적 인간주의"가 개인의 자유라는 용어로 표현되기보다는 계급의 독재라는 용어로 표현되었다.[2]

---

2 우리는 여기서 "계급적 인간주의"를, 레닌이 10월 사회주의 혁명은 권력을 노동자들, 육체노동자들, 빈농들에게 주었으며, **그들을 위해** 그들이 전에는 결코 알지 못했던 삶과 행동과 발전의 조건들을 확보해 주었다고, 즉 일하는 자들을 **위해서는** 민주주의를, 그리고 억압자들에 **대해서는** 독재를 확보해 주었다고 말했을 때의 의미로 사용한다. 우리는 "계급적 인간주의"를 청년 마르크스의 저작들에서 사용된 의미로, 즉 프롤레타리아트가, 자신의 "소외" 속에서, 혁명이 그 "실현"을 보증해야 할 인간의 본질을 표상한다는 의미로 사용하지 않는다. 프롤레타리아트에 대한 이런 "종교적"인 이해[관념]("자기 자신의 상실에 대항하는 반란" 속에서 "인간의 상실"이기에 "보편적 계급"인 프롤레타리아트라는 이해[관

프롤레타리아독재의 종언은 소련에서 두 번째 역사적 국면을 열었다. 소련 사람들은, 소련에서 적대적 계급들은 소멸했고, 프롤레타리아독재는 그 기능을 완수했으며, 소련 국가는 더 이상 계급의 국가가 아니라 전 인민의 국가(각 개인의 국가)라고 말한다. 실제로 이제 소련에서 사람들은 계급적 구별이 없는 존재로, 즉 **인격들**_personnes_로 취급된다. 이데올로기 속에서, 이제 계급적 인간주의라는 주제를 대체해 인격 중심의 사회주의적 인간주의l'humanisme socialiste de personne라는 주제가 들어섰다.

10년 전에는 사회주의적 인간주의가 계급적 인간주의라는 유일한 형태로 존재했다. 오늘날에는 사회주의적 인간주의의 두 형태가 존재한다. 즉, 프롤레타리아독재가 아직 실행되고 있는 곳(중국 등)에는 계급적 인간주의가 존재하고, 프롤레타리아독재가 지양된 곳(소련)에는 (사회주의적인) 인격 중심의 인간주의가 있다. 이 두 형태는 두 개의 필연적인 역사적 국면에 상응한다. "계급적" 인간주의는 "인격" 중심의 인간주의 속에서 자기 자신의 실현된 미래를 바라볼 수 있다.

역사에서 이루어진 이런 변형은 정신들에서 이루어진 몇몇 변형들을 조명해 준다. 사회민주주의자들이 인격 중심의 (부르주아) "인간주의"의 이름으로 기각하는, 그리고 사회민주주의자들을 공산주의자들에 완강하게 대립시키는 프롤레타리아독재가 소련에서는 지

넘)는 『역사와 계급의식』에서 청년 루카치에 의해 다시 채택되었다.

양되었다. 더욱 좋은 것은, 서방에서는 프롤레타리아독재가 평화적이고 단기적인 형태들을 취할 수 있으리라고 예견할 수 있다는 점이다. 이제부터 사회주의적 인간주의와 부르주아적 또는 기독교적인 자유주의적 인간주의라는 두 가지 인격 중심의 "인간주의"의 만남이 윤곽을 드러낼 것이다. 소련의 "자유화"는 두 번째 인간주의를 보장한다. 사회주의적 인간주의는 자신을 모순들에 대한 비판으로 간주할 뿐 아니라 또한, 그리고 무엇보다도, 부르주아 인간주의의 "가장 고귀한" 열망들의 달성으로 간주할 수 있다. 사회주의적 인간주의 속에서 인류는 과거의 기독교적이고 부르주아적인 인간주의들의 밑그림 속에서 모습을 드러냈던 자신의 천년의 꿈이 마침내 실현된 것을 발견할 것이다. 인간 속에서 그리고 인간들 사이에서 마침내 **인간**의 통치가 도래할 것이다.

그것을 통해, 『1844년 수고』 속에 갇혀 있던 마르크스의 다음과 같은 예언자적 약속이 완수될 것이다. "공산주의 …… 인간에 의한 인간 본질의 영유, 완성된 자연주의로서의 이 공산주의=인간주의."[3]

3 칼 마르크스, 『경제학-철학 수고』, 강유원 옮김, 이론과 실천, 2006, 127-128쪽.

II

이 사건을 넘어 더 멀리 내다보기 위해서는, 이 사건을 이해하기 위해서는, 사회주의적 인간주의의 의미를 인식하기 위해서는, 이 사건을 확인하는 것으로는 충분하지 않고, 이 사건이 그 속에서 자신을 사고하는 개념들(인간주의, 사회주의)을 특기하는 것으로도 충분하지 않다. 개념들이 사건에 대한 진정한 과학적 지식을 우리에게 제공할 수 있도록 하려면 그 개념들의 이론적 지위를 검증해 보아야 한다.

그러나 이 "사회주의적-인간주의"라는 쌍에는 놀랄 만한 이론적 불균등성이 정확히 함축되어 있다. 즉, 마르크스주의적 이해[관념]의 맥락 속에서 "사회주의" 개념은 실로 과학적 개념임에 비해, 인간주의 개념은 **이데올로기적** 개념이기 때문이다.

그렇지만 밝혀 두자. 우리는 사회주의적 인간주의 개념이 지시하고자 하는 현실을 거부하려는 것이 아니라, 이 개념의 **이론적** 가치를 명확히 하려 한다. 인간주의 개념이 (과학적 개념이 아니라) 이데올로기적 개념이라고 말할 때에, 우리는 한편으로 이 개념이 현존 현실들의 총화를 지시한다는 것을 확언하면서도 다른 한편 과학적 개념과는 달리 이 개념은 현존 현실들을 인식할 수단을 제공하지 않는다는 것을 확언한다. 그것은 개별특수적인 (이데올로기적) 양식으로 몇몇 현존하는 것들을 지시하지만 그것들의 본질을 제시하지는 않는다. 이 두 차원을 혼동한다는 것은 일체의 인식을 스스로 금하는 것이고 혼란을 지속시키는 것이며 오류들에 빠질 위험에 처하는 것이리라.

　이 점을 명료히 하기 위해 나는, 자신의 청년기(1840~45)에 이론적 기초로 이용되었던 인간 철학la philosophie de l'homme을 근원적으로 비판하는 대가를 치르고서야 역사에 대한 과학적 이론에 이를 수 있었던 마르크스의 경험을 간략히 원용하고자 한다. 나는 "이론적 기초"라는 말을 엄밀한 의미로 사용한다. 청년 마르크스에게 "인간"이란 비참과 예종을 고발하는 단순한 외침인 것만은 아니었다. "인간"은 그의 세계관과 그의 실천적 태도의 이론적 원리였다. "인간의 본질"은 (그것이 자유-이성이든 공동체이든 간에) 역사에 대한 엄밀한 이론과 동시에 수미일관한 정치적 실천의 기초를 이루었다.

　이 점은 마르크스의 인간주의적 시기의 두 단계 속에서 드러난다.

　I. **첫 번째 단계**는 헤겔보다는 칸트와 피히테에 더 가까운 합리주의적-자유주의적 인간주의에 의해 지배된다. 검열과 라인 지역의 봉건적 법률들과 프로이센의 전제정치에 대항해 투쟁할 때 마르크스는 자신의 정치적 투쟁과 이 투쟁을 지탱하는 역사 이론을 인간 철학 위에 정초한다. 역사는 자유와 이성이라는 인간의 본질을 통해서만 이해 가능하게 된다. **자유.** 중량이 물체의 본질인 것처럼 자유는 인간의 본질이다. 인간은 자유롭도록 운명지어져 있다. 자유는 인간의 본질 그 자체이다. 그가 자유를 거부하든 부정하든 간에 인간은 영원히 자유 속에 머무른다. **"자유는 아주 강한 인간의 본질이어서 자유의 적대자들조차 자유의 현실과 투쟁하는 가운데 자유를**

실현할 정도이다. …… 따라서 자유는 어떠한 종류의 것이든 언제나 존재해 왔다. 다만 어느 경우에는 특수한 특권으로, 다른 경우에는 일반적 권리로 존재해 왔을 뿐이다."[4] 이런 구별은 역사 전체를 조명한다. 그리하여 봉건제도도 자유인데, 단 특권이라는 "비합리적" 형태로 그러하다. 현대 국가는 자유인데, 단 보편적 권리라는 합리적 형태로 그러하다. **이성.** 인간은 오직 이성으로서만 자유이다. 인간의 자유란 변덕도 아니고 이해관계에 의해 결정되는 것도 아니며, 칸트와 피히테가 원한 것처럼 자율이며, 이성의 내적 법칙에 대한 복종이다. **"항상 존재해 왔지만 항상 이성적인 형태로 존재해 온 것은 아닌"**[5] (예컨대 봉건제도) 이 이성은 마침내 현대에 와서 국가 속의, 즉 권리 및 법의 국가 속의 이성의 형태로 존재한다.

"철학은 국가를 커다란 유기체, 즉 그 속에서 법적·윤리적_sittliche_**·정치적 자유가 실현되어야 하고 그 속에서 개별 국민이 국법들에 복종할 때 오직 자기 자신의 이성의 자연법칙, 인간적 이성의 자연적 법칙에 복종할 뿐인 커다란 유기체로 간주한다."**[6] 이로부터 철학의

---

4 칼 마르크스, 「제6차 라인주 의회 의사록 : 어느 라인 주 사람이」(1842년 3~4월), 『마르크스의 초기 저작 : 비판과 언론』, 전태국 외 옮김, 열음사, 1966, 100-101쪽[번역은 수정함][*MEW*, Band 1, S. 51-52].

5 칼 마르크스, 「1843년 9월 루게에 보낸 편지」, 『마르크스의 초기 저작 : 비판과 언론』, 329쪽. 이것은 청년 마르크스의 철학의 열쇠인 경탄할 만한 정식이다.

6 칼 마르크스, 『라인 신문』, 1842년 7월 14일자 논설, "『쾰른신문』 179호의 사설에 대하여", 『마르크스의 초기 저작 : 비판과 언론』, 181쪽[번역은 수정함][*MEW*, Band 1., S. 104].

임무가 도출된다. 즉, **"철학은 국가가 인간 본성의 국가일 것을 요구한다."**[7] 이런 기원祈願은 국가 자체에 대해 행해진다. 국가가 자신의 본질을 인지하면 자신을 개혁함으로써 이성이 될 것이고 인간의 진정한 자유가 되리라는 것이다. 따라서 (국가에게 국가 자신에 대한 의무들을 환기해 주는) 철학적-정치적 비판은 정치의 전체를 요약한다. 즉, 자유로운 언론, 인류의 자유로운 이성이 정치 자체가 된다. 이런 정치적 실천, **공적인 이론적 비판**, 즉 언론을 통한 공적 비판으로 요약되며 **언론의 자유**를 자신의 절대적 조건으로서 요청하는 이런 정치적 실천은 『라인 신문』에서 마르크스가 수행한 정치적 실천이었다. 마르크스는 자신의 역사 이론을 발전시키면서 동시에 자기 자신의 **실천**, 그가 탁월한 정치적 행위로 여긴 언론인의 공적 비판에 근거를 제시하고 그런 실천을 정당화한다. 이런 계몽의 철학 속에서 모든 것이 엄밀하게 서로 연관된다.

II. **두 번째 단계**(1842~45)는 새로운 형태의 인간주의, 즉 포이어바흐의 "공동체적" 인간주의에 의해 지배된다. 이성의 국가는 이성에 대해 여전히 귀를 막은 채로 있었다. 프로이센 국가는 개혁되지 않았다. 이성의 인간주의의 환상들에 대해 이런 심판을 가한 것은 역사 자체였다. 독일의 젊은 급진파들은 왕위 계승권자가 왕위를 기다리던 시기에 했던 자유주의적 약속들을 즉위 후에 이행할 것으로

---

7 『마르크스의 초기 저작 : 비판과 언론』, 177-178쪽.

기대했다. 그러나 왕좌는 이 자유주의자를 금방 전제군주[프리드리히 빌헬름 4세]로 변화시켰다. 즉자적으로 이성이었기 때문에 마침내 이성이 되어야 했던 국가는 또 다시 반反이성을 산출했을 뿐이다. 젊은 급진파들이 진정한 역사적·이론적 위기로 겪은 이런 커다란 환멸로부터 마르크스는 다음과 같은 결론을 이끌어 내게 된다. 즉, "……**모든 근대적 형태의 정치적 국가는 자신 속에 이성의 요청들을 포함하고 있습니다. 그리고 정치적 국가는 여기에 머무르지 않습니다. 모든 곳에서 그것은 이성이 실현된 것으로 가정합니다. 그러나 그것은 언제나 자신의 이념적 규정과 자신의 현실적 전제들 사이의 모순 속에 빠집니다.**"[8] 그리하여 결정적인 한 발자국이 내딛어졌다. 즉, 국가의 폐해들은 더 이상 국가 자신의 본질에 대한 국가의 방심으로 파악되는 것이 아니라, 본질(이성)과 실존(반反이성) 사이의 현실적 모순으로 파악된다. 포이어바흐의 인간주의는, 반이성 속에서 이성의 소외를 드러내고 이 소외 속에서 인간의 역사를, 즉 인간의 실현을 드러냄으로써, 정확히 이 모순을 사고하게 해준다.[9]

<hr/>

8 [옮긴이] 칼 마르크스, 「1843년 9월 루게에게 보낸 편지」, 같은 책, 329쪽(번역은 수정함).

9 역사가 독일의 젊은 급진파들을 이론적 위기 속으로 집어던졌거니와, 포이어바흐와 이 위기와의 만남은 이 『철학의 개혁을 위한 잠정적 테제들』, 『기독교의 본질』, 『미래 철학의 원리들』의 저자에 대한 젊은 급진파들의 열광을 설명해 준다. 실로 포이어바흐는 젊은 지식인들의 이론적 위기에 대한 **이론적** 해결을 표상한다. 포이어바흐는 자신의 소외의 유물론 속에서 인간 본질의 소외를 인간 본질의 실현의 필수적 계기로 생각하게 해주고 반이성(국가의 비합리적 **현실**)을 이성(국가의 이념)의 실현의 필연적 계기로 생각하게 해주는 이론적 개념들을 그들에게 제공한다. 그리하여 그는 그들로 하여금, 사정이 달랐다면 그들

마르크스는 아직 인간 철학을 공언한다. 즉, 그는 **"철저하다는 것**radikal sein**은 사물을 그 뿌리로부터 파악한다는 것이다. 그리고 인간에게 뿌리는 바로 인간 자신이다"라고 말한다**(1843).[10] 그러나 인간은 먼저 **"공동존재"**Gemeinwesen, 즉 **"공동체적 존재"**être communautaire 인 연후에만, 즉 이론적으로(과학) 그리고 실천적으로(정치) 인간들과의, 그리고 자신의 대상들(노동에 의해 "인간화된" 외적 자연)과의 보편적인 관계들 속에서만 완성될 수 있는 존재인 연후에만, 자유와 이성일 수 있다. 여기서도 또한 인간의 본질이 역사와 정치의 토대가 된다.

역사, 이것은 반反이성 속에서의 이성의 소외 및 생산, 소외된 인간 속에서의 진정한 인간의 소외 및 생산이다. 자신의 노동의 소외된 생산물들(상품, 국가, 종교) 속에서 인간은, 알지 못하는 가운데, 인간의 본질을 실현한다. 역사 및 인간을 생산하는 이런 인간상실은 선재하는 규정된 본질을 전제한다. 비인간적 대상성이 된 이 인간이

이 비합리성 자체로서 감내했을 것을 이성과 반이성 사이의 필연적 **연계**로 **사고하도록** 해 준다. 물론 이 관계는 역사적 이성과 역사적 반이성 사이의 역사적 관계를 사고하는 데 필수적인 인간 개념의 개조를 수행한다는 이론적 유보하에서, 이 관계에 근거를 제공하는 철학적 인간학에 사로잡힌 채로 있다. 인간은 더 이상 이성과 자유에 의해 규정되지 않는다. 인간은 자신의 원리 자체 속에서 "공동체적" 존재가 되며, 구체적 상호주관성, 사랑, 형제애fraternité, "유적 존재"가 된다.

10 [옮긴이] 칼 마르크스, 「헤겔 법철학 비판 서문」, 『헤겔 법철학 비판』, 강유원 옮김, 이론과 실천, 2011, 20쪽(「헤겔 법철학의 비판을 위하여. 서설」, 『칼 맑스·프리드리히 엥겔스 저작선집 1』, 박종철출판사, 1991, 9쪽 참조).

역사의 종말에 총체적 인간,[11] 진정한 인간이 되기 위해서는, [사유] 재산, 종교, 국가 속에 소외된 자기 자신의 본질을, 주체로서, 되찾기만 하면 될 것이다.

인간에 대한 이런 새로운 이론은 **실천적** 재영유의 정치라는 새로운 유형의 정치적 행위의 근거가 된다. 단순한 국가이성에 대한 호소는 사라진다. 정치는 더 이상 단순한 이론적 비판이나 자유 언론에 의한 이성의 건립이기를 멈추고, 인간에 의한 인간의 본질의 실천적 재영유가 된다. 왜냐하면 국가는 종교와 마찬가지로 분명히 인간이지만, 박탈된 인간이기 때문이다. 인간은 시민(또는 국가) 그리고 사적 인간이라는 두 추상물로 분열되어 있다. 국가라는 하늘에서, "시민의 권리" 속에서, 인간은 "인간의 권리"라는 땅에서 박탈당한 인간적 공동체를 상상적으로 산다. 또한 혁명은 더 이상 단지 **정치적** 혁명(국가의 자유주의적 합리적 개혁)인 것이 아니라, 돈과 권력과 신이라는 환영적fantastique 형태 속에서 소외된 인간의 본질을 인간에게 반환하는 "**인간적**"("공산주의적") 혁명일 것이다. 이때부터 이 실천적 혁명은 철학과 프롤레타리아트의 공동 과업이 될 것인데, 왜냐하면

11 [옮긴이] '총체적 인간'이라는 말은 『1844년 수고』 중 세 번째 초고의 '사적 소유와 공산주의'라는 절에 나온다. "인간은 전면적인 방법으로, 따라서 총체적 인간ein totaler Mensch으로서, 자신의 전면적 본질을 자신의 것으로 한다. 세계에 대한 인간의 모든 인간적 관계들, 보고 듣고 냄새 맡고 맛보고 느끼고 생각하고 직관하고 지각하고 바라고 활동하고 사랑하는 것, 요컨대 그의 개인성Individualität의 모든 기관들은……." 『경제학-철학 수고』, 강유원 옮김, 이론과 실천, 2006, 131쪽.

철학 속에서 인간이 이론적으로 긍정되고 프롤레타리아트 속에서
인간이 실천적으로 부정되기 때문이다. 프롤레타리아트 속으로 철
학이 침투하는 것은 자기 자신의 부정에 대항하는 자기 긍정의 의식
적인 반란일 것이며, 비인간적 조건들에 대항하는 인간의 반란일 것
이다. 그리하여 프롤레타리아트는 자기 자신의 부정을 부정할 것이
며 공산주의 속에서 자신을 소유할 것이다. 혁명은 소외에 내재하는
논리의 **실천** 바로 그것이다. 혁명은 여태까지 무장 해제되었던 비판
이 프롤레타리아트 속에서 자신의 무기를 인지하는 계기이다. 비판
은 프롤레타리아트에게 프롤레타리아트의 본질에 대한 이론을 제공
한다. 역으로 프롤레타리아트는 비판에 자신의 무장력을 제공한다.
이 무장력은, 각자가 자기 자신과 동맹해 이루는 하나의 동일한 힘이
다. 따라서 프롤레타리아트와 철학의 혁명적 동맹은, 여기서 다시,
인간의 본질 속에서 조인된다.

III

1845년부터 마르크스는 역사와 정치의 토대를 인간 본질에서
찾는 모든 이론과 근원적으로 단절한다. 이 독특한 단절은 이론적으
로 분리 불가능한 다음 세 측면을 포함한다.

1. 사회구성체, 생산력들, 생산관계들, 상부구조, 이데올로기들, 경제에 의한 최종 심급에서의 결정, [경제 이외의] 다른 수준들의 특유한 결정 등과 같은 근원적으로 새로운 개념들 위에 구축된 역사 이론과 정치 이론의 형성.
2. 모든 철학적 인간주의의 **이론적** 자만들에 대한 근원적 비판.
3. 인간주의를 **이데올로기**로 정의하는 것.

이런 새로운 이해[관념]는 또한 아주 엄밀한 것이다. 그러나 이것은 새로운 엄밀성이다. 즉, 비판된 인간의 본질(2)은 사회와 역사에 대한 새로운 이론(1)에 속하는 범주인 이데올로기(3)로 정의된다.

모든 철학적 인간학 또는 **철학적** 인간주의와의 단절은 부차적·지엽적인 사항이 아니다. 그것은 마르크스의 과학적 발견과 하나를 이룬다.

이 단절은 마르크스가 하나의 동일한 행위 속에서 과거의 철학적 문제설정을 기각하고 새로운 문제설정을 채택한다는 것을 의미한다. 이전의 관념적("부르주아적") 철학은, 자신의 모든 분야들과 모든 논변들("인식 이론", 역사관, 정치경제학, 도덕, 미학 등)에서 **인간 본성**의(또는 인간 본질의) 문제설정이라는 하나의 문제설정에 기초하고 있었다. 이 문제설정은 몇 세기에 걸쳐 자명성 자체였으며, 그것을, 심지어 내적인 수정을 통해서라도, 의문에 부치는 것은 그 누구도 상상하지도 못했다.

이 문제설정은 모호하거나 느슨하지 않았다. 반대로 이 문제설정은 정확하고 상호 긴밀히 절합된 개념들의 수미일관한 체계로 구성되어 있었다. 마르크스가 이 문제설정에 맞서 대결했을 때 이 문제설정은 「포이어바흐에 대한 테제들」 중 여섯 번째 테제에 의해 정의된 다음과 같은 상호 보완적인 가정들을 내포하는 것이었다.

1. 인간의 보편적 본질이 존재한다.
2. 이 본질은 이 본질의 현실적 주체인 **"고립적으로 파악된 개인들"**[12]의 속성이다.

이 두 가정은 상호 보완적이며 분리 불가능하다. 그런데, 이 두 가정의 존재와 통일성은 경험론적-관념론적 세계관 전체를 전제한다. 인간적 본질이 보편적 속성이기 위해서는 사실 절대적 소여들로서 **구체적 주체들**이 존재해야 한다. 이는 하나의 **주체의 경험론**을 함축한다. 이 경험적 개인들이 인간들이기 위해서는, 이 개인들 각자가 자기 속에, 사실상은 아닐지라도 적어도 원리상, 인간적 본질 전체를 담지해야 한다. 이는 **본질의 관념론**을 함축한다. 따라서 주체의 경험론은 본질의 관념론을 내포하며, 그 역도 성립한다. 이런 관계는 그것의 "대립물"로, 즉 개념의 경험론/주체의 관념론으로 전도될 수도 있다. 이 전도는 고정된 채로 있는 이 문제설정의 근본

12 [옮긴이] 마르크스는 여섯 번째 테제에서 포이어바흐가 "추상적인 — 고립된 — 인간 개인"을 전제한다고 썼다.

적 구조를 존중한다.

이런 유형-구조 속에서 우리는 (홉스로부터 루소에 이르는) 사회 이론들의 원리, (페티로부터 리카도에 이르는) 정치경제학의 원리, (데카르트로부터 칸트에 이르는) 도덕론의 원리만이 아니라 (로크로부터 칸트를 거쳐 포이어바흐에 이르는) (전前 마르크스주의적인) 관념론적이고 유물론적 "인식 이론"의 원리 자체를 인지할 수 있다. (데카르트로부터 포이어바흐에 이르기까지 볼 수 있듯이) 인간 본질의 내용 또는 경험적 주체들의 내용은 다양할 수 있고, (로크로부터 칸트에 이르기까지 볼 수 있듯이) 주체는 경험론에서 관념론으로 이동할 수 있다. 즉, 제시된 항들과 이 항들 사이의 관계는 이 문제설정 자체를 구성하는 불변의 유형-구조의 내부에서만 변화한다. 즉, **본질의 관념론에는 항상 주체의 경험론이 상응한다**(또는 주체의 관념론에는 본질의 경험론이 상응한다).

이론적 기초로서의 인간 본질을 거부함으로써 마르크스는 가정들의 이 유기적 체계 전체를 기각한다. 마르크스는 **주체, 경험론, 이상적 본질** 등의 철학적 범주들을 그것들이 군림하던 모든 분야로부터 쫓아낸다. 정치경제학으로부터(**호모 에코노미쿠스**의 신화, 즉 고전 **경제학의 주체**로서 명확한 능력들과 욕구들을 갖춘 개인에 대한 거부), 역사로부터(사회적 원자론과 정치적-윤리적 관념론의 거부), 도덕으로부터(칸트적 도덕관념의 거부)뿐만이 아니라, 철학 자체로부터도 쫓아낸다. 왜냐하면 마르크스의 유물론은 주체의 경험론(그리고 그 이면인 초월적 주체)과 개념의 관념론(그리고 그 이면인 개념의 경험론)을 배제하기 때문이다.

이런 총체적인 이론적 혁명이 원리적으로 과거의 개념들을 거부할 수 있는 것은 이 혁명이 과거의 개념들을 새로운 개념들로 대체하기 때문이다. 마르크스는 사실상, 새로운 문제설정, 세계에 대해 질문을 제기하는 새로운 체계적 방식, 새로운 원리들과 새로운 방법을 정립한다. 이런 발견은 직접적으로 역사적 유물론의 이론 속에 포함된다. 마르크스는 역사적 유물론 속에서 사회들의 역사에 대한 새로운 이론만을 제시하는 것이 아니라 동시에, 암묵적으로 그러나 필연적으로, 무한한 함의들을 지닌 새로운 "철학"을 제시한다. 그리하여, 역사 이론 속에서 개인-인간 본질의 낡은 쌍을 (생산력, 생산관계 등의) 새로운 개념들로 대체할 때 마르크스는 동시에 사실상 "철학"에 대한 새로운 이해[관념]를 제시한다. 마르크스는 관념론의 토대였을 뿐만 아니라 또한 전㎖마르크스주의적 유물론의 토대를 이루었던 과거의 가정들(주체의 경험론-관념론, 본질의 경험론-관념론)을 **프락시스**의 변증법적-역사적 유물론으로, 즉 인간 사회의 통일성의 특유한 절합들에 기초한, 고유한 절합들 속에 있는, **인간적 실천**의 특유한 상이한 **수준들**(경제적 실천, 정치적 실천, 이데올로기적 실천, 과학적 실천)에 대한 이론으로 대체한다. 한 마디로 말해서, 마르크스는 포이어바흐의 "이데올로기적"이고 보편적인 "실천" 개념을, 각각의 개별특수적 실천을 사회구조의 특유한 차이들 속에 위치시켜 주는 특유한 차이들에 대한 구체적 이해[관념]로 대체한다.

따라서 마르크스가 가져온 근원적으로 새로운 것을 이해하기 위해서는 역사적 유물론의 개념들의 새로움뿐만 아니라 또한 이 개념들이 함축하고 진술하는 이론적 혁명의 심오함에 대해서 의식해야 한다. 이것을 조건으로 하여, 인간주의의 **이론적** 자만들을 거부하고 이데올로기로서의 그것의 실천적 기능을 인지하면서 인간주의의 지위를 규정하는 것이 가능해진다.

엄밀히 이론적 측면에서 우리는 마르크스의 **이론적 반인간주의**에 대해서 공개적으로 말할 수 있고 또 말해야 하며, 이 **이론적 반인간주의** 속에서 인간세계 자체에 대한 (실증적) 인식 및 실천적 변형의 절대적(부정적) 가능성의 조건을 볼 수 있고 또 보아야 한다. 우리는 오직 인간에 대한 철학적(이론적) 신화들을 재灰로 만듦으로써만 인간의 어떤 것에 대해 **인식할** 수 있다. 이런저런 방식으로 하나의 이론적 인간학이나 하나의 이론적 인간주의를 회복하기 위해 마르크스를 원용하는 모든 사고는 **이론적으로** 재일 뿐이다. 그렇지만 실천적으로 그것은 현실적 역사를 짓누르고 궁지에 빠트릴 수 있는 전前마르크스주의적인 이데올로기적 기념물을 건립할 수 있다.

왜냐하면 마르크스주의적인 이론적 반인간주의는 **이데올로기로서의 인간주의** 자체에 대한 인지reconnaissance와 인식connaissance을 파생물로 갖기 때문이다. 마르크스는 하나의 대상에 대한 인식이 이 대상을 대체하거나 또는 이 대상의 존재를 사라지게 할 수 있다고 믿는 관념론적 환상에 결코 빠지지 않았다. 태양이 팔천 킬로미터 거리에 있다고 알고 있던 데카르트주의자들은 태양이 이백 보 거리에 있는 것으로 느껴진다는 것에 놀랐다. 그들은 **신**神을 끌어다가 이 간격을 메울 수도 없었다. 마르크스는 화폐(사회적 관계)의 본성에 대한 인식이 화폐의 **겉모양**, 화폐의 존재 형태를, 즉 하나의 사물을 파괴할 수 있다고는 전혀 믿지 않았다. 왜냐하면 이 겉모양은 기존의 생산양식만큼 필수적인 화폐의 존재 자체이기 때문이다.[13] 마르크스는 하나의 이데올로기가 그것에 대한 인식에 의해 소멸할 수 있다고는 결코 믿지 않았다. 왜냐하면 그 이데올로기에 대한 인식은 주어진 한 사회 내에서 그것의 가능성의 조건들, 그것의 구조, 그것의 특유한 논리 및 실천적 역할에 대한 인식이고, 동시에 그것의 필연성의 조건들에 대한 인식이기 때문이다. 따라서 마르크스의 **이론적 반인간주의**는 인간주의의 역사적 **실존**을 전혀 소멸시키지 못한다. 마르크스 이전에도 마르크스 이후에도 우리는 현실의 세계 속에서 인간 철학들을

---

13 유행 중인 "사물화"réification/Verdinglichung 이론 전체는 청년기 저작들, 특히 1844년의 『경제학-철학 수고』의 소외 이론의 투사에, 즉 『자본』의 "물신숭배" 이론에 기초한다. 1844년 『수고』에서 인간 본질의 대상화는 인간에 의한 인간 본질의 재영유에 불가결한 전제 조건으로 확언되었다. 대상화의 전체 과정 속에서 인간은 대상성의 형태로만 존재한다. 이 대상성의 형태 속에서 인간은 비인간적인 낯선 본질의 겉모양하에서 자기 자신의 본질을 만난다. 이런 "대상화"는 **비인간적**이라고 칭해지긴 했지만 "사물화"라고 칭해지지는 않았다. 비인간성은 "사물"이라는 탁월한 모델에 의해 표상되지 않았다. 비인간성은 때로는 동물성의 모델에 의해(심지어 전前동물성의 모델에 의해 : 이 인간은 더 이상 자연에 대해 단순한 동물적 관계들을 갖지 않는다), 때로는 전능함의 모델, 매혹의 모델, 초월성(신, 국가)의 모델에 의해, 그리고 화폐(이것은 "사물"이다)의 모델에 의해 표상되었다. 『자본』에서 **사물**의 형태(한 조각의 쇠)로 제시되는 유일한 사회적 관계는 화폐이다. 그러나 **사물**로서의 화폐라는 이해[관념](즉, 화폐 속에서 가치와 사용가치를 혼동하는 것)는 이 "사물"의 현실에 부합하지 않는다. 즉, 화폐와 직접적 관계를 맺고 있는 인간이 부딪치는 것은 단순한 "사물"의 난폭성이 아니라 사물들과 인간들에 대한 **권력**(또는 권력의 **결여**)이다. 인간관계의 도처에서 "사물들"을 보는 사물화 이데올로기는 "사물"이라는 범주를 통해("사물"은 마르크스에게 가장 낯선 범주이다) 사물로서의 화폐라는 이데올로기의 모델 위에서 사고된 모든 사회적 관계들을 혼동한다.

만나고, 오늘날에도 몇몇 마르크스주의자들은 새로운 이론적 인간주의의 주제들을 발전시키려 하고 있다. 게다가 마르크스의 이론적 반인간주의는 인간주의를 그것의 존재 조건들과 연관시킴으로써 **이데올로기**로서의 인간주의의 필연성, 조건들하에서의 필연성을 인지한다. 이런 필연성에 대한 인지는 순수하게 사변적인 것이 아니다. 오직 이런 인지의 토대 위에서 마르크스주의는, 모든 종류의 이데올로기적 형태들에 관련한, 즉 종교, 도덕, 예술, 철학, 법 그리고 특히 인간주의에 관련한 정치를 정초한다. 인간주의 이데올로기에 대한 (있을 수 있는) 마르크스주의적 정치, 즉 인간주의에 대한 정치적 태도 — 윤리-정치적 영역 속의 이데올로기의 현재적 형태들에 대한 거부 또는 비판이거나, 이용 또는 지지·개발이거나, 인간주의적 재생일 수 있는 정치 — , 이런 정치는 **이론적 반인간주의**를 전제 조건으로 하는 마르크스주의 철학에 기초한다는 절대적 조건하에서만 가능하다.

IV

모든 것은 따라서 **이데올로기**로서의 인간주의의 본질에 대한 인식에 달려 있다.

여기서 이데올로기에 대한 정밀한 정의를 내릴 수는 없다. 아주 도식적으로 이데올로기는 주어진 한 사회 내에서 역사적 존재existence

및 역할을 부여받은, 표상들(이미지들, 신화들, 이념들 또는 경우에 따라 개념들)의 체계(자기 자신의 논리와 엄밀성을 지닌 체계)라는 것을 알아 두는 것으로 족하다. 한 과학이 자신의 (이데올로기적) 과거에 대해 갖는 관계들이라는 문제에 들어가지는 말고, 표상들의 체계로서의 이데올로기 내에서는 실천적–사회적 기능이 이론적 기능(또는 인식의 기능)보다 우세하다는 점에서 이데올로기는 과학과 구별된다는 것을 말해 두자.

이 사회적 기능의 본성은 무엇인가? 이를 이해하기 위해서는 마르크스주의적 역사 이론을 참조해야 한다. 역사의 "주체들"은 주어진 인간 사회들이다. 이 사회들은 총체들로 나타나며, 이 총체의 통일성은 엥겔스를 따라 아주 도식적으로 경제, 정치, 이데올로기라는 세 심급으로 환원할 수 있는 심급들을 작용시키는 어떤 특수한 유형의 **복잡성**에 의해 구성된다. 따라서 모든 사회에서 우리는, 때로는 대단히 역설적인 형태로, 토대의 경제적 활동, 정치적 조직, "이데올로기적" 형태들(종교, 도덕, 철학 등)의 존재를 확인한다. **이처럼 이데올로기는 그 자체로서 모든 사회적 총체의 유기적 부분을 이룬다.** 인간 사회들은 이데올로기라는 이 **특수한 구성체들**, 이 (다양한 수준의) 표상들의 체계들이 없이는 존속할 수 없는 것처럼 모든 것이 진행된다. 인간 사회들은 이데올로기를 사회들의 호흡에 불가결한, 사회들의 역사적 생존에 불가결한 요소와 공기로서 분비分泌한다. 오직 이데올로기적 세계관만이 **이데올로기 없는** 사회들을 상상할 수 있었고, (이데올로기의 이런저런 역사적 형태가 아니라) 이데올로기가 **과학**으로 대체되어 흔적도 남기지 않고 사라져 버린 세계에 대한 유토피아적 관넘을 받아들일 수 있었다. 이런 유토피아는 예컨대, 본질적으로 이데올로기적인 도덕이 과학에 의해 대체될 수 있거나 점차 과학적으로 될 수 있다는 관념, 또는 종교가 과학에 의해 사라지고 말하자면 과학이 그 자리를 차지한다는 관념, **예술**이 지식과 합쳐질 수 있거나 "일상생활"이 될 수 있다고 믿는 관념의 핵심 원리이다.

그리고 가장 뜨거운 질문을 피해 가지 않겠다. **역사적 유물론은 심지어 공산주의 사회도 이데올로기 없이 존재할 수 있다고는 결코 상상할 수 없다.** 이 이데올로기가 도덕이든 예술이든 "세계의 표상"이든 간에 말이다. 물론 공산주의 사회에서는 이데올로기적 형태들과 그것들 간의 관계들에서 중요한 변화들이 일어날 것임을, 게다가 기존의 어떤 이데올로기적 형태들은 소멸하거나 그것들의 기능이 유사한 형태들로 이전될 것임을 예견할 수 있다. 우리는 또한 (이미 획득한 경험의 전제들 위에서), 새로운 이데올로기적 형태들(예컨대 "과학적 세계관", "공산주의적 인간주의"와 같은 이데올로기들)이 발전할 것임을 예견할 수 있다. 그러나 엄밀히 파악된 마르크스주의 이론의 현재 상태에서 보건대, 일정한 생산력들과 생산관계들을 포함하는 새로운 생산양식인 공산주의가 생산의 사회적 조직과 그것에 상응하는 이데올로기적 형태들 없이 존재할 수 있다고 생각할 수는 없다.

이데올로기는 따라서 **역사**Histoire의 일탈 또는 우연한 돌출물이 아니다. 그것은 사회들의 역사적 생존에 본질적인 구조이다. 게다가 이데올로기의 필연성의 존재 및 인지만이 이데올로기에 대해 행동할 수 있게 하고 이데올로기를 역사에 대한 의식적인 행위의 수단으로 전화시킬 수 있다.

통상 이데올로기가 **"의식"**의 영역에 속한다고들 말한다. 여전히 마르크스 이전의 관념론적 문제설정에 오염되어 있는 이런 이름 붙이기에 대해 오해하면 안 된다. "의식"이란 용어가 일의적인 의미를 가지고 있다면, 이데올로기는 사실상 "의식"과 거의 아무런 관계가 없다. 이데올로기는 심지어 (예컨대 전前마르크스주의적 "철학"에서 그러하듯이) 숙고된 형태로 드러날 때에도 지극히 **비의식적**$_{inconscient}$이다. 이데올로기는 분명히 표상들의 체계이다. 그러나 이 표상들은 대부분의 경우 "의식"과 아무런 관계가 없다. 이 표상들은 대부분의 경우 이미지들이며, 가끔은 개념들이다. 그러나 이 표상들은 무엇보다도 **구조**로서 대다수 사람들에게 그들의 "의식"을 경유하지 않고 부과된다. 표상들은 지각되고-수용되고-감내된 문화적 대상들이며, 사람들에게서 빠져나가는 과정을 통해 사람들에게 기능적으로 작용한다. 사람들은 자신들의 이데올로기를, 데카르트 추종자들이 이백보 거리에 있는 달을 "보았듯이", 또는 ─ 그들이 집중하지 않았다면 ─ 보지 않았듯이, **결코 의식의 형태로서가 아니라 그들의 "세계"의 한 대상으로서,** 그들의 "세계" 자체로서 "산다". 그럼에도 불구하고 이데올로기가 사람들의 "의식"과 관계된다고 말할 때 이것은 무엇을 뜻하는가? 이것은 우선 이데올로기가 다른 사회적 심급들과 구별된다는 것을 뜻하지만, 그러나 또한 사람들이 자신들의 행위들, 고전적 전통이 보통 자유와 "의식"에 연결한 이 행위들을 이데올로기 속에서, **이데올로기를 가로질러 그리고 이데올로기를 통**

해 산다는 것을 뜻한다. 이것은 요컨대 (정치적 행위 또는 불행위不行爲 속에서 맺는) 역사에 대한 관계를 포함해 세계에 대한 사람들의 "살아지는"vécu 관계는 이데올로기를 통과한다는 것, 더 정확히 말해서 이데올로기 자체라는 것을 뜻한다. 바로 이런 의미에서 마르크스는, 사람들은 세계와 역사 속에서 자신들이 점하는 자리를 이데올로기 속에서 의식한다고, 사람들은 이런 이데올로기적 비의식inconscience 속에서 세계에 대한 자신들의 "살아지는" 관계들을 변경하기에 이르고, "의식"이라고 불리는 새로운 형태의 특수한 비의식을 획득하기에 이른다고 말한 것이다.[14]

따라서 이데올로기는 세계에 대한 사람들의 **살아지는** 관계에 관한 것이다. **비의식적**이라는 조건하에서만 **"의식적인"** 것으로 드러나는 이 관계[15]는, 같은 방식으로, 복잡하다는 조건하에서만, 단순한 관

---

14 [옮긴이] 관련된 마르크스의 언급은 다음과 같다. "……사회의 물질적 생산력들은 …… 기존의 생산관계들과 모순에 빠진다. …… 경제적 기초의 변화와 더불어 거대한 상부구조 전체가 서서히 또는 급속히 변혁된다. 그런 변혁들을 고찰할 경우 우리는 경제적 생산 조건들에서 일어나는 물질적인, 자연과학적으로 정확히 확인될 수 있는 변혁과, **사람들이 그 속에서 이 갈등을 의식하게 되고 이 갈등을 싸워 해결하게 되는 법적·정치적·종교적·예술적 또는 철학적 형태들**, 요컨대 이데올로기적 형태들에서 일어나는 변혁을 항상 구분해야 한다." 칼 마르크스, 『정치경제학 비판을 위하여』의 「서문」(1859), 김호균 옮김, 중원문화, 1988, 7쪽(번역은 수정함. 옮긴이의 강조).

15 [옮긴이] 이것은 "이데올로기적 과정의 비의식적 특성"(에티엔 발리바르, 『대중들의 공포』, 최원·서관모 옮김, 도서출판 b, 2007, 315-316쪽. 여기에는 '비의식적'이 '무의식적'으로 번역되어 있다)에 대한 엥겔스의 명제에 기초한 정식화이다. 엥겔스는 "두뇌 속에서 이 사고 과정[이데올로기의 발전]이 진행되는 사람들의 물질적 생활 조건이 결국 이 사고 과

계가 아니라 관계들의 관계, 이차적 관계라는 조건하에서만 단순한 것으로 보인다. 실상 사람들은 이데올로기 속에서 자신들의 존재 조건에 대한 자신들의 관계를 표현하는 것이 아니라, 자신들의 존재 조건에 대한 자신들의 관계를 사는 **방식**을 표현한다. 이것은 현실적 관계와 "살아지는", "상상적" 관계를 동시에 전제한다. 이데올로기는 따라서 사람들의 "세계"에 대한 사람들의 관계의 표현이다. 다시 말해 사람들의 현실적 존재 조건들에 대한 그들의 현실적 관계와 그들의 상상적 관계의 (과잉결정된) 통일체이다. 이데올로기 속에서 현실적 관계는 불가피하게 상상적 관계 속으로, 즉 하나의 현실을 기술하기보다는 하나의 **의지**(보수적·순응주의적·개혁적 또는 혁명적 의지)를, 게다가 하나의 희망 또는 향수를 **표현하는** 관계 속으로 투여된다.

상상적인 것에 의한 현실적인 것의 이 과잉결정, 그리고 현실적

정을 규정한다는 사실은 필연적으로 이 사람들에게는 의식되지 못하고 만다bleibt unbewußt. 왜냐하면 만약 그렇지 않다면 이데올로기란 도대체 있을 수 없게 될 것이기 때문이다"라고 말한다. 프리드리히 엥겔스, 「루드비히 포이에르바하 그리고 독일 고전철학의 종말」, 『칼 맑스·프리드리히 엥겔스 저작선집 6』, 박종철출판사, 1997, 285쪽(번역은 수정함). 알튀세르는 이데올로기를 명사형으로 설명할 때 l'inconscient(무의식. 프로이트의 das Unbewußte)이 아니라 l'inconscience라는 용어를 사용한다. l'inconscience는 '자신의 언동이나 상태 따위를 스스로 깨닫지 못하는 일체의 작용'이라는 의미에서는 '무의식'이지만(일상용어로서의 무의식) 프로이트적 의미의 무의식이 아니다. 나는 알튀세르가 이데올로기적 과정이 비의식적unbewußt이라는 엥겔스의 명제에서 출발한다는 점에 유의해, 따라서 l'inconscience를 l'inconscient와 준별하기 위해, 알튀세르의 inconscient/l'inconscience를 '비의식적/비의식'으로 번역한다. 발리바르가 지적하듯이 엥겔스의 한계는 이데올로기적 과정의 비의식적 특성에 대한 고찰에도 불구하고 이데올로기를 끝내 의식으로 파악하는 데에서 벗어나지 못했다는 데 있다.

인 것에 의한 상상적인 것의 이 과잉결정 바로 그 속에서 이데올로기는 원리적으로 **능동적**이며, 바로 그 속에서 이데올로기는 사람들의 존재 조건들에 대한 사람들의 관계를, 상상적 관계 그 자체 속에서, 강화하거나 변경한다. 이로부터 이 행위는 결코 순수하게 **도구적**일 수 없다는 결론이 나온다. 이데올로기를 행동의 순전한 수단으로, 도구로 사용하는 사람들이 이데올로기를 사용하는 바로 그 순간, 자신이 이데올로기의 절대적 주인이라고 믿는 바로 그 순간에 그들은 이데올로기 속에 붙잡혀 있고 이데올로기에 연루되어 있다.

이런 점은 **계급사회**의 경우 전적으로 분명하다. 계급사회에서 지배적 이데올로기는 **지배**계급의 이데올로기이다. 그렇지만 지배계급은 자신의 이데올로기인 지배적 이데올로기에 대해 유용성 또는 순수한 계략이라는 외부적이고 명료한 관계를 갖지 않는다. 18세기에 "상승하는 계급" 부르주아지가 평등, 자유, 이성의 인간주의적 이데올로기를 발전시킬 때에, 그들은 자신의 요구에 보편성의 형식을 부여했다. 이는 그렇게 함으로써 이 부르주아지가 그들이 단지 착취하기 위해 해방한 사람들을, 이 부르주아지의 요구가 보편적인 것이라고 이들을 교육함으로써, 자기편에 끌어들이고자 원했기 때문이다. 여기 불평등의 기원에 대한 루소의 신화가 있다. 즉, 부자들은 그때까지 고안된 것들 중 "가장 교묘한 계획"을 빈자들에게 부여해 빈자들로 하여금 자신의 예종隷從을 자유인 것처럼 살게 한다.[16]

16 [옮긴이] "마침내 부자는 절박한 필요에 따라 인간의 정신 속에 일찍이 스며든 적이 없는

실제로는, 부르주아지는 타인들을 설득하기에 앞서 자신의 신화를 믿어야 한다. 이는 단지 타자들을 설득하기 위한 것만은 아니다. 왜냐하면 부르주아지가 자신의 이데올로기 속에서 사는 것은 자신의 현실적 존재 조건들에 대한 상상적 관계, 즉 부르주아지가 지배계급으로서의 자신의 역할을 담당하고 완수하고 감당할 수 있도록 자기 자신에게 작용할 수 있게 하고(자신에게 법률적·도덕적 의식과 경제적 자유주의의 법률적·도덕적 조건들을 부여하는 것) 동시에 타인들(자신이 착취하는 자들과 미래에 착취할 자들, 즉 "자유로운 노동자들")에게 작용할 수 있게 하는 **이** 상상적 관계이기 때문이다. **자유**의 이데올로기 속에서 부르주아지는 이렇게 자신의 존재 조건에 대한 자신의 관계, 즉 **자신의** 현실적 관계(자유적 자본주의 경제의 법률), 그러나 **상상적 관계**(자유로운 노동자들을 포함한 모든 인간은 자유롭다) **속으로 투여된** 현실적 관계를 아주 정확하게 산다. 부르주아지의 이데올로기는 **자유**에 대한 **말놀이**로 구성되는데, 이 말놀이는 자유를 가지고 협박해 ("자유로운"!) 피착취자들을 굴레에 매어 두기 위해 피착취자들을 기만하려는 부르주아지의 의지를 드러내 줄 뿐만 아니라 자신의 계급적 지배를 자신이 착취하는 자들의 자유인 것처럼 살아야 할 부르주아지의 필요를 드러내 준다.

가장 교묘한 계획을 생각해 냈다. 그것은 …… 그 적대자들에게 다른 준칙들을 불어넣어 자연법이 자신들에게 불리했던 것과 마찬가지로 자신에게 유리한 다른 제도들을 그들에게 부여하는 것이었다." 장 자크 루소, 『인간 불평등 기원론』, 주경복·고봉만 옮김, 책세상, 2003, 114-115쪽. 알튀세르는 "가장 교묘한 계획project"을 "가장 교묘한 언설discours"로 바꿔 썼다.

다른 민족을 착취하는 민족이 자유로울 수 없는 것과 마찬가지로 이데올로기를 **사용하는** 계급 역시 그 이데올로기에 구속된다. 따라서 이데올로기의 계급적 기능에 대해 말할 때에는, 지배적 이데올로기는 지배계급의 이데올로기라는 것, 지배적 이데올로기는 피착취 계급을 지배하기 위해서 소용될 뿐만 아니라 지배계급으로 하여금 세계에 대한 자신의 살아지는 관계를 현실적이고 정당화된 것으로 받아들이게 하면서 자신을 **지배계급으로 구성하게 하는 데** 소용된다는 것을 이해해야 한다.

그러나 더 멀리 나아가서 계급들이 사라진 사회에서 **이데올로기**는 어떻게 되는가 자문自問해야 한다. 앞서 말한 것으로부터 대답을 끌어낼 수 있다. 만약 이데올로기의 모든 사회적 기능이 피착취자들을 속이기 위해 지배계급이 외부로부터 만들어 내고 조작하는 파렴치한 신화(플라톤의 "훌륭한 거짓말"[17] 또는 현대의 광고 기술들)로 요약될 수 있는 것이라면, 이데올로기는 계급들과 더불어 사라질 것이다. 그러나 우리가 보았듯이 계급사회에서조차 이데올로기는 지배계급 자신에 대해 능동적이며, 지배계급을 만들어 내는 데 기여하고, 또한 지배계급을 자신의 현실적 존재 조건들(한 예로 법적 자유)에 적응시키기 위해 지배계급의 태도를 변화시키는 데 기여한다. ― (대중의

---

17 [옮긴이] "······그런 필요한(마땅한) 경우에 부응하는 거짓말을, 즉 한 가지의 훌륭한 거짓말을 함으로써 누구보다도 특히 통치자들 자신이 곧이듣도록 할 수 있는, 만약에 그게 불가능하다면, 나머지 시민이라도 곧이듣도록 할 수 있는 어떠한 방도가 우리에게 있을 수 있겠는가?" 플라톤, 『국가·政體』, 박종현 옮김, 서광사, 1997, 247쪽.

표상들의 체계로서의) 이데올로기가 인간들을 형성하고 전화시키고 그들이 그들의 존재 조건들의 요청에 부응하도록 만들기 위해서 모든 사회에서 필요 불가결하다는 것은 명백하다. 마르크스가 말했듯이 역사가, 사회주의사회에서도 마찬가지로, 인간들의 존재 조건들의 항구적인 전화를 뜻한다면, 인간들은 이 조건들에 적응하기 위해 부단히 전화되어야 할 것이다. 그리고 이런 "적응"이 자생성에 맡겨둘 수 있는 것이 아니라 끊임없이 담당되고 지배되고 통제되어야 하는 것이라면, 바로 이데올로기 속에서 이 요청이 표현되며, 이 거리가 측정되고, 이 모순이 사라지고, 이 모순의 해결이 "행해진다." 바로 이데올로기 속에서 계급 없는 사회가 세계에 대한 자신의 관계의 부적합성/적합성을 **체험하며** 바로 이데올로기 속에서 그리고 이데올로기에 의해서 계급 없는 사회가, 사람들을 그들의 임무와 존재 조건의 수준에 맞도록 만들기 위해, 사람들의 "의식"을, 즉 사람들의 태도와 행동들을 전화시킨다.

계급사회에서 이데올로기는, 그 중계소에 의해 그리고 그 요소 안에서 사람들의 존재 조건들에 대한 사람들의 관계가 지배계급에게 이익이 되도록 조절되는 그런 중계소이자 요소이다. 계급 없는 사회에서 이데올로기는, 그 중계소에 의해 그리고 그 요소 안에서 사람들의 존재 조건들에 대한 사람들의 관계가 모든 사람들에게 이익이 되도록 살아지는 그런 중계소이자 요소이다.

V

이제 우리는 사회주의적 인간주의라는 주제로 되돌아가 우리가 확인한 과학적 용어(사회주의)와 이데올로기적 용어(인간주의) 사이의 이론적 부조화를 설명해야 할 지점에 와 있다.

부르주아적 또는 기독교적인 **인격 중심**의 인간주의의 현존 형태들과의 관계들 속에서 사회주의적인 인격 중심의 인간주의는 이런 만남을 정당화하는 **말놀이** 바로 그 속에서 자신을 이데올로기로서 제시한다. 이것이 파렴치와 나이브함의 만남이 될 수 있다는 것은 결코 아니다. 이 경우에 말놀이는 항상 하나의 **역사적 현실**의 지표이자 동시에 하나의 체험되는 모호함의 지표이며, 이 모호함을 극복하려는 소망의 표현이다. 마르크스주의자들이 자신들과 나머지 모든 사람들 간의 관계 속에서 사회주의적인 인격 중심의 인간주의를 강조할 때에, 아주 단순히 그들은 그들을 가능한 동맹자들로부터 분리하는 거리를 메우려는 **의지**를 표현하고 있는 것이며, 과거의 단어들에 새로운 내용을 채워 넣는 책무를 미래의 역사에 넘기면서 단순히 운동을 예견하고 있는 것이다.

중요한 것은 그 내용이다. 왜냐하면 다시 한 번 마르크스주의적 인간주의의 주제들은, 처음부터, **타자들**에게 소용되는 주제들이 아니기 때문이다. 그 주제들을 발전시키는 마르크스주의자들은 그것들을 타자들을 위해 발전시키기에 앞서 필연적으로 **자기 자신들을 위해서** 발전시킨다. 이제 우리는 그런 주제들의 발전이 무엇에 기초하고 있는지를 안다. 그것은 소련에 존재하는 새로운 조건들에, 프롤레타리아독재의 종식에, 공산주의로의 이행에 기초하고 있다.

모든 것이 여기서 결정된다. 나는 문제를 다음과 같이 제기한다. 소련에서 (사회주의적인) 인격 중심의 인간주의의 주제들이 뚜렷이 발전되는 것은 **무엇에** 상응하는가? 『독일 이데올로기』에서 인간 및 인간주의라는 관념에 대해 말하면서 마르크스는 인간 본성 또는 인간 본질이라는 관념이, **쌍을 이루는 가치에 대한 판단**을, 아주 정확히 말해서 인간적-비인간적이라는 쌍을, 감추고 있다고 지적한다. 그리고 그는 "……**'비인간적인 것'도 '인간적인 것'과 마찬가지로 현재의 관계들의 산물이다. '비인간적인 것'은 현재의 관계들의 부정적 측면이다**……"[18]라고 쓴다. 인간적-비인간적이라는 쌍은 모든 인간주의의 숨겨진 원리이며, 인간주의는 이 모순을 살고-짊어지고-해소하는 방식일 뿐이다. 부르주아 인간주의는 인간을 모든 이론의 원리로 삼았다. 인간의 이 빛나는 본질은 그늘진 비인간성의 가시적인 짝이었다. 인간 본질의 내용, 외관상 절대적인 이 본질은 이 그늘진 부분 속에서 자신의 반역적 탄생을 가리켰다. 자유-이성으로서의 인간은 자본주의사회의 이기적이고 분열된 인간을 고발했다. 비인간적-인간적이라는 쌍의 두 형태 가운데 18세기의 부르주아지는 "자유주의적-합리적" 형태 속에서, 독일 좌파의 급진적 지식인들은 "공동체적" 또는 "공산주의적" 형태 속에서, 각각 자신들의 존재 조건들에 대한 자

---

18 [옮긴이] *Die deutsche Ideologie*, *MEW*, Band. 3, S. 417(III. Sankt Max의 끝부분).

신들의 관계들을, 거부로서, 요구로서, 프로그램으로서 살았다.

현재의 사회주의적 인간주의는 어떠한가? 그것 또한 **거부**이며 고발이다. 그것은 인종적 차별, 정치적 차별, 종교적 차별, 또는 다른 어떤 차별을 막론한 모든 인간적 차별들에 대한 거부이다. 그것은 모든 경제적 착취와 정치적 예종에 대한 거부이다. 그것은 전쟁에 대한 거부이다. 이 거부는 승리의 자랑스러운 선포에 그치는 것이 아니다. 즉, 외부를 향한, 즉 제국주의를 겪고 있는, 제국주의의 착취, 비참·예종·차별들·전쟁들을 겪고 있는 모든 사람들을 향한 권고와 모범에 그치는 것이 아니다. 이 거부는 또한, 그리고 무엇보다도 먼저, **내부를**, 즉 소련 자체를 향한 것이다. 사회주의적인 인격 중심의 인간주의 속에서 소련은 프롤레타리아독재의 시기를 넘어섰음을 자신의 방식으로 확인하며, 또한 프롤레타리아독재의 "폐습들"을, "개인숭배" 시기에 프롤레타리아독재가 취한 일탈적이고 "범죄적인" 형태들을 기각하고 단죄한다. 사회주의적 인간주의는, 그것의 내부적 용도에서, 프롤레타리아독재의 지양이라는 역사적 현실과 소련에서 프롤레타리아독재가 취한 "잘못된" 형태들을 다룬다. 사회주의적 인간주의는 "이중적" 현실을 다룬다. 그것은 생산력들과 사회주의적 생산관계들(프롤레타리아독재)의 발전의 합리적 **필연성**에 의해 지양된 현실뿐만 아니라, 또한 **지양되어야 하는 것이 아니었던**[지양의 대상이 되어야 했으나 되지 못한] 현실, "이성의 비합리적 실존"의 이 새로운 형태, 소련의 과거가 내포하고 있던 역사적 **"비이성"**과 역사적 "비인간성"이라는 부분, 즉 공포와 탄압과 교조주의라는 현실, 그 효과들과 폐해들의 면에서 아직 지양되지 못한 이 현실을 다룬다.

　그러나 이런 소원을 통해 우리는 그늘에서 빛으로, 비인간적인 것에서 인간적인 것으로 이행한다. 소련이 개시한 공산주의는 경제적 착취와 폭력과 차별이 없는 세계, 소련인들 앞에 진보와 문화와 빵과 자유와 자유로운 발전의 무한한 공간을 열어 놓는 세계, 그늘이 없고 드라마도 없는 세계이다. 그렇다면 왜 그토록 결연히 **인간**을 강조해야 하는가? 무엇 때문에 소련인들은 **인간이라는 관념**, 즉 그들로 하여금 자신들의 **역사를 살도록 도와주는** 그들 자신의 관념을 필요로 하는가? 여기서 우리는 한편으로 중요한 역사적 변이(공산주의로의 이행, 프롤레타리아독재의 종식, 이런 이행에 상응하는 정치적·경제적·문화적 조직의 새 형태들의 창조를 전제하는 국가 장치의 사멸)를 준비하고 실현할 필연성과, 다른 한편으로 이 이행이 그 속에서 실행되어야 할 역사적 **조건들**을 서로 연관시키지 않을 수 없다. 그런데 **이 조건들**이 소련의 과거의 고유한 낙인과 소련이 처한 곤란들의 낙인을 지니고 있다는 것은 명백하다. 이것은 **"개인숭배"** 시기에 기인하는 곤란들의 낙인일 뿐 아니라, **또한 "일국에서의 사회주의의 건설"**에 고유한, 그리고 그것에 더해 당초 경제적·문화적으로 "후진적"이었던 나라에서의 사회주의 건설에 고유한 더욱 먼 곤란들의 낙인이기도 하다. 이 "조건들" 중에서 먼저 이 과거로부터 물려받은 "이론적" 조건들을 언급해야 한다.

　이 이데올로기에 의지하는 이유를 설명해 줄 수 있는 것은 역사적 과업들과 이 과업들의 조건들 사이의 현재의 불일치이다. 실로 사회주의적 인간주의의 주제들은 현실적인 문제들이 존재함을 지시해 준다. 그것은 스탈린 시대가 그늘 속에 덮어 두었지만 사회주의를 산출하는 과정에서 산출한 **새로운** 역사적·경제적·정치적·이데올로기적인 문제들이다. 그것은 사회주의의 생산력들이 달성한 발전의 정도에 상응하는 경제적·정치적·문화적인 **조직**의 형태들의 문제들이다. 그것은 국가가 더 이상 **강압**을 통해 각개인의 운명을 지도하거나 통제하는 책임을 지지 않으며 모든 인간이 이제부터는 **객관적으로 선택권을**, 즉 자신의 힘으로 자기 자신이 되어야 하는 **어려운 임무**를 갖는 역사의 새로운 시기에서의 **개인적 발전**의 새로운 형태들의 문제들이다. 사회주의적 인간주의의 주제들(개인의 자유로운 발전, 사회주의적 합법성의 존중, 인격의 존엄성 등)은 소련인들과 그 밖의 사회주의자들이 이런 문제들에 대한, 다시 말해 이런 문제들이 그 속에서 제기되는 **조건들**에 대한, 자신들의 관계들을 사는 방식이다. 소련에서 그러했던 것과 마찬가지로 대다수의 사회주의적 민주주의 국가들에서 정치 및 도덕의 문제들이 전면에 부상했고 서방의 정당들 역시 이런 문제들에 사로잡혀 있다는 것을 확인하고는 놀라지 않을 수 없다. 그런 중에 이런 문제들이 자주는 아니더라도 이따금 소외, 분리,[19] 물신숭배, 총체적 인간 등과 같이 청년기 마르크스

19 [옮긴이] 포이어바흐는 "신은 인류Menschheit의 신비적인 유개념Gattungsbegriff 이외의 아무 것도 아니며, 따라서 인간으로부터의 신의 분리Trennung는 인간으로부터의 인간의 분리, 공동체적 유대das gemeinschaftliche Band의 해소"라고 썼다. 포이어바흐, 『기독교의 본질』, 김쾌상 옮김, 까치, 1992, 376쪽. 마르크스는 "종교는 인간 자신의 공동적 본질[존재]Gemeinwesen

에게 속하는 개념들, 마르크스의 인간 철학에 속하는 개념들에 의거해 **이론적으로** 다루어지고 있다는 것 역시 그에 못지않게 놀라운 일이다. 그렇지만 이 문제들을 그 근본에서 그 자체로 보면 "인간 철학"을 필요로 하는 것과는 거리가 멀다. 그것들은 프롤레타리아 독재의 고사枯死 또는 지양 국면의 사회주의 나라들에서 (개인적 발전의 새로운 형태들을 포함해) 경제적 삶, 정치적 삶, 이데올로기적 삶의 **조직**의 새로운 형태를 준비하는 것에 관련된 것들이다. 그렇다면 이 문제들이 마르크스주의 이론의 경제적·정치적·이데올로기적 용어들 속에서 공개적으로, 명확하고 엄밀하게 제기되지 않고 몇몇 이데올로그들에 의해 **인간 철학**의 개념들을 통해 제기되는 것은 어찌된 일인가? 왜 그토록 많은 마르크스주의 철학자들이 이런 구체적인 역사적 문제들을 자칭 사고하고 "해결"하기 위해 전前마르크스주의적인 이데올로기적 개념에 의지할 필요를 느낀 것처럼 보일까?

그것이, 나름의 방식으로, 하나의 필연성, 그렇지만 필연성의 잘 정립된 다른 형태들의 보호 아래로 피신할 수 없는 그런 하나의 필연성의 지표가 아니었다면, 이런 이데올로기에 호소하려는 유혹이 생겨나지는 않았을 것이다. 공산주의자들이 사회주의의 경제적·사회적·정치적·문화적 **현실**을 제국주의 일반의 "비인간성"에 대립시키는 것은 정당하다는 것, 그런 대비가 사회주의와 제국주의 간의

로부터의 인간의 분리, 자신과 다른 인간들로부터의 인간의 분리의 표현이 되었다"라고 말한다. 칼 마르크스, 『유대인 문제에 관하여』, 김현 옮김, 책세상, 2015. 36쪽(번역은 수정함).

대결 및 투쟁의 구성적 부분이라는 데에는 의문의 여지가 없다. 그렇지만 필연적으로 이데올로기적 무의식의 체계들을 내장하고 있고 소부르주아적 착상에 입각한 주제들에 너무도 쉽게 연결되는 인간주의와 같은 이데올로기적 개념을(알다시피 소부르주아지와 레닌이 미래에도 번성할 것이라고 예견한 소부르주아 이데올로기는 아직 역사에 의해 매장되지 않았다) 마치 그것이 이론적 개념인 양 어떠한 **구별도**, 어떠한 유보도 **없이** 사용하는 것은 역시 위험할 수 있다.

이를 통해 우리는 더 깊은 이유, 진술하기가 확실히 어려운 이유를 건드리게 된다. 이데올로기에 이렇게 의지하는 것은 일정한 한도 내에서 실상 이론에 의지하는 것의 대체물로 생각될 수 있다. 우리는 여기서 마르크스주의가 과거로부터 물려받은 현재의 **이론적 조건들**을 다시 발견하게 된다. 스탈린 시대의 교조주의만이 아니라, 멀리서 오는, 레닌이 생애 내내 투쟁했지만 아직 역사에 의해 매장되지 않은 제2인터내셔널의 끔찍한 기회주의적 해석들의 유산도 또한 그런 조건들이다. 이런 조건들은 새로운 문제들이 요구하는 개념들을 마르크스주의 이론에 정확히 제공하기 위해 마르크스주의 이론에 필수적이었던 발전을 저해했다. 새로운 문제들이 요구하는 개념들이란, 오늘날 마르크스주의 이론으로 하여금 이 문제들을 이데올로기적 용어들이 아니라 과학적인 용어들로 제기하도록 해주는 개념들이며, 너무도 자주 그렇게 되듯이, 사물들을 이데올로기적 개념들(예컨대 소외)로 부르거나 아무런 명확한 지위 없이 부르는 것이 아니라 정확히 사물들 자신의 이름으로, 즉 적합한 마르크스주의적 개념으로 부르도록 해주는 개념들이다.

예를 들면 사람들은, 공산주의자들이 소련의 역사와 노동자 운동의 역사에서 중요한 하나의 역사적 현상을 지시하는 개념으로 사용하는 "개인숭배" 개념이, 만약 이 개념을 이론적 개념으로 친다면, 마르크스주의 이론 안에서 "찾아낼 수 없고" 또 그 안에서 분류될 수 없는 개념이라는 것을 확인하고서 애석해 한다. 분명히 이 개념은 하나의 행동 양식을 기술하고 비난할 수 있고, 이 기반 위에서 이중으로 실천적인 가치를 지닐 수 있지만, 그러나 내가 아는 한에서 마르크스는 결코 하나의 정치적인 행동 양식이 직접적으로 하나의 역사적 **범주**와, 즉 역사적 유물론의 이론의 한 **개념**과 동류시同類視될 수 있다고 생각하지 않았다. 왜냐하면 하나의 행동 양식은 하나의 현실을 지시하지만, 이 현실에 대한 개념은 아니기 때문이다. 그렇지만 "개인숭배"에 대해 말해진 모든 것은 아주 정확히 **상부구조**의 영역, 따라서 국가조직 및 이데올로기들의 영역에 관련된 것이며, 게다가, 대체로, 마르크스주의 이론에 의하면 "상대적 자율성"을 갖는 **이 영역에만** 관련된 것이다(이 "상대적 자율성"이, 이론 내에서, **상부구조**에 관계되는 오류들의 시기에 어떻게 사회주의적 **하부구조**는 본질적으로 피해 없이 발전할 수 있었는지를 아주 단순히 설명해 준다). 왜 인식되고 인지된 현존하는 마르크스주의적 개념들이, 행동 양식으로서 기술되고 한 개인의 "심리"에 연관된, 즉 단순히 **기술되기**만 하고 사고되지는 않은 이 현상을 사고하고 위치시키기 위해 호출되지 않는 것일까? 한 개인의 "심리"가 이런 **역사적** 역할을 맡을 수 있었다면, "심리"가 이렇게 외관상 역사적 사실의 존엄성을 갖게 되고 역사적 사실의 차원으로 격상될 가능성의 역사적 조건들에 대한 질문을 마르크스주의적 용어로 제기하지 않는 것일까? 마르크스주의는 자신의 원리들 속에 이 문제를 이론의 용어들로 제기할 수단을, 따라서 이 문제를 해명할, 그리고 그것의 해결하도록 도울 수단을 지니고 있다.

내가 소외 개념과 "개인숭배" 개념이라는 두 예를 든 것은 우연이 아니다. 왜냐하면 사회주의적 인간주의의 개념들(특히 권리 및 개인의 문제) **또한** 국가의 조직, 정치 생활, 도덕, 이데올로기들 등과 같은 상부구조의 영역에 속하는 문제들을 대상으로 하고 있기 때문이다. 그리고 우리는 이데올로기에 의지하는 것은 상부구조의 영역에서도 마찬가지로, 불충분한 이론을 대체하는 지름길이라는 생각을 하지 않을 수 없다. 불충분한, 그렇지만 잠재적이고 가능한 이론을 말이다. 이데올로기에 의지하려는 이런 유혹의 역할, 그것은 엥겔스가 말한 것처럼 자신의 욕구와 초조함을 이론적 논거로 삼음으로써, 그리고 이론에 대한 욕구를 이론 자체로 간주함으로써, 이 부재, 이 지체, 이 거리를, 채운다는 사실을 솔직히 인정하지 않으면서, 채워 버리는 것이리라. 우리에게 위협이 될 위험이 있고 사회주의 자체의 전례 없는 실현의 배후로 몸을 피하는 철학적 인간주의는, 몇몇 마르크스주의적 이데올로그들에게, 이론이 결여되어 있는 상황에서, 그들이 결여한 이론을 그들이 가지고 있다는 **기분**을 제공하도록 마련된 보완물일 것이다. 이 기분은 마르크스가 우리에게 제공한 것들 중에서 가장 소중한 것인 과학적 지식의 가능성을 참칭

할 수 없는, 그저 하나의 기분일 뿐이다.

이런 까닭에, 사회주의적 인간주의가 당면 의제일지라도, 어떠한 경우에도 이 이데올로기의 올바른 이유들은 우리를 이데올로기와 과학적 이론 사이의 혼동에 빠트리지 않으면서 이 이데올로기의 나쁜 이유들에 대한 보증 수단으로 작용할 수 없다.

마르크스의 철학적 반인간주의는 인간주의를 포함한 현존 이데올로기들의 필연성에 대한 이해를 제공한다. 동시에 그것은, 비판적이고 혁명적인 이론이기에, 현존 이데올로기들에 대해 채택할 전술에 대한 이해도 또한 제공한다. 이 전술은 현존 이데올로기들을 지지하는 것일 수도, 전화시키는 것일 수도, 그것들과 투쟁하는 것일 수도 있다. 그리고 마르크스주의자들은 전략에 근거하지 않은 어떠한 전술도 불가능하고, 이론에 근거하지 않은 어떠한 전략도 불가능하다는 것을 안다.

1963년 10월

"현실적 인간주의"에 대한
보충 노트

"현실적 인간주의"[1]라는 표현에 대해 한 마디를 덧붙인다.[2]

특유한 차이는 **현실적**이라는 형용사에 있다. 현실적 인간주의는 의미론적으로 비현실적 인간주의, 관념적(관념론적)·추상적·사변적

---

1 "현실적 인간주의"humanisme réel라는 개념은 잡지 『클라르테』 58호에 발표된 논문[Jorge Semprún, "L'humanisme socialiste en question", *Clarté*, no 58, janvier 1965]의 논변을 뒷받침한다(*La Nouvetle Critique*, no 164, mars 1965에 재수록). 이것은 청년기 마르크스의 저작들에서 가져온 개념이다.

[옮긴이] 『신성가족』에서 엥겔스는 "독일에서 유심론 또는 사변적 관념론보다 현실적 인간주의에 더 위험한 적은 없다"는 말로 「서문」을 시작했고, 마르크스는 6장에서 "프랑스의 좀 더 과학적인 공산주의자 데자미Théodore Dézamy와 게Jules Gay 등은, 오언과 마찬가지로, 유물론의 가르침을 현실적 인간주의에 대한 가르침으로, 그리고 공산주의의 논리적 기초로 발전시켰다"라고 썼다(『신성가족』, 이웃, 1990, 11쪽, 211쪽). 마르크스는 『독일 이데올로기』의 초고에서 "현실적 인간주의, 즉 공산주의"라는 표현을 썼다가 해당 부분을 삭제했다. 『독일 이데올로기 I』, 김대웅 옮김, 두레, 1989, 123쪽.

2 [옮긴이] 알튀세르를 중심으로 한 인간주의 논쟁과 관련한 알튀세르의 글로 그가 1967년 "인간주의 논쟁"에 대한 저작으로 구상한 책의 서론으로 쓴 장문의 수고 "La querelle de l'humanisme", *Écrits philosophiques et politiques*, tome II, *op. cit.* p. 433-532가 있다(영역, "The Humanist Controversy", in G. M. Goshgarian, tr., *Louis Althusser : The Humanist Controversy and Other Writtings*, Verso, 2003).

인간주의 등과의 대립에 의해 정의된다. 이 **준거**로서의 인간주의는 새로운 현실적 인간주의에 의해 준거로서 내세워지는 동시에 그것의 추상성과 비현실성 등 때문에 기부된다. 그리하여 옛 인간주의는 새로운 인간주의에 의해 추상적이고 환상적인 인간주의로 판정된다. 옛 인간주의의 환상이란 비현실적 대상을 목표로 한다는 것, 현실적 대상이 아닌 대상을 내용으로 삼는다는 것을 뜻한다.

현실적 인간주의는 추상적·사변적 대상이 아니라 현실적 대상을 내용으로 갖는다고 자처한다.

그렇지만 이런 정의는 부정적인 것에 머무른다. 그것은 특정 내용에 대한 거부를 표현하기에 충분하지만, 새로운 내용을 직접 제공하는 것은 아니다. 현실적 인간주의가 구하는 내용은 인간주의 또는 "현실적"이라는 개념 자체 속에 있는 것이 아니라, 이 개념들 외부에 있다. "현실적"이라는 형용사는 **지시적**indicatif이다. 그것은 이 새로운 인간주의의 내용을 찾고 싶다면, **현실 속에서**, 즉 사회, 국가 등에서 찾아야 한다는 것을 지시한다. 따라서 현실적 인간주의 개념은 이론적 준거 대상으로서의 인간주의 개념과 연계되지만, 그것의 추상적 대상을 거부함으로써, 그리고 자신에게 구체적·현실적 대상을 부여함으로써 그것에 대립한다. **현실적**이란 단어는 이중적 역할을 수행한다. 그것은 옛 인간주의에 내장된 관념론과 추상성을 드러낸다(현실 개념의 부정적 기능). 그리고 동시에 이 단어는 새로운 인간주의가 자신의 내용을 그 속에서 찾을 **외부적 현실**(옛 인간주의에 외부적인 현실)을 지시한다(현실 개념의 긍정적 기능). 그렇지만 "현실적"

이라는 단어의 이런 긍정적 기능은 **인식**의 긍정적 기능이 아니라 **실천적 지시**indication의 긍정적 기능이다.

옛 인간주의를 현실적 인간주의로 전화시켜야 하는 이 "현실"이란 실제로 무엇인가? 그것은 사회이다. 「포이어바흐에 대한 테제들」중 여섯 번째 테제는 추상적이지 않은 "**인간**"은 "**사회적 관계들의 총화**"라고 말한다.[3] 그런데 이 표현을 정확한adéquate 정의로 문자 그대로 받아들인다면 이 표현은 **아무것도 뜻하지 않는다**. 이 표현에 대해 단순히 문자적 설명을 하려 한다면, "인간 개념에, 또는 인간주의 개념에 적합하게 상응하는 것으로서의 현실이 아니라 이 개념들에서 간접적으로 문제 되는 것으로서의 현실이 무엇인지 알고자 한다면, 그것은 하나의 추상적 본질이 아니라 사회적 관계들의 총화이다"라는 식의 완곡어법을 사용하는 수밖에 없을 것이다. 이런 완곡어법은 인간 개념과 사회적 관계들의 총화라는 인간 개념의 정의 사이의 **불합치**inadéquation를 즉각 드러내 준다. 이 두 용어(인간과 사회적 관계들의 총화) 사이에는 확실히 하나의 관계가 있지만, 이 관계는 이 정의 속에서는 읽어 낼 수 없다. **그것은 정의**定義**의 관계가 아니며, 인식의 관계가 아니다.**

그렇지만 이 불합치, 이 관계는, 하나의 의미, 하나의 **실천적** 의

---

3 [옮긴이] "그러나 인간적 본질은 각각의 개인에 내재하는 추상물Abstraktum이 아니다. 그 현실성 속에서 인간의 본질은 사회적 관계들의 총화ensemble이다." 「포이어바흐에 대한 테제들」,『칼 맑스·프리드리히 엥겔스 저작선집 1』, 박종철출판사, 1991, 184쪽(번역은 수정함).

미를 갖는다. 이런 명백한 불합치는 하나의 **행해야 할 행동**, 하나의 실행해야 할 **전위**轉位를 가리킨다. 이 불합치는, 더 이상 추상적 인간이 아니라 현실적 인간을 찾음으로써 암시된 현실을 만나고 발견하기 위해서는 **사회로 넘어가야** 하고 사회적 관계들의 총화에 대한 분석에 착수해야 한다는 것을 의미한다. 나는 현실적 인간주의라는 표현에서 "현실적"이라는 개념은, 스스로 더 이상 추상의 하늘이 아니라 현실적 땅에 자리 잡기 위해서는 어떤 운동을 실행해야 하는지를, 어떤 방향으로, 어떤 곳으로까지 **이동해야** 하는지를 "표시하는" 하나의 **신호**, 하나의 도로 표지판에 상당하는 실천적 개념이라 말하고자 한다. "이쪽에 현실적인 것이 있다!" 우리는 **안내**를 따라가서 사회에, 사회적 관계들에, 그리고 사회적 관계들의 현실적 가능성의 조건들에 이르게 된다.

그러나 바로 이때에 불미스러운 역설이 폭발한다. 즉, 이 **전위**가 실행되고 나면, 이 현실적 대상에 대한 과학적 분석이 이루어지고 나면, 우리는 (현실적인) 구체적 인간들에 대한 인식, 즉 사회적 관계들의 총화에 대한 인식은 인간 개념을 (이미 이 전위에 앞서 이 개념의 이론적 권리주장 속에 이 개념이 존재했다는 의미에서) **이론적으로 사용하기**를 완전히 포기한다는 조건하에서만 가능하다는 것을 발견하게 되는 것이다. 실상 이 개념은 우리에게 과학적 관점에서 보면 사용 불가능한 것으로 나타난다. 이는 이 개념이 추상적이기 때문에 그러한 것이 아니라(!) 이 개념이 과학적이지 않기 때문에 그러한 것이다. 사회라는 현실을, 사회적 관계들의 총화라는 현실을 사고하기 위해서는, 우리는 (추상적인 것으로부터 구체적인 것으로의) 장소의 전위만이 아니라 개념적 전위에까지 이르는(우리는 기본적인 개념들을 변화시킨다!) 근원적인 **전위**를 실행해야 한다. 마르크스가 현실적 인간주의가 가리키는 현실을 사고하는 그 개념들은 결단코 인간 개념 또는 인간주의 개념을 **이론적** 개념들로서 끌어들이지 않는다. 그 개념들은 생산양식, 생산력들, 생산관계들, 상부구조, 이데올로기 등과 같은 전적으로 새로운 개념들을 끌어들인다. 전위의 장소를 우리에게 가리켜 준 실천적 개념이 바로 그 전위 속에서 소진되었고, 조사의 장소를 우리에게 가리켜 준 개념이 그 후로 바로 그 조사 속에는 부재했다는 것, 이것이 바로 역설이다.

이것이 하나의 새로운 문제설정의 도래를 구성하는 저 **이행들-절단들**의 특징적 현상이다. 우리는 이념들의 역사의 어떤 시점들에서 **내적으로 불균형하다**는 데 그 고유성이 있는 이런 **실천적 개념들**이 출현하는 것을 본다. 이 개념들은 한 측면에서는 이 개념들이 이론적 준거로 사용하는 예전의 이데올로기적 세계에 속한다. 그러나 이 개념들은 다른 측면에서는 새로운 영역에 관계하며, 이 영역에 이르기 위해 실행해야 할 **전위**를 가리킨다. 첫 번째 측면에서 이 개념들은 "이론적" 의미(그것들이 준거하는 세계의 의미)를 보존한다. 두 번째 측면에서 이 개념들은, 방향과 장소를 가리켜 주지만 적합한 개념을 제공하지는 않는 **실천적** 신호로서의 의미만을 갖는다. 우리는 아직 이전의 이데올로기의 영역 속에 있다. 우리는 이 이데올로기의 경계에 접근하며, 표지판 기둥이 우리에게 저 너머를, 방향과 장소를 가리켜 준다. "경계를 뛰어넘어 사회 쪽으로 나아가라. 그러면 현실적인 것을 발견하게 될 것이다." 기둥은 아직 이데올로기적 영역에 박혀 있고, **표지판 문구는 그 영역의 언어로 쓰여 있다.** 문구가 "새로운" 단어들을 사용하더라도 말이다. 포이어바흐의 저작에서 놀라운 방식으로 볼 수 있듯이, 이데올로기에 대한 거부 자체가 이데올로기적 언어로 쓰여 있다. 포이어바흐에게 "구체적인 것", "현실적인 것"은 이데올로기 속에서 이데올로기에 대한 대립을 담지하는 이름들이다.

여러분은 경계에 무기한 머물러 "구체적! 구체적! 현실적! 현실적!"이라고 끝없이 반복해 말할 수 있다. 포이어바흐가 말하는 것이 바로 이것이다. 게다가 그는 또한 사회와 국가에 대해 말하고, 부단히 현실적 인간, 욕구들을 지닌 인간에 대해, 발전된 인간적 욕구들의 총화에 불과한 인간에 대해, 정치에 대해 말하기를 그치지 않는다. 그러나 그는 말들에 머물렀는데, 이 말들은 그 구체성 속에서조차 그를 그가 **실현할** 것을 촉구한 인간의 이미지로 돌려보내는 말들이었다(포이어바흐 또한, **당시에** 인간 개념에 **적합한** 정의 속에서, 현실적 인간은 사회라고 말했다.[4] 이는 그에게 사회란 각각의 역사적 시점[계기]에서

---

4 [옮긴이] 포이어바흐는 『미래 철학의 원리들』(1843)의 59절에서 "개개 인간은 인간의 본질을 도덕적 존재로서의 자신 속에 지니고 있는 것도, 사고하는 존재로서의 자신 속에 지니고 있는 것도 아니다. 인간의 본질은 오직 게마인샤프트[결합, 공동체] 속에, 인간과 인간의 통일체 속에 포함되어 있다"라고 썼다.

인간 본질의 전진적 현현顯現일 뿐이었기 때문이다).

반대로 여러분은 진심으로 경계를 뛰어넘고 현실의 영역으로 침투해 마르크스가 『독일 이데올로기』에서 말한 것처럼 "진실로 현실에 대한 연구에" 착수할 수 있다. 이때 신호는 자신의 실천적 역할을 수행한 것이 된다. 신호는 옛 영역에, **전위**라는 사실 자체를 통해 **포기된** 영역 속에 머물러 있다. 여기서 여러분은 여러분의 현실적 대상과 대면하게 되며, 이 현실적 대상을 사고하기 위해 필요하고 적합한 개념들을 만들어 내야 하고, 옛 개념들, 특히 현실적 인간, 현실적 인간주의 같은 개념들이 **인간들의 현실을 사고하도록** 해주지 않는다는 것을 확인할 수밖에 없게 되며, 정확히 말해 하나의 직접성이 아닌 이 직접성에 도달하기 위해서는, 인식에서 언제나 그러하듯이, 긴 우회가 필요하다는 것을 확인할 수밖에 없게 된다. 여러분은 옛 영역, 옛 개념들을 포기했다. 이제 여러분은 새 영역 속에 있고, 이 영역에 대한 개념들은 여러분에게 지식을 제공한다. 이것은 여러분이 장소와 문제설정을 변경했다는 신호이며, 새로운 모험, 발전 중인 과학의 모험이 시작된다는 신호이다.

우리는 따라서 동일한 경험을 반복하도록 운명지어져 있는가? 현실적 인간주의는 오늘날 하나의 거부 및 하나의 프로그램의 **구호**일 수 있으며, 그리하여 최상의 경우에는 **실천적** 신호일 수 있고, 제도들의 현실 속에 존재하는 것이 아니라 오직 담론 속에만 존재할 뿐인 추상적 "인간주의"에 대한 거부일 수 있고, 하나의 저 너머au-delà에 대한 지시, 아직 **저 너머에** 있고 아직 진정으로 **실현되지** 않았지만 소망되는 하나의 현실에 대한 지시, 즉 실현해야 할 열망의 프로그램일 수 있다. 철저한 거부들과 진정한 소원들이, 아직 극복된 적이 없는 장애들을 넘어서고자 하는 초조한 욕망이, 나름의 방식으로 이 현실적 인간주의 개념 속에 표출되고 있다는 것은 명백하다. 역사의 모든 시기에 사람들은 자기 자신을 위해 자신의 경험을 해야 한다는 것 역시 확실하며, 어떤 이들은 자신의 선배들이나 조상들이 간 "길"을 다시 밟아 간다는 것은 우연이 아니다. 공산주의자들이 이 소원의 현실적 의미를, 이 실천적 개념이 그 지표가 되는 저 현실들을 진지하게 받아들이는 것은 확실히 필수적인 일이다. 공산주의자들이 이 소원 또는 새로운 경험들이 그 속에서 표현되는 아직 불확실하고 혼란스럽고 이데올로기적인 형식들과 자기 고유의 이론적 개념들 사이를 왕래한다는 것은 확실히 필수적인 일이며, 새로운 이론적 개념들의 필요성이 절대적으로 입증될 때 공산주의자들이 우리 시대의 격변하는 실천에 적합한 새로운 이론적 개념들을 만들어 내는 것은 필수적인 일이다.

그러나 우리는 이데올로기를 과학적 이론으로부터 분리하던 경계를 이미 120년 전에 마르크스가 넘어섰다는 것을, 이 위대한 기획과 이 위대한 발견이 저작들 속에 담겨져 있고 지식의 개념적 체계 속에 기입되어 있으며 이 체계의 효과들이 이 세계의 표면과 이 세계의 역사를 조금씩 전화시켜 왔다는 것을 잊지 말아야 한다. 우리는 이 대체할 수 없는 획득물의 이득을, 지금까지 이용되어 온 수준을 훨씬 뛰어넘는 풍부함과 잠재력을 지닌 이 이론적 자원들의 이득을 단 한 순간이라도 포기해서는 안 되며, 포기할 수 없다. 우리는 오늘날 세계에서 벌어지는 것들에 대한 이해는, 그리고 사회주의의 토대들의 확장과 강화에 필수적인 정치적·이데올로기적 왕래는, 우리 자신이 마르크스가 우리에게 가져다준 것에 **못 미치는** 수준으로 내려가 급기야 이데올로기와 과학 사이의 아직 불확실한 이 경계로 돌아가는 일이 없어야만 비로소 가능하다는 것을 잊지 말아야 한다. 우리는 이 경계 통과에 근접한 모든 이들을 도울 수 있지만, 이 도움은 우리 자신이 이 경계를 통과했고 이 상황 변화의 돌이킬 수 없는 결과를 우리의 개념들 속에 기입했다는 조건하에서만 가능하다.

우리에게 "현실적인 것"이란 하나의 **이론적 구호**가 아니다. 현실적인 것은 그것에 대한 지식과 독립적으로 존재하는 현실적 대상이다. 그러나 현실적인 것은 그것에 대한 지식에 의해서만 정의될 수 있다. 이론적 관계인 이 두 번째 관계 속에서 현실적인 것은 그것에 대한 인식의 수단들과 하나를 이룬다. 현실적인 것, 그것은 현실적인 것의 알려진 구조 또는 인식되어야 할 구조이다. 그것은 마르크스주의 이론의 대상 자체이다. 그것은 마르크스와 레닌의 위대한 이론적 발견들에 의해 표지標識된 대상이요, 그 속에서 이제부터 인간 역사의 사건들이 인간들의 실천에 의해 제어될 수 있게 된, 끊임없이 발전하는 거대하고 생동적인 이론적 장이다. 인간 역사의 사건들이 이제부터 제어될 수 있게 된 것은 이 사건들에 대한 개념적 파악과 인식이 이제 가능해졌기 때문이다.

현실적 또는 사회주의적 인간주의가 이론의 견지에서 부여받는 지위에 따라 인지의 대상이 될 수도 있고 오해의 대상이 될 수도 있다는 것을 논증하면서 내가 말하고자 한 것은 다음과 같은 것이다. 즉, 현실적 또는 사회주의적 인간주의는 그것이 정확히 **실천적·이데올로기적** 구호의 기능의 면에서만 적용되고 일체의 다른 기능과는 혼동되지 않는 한도 내에서 **실천적·이데올로기적** 구호로 사용될 수 있지만, 그러나 그것은 어떠한 방식으로도 **이론적** 개념의 속성들을 가질 수 있다고 자만할 수 없다. 나는 또한 이 구호가 스스로 자신의 빛이 될 수는 없고 기껏해야 **자기 외부의 어느 곳**에서 빛이 비치는지를 가리킬 수 있을 뿐이라고 말하려 했다. 나는 이 실천적·이데올로기적 개념의 모종의 **인플레이션**이 마르크스주의 이론으로 하여금 자기 자신의 경계들의 뒤편으로 퇴행하게 할 수 있으리라고, 나아가 이 개념이 나름의 방식으로 그 존재와 위급성을 가리키고자 한 문제들의 올바른 **제기**와 따라서 올바른 해결을 곤란하게 하거나 심지어 금지할 수 있으리라고 말하려 했다. 단순하게 말하자면, 모든 인간주의 이데올로기에 깊숙이 스며 있는 도덕에 대한 의지는 현실적 문제들을 상상적으로 처리하는 역할을 할 수 있다. 일단 **인식된** 후에는 이 문제들은 정확한 용어들로 제기되는데, 경제적 삶, 정치적 삶, 개인적 삶의 형태들을 조직하는 문제들이 그것이다. 이 문제들을 진정으로 제기하고 실제로 해결하기 위해서는 이 문제들을 문제들 자신의 이름으로, **그것들의 과학적 이름으로** 불러야 한다. 인간주의라는 구호는 이론적 가치를 지니지 않지만 실천적 지표로서 가치를 갖는다. 마르크스가 그 필연성을 사고한 역사적 변혁을 산출하기 위해서는 이 구체적 문제들 자체에, 즉 이 구체적 문제들의 인식에 이르러야 한다. 우리는 이 과정에서, 자신의 실천적 기능에 의해 정당화된 어떤 **단어**도 **이론적** 기능을 사칭하지 않도록 조심해야 하며, 이 단어가 자신의 실천적 기능을 수행함과 동시에 이론의 장에서 사라지도록 해야 한다.

1965년 1월

외국어판 독자들에게 •

　나는 독자들에게 『마르크스를 위하여』*Pour Marx* 번역판을 간단히 소개하고, 이 기회에, 시간이 얼마간 흘렀으므로, 이 작은 책의 철학적 내용과 이데올로기적 의의에 대해 총괄해 보려 한다.

　『마르크스를 위하여』는 1965년에 프랑스에서 출간되었다. 그러나 1965년에 쓰인 것은 서문 「오늘」뿐이고, 나머지 텍스트들은 이미 1960년에서 1964년 사이에 프랑스 공산당 잡지들에[1] 기고문의 형태로 출판된 것들이다. 이 텍스트들을 발표된 것 그대로, 아무런 수정이나 정정이 없이 책 한 권으로 묶었다.

　이 시론들을 이해하고 판단하려면, 그것들이 특정한 이데올로기적·이론적 정세 속에서 공산주의 철학자에 의해 구상되고, 작성되고, 출판된 것임을 알아야 한다. 따라서 이 텍스트들은 있는 그대로

● [편집자] 이 텍스트는 알튀세르가 『마르크스를 위하여』 외국어판들에 후기로 사용하기 위해 1967년 10월 10일에 작성한 것이다. 자료 : Archives Althusser/IMEC(NdE).

1 가톨릭 잡지 『에스프리』*Esprit*에 발표된 베르톨라치와 브레히트에 대한 시론은 제외.

받아들여져야 한다. 이 시론들은 **철학적** 시론들이며, 긴 호흡의 탐구의 첫 단계들이며, 분명히 수정을 요할 잠정적 결과물들이다. 이 탐구는 마르크스가 정립한 과학 및 철학의 원리들의 특수한 성격과 관련된 것이다. 그렇지만 이 철학적 시론들은 단순히 학구적이거나 사변적인 탐구에 속하는 것은 아니다. 이 시론들은, **동시에**, 특정한 정세 속에서 이루어진 개입이다.

I

「서문」에서 볼 수 있듯이, 이 정세는 우선 프랑스의 이론적·이데올로기적 정세, 그중에서도 특히 프랑스 공산당 내의, 그리고 프랑스 철학 내의 정세이다. 그러나 고유하게 프랑스적인 정세를 넘어서, 이것은 또한 국제 공산주의 운동 내의 이데올로기적·이론적 정세이다.

물론 여러분이 읽을 시론들은 이 정세의 **정치적** 요소들(공산당들의 정책, 국제 공산주의 운동의 분열)을 다루고 있지 않다. 어떤 면들에서 보면 이 문제들은 새로운 것들이다. 다른 면들에서 보면 이 시론들은 노동운동의 역사를 오랫동안 특징지어 온 논쟁들에 관련된 것들이다.

이런 정세의 **최근** 요소들을 살펴보면, 스탈린 사후에 국제 공산주의 운동은 (소련 공산당의) 제20차 당대회에 의한 "개인숭배" 고발과 중국 공산당과 소련 공산당 사이의 분열이라는 거대한 두 사건에 의해 지배되는 정세 속에서 이루어지고 있음이 드러난다.

"개인숭배"에 대한 고발은, 그리고 그것이 이루어지게 된 돌발적 조건들과 고발의 형식들은 정치적 영역과 또한 이데올로기적 영역에서 심원한 반향을 일으켰다. 여기서 나는 공산주의 지식인들의 이데올로기적 반응들만을 다루겠다.

스탈린 "교조주의"에 대한 비판은 일반적으로 공산주의 지식인들에 의해 "해방"으로서 "체험되었다." 이 "해방"은 "자유주의적", "도덕적" 경향의 심원한 이데올로기적 반응을 불러일으켰고, 이 반응은 자연히 "자유", "인간", "인간적 개인"personne humaine,[2] 그리고 "소외"와 같은 오래된 철학적 주제들을 재발견했다. 이런 이데올로기적 경향은 마르크스의 "청년기 저작"에서 이론적 전거들을 찾았는데, 사실 이 저작들은 인간에 대한, 인간의 소외와 해방에 대한 하나의 철학의 모든 논의를 포함하고 있다. 이런 조건들은 역설적으로 마르크스주의 철학의 형세를 일변시켰다. 1930년대 이래로 마르크스의 "청년기 저작들"은 마르크스주의에 대한 소부르주아 지식인들의 투쟁의 군마軍馬가 되어 왔다. 이 저작들은 처음에는 조금씩, 나중에는 대대적으로, 제20차 당대회에 의해 스탈린 교조주의로부터 "해방된" 수많은 공산주의 지식인들이 오늘날 공개적으로 발전시키고 있

---

2 [옮긴이] "인간적 개인"은 단순한 생물학적 개인으로서의 존재와 구별해, 예컨대 도덕적 의식이나 신적 형상 등과 같은 고유한 인간적인 속성을 타고났기에 존중 내지 배려를 받을 권리를 지닌 존재로서 파악된 인류 개인을 지칭하는 표현이다.

는 마르크스주의의 새로운 "해석"에 사용되고 있다. **"마르크스주의적 인간주의"**의 주제들과 마르크스의 저작에 대한 **"인간주의적"** 해석은 점진적으로 그리고 불가항력적으로 최근의 마르크스주의 철학에서, 심지어 소비에트와 서구의 공산당들 내부에서, 강하게 부과되고 있다.

누구보다도 공산주의 지식인들에게 특징적인 이 이데올로기적 반응이 몇 가지 저항들에도 불구하고 그런 발전을 이룰 수 있었다면, 그것은 소련과 서구의 공산당들이 제창한 몇 가지 **정치적** 구호들의 직·간접적 지원 덕택이다. 소련 공산당의 경우, 예컨대 1936년 헌법은 계급투쟁의 소멸과 더불어 프롤레타리아독재가 소련에서 "지양" 되었으며 소비에트 국가는 더 이상 계급국가가 아니라 "전 인민의 국가"임을 선언했고, 소련이 **"모든 것을 인간을 위해"**라는 "인간주의적" 구호 아래 "공산주의의 건설"에 착수했음을 선언했다. 서구 공산당들의 경우, 예컨대 사회주의자들, 민주주의자들, 그리고 가톨릭 세력과의 통일 정책들을 추구해 왔는데, 이 정책들은 소련 공산당의 구호들과 유사한 반향을 울리는 몇몇 구호들, 즉 "사회주의로의 평화로운 이행", "마르크스주의적 인간주의" 또는 "사회주의적 인간주의", "대화" 등에 강조점을 두는 구호들하에서 실행되었다.

이런 분명한 정황들 속에서 발전해 온 마르크스주의에 대한 "인간주의적" 해석들은 바로 전 시기(1930~56년 시기)와 비교해 **새로운** 현상이다. 하지만 노동자 운동의 역사에는 이런 해석들의 수많은 역사적 **선례들**이 있다. 마르크스, 엥겔스, 레닌만 언급하더라도, 그들은 마르크스주의 이론을 위협한 관념론적·인간주의적 유형의 이데 올로기적 해석들에 대항해 끊임없이 투쟁했다. 여기서는 포이어바 흐의 인간주의에 대한 마르크스의 단절, 뒤링에 대한 엥겔스의 투쟁, 러시아 인민주의자들에 대한 레닌의 오랜 전투를 상기하는 것으로 족할 것이다. 이 모든 과거, 이 모든 유산은 분명히 국제 공산주의 운동의 현재의 이론적·이데올로기적 정세의 일부를 이룬다.

이 정세의 최근의 양상들을 상기시키고자 나는 다음과 같은 언급을 덧붙이고자 한다.

1963년에 쓴 글 「마르크스주의와 인간주의」에서 이미 나는 마르크스주의적 또는 사회주의적 "인간주의"라는 주제들이 현재 팽창하고 있는 것을 **이데올로기적** 현상으로서 해석했다. 나는 사회적 현실로서의 이데올로기를 결코 단죄하지 않았다. 마르크스가 말했듯이, 사람들은 이데올로기 속에서 그들의 계급 전투를 "의식하고", 그것을 "싸워 해결한다."³ 종교적 형태, 도덕적 형태, 법적 형태 그리고 정치적 형태 등을 취하는 이데올로기는 하나의 객관적인 사회적 현실이다. 이데올로기적 투쟁은 계급투쟁의 유기적인 구성 부분이다. 반면 나는 이데올로기의 **이론적** 효과들을 비판했는데, 그 효과들은 항상 과학적 인식에 대한 위협 또는 족쇄이다. 그리고 나는

---

3 [옮긴이] 마르크스는 "사람들이 그 속에서 이 [계급]갈등을 의식하게 되고, 그것을 싸워 해결하게ausfechten 되는 이데올로기적 형태들"에 대해 말한다. 『정치경제학 비판을 위하여』, 김호균 옮김, 중원문화, 1988, 7쪽(번역은 수정함).

"마르크스주의적 인간주의"라는 주제들의 팽창과 그것들이 마르크스주의 이론에 가한 침식은 이중의 무능력 및 이중의 위협의 가능한 역사적 징후로서 해석될 수 있음을 특기했다. 마르크스주의 이론의 특수성을 사고할 수 없는 무능력과, 이 특수성을 전前마르크스주의적인 이데올로기적 해석들과 혼동하는 연관된 수정주의적 위험이 그것이며, 제20차 당대회 이래의 정세가 제기한 현실적인 (근본적으로 "정치적"이고 "경제적"인) 문제들을 해결할 수 없는 무능력과 이런 문제들을 몇 가지 그저 **이데올로기적인** 정식들의 거짓된 "해결책"으로 가리려는 위험이 그것이다.

II

여러분이 읽을 텍스트들은 바로 이런 정세 속에서 구상되고 출판되었다. 이 텍스트들의 본성과 기능을 평가하기 위해서는 그것들을 이런 정세에 결부시켜야 한다. 이 텍스트들은 **철학적** 시론들로서, 이론적 탐구를 대상으로 하며, 위험한 경향에 반작용하기 위해 현재의 이론적-이데올로기적 정세에 **개입하는** 것을 목적으로 한다.

아주 도식적으로, 나는 이 이론적 텍스트들이 하나의 이중적 "개입"을 포함하고 있다고, 달리 표현하자면, 그것들은 한편으로 마르크스주의 이론과 다른 한편으로 마르크스주의에 낯선 이데올로기적 경향들 사이에, 레닌의 탁월한 표현에 따르면, "경계선"⁴을 긋기 위해서 두 개의 전선에서 개입한다고 말하겠다.

첫 번째 개입의 목적은 마르크스주의 이론과, 마르크스주의 이론을 손상하거나 위협하는 철학적 (그리고 정치적) 주관주의의 형태들, 무엇보다도 고전적 경험론과 현대적 경험론을 망라한 **경험론**과 그것의 변종들, 실용주의, 주의주의, 역사주의 등의 사이에 **"경계선을 긋는"** 것이다. 이 첫 번째 개입의 핵심 계기들은 혁명적 계급투쟁에서 마르크스주의 **이론**이 지니는 중요성에 대한 인지, 상이한 실천들의 구별, "이론적 실천"의 특수성의 명확화, 마르크스주의 이론의 혁명적 특수성에 대한 최초의 탐구(관념론적 변증법과 유물론적 변증법의 선명한 구별) 등이다.

이 **첫 번째 개입**은 주로 마르크스와 헤겔의 대결의 지반에 자리 잡고 있다.

두 번째 개입의 목적은 한편으로는 역사에 대한 마르크스주의적 과학 및 마르크스주의 철학의 진정한 이론적 토대들과, 다른 한편으

---

4 [옮긴이] 레닌은 1900년 『이스크라』창간 성명에서 "우리가 통합하기에unite 앞서, 그리고 통합하기 위해서라도, 우리는 먼저 단호하게 그리고 결정적으로 경계선들lines of demarcation을 그어야 한다"라고 썼다. V. I. Lenin, "Declaration of the Editorial Board of *ISKRA*", *Collectde Works*, Vol. 4, p. 354. 레닌은 이 문장을 『무엇을 할 것인가?』(1902)에서 인용해 다시 강조한다(최호정 옮김, 박종철출판사, 2014, 35쪽). 『이스크라』창간 성명에서 이 문장에 이어지는 문장은 다음과 같다. "그렇지 않으면 우리의 통합은 순전히 허구적인 것이 될 것이며, 이 통합은 횡행하고 있는 혼란을 은폐할 것이고 이 혼란의 발본적 제거를 저해할 것이다."

로는 마르크스주의를 "인간 철학" 또는 "인간주의"로 해석하는 동시대의 해석들이 의존하는 전前마르크스주의적인 관념론적 범개념들 사이에 "경계선을 긋는" 것이다. 이 두 번째 개입의 핵심적 계기들은 마르크스의 사고의 역사에서 발생한 "인식론적 절단"의 명확화, **청년기 저작**의 이데올로기적 "문제설정"과 『자본』의 과학적 "문제설정" 사이의 근본적 차이, 마르크스의 이론적 발견의 특수성에 대한 최초의 조사 연구들 등이다.

이 두 번째 개입은 주로 마르크스의 **청년기 저작**과 『자본』 사이의 대결의 지반에 자리 잡고 있다.

이 두 가지 개입은, 상세한 논증, 상세한 텍스트 분석, 상세한 이론적 토론 뒤에서, 하나의 커다란 대립을 출현시키는데, 그것은 과학을 이데올로기에서 분리하는 대립, 더 정확히 말하면, 자기 구성의 도정에 있는 하나의 새로운 과학을, 이 과학이 확립되는 "지반"을 점유하고 있는 전과학적인 **이론적** 이데올로기들에서 분리하는 대립이다. 중요한 것은 다음과 같은 점이다. 즉, 과학과 이데올로기들 사이의 대립에서 다루어지는 것은 과학과 **이론적** 이데올로기 사이의 "절단"의 관계에 관한 것이며, 이 절단의 관계 속에서, 과학이 창설되기 전에, 이 과학의 대상이(이 과학은 이 대상에 대해 지식을 제공한다) "사고된다"는 점 말이다. 이 "절단"은 이데올로기들(종교, 도덕, 법적·정치적 이데올로기들 등)에 의해 점유된 객관적인 사회적 영역을 건드리지 않고 내버려 둔다. 이런 비이론적인 이데올로기들의 영역에도 또한 "단절들"ruptures 또는 "절단들"coupures이 있지만, 그러나 그것들은 **정치적인 것들**(정치적 실천과 커다란 혁명적 사건들의 영향)이지 "인식론적인" 것들이 아니다.

과학과 이데올로기 사이의 이 대립은, 그리고 이 대립의 역사적 성격을 사고할 수 있도록 도와주는 "인식론적 절단"이라는 범개념은, 비록 항상 이런 분석들의 배후에 들어서지만 명시적으로 발전되지 않는 하나의 테제, 즉 마르크스의 발견이 그 본질과 영향에서 역사적인 선례가 없는 과학적 발견이라는 테제를 가리킨다.

실로, 마르크스주의 고전들이 항상 반복하는 전통에 따라, 우리는 마르크스가 새로운 **과학**, "사회구성체"의 역사의 과학을 창설했다고 확언할 수 있다. 더 정확히 하기 위해 나는, 탈레스가 과학적 지식에 수학의 "대륙"을 열었고 갈릴레이가 과학적 지식에 물리적 자연의 "대륙"을 연 것처럼, 마르크스는 과학적 지식에 **역사**의 대륙이라는 새로운 "대륙"을 열었다고 말하고자 한다.

덧붙여 말하자면, 탈레스의 수학 창설이 플라톤 철학의 탄생을 "유발"했고 갈릴레이의 물리학 창설이 합리주의 철학의 탄생을 "유발"했듯이, 마르크스의 역사과학 창설은 새로운, 이론적 그리고 실천적으로 혁명적인 철학, 마르크스주의 철학 또는 변증법적 유물론의 탄생을 "유발"했다. 이 선례 없는 철학이 그 이론적 정교제작의 견지에서 보면 여전히 마르크스주의 역사과학(역사적 유물론)에 뒤떨어져 있다는 점, 이 점은 역사적-정치적 이유들과 **또한** 동시에 이론적 이유들로 설명된다. 즉, 위대한 철학적 혁명들에는 항상 그것들 속에서 "작업하는" 위대한 과학적 혁명들이 선행하며 위대한 철학적 혁명들은 위대한 과학적 혁명들에 의해 지탱된다. 그러나 위대한 철학적 혁명들에 명료하고 적합한 형태를 부여하는 데에는 오랜 이론적 노동과 오랜 역사적 성숙이 필요하다. 여러분이 읽을 텍스트들에서 강조점은 마르크스주의 철학에 두어져 있거니와, 이는 마르크스주의 철학의 현실과 동시에 존재 권리를, 그러나 또한 마르크스주의 철학의 지체를 평가하기 위한 것이고, 또한 마르크스주의 철학의 본성에 조금 더 적합한 존재 형태를 마르크스주의 철학에 제공하기 시작하기 위한 것이다.

III

물론 이 텍스트들은, 때때로 뚜렷이, 오류들과 부정확들뿐만 아니라 침묵들 내지 반$\frac{}{}$침묵들의 표시를 지니고 있다. 한 번에 모든 것을 말할 수는 없다는 사정이나 정세의 긴급성만으로 이 침묵들과 그것들의 효과들을 설명할 수는 없다. 사실 나는 어떤 질문들은 적절히 다룰 수 없었고, 몇몇 어려운 지점들은 나에게는 모호한 것이었다. 그 결과, 나는 내 텍스트들에서 마땅히 고려했어야 할 몇몇 중요한 문제들과 중요한 현실들을 고려하지 못했다. "자기비판"으로서, 나는 특히 예민한 두 가지 사항을 언급하고자 한다.

1. 나는 혁명적 실천에 **이론**이 사활적으로 필요함을 강조했고 따

라서 모든 형태의 경험론을 규탄했지만, 그러나 마르크스-레닌주의 전통에서 아주 중요한 역할을 수행해 온 "이론과 실천의 결합union" 문제를 다루지 않았다. 의심할 나위 없이 나는 "이론적 실천" 내에서의 **이론과 실천**의 결합에 대해 말했다. 그러나 나는 정치적 실천 내에서의 이론과 실천의 결합의 문제에 착수하지 않았다. 정확히 하자면, 나는 이 결합의 일반적인 역사적 존재 형태를, 즉 마르크스주의 이론과 **노동자 운동**의 "융합"을 검토하지 않았다. 나는 이 "융합"의 구체적 존재 형태들(노동조합 및 당과 같은 계급투쟁의 조직들, 이 조직들에 의한 계급투쟁의 지도의 수단들과 방법들 등)을 검토하지 않았다. 나는 이런 구체적인 존재 형태들 속에서의 마르크스주의 이론의 기능, 위치 그리고 역할을 명확히 하지 않았다. 즉, 마르크스주의 이론이 어디서 그리고 어떻게 정치적 실천의 발전에 개입하는지, 정치적 실천이 어디서 그리고 어떻게 마르크스주의 이론의 발전에 개입하는지 명확히 하지 않았다.

나는 경험을 통해 이런 질문들에 대해 내가 침묵한 것이 나의 글들에 대한 특정한 ("이론주의적") "독해들"에 영향을 주었음을 알았다.

2. 마찬가지로, 나는 마르크스의 발견이 지닌 이론적으로 혁명적인 성격을 강조했고 마르크스가 하나의 새로운 과학과 하나의 새로운 철학을 창설했음을 보여 주었지만, 철학을 과학으로부터 구별하는 차이, 아주 중요한 이 차이를 모호하게 남겨 두었다. 나는 과학들과 구별되는 것으로서 **철학의 고유성**을 구성하는 것이 무엇인지를 보여 주지 않았다. 즉, **이론적** 학문 분야로서의 전체 철학이, 그리고 그 이

론적 존재 형태들과 이론적 요청들 속에서의 전체 철학이, **정치**에 대해 갖는 유기적 관계를 보여 주지 않았다. 나는 마르크스주의 철학 안에서 실용적 관계와는 아무런 관련이 없는 이 관계의 본성을 보여 주지 않았다. 따라서 나는, 이런 점에서, 마르크스주의 철학을 이전의 철학들과 구별하는 것이 무엇인지를 명확하게 보여 주지 않았다.

나는 경험을 통해 이런 질문들에 대한 나의 반#침묵이 나의 글들에 대한 특정한("실증주의적") "독해들"에 영향을 주었음을 알게 되었다.

나는 향후의 연구들에서, 이론적·실천적 관점에 밀접하게 연결된 이 두 가지 중요한 질문들을 다시 계속하고자 한다.

1967년 10월

알튀세르 약전[●]

에티엔 발리바르

루이 알튀세르는 1918년 10월 16일 알제리의 비르 무라드 라이스[프랑스식 이름은 비르망드레스]에서 태어났다. 그의 아버지는 은행 직원으로서 이곳으로 발령받아 근무했다(후에 알제리 은행의 마르세유 지점장이 되었다). 알튀세르는 마르세유에서 중등교육을 받았다.

그는 리용의 '고등사범학교ENS 준비 학교'를 졸업했는데, 거기서 장 기통Jean Guitton, 장 라크루아Jean Lacroix, 조제프 우르Joseph Hours

---

[●] 알튀세르의 전기로는 Yann Moulier-Boutang, *Louis Althusser, une biographie*, tome 1(1918-1956), Grasset, 1992를 볼 수 있다[이 책 출간시 제2권이 출간될 것이라 예고되었으나 실행되지 않았다]. 여기에 정리한 내용의 일부분은 내가 전에 쓴 것들, 즉 Étienne Balibar, "note bio graphique", *Écrits pour Althusser*, La Découverte, 1991과 "la notice ALTHUSSER(Louis)", in *Bulletin de l'Association amicale de secours des anciens élèves de l'École normale supérieure*, année 1993, 45에서 취한 것이다. 또한 그레고리 엘리어트Gregory Elliott의 훌륭한 전기 *Althusser. The Detour of Theory*(Verso, 1987)[『알튀세르 : 이론의 우회』, 이경숙 옮김, 새길아카데미, 2012]를 보라 (여기에는 미간행 유고들이 출간되기 전까지의 아주 온전한 저작 목록이 실려 있다[좀 더 자세한 연보로는 루이 알튀세르 자서전, 『미래는 오래 지속된다』, 권은미 옮김, 이매진, 2008 권말의 「알튀세르 연보」를 보라].

에게 배웠다. 1939년 7월 파리고등사범학교 입학자격시험에 합격했다. 같은 해 9월에 징집되었으며, 군대가 패주해 포로가 되었고, 독일의 포로수용소에서 5년을 보내게 된다.

수용소에서 귀환한 후 1945년부터 1948년까지 ENS에서 철학을 공부했고, 1947년 가스통 바슐라르의 지도 아래 「헤겔 철학에서의 내용 개념」[2]이라는 논문으로 국가석사학위를 받았고, 1948년 교수 자격을 취득했다. 자크 마르탱(1941년 입학. 헤겔과 헤르만 헤세를 번역했고 1963년 자살했으며 알튀세르가 그에게 『마르크스를 위하여』를 헌정했다), 미셸 푸코(1946년 입학)와 친밀한 우정을 나누었고 지적으로 의기투합했다. 1948년, ENS 철학 교수 자격시험 복습교사agrégé-répétiteur로 임명되었다. 그는 ENS의 이 직을 1980년까지 중단 없이 유지했다(직급은 조교, 전임강사maître assistant, 조교수maître de conférence로 올라갔다). 1950년부터 ENS 인문학부 대외처장직을 맡았다.

1948년, 프랑스 공산당에 가입했다. 그는 특히 "평화운동"에서 적극적으로 활동했다.

1949년, 알튀세르는(청소년기에 그는 열렬한 가톨릭 신자였고 가톨릭 청소년 조직들의 회원이었으며, 전후에는 몇 년간 "노동 사제"prêtes ouvriers 운동과 긴밀한 관련을 맺었다) 『사로잡힌 복음』(잡지 『교회의 청년』 10호)에 "오늘날 인간에게 복음이 선포되는가?"라는 질문에 답해 기독교의

---

2 Louis Althusser, "La notion de contenu dans la philosophie de Hegel", *Écrits philosophiques et politiques*, tome I, Stock/IMEC, 1994로 출판되었다.

역사적 상황에 대한 논문을 기고했다.[3]

1950년대에 그는 주로 『철학교육 평론』*Revue de l'enseignement philosophique*에 논문 몇 편을(특히 「역사의 객관성에 관하여 폴 리쾨르에게 보내는 편지」 Lettre à Paul Ricœur sur l'objectivité de l'histoire를) 발표했다. 1959년에는 첫 저서 『몽테스키외, 정치와 역사』*Montesquieu, La politique et l'histoire*(Quadrige, PUF)를 장 라크루아가 책임 편집하는 총서로 출간했다.

1960년, 포이어바흐 저작들을 편역하고 「해설」을 붙인 『포이어바흐, 철학적 선언들』*Feuerbach, Manifestes philosophiques. Textes choisis(1839-1845)* (Épiméthée, PUF)을 이폴리트Jean Hyppolite가 책임 편집하는 총서로 번역, 출간했다.

1961년, 「청년 마르크스에 대하여(이론의 문제들)」를 『라 팡세』 (알튀세르의 친구 마르셀 코르뉘Marcel Cornu가 편집위원장이었다)에 발표했다. 이 글은 마르크스에 대한 알튀세르적 독해의 첫 선언이었다(『마르크스를 위하여』에 수록됨).

1964년, 「프로이트와 라캉」 발표.[4] 이 논문은 프랑스에서 마르크스주의와 정신분석학의 관계를 근원적으로 변화시키게 된다. 같은 해에 알튀세르는 ('프랑스 정신분석협회'에서 축출된) 라캉을 ENS에 초

---

3 [옮긴이] "Une question de faits" en *L'Evangile Captif*(cahier X de *Jeunesse de l'Eglise*).

4 [옮긴이] "Freud et Lacan", *La Nouvelle Critique*, déc.-janv. 1964-1965. 이 논문은 Louis Althusser, *Positions*, Éditions sociales, 1976에 수록되었고, Louis Althusser, *Écrits sur la pschanalyse. Freud et Lacan*, Stock/IMEC, 1993에 재수록되었다. 국역본은 「프로이트와 라캉」, 『아미엥에서의 주장』, 같은 책.

청해 세미나를 계속하도록 했다(라캉은 이 첫해의 세미나에서 스피노자를 원용했고, 『정신분석의 네 가지 근본 개념』Concepts fondamentaux de la psychanalyse을 작성했다).[5]

1965년, 『마르크스를 위하여』(1961~64년 사이의 논문 모음집)와 『『자본』을 읽자』(자크 랑시에르Jaque Rencière, 피에르 마슈레Pierre Macherey, 에티엔 발리바르, 로제 에스타블레Roger Establet와의 공저)를 출간함으로써 프랑수아 마스페로 출판사에서 "이론" 총서를 출범시켰다. 이 두 저작은 전 세계에서 번역되었으며, 격렬한 비판을 받기도 했지만 또한 "마르크스주의의 재출발"(알랭 바디우)로서 환영받기도 했다. 이 저작들은 20년간 마르크스주의적 논쟁에 중대한 영향을 끼쳤다. 이 저작들은 이미 1961년의 논문 「청년 마르크스에 대하여」에 의해 제기된 논쟁을 공산당 내에서 격화시켰다. 이 논문은 마르크스의 저작에서는 하나의 "인식론적 절단"이 존재한다는 것, 그리고, "스탈린 개인 숭배"에 대한 비판이 한창인 가운데 역사적 유물론과 "이론적 인간주의"는 양립 불가능하다는 것을 주장했다. [당 이론지] 『라 팡세』와 『라 누벨 크리틱』이 이런 주장에 특히 반향을 보였지만, 공산주의적이지 않은 여러 출판물들도 역시 반향을 보였다. 동시에 이 저작들은 프랑스 철학계에서 (저항이 없지 않았지만) 세력을 확장하고 있던 "구

5 개인적·집단적인 이론적 활동을 강렬하게 수행하던 이 시기에 ENS에서 알튀세르가 행한 세미나들의 주제는 다음과 같았다. 1961~62년 : 청년 마르크스에 대한 연구. 1962~63년 : 구조주의의 기원들에 대하여. 1963~64년 : 라캉과 정신분석학. 끝으로 1964~65년 : 『자본』을 읽자(같은 이름의 집단 저작의 기원).

조주의"의 창시적 텍스트들 가운데 일부로 꼽혔다(레비스트로스, 라캉, 바르트, 푸코와 같은 편에서). "문제설정", "징후적 독해", "구조적 인과성", "과잉결정", "이데올로기적 상상"l'imaginaire idéologique 등의 범개념들notions은 10년 동안, "알튀세르주의"에 준거하면서 또는 준거하지 않으면서, 철학적 담론의 지평을 형성하는 데 기여했다. 사르트르는 명시적으로 알튀세르와 그의 영향력을 겨냥해 "범개념에 반대해 개념의 편에 서야 한다"라고 말했다.[6]

루디네스코에 따르면(É. Roudinesco, *La Bataille de Cent Ans. Histoire de la psychananyse en France*, tome II, 1986) 알튀세르가 르네 디아트킨René Diatkine 박사에게 정신분석 치료를 받기 시작한 것은 1956년이었다. 디아트킨은 1987년경까지 알튀세르 치료에 전념하게 된다.

1966년 1월, 알튀세르가 불참한 가운데, 슈와지-르-루아Choisy-le-Roi에서 소집된 공산주의 철학자 회의는 "이론적 반反인간주의"에 대한 당의 공식 철학자 로제 가로디의 규탄 논고를 청취했다. 루이 아라공이 주재한 "아르장퇴유 중앙위원회"(3월 11~13일)에서 가로디의 테제와 알튀세르의 테제는 형식적으로 "무승부 판정"을 받았다. 뤼시앵 세브Lucien Sève(그는 ENS 재학 초기에 알튀세르의 문하생이었으며, 오랫동안 그의 친구였다)가 당 지도부에 가장 가까운 철학자가 된다. 같은 해, 알튀세르는 UJCML('공산주의 학생 동맹'에서 분열해 나온 '맑스-레닌주의-마오주의 공산주의 청년 동맹'. 특히 로베르 리나르트Robert Linhart를 포함해

---

6 [옮긴이] Jean-Paul Sartre, "Jean-Paul Sartre Répond", *L'Arc*, no 30, 1966.

지도부 다수가 알튀세르의 제자 또는 과거의 제자였다)의 기관지 『마르크스-레닌주의 연구』에 「문화혁명에 대하여」라는 논문을 익명으로 발표했다.[7] 그는 다음과 같은 주장으로 결론을 맺었다. "문제는 문화혁명을 수출하는 것이 아니다. 문화혁명은 중국 혁명에 고유한 것이다. 그러나 그것의 이론적·정치적 교훈은 **모든** 공산주의자들의 것이다." 이렇게 하여 일부 사람들이 이중의 놀이라 간주할(그리고 비난할) 시기가 열린다. 십중팔구 알튀세르는 국제 공산주의 운동의 갈라선 성원들을, 이론적 기반 위에서, 재통합하는 데 기여하려는 희망을 결코 버리지 않았다.

　1966년, 이 해에 그는 특히 다음 논문들을 발표했다. (ENS에서 행한 루소 강의록인) "『사회계약론』에 대하여(탈구들)"[8]와, "추상적인 것의 화가 크레모니니".[9]

　1967년, 알튀세르는 소련 잡지 『철학의 문제들』[『자본』 제1권 출간 100주년 기념호]에 「마르크스주의 철학의 역사적 임무」La tâche historique de la philosophie라는 긴 논문을 기고했으나 거절당했다. 이 논문

---

7 [옮긴이] Lois Althusser, "Sur la révolution culturelle", *Cahiers Marxistes-Léninistes*, no 14, décembre 1966. 이 글은 *Décalages*, vol. 1, iss. 1, 2010에 재수록되어 있다.

8 [옮긴이] "Sur le Contrat social(Les Décalages)", *Cahiers pour l'analyse*, no 8, *L'Impensé de Jacques Rousseau*. 국역본으로는 「루소: 사회계약에 관하여」, 『마키아벨리의 고독』(김석민 옮김, 새길, 1992).

9 [옮긴이] "Crémonini, peintre de l'abstrait", *Démocratie nouvelle*, no 8, août 1966. Louis Althusser, *Écrits philosophiques et politiques*, tome II에 재수록됨.

은 1968년에 헝가리에서 출판되었다. 제18차 당대회에서 앙리 피즈빈Henri Fiszbin(후일 파리 시당 제1서기)은 다음과 같이 선언했다. "우리는 이론적 반인간주의 및 기타 문제들에 대해 찬동하는 입론을 발전시키는 일부 동지들이, 그런 입장을 견지함으로써 나타날 부정적인 정치적 결과에 대해 자신들이 생각하는 바를 스스로 질문해 보아야 하고 또 그것을 말해야 한다고 생각한다. 몇몇 적들이 우리 당에 대한 투쟁에서 이 동지들의 저술들을 원용하고 있는데, 이 동지들은 아무 말도 하지 않고 있다."

레지스 드브레의 책 『혁명 속의 혁명』*Révolution dans la Révolution*(1967)에 대해 그에게 보낸 편지[10]에서 알튀세르는 다음과 같이 썼다. "자네도 알다시피, 이따금 멀찍이 물러서서 모든 것이 그것에 의존하는 결정적인 연구들에 전념하는 것이 **정치적으로 긴요하다네**."

1967~68년, 알튀세르는 ENS에서 (피에르 마슈레, 에티엔 발리바르, 프랑수아 르뇨François Regnault, 미셸 페쇠Michel Pêcheux, 미셸 피샹Michel Fichant, 알랭 바디우와 함께) "과학자들을 위한 철학 강의"를 조직했다. 강의는 5월 사태로 중단되었다. 거기서 행한 처음 네 개의 강의는 손질되어 1974년에 출판되었다(프랑수아 마스페로 출판사, "이론" 총서).[11] 강의에서 그는 "과학들에 대한 철학의 관계는 철학의 **특유한** 규정을 구성한다"라고 말했다(진리에 대한 제5차 강의).[12] 반면 1968년 2월 24일 '프랑스 철

---

10 Régis Debray, *La Critique des armes*, Le Seuil, 1974에 수록됨.

11 [옮긴이] 루이 알튀세르, 『철학과 과학자들의 자생적 철학』, 지용선 옮김, 인간사랑, 1992.

학회'에서 발표한 발표문 "레닌과 철학"Lénine et la philosophie(1969년 "이론" 총서로 간행됨)에서 철학은 "이론에서의 정치"로 재정의된다("철학은 이론의 영역에서, 좀 더 정확히 말하면 과학들 곁에서, 정치를 대표[표상]할 것이다. 그리고 역으로 철학은, 정치에서, 계급투쟁을 수행하고 있는 계급들 곁에서, 과학성을 대표[표상]할 것이다"[13]).

1968년 5월, 알튀세르는 우울증 증상으로 다시 입원했고 [5월 혁명의 중심지였던] 라탱 지구에 없었다. 사후에 이 사건을 평가하려 하면서 그는 그것을 "대중의 이데올로기적 반역révolte"으로 특징지었다. 오늘날 이에 관한 몇몇 서신 교환들과 거기서 유래한 이론화 시도들을 볼 수 있는데, 특히 「'학생들의 5월'에 대한 미셸 베레의 글에 대하여」[14]와 마리아 안토니에타 마치오키의 책 『이탈리아 공산당

---

12 [옮긴이] Louis Althusser, "Du côté de la philosophie(cinquième Cours de philosophie pour scientifiques)"(1967. 12. 18), *Écrits philosophiques et politiques*, tome II, p. 294, Thèse no 24.

13 [옮긴이] 루이 알튀세르, 「레닌과 철학」(진태원 옮김), 박노자 외, 『레닌과 미래의 혁명』, 그린비, 2008, 323쪽. 알튀세르는 직설법으로 단언하지 않고 추측의 뜻을 담는 조건법 현재형으로 "[아마도]~일 것이다"serait, "[아마도] 표상[대표]할 것이다"représenterait라고, 조심스럽게 쓴다(그러나 1973년에 와서는 "철학은, 최종 심급에서, 이론에서의 계급투쟁**이다**est"라고 직설법으로 쓴다. *Réponse à John Lewis*, collection "Théorie", François Maspero, 1973, p. 41). 진태원의 「레닌과 철학」 번역은 훌륭한데, 다만 "auprès des sciences"(과학들 곁에서), "auprès des classes"(계급들 곁에서)가 각각 "과학에 대해", "계급들에 대해"라고 부적절하게 번역되어 있다. 참고로, 이 aupès는 독일어, 이탈리아어, 영어 번역본에 각각 neben, prèsso, with로 번역되어 있다.

14 [옮긴이] Louis Althusser, "A propos de l'article de Michel Verret sur *Mai étudiant*", *La Pensée*, no 151, 1970.

내부에서 루이 알튀세르에게 보낸 서한들』(Feltrinelli, Milano, 1969)[15]
에 실린 서한들이 중요하다. 끝으로 그리고 특히, 1969년에 착수한
"국가, 법, 상부구조"에 대한 미완성 저작[16]에서 발췌한 「이데올로기와
이데올로기적 국가 장치들」Idéologie et Appareil Idéologique d'État(*La Pensée*,
n° 151, 1970). 이 논문은 특히 다음과 같은 해석을 제출한다. "이데
올로기는 개인들을 주체들로 호명한다. 결과 : [……] 주체들은 '움직
인다'marchent. '나쁜 주체들'을 제외하고 그들 중 압도적 다수는 '스스
로 움직인다'."[17] 대학이 개학하자, 『인민의 대의』*La Cause peuple*의 마오
주의자들이 알튀세르를 수정주의의 앞잡이라고 격렬히 공격했다.
반면 당 지도부는 계속해 알튀세르를 그들의 사상적 스승으로 간주
했다. 그러나 [당 기관지] 『뤼마니테』*L'Humanité*는 "이념들"이라는 난에
플라마리옹 사 문고판 총서로 재간행된 『자본』 1권에 대한 알튀세르
의 「서문」[18]의 발췌본을 실었다.

1970년, 알튀세르는 약 1백만 부가 팔리게 되는 [칠레 출신으로 알

---

15 [옮긴이] 프랑스어본 Maria Antonietta Macciocchi, éd., *Lettres de l'intérieur du parti*, Maspero,
1970 참조.

16 이 수고手稿 전체와 1970년 출판된 「이데올로기와 이데올로기적 국가 장치들」, 그리고
[1976년 12월에 집필 완료했으나 출판하지 않은] 「이데올로기적 국가 장치에 대한 노트」
를 묶어 자크 비데가 출간했다. Louis Althusser, *Sur la reproduction*, Jacques Bidet, ed., PUF,
1995[『재생산에 대하여』, 김웅권 옮김, 동문선, 2007].

17 [옮긴이] 『재생산에 대하여』, 같은 책, 406쪽(번역은 수정함).

18 [옮긴이] Louis Althusser, "Comment lire le *Capital*", *Positions*, Éditions Sociales, 1976(「자본
론을 어떻게 읽을 것인가」, 『아미엥에서의 주장』, 같은 책).

튀세르의 제자인] 아르네케르Marta Harnecker의 책『역사적 유물론의 기본 개념들』(Siglo XXI, Mexico, Spain, Argentina, 1969) 제6판에 서문을 써 주었다("계급투쟁은 사회 계급들의 실존의 (파생적) 효과가 아니다. 계급 투쟁과 계급들의 실존은 하나의 동일한 것이다"[19]). 이 텍스트는, 마찬가지로 "이론에서의 계급투쟁"이라는 테제를 표현하는 다양한 다른 텍스트들(특히 1968년『루니타』L'Unita 지에 실린 마리아 안토니에타 마치오키와의 인터뷰「혁명의 무기로서의 철학」)과 함께, 1976년, 논문 모음집『입장들』에 수록, 출판된다. 이때 라틴아메리카에서 알튀세르의 영향력은 절정에 달했다. 거기서 그는 몇몇 투사들과 지식인들에 의해 새로운 마르크스로 간주되다시피 했지만, 또한 많은 정교화와 토론의 대상이 되기도 했다.

1973년과 1974년, 알튀세르는『존 루이스에 대한 답변』Réponse à John Lewis("이론" 총서, 1973)과『자기비판의 요소들』Éléments d'autocritique(Hachette Littérature, 1974)이라는 두 개의 소책자에서 마르크스주의 철학에 대한 자신의 새로운 이해[관념]를 제시한다. 앞의 책에서 그는 영국의 한 공산주의자[존 루이스]와의 논쟁을 수단으로 하여 철학적 인간주의에 대한 자신의 비판을 강화하며, 그것을 "경제주의/인간주의 쌍"의 화신으로서의 "스탈린 편향"으로 특징지었다. 뒤의 책에서 그는 특히, 자신과 자기 제자들에 대해 말하면서 "우리는 구조주의자가 아니

---

19 [옮긴이] Louis Althusser, "Marxisme et lutte de classe", *Positions, op. cit.* pp. 74-75(「맑스주의와 계급투쟁」,『아미엥에서의 주장』, 같은 책. 70-71쪽. 번역은 수정함).

었지만 [······] 우리는 훨씬 더 강력하고 위험한 하나의 열정을 가졌기에 비난받아 마땅했다. **우리는 스피노자주의자였다**"[20]라고 썼다.

1975년, 알튀세르는 아미앵의 피카르디 대학에서 국가박사학위 심사를 받으면서 발표문에서 자신의 "저작[업적]"을 방어했다.[21] "······ 마키아벨리를 기억했습니다. 거의 언급하지 않았지만 항상 실천된 그의 방법의 규칙은 **극단적으로** 사고해야 한다는 것입니다"(「아미앵에서의 주장」, 137쪽). 1976년, 30년간 동거해 온, 고등교육출판협회 SEDES 연구원으로 사회학자인 엘렌 리트망*Hélène Rytman*과 결혼했다(엘렌은 레지스탕스에서 그리고 직업 활동에서는 르고시앵*Legotien*으로 불렸다). 그녀는 SEDES에서 프랑스와 아프리카에서의 농촌 발전 및 지역개발 정책에 대한 농민들의 반응을 주로 연구했다.

이 몇 년간(이때는 [사회당, 공산당, 급진 좌익 운동의] "공동 강령"의 시기였다) 알튀세르는 상당히 정규적으로 프랑스 공산당의 공식 행사들에 참여했는데, 특히 1973년에는 루이 아라공과 장 엘랭스탱Jean Elleinstain과 함께 『뤼마니테』 창간 기념으로 열린 "공산주의자, 지식인, 문화"라는 공개 토론 행사에 참여했으며(그는 『뤼마니테』 주간 롤랑 르루아와 줄곧 절친한 관계였다), 1976년에는 [당시 에디시옹 소시알 출판사 사장이던] 뤼시앵 세브의 초청에 응해 도서 축제에 참여했다. 그러나 도미

---

20 Louis Althusser, "Éléments d'autocritique", in *Solitude de Machiavel, op. cit.*, p. 181.
21 [옮긴이] 업적으로 제출된 것은 『몽테스키외, 정치와 역사』, 『포이어바흐, 철학적 선언들』, 『마르크스를 위하여』, 『『자본』을 읽자』였다.

니크 르쿠르Dominique Lecourt의 저서 『리센코, "프롤레타리아 과학"의 실제 역사』*Lysenko. Histoire réelle d'une "science prolétarienne"*("이론" 총서, 1976. 1995년에 PUF "콰드리주" 총서로 재간행됨)에 붙인 서문에서 알튀세르는 소련에 대해 다음과 같이 썼다. "[오류에 대해] 계속 침묵한다면 오류는 지속된다. 이 침묵은 심지어 오류가 지속되도록 하기 **위한** 것일 수도 있다. 오류가 지속됨으로써 얻게 될 정치적 이득을 위해."[22] 이에 대해 『뤼마니테』는 성명에서 "명백한 과장"이라고 말하고 알튀세르가 "개인적 작업에서 당의 집단적 반성의 발전을 완전히 무시한다"라고 비난했다. 이어 1976년 2월 개최된 프랑스 공산당 제22차 당대회에서 "프롤레타리아독재" 슬로건 포기 제안이 상정됨으로써 유발된 논쟁이 개시된다. '공산주의 학생 동맹'에서 행한 강연(1977년 『제22차 당대회』로 출판됨)에서 알튀세르는 특히 이런 결정이 취해진 **형식**을 비판했으며, 이 결정이 표출하는 것, 공산당이 공산당 자신의 이론에 대해 무시하는 것을 비판했다(이것은 그가 『마르크스를 위하여』 「서문」에서 언급한 "프랑스적 빈곤"이라는 정식을 되풀이하는 것이 된다). "갈릴레이 이래로 모든 유물론자는, 다양한 함의들을 갖는 하나의 현실적 문제를 객관적으로 반영하는 과학적 개념의 운명이 정치적 결정의 대상이 될 수 없다는 것을 알고 있었다."[23]

---

22 [옮긴이] Louis Althusser, "Histoire terminée, histoire interminable", in *Solitude de Machiavel, op. cit.*, p. 240(「미완의 역사」, 『당내에 더 이상 지속되어선 안 될 것』, 이진경 엮음, 새길, 1992, 14쪽 참조).

23 [옮긴이] Louis althusser, *22è congrès*, François Maspero, 1977, p. 33(「프랑스공산당 제22차

이 논쟁은 유럽, 특히 이탈리아에서 "유로 코뮤니즘" 전략에 의해 제기된 더 일반적인 논쟁들과 겹친다. (알튀세르의 친구로서 이탈리아 공산당의 옛 간부였던 로사나 로산다Rossana Rossanda가 창간 멤버 중 하나인) [독립적 공산주의 일간지] 『일 마니페스토』Il Manifesto가 조직한, "혁명 이후 사회들에서의 권력과 반대 세력"을 주제로 한 베네치아 토론회 (1977년 11월)에서 알튀세르는 「마침내 마르크스주의의 위기가!」라는 글을 발표한다.[24] 여기서 그는 위기의 해방적 효과들을 긍정적으로 평가하고, 위기는 "최근의 현상이 아니"며 어떤 면에서 20세기에 마르크스주의의 전체 역사와 공존해 왔다고 주장했다.[25] 1978년, 알튀세르의 글 「오늘의 마르크스주의」가 이탈리아의 『유럽 백과사전』 Enciclopedia Europea(Vol. VII, Garzanti)에 실린다. 여기서 그는 스피노자의 정식을 반향하면서 이렇게 쓴다. "마르크스주의가 자신의 역사의 비극들을 저주하거나 한탄함으로써 이 비극들을 제거할 수는 없을 것이다. [……] 자신을 있는 그대로 인식하기 시작한다면 마침내 그것 [오늘의 마르크스주의]은 변화할 것이다."[26] 끝으로, 『일 마니페스토』지

당대회의 역사적 의미」, 『당내에 더 이상 지속되어선 안 될 것』, 같은 책, 35쪽 참조).

24 [옮긴이] 토론회 기고문집의 프랑스어 번역본은 Il Manifesto, *Pouvoir et opposition dans les sociétés post-révolutionnaires*, Seuil, 1978이다. 여기에 수록된 알튀세르의 발표문 「마침내 마르크스주의의 위기가!」Enfin la crise du marxisme!는 *Solitude de Machiavel, op. cit.*에 재수록되어 있다.

25 [옮긴이] 루이 알뛰세, 「마침내 맑스주의의 위기가!」, 김경민 엮음, 『마침내 맑스주의의 위기가』, 백의, 1992, 30쪽.

26 [옮긴이] Louis Althusser, "Le marxisme aujourd'hui", in *Solitude de Machiavel, op. cit.*, p. 308 (「오늘의 맑스주의」, 서관모 엮음, 『역사적 맑스주의』, 새길, 1993. 60-61쪽).

가 조직한 토론의 기고문들을 엮은 책 『국가를 토론한다 : 루이 알튀세르의 테제에 대한 논쟁』(De Donato, 1978)에 실린 로사나 로산다와의 서면 인터뷰에서 알튀세르는 "집권당"parti de gouvernement이라는 범개념을 비판하고, "국가 외부"의 혁명당이라는 개념과 "유한한 이론"으로서의 마르크스주의라는 개념을 진술했다.[27]

　작업이 자주 끊겼던 이 시기의 글로는, 오늘날 접근 가능하게 된 미완성 수고들과 별도로, 1976년 3월 스페인 그라나다 대학에서 행한 강연 텍스트 「철학의 전화」가 있고("마르스주의 철학은 존재한다. 그렇지만 그것이 철학으로 생산된 적은 없다"[28]), 1976년 7월 스페인 카탈루냐 건축대학에서 행한 강연 텍스트 「마르크스주의 이론의 위기 및 국제 공산주의 운동의 위기에 대한 몇 개의 질문들」이 있다("경험론은 프롤레타리아 계급투쟁의 철학적 적수 제1번이다"[29]). 또한, 정신분석에 관한 텍스트들이 있다. 이 중 [1977년에 집필된] 「프로이트 박사의 발견」은 1979년 소련 트빌리시시에서 개최된 "무의식에 관한 프랑스-소련 심포지엄"을 위해 제출되었으나 알튀세르는 이 심포지엄에 불

27 [옮긴이] 이 서면 답변은 1977년 12월에 쓴 것이다. 프랑스어본은 "Entretien", *Dialectiques*, 23, printemps 1978, pp. 7-21(「로싸나 로쌴다의 질문과 알뛰세의 대답 : 제한된 이론으로서의 맑스주의」, 『마침내 맑스주의의 위기가』, 같은 책).

28 Louis Althusser, "*La transformation de la philosophie*", *Sur la philosophie*, op. cit., p. 149(「철학의 전화」, 『철학에 대하여』, 같은 책, 175쪽).

29 [옮긴이] Louis Althusser, "Un texte inédit de Louis Althusser : Conférence sur la dictature du prolétariat à Barcelone." 이 미간행 텍스트는 웹(http://bit.ly/2gZ1s37)에서 볼 수 있다.

참했으며 이 텍스트를 철회하고 두 번째 텍스트 「마르크스와 프로이트에 대하여」Sur Marx et Freud[30]로 대체했다. 그러나 「프로이트 박사의 발견」은 1984년에 알튀세르의 동의 없이 심포지엄 조직자 레옹 체르토크에 의해 출판되었다.

1978년 4월 알튀세르는(그는 결코 당을 떠나지도 않았고 자신이 소속한 세포에서 활동하기를 멈추지도 않았다) 다섯 명의 비판적인 다른 공산당원 지식인들[발리바르E. Balibar, 부아G. Bois, 라비카G. Labica, 무아소니에M. Moissonnier, 르페브르J.-P. Lefebvre]과 함께 좌파연합[1972~77]의 결렬 이후 "프랑스 공산당 내의 진정한 정치적 토론"을 요구하는 공개서한에 서명했다. 그는 『르 몽드』지에 연속 기고문 「공산당 내에서 더 이상 지속될 수 없는 것」을 발표했다(그는 이 기고문을 서문을 붙여 같은 제목으로 프랑수아 마스페로 출판사에서 출간했다[31]). 그는 이렇게 썼다. "마르크스는 '의식은 항상 지체한다'라고 말했다.[32] 당 지도부는 이 원리의 신랄한 비판적 성격을 짐작하지도 못한 채, 태연히 이 원리를 문자 그대로 적용한다. 당 지도부는 확실히 의식적인데, 왜냐하면 항상 지체하기 때문이다……."[33] 당 기관지와 당 조직들이, 그리고 맨 앞

---

30 [옮긴이] Louis Althusser, 「프로이트 박사의 발견」La découverte du docteur Freud(『알튀세르와 마르크스주의의 전화』, 윤소영 편역, 이론, 1993)과 「맑스와 프로이트에 대하여」Sur Marx et Freud(『맑스주의의 역사』, 윤소영 엮음, 민맥, 1991)는 정신분석에 관한 다른 텍스트들과 함께 Écrits sur la psychanalyse. Freud et Lacan, Stock/IMEC, 1993에 수록되어 있다.

31 [옮긴이] Louis Althusser, 22ème congrès, François Maspero, 1977.

32 [옮긴이] '의식의 지체'에 대해서는 이 책의 「피콜로 극단: 베르톨라치와 브레히트」를 보라.

에서 서기장이, 알튀세르와 또한 "좌익" 및 "우익" 반대파들 전체를 형틀에 못 박았다.

1980년 3월 15일, 알튀세르는 [라캉이 창립한] '파리 프로이트학회' 해산 총회에 참석했고, "피분석자들의 이름으로" 라캉을 "화려하고 가련한 어릿광대Arlequin"라고 비난했다.

1980년 5월, 외과 수술을 받은 후 알튀세르는 아주 심각한 [양극성 장애의 침체기 상태인] 울적鬱的 질환 상태épisode dépressif에 들어갔다. 늦게 잡아도 1948년 이래 그는 "조울병"으로 고통 받았으며, 정신분석을 계속 받으면서 정신의학 치료와 화학요법을 받기 위해 종합병원과 개인 병원에 자주 입원했다. 이해 여름 내내 그는 파리의 한 개인 병원에서 다시 치료받았다. 그의 상태가 나아지지 않았지만, 10월 초 의사들은 그를 집으로 돌려보내도 된다고 판정했고, 그는 집에 돌아와 아내와 함께 칩거했다. 1980년 11월 16일 엘렌 알튀세르가 그들의 ENS 아파트에서 알튀세르에게 교살당한 채로 발견되었다. 알튀세르는 생트 안느 병원에 긴급 수용되었고, 정신의학적 감정을 받은 후(진단명 "중증 울증 질환"épisode mélancolique) 1981년 2월 형법 64조에 따라 면소 판결을 받았다. 그는 파리 경찰청의 결정에 따라 처음에는 생트 안느 병원에, 이어 수아지-쉬르-센의 오-비브 병원(파리 13구의 구역병원)에 수용되었다. 교육부가 그를 퇴직 처리했다.

---

33 [옮긴이] 루이 알튀세르, 「당 내에서 더 이상 지속되어선 안 될 것」, 『당 내에서 더 이상 지속되어선 안 될 것』, 같은 책, 151쪽(번역은 수정함).

1984년에서 1986년 사이에, 다시 정신의학적 감정을 받은 후, 경찰국의 새로운 결정에 따라 행정적 수용 상태에서 해제되었다. 그후 그는 파리의 자기 아파트와 노인병원에 번갈아 체류하며 폐쇄적이지만 얼마간 정상적인 상태로 생활을 다시 했다. 그는 페르난다 나바로와 대담을 했고, 이것은 후에 『철학과 마르크스주의』라는 제목으로 멕시코에서 출판되었다(Siglo XXI Editores, 1988).[34] 그는 또한 자서전적 텍스트 『미래는 오래 지속된다』를 집필했다.[35] 알튀세르처럼 사병 포로수용소 출신으로 그의 오랜 친구인 철학자이자 신학자 스타니슬라스 브르통Stanislas Breton이 그를 한결같이 방문했는데, 알튀세르는 이 친구와 함께 "우발적 유물론"과 "해방신학"에 대해 토론했다.[36] 1987년 식도 폐색 응급수술을 받았고, 다시 울증 질환으로 수아지 병원에 입원하게 되었고, 그곳에서 다시 베리에르(이블린)에 있는 MGEN 정신병원으로 이송되었다. 그의 신체적·정신적 상태는 계속 악화되었다. 1990년 여름에 심한 폐렴을 앓았고, 그후 10월 22일 심장마비로 사망했다.

34 [옮긴이] 이 책의 프랑스어 번역본 『철학에 대하여』 *Sur la philosophie*(같은 책)에는 대담에 관련된 알튀세르의 서한들과 「철학의 전화」가 함께 실려 있다.

35 이 텍스트는 알튀세르 사후 얀 물리에-부탕Yann Moulier-Boutang과 올리비에 코르페Olivier Corpet의 책임 아래 『미래는 오래는 지속된다』 *L'avenir dure longtemps, suivi de Les Faits*로 간행되었으며(Stock/IMEC, 1992), 1994년에는 증보판이 간행되었다.

36 브르통의 증언 참조. Stanislas Breton, "Althusser aujourd'hui", in *Archives de philosophie*, tome 56, juillet-septembre 1993, p. 417-430.

옮긴이 해제

『마르크스를 위하여』는 마르크스주의를 수미일관성과 체계성을 갖춘 이론으로 재주조하려 한 루이 알튀세르의 위대한 저작이다. 알튀세르의 이러한 희망은 오래지 않아 불가능한 것으로 드러났지만, 에티엔 발리바르가 이 책의 1996년 재간본 서문에서 썼듯이, 이 책에는 "마르크스주의에 이론적인 몸체와 형상을 부여하고자 하는, 20세기에 이루어진 가장 독창적이고 가장 웅변적인, 또한 가장 치밀한 논거를 갖춘 시도들 중의 하나가 담겨 있다."

1960년대에서 1970년대 사이에 이루어진 마르크스주의의 재주조를 위한 이론적 작업들 중에서 가장 독창적이고 가장 중요한 작업으로 알튀세르의 작업과 이탈리아의 노동자주의자들, 특히 마리오 트론티Mario Tronti의 작업을 들 수 있다. '역사의 주체'로서의 프롤레타리아트라는 루카치적 관념의 연장선에서 노동자계급에 존재론적으로 특권적인 정치적 역할을 부여하는 트론티의 노동자계급 주체론의 노선과, 루카치의 '계급의식'의 문제설정의 대극對極을 이루는 이데올로기의 문제설정 속에서 모순들과 갈등들의 과잉결정이라

는 관념에 입각해 일종의 인민전선의 형성을 추구하는 알튀세르의
노선은, 서로 가까우면서도 정반대의 방향으로 나아가는 공산주의
혁명의 두 노선을 대표한다. 이중에서 알튀세르의 작업이 끼친 철학
적 영향력은 트론티의 작업과는 비교할 수 없을 정도로 크다. 『마르
크스를 위하여』에는 이러한 알튀세르의 초기 철학적 작업의 기본틀
이 제시되어 있다.

　　알튀세르는 『마르크스를 위하여』(1965년 9월)와 『『자본』을 읽자』
(1965년 11월) 출간 직후부터 자신의 작업에 대한 자기비판을 반복
적으로 수행한다. 이 과정에서 핵심적인 개념들과 명제들의 상당수
가 정정되거나 변형되고 어떤 것들은 철회되며, 심지어 처음의 연구
들에서 제시한 결론들과는 정반대의 결론들이 제출되기도 한다. '알
튀세르의 이론'이라는 것에 대해 말하기 어려울 정도로 이러한 자기
비판과 정정은 계속된다. 그러나 『마르크스를 위하여』에 제시된 그
의 핵심적인 사고는 때로는 명시적인 형태로, 때로는 암묵적인 형태
로, 심지어 전도된 형태로, 최후에 이르기까지 알튀세르의 작업을
관류한다.

　　알튀세르의 가장 충실한 제자였으며 1970년대 말 이후로는 알
튀세르 작업의 토대 위에서, 그러나 알튀세르를 넘어서 자신의 정치
철학적 작업을 진전시켜 온 발리바르가 「서문」에서 『마르크스를 위
하여』 출간의 정치적·지성사적 배경, 이론적 의의, 개념들 및 이론
화들의 내적 긴장과 자기비판적 특성 등에 대해서 잘 설명하고 있
기에 옮긴이가 내용상 더 붙일 것은 별로 없다. 다만 이론적 주제들

에 관한 설명에서 발리바르의 「서문」은 매우 압축적이고 어렵기 때문에 약간의 부연을 통해 독자들의 이해를 돕고자 한다.

알튀세르는 발작 상태에서 아내를 교살한 1980년의 파국에서 얼마간 회복된 시점인 1982년의 수고 「마주침의 유물론이라는 은밀한 흐름」에서, 피상적으로 보면 자신의 이전의 철학적 작업의 핵심적인 부분을 무효화시키는 것 같은 "마주침의 유물론" 또는 "우발성의 유물론"을 제출한다. 여기서 그는 마르크스가 에피쿠로스와 스피노자, 몽테스키외, 루소와 함께 "필연성의 우연성을 우연성의 필연성의 효과로서 사고하는" "마주침의 유물론이라는 토대 또는 강한 의미의 '정세의 사고'라는 토대 위에 자리 잡고 있다"라고, 그러나 마르크스는 언급된 다른 유물론자들과 달리 "마주침의 우발성과 혁명의 필연성으로 분열된 지평 안에서 사고하도록 강제되고 있었다"[1]라고 쓴다. 이것은 마르크스의 이론은 근본적으로 분열적이며, 그러한 분열성은 (정신분석학과 함께) 마르크스 이론의 근본적인 특성이라는 말이다. 이러한 분열 또는 긴장은 또한 알튀세르 자신의 비극적인, 그러나 비관적이지는 않은 사고의 근본적인 특징이기도 하다. 알튀세르의 모든 저작을 관류하는 분열 또는 긴장은 그로 하여금 자신의 결론들을 부단히 정정하면서 작업을 계속하도록 추동

---

1 Louis Althusser, "Le courant souterrain du materialimse de la rencontre"(1982), *Écrits philosophiques et politiques*, tome 1, Stock/IMEC, 1994. 「마주침의 유물론이라는 은밀한 흐름」, 서관모·백승욱 편역, 『철학과 맑스주의 : 우발성의 유물론을 위하여』, 새길, 1996. 69쪽.

하는 힘이다. 『마르크스를 위하여』의 개념들 및 명제들을 그것들에 내포되어 있는 내적 긴장들과 함께 정확히 이해하는 것은 계속된 자기비판 속에서 전화轉化해 간 알튀세르의 이론 작업과 그의 전복적인 사고를 영유하는 데에 필수적이다.

알튀세르는 철학자로서 마르크스주의를 위대한 철학으로 만들고자 했다. 마르크스주의자로서 그는 철학에 대한 정치적 이해[관념]를 시종 유지했다. 마르크스에게 그러했던 것처럼 알튀세르에게 철학은 세계를 단지 '해석'하는 것만이 아니라 '변혁'하는 수단이었다. 공산주의자인 그에게 마르크스주의는 오직 공산주의로의 경향에 대한 이론, 또 그것의 실현을 목적으로 하는 이론인 한에서만 고유한 의미를 갖는 것이었고, 마르크스주의적 명제들의 수용 또는 기각의 기준은 공산주의적 정치를 인지 가능하게 만드느냐 여부였다.[2] 이러한 기준에 합치하지 않는 마르크스주의적 명제는 기각되어야 했고, 새로운 명제들이 산출되어야 했다. 이 점에서 마르크스주의에 대한 알튀세르의 입장은 마르크스주의를 하나의 '세계관'으로 간주한 이전의 마르크스주의 고전가들의 입장과 대립한다.

일찍이 레닌은 "마르크스의 학설은 진리적이기 때문에 전능하다. 그것은 완전하고 정연한 것이며, 어떠한 미신이나 반동과도, 부르주아적 압제에 대한 어떠한 옹호와도 양립 불가능한 전일적全—的/

---

2 에티엔 발리바르, 「비동시대성 : 정치와 이데올로기」(1988), 윤소영 편역, 『알튀세르와 마르크스주의의 전화, 도서출판 이론, 1993, 169쪽.

цельное/einheitliche 세계관을 제공한다"라고 말한 바 있다.[3] 알튀세르는 마르크스의 교의가 전일적이고 따라서 내적으로 일관된 '세계관', 말하자면 일종의 절대지식이라는 관념을 거부한다. 알튀세르에게 마르크스주의는 공백들을 지녔을 뿐 아니라 내적 모순들과 한계들을 지닌 이론이었다.

마르크스에 대해 처음으로 본격적으로 쓴 논문인 「청년 마르크스에 대하여」가 발표된 1961년에서부터 '알튀세르주의'의 시기(1966~76)에 이르기까지 알튀세르의 기획은 한편으로는 마르크스의 이론을 재해석해 거기에 과학성을 부여하는 것이었고, 다른 한편으로는 마르크스주의를 수미일관한 이론 체계로서 재주조하려는 것이었다. 『마르크스를 위하여』에는 알튀세르의 이러한 철학적 기획의 윤곽이 인상적으로 제시되어 있다. 발리바르가 「서문」에서 정리했듯이 알튀세르는 『마르크스를 위하여』에서 세 가지 개념적 도구들의 배열을 생산한다. '인식론적 절단'을 중심으로 조직되는 배열, '구조'라는 범개념notion을 중심으로 조직되는 배열, '이데올로기'라는 범개념과 '이데올로기'라는 문제를 중심으로 조직되는 배열이 그것이다. 『마르크스를 위하여』에 제시되어 있는 알튀세르의 이론 작업 중에서 가장 핵심적인 것은 '문제설정'의 변경으로서의 '인식론적 절단'

---

3 V. I. Lenin, "The Three Sources and Three Component Parts of Marxism"(1913), *Collected Works*, Vol. 19. 쪨노예цельное는 '조립되지 않은', '한 물질로 된', '전일적인', '통일된'의 뜻을 갖는다.

이라는 관념을 제시한 것, '과잉결정' 개념을 도입하고 이 과잉결정과 '최종 심급에서의 결정'을 동시에 사고할 수 있게 하려는, 그리하여 우연성 일반과 역사적 필연성을 동시에 사고할 수 있게 하려는 독창적인 구조 개념을 생산한 것, 마르크스의 이데올로기 개념과 정반대가 되며 일체의 목적론을 무효화시키는 '비의식'inconscience으로서의 이데올로기 개념을 생산하고 분석에 적용한 것 등이다. 아래에서는 이러한 개념적 도구들 중에서도 특히 중요한 '과잉결정', '이데올로기', 그리고 '인식론적 절단'에 대해 간략히 설명하고자 한다.[4]

마르크스의 역사변증법은 근본적으로 목적론적 구조를 가지고 있다(공산주의의 필연성, 부정의 부정으로서의 '수탈자의 수탈' 등). 마르크스에게는 "역사의 의미sens에 대한 이데올로기"(알튀세르)인 목적론과 양립할 수 없는 요소들, 측면들이 있지만, 이러한 것들은 "목적론적 불변요소로서의 '역사의 주체'의 문제설정"[5](발리바르) 속에서

4 이러한 설명은 기본적으로 알튀세르에 대한 발리바르의 논의에 입각한 것이다. 알튀세르에 대한("알튀세르를 위한") 발리바르의 국역된 글들 중에서 가장 중요한 것은 다음과 같다. 「알튀세르여, 계속 침묵하십시오」(1988), 『루이 알튀세르, 1918~1990』, 윤소영 편역, 민맥, 1991; 「비동시대성」, 『알튀세르와 마르크스주의의 전화』, 같은 책; 「(철학의) 대상 : '절단'과 '토픽'」(1993), 같은 책. 알튀세르에 대한 발리바르의 최근 글 "Althusser and 'Communism'"(2015), goo.gl/wtFzzB; "Un point d'hérésie du marxisme occidental : Althusser et Tronti lecteurs du Capital"(2016), goo.gl/Ym2rMm과, 대담 "Althusser et Gramsci"(2014), goo.gl/lzabgE; "Althusser et Mao"(2015); "Althusser : une nouvelle pratique de la philosophie entre politique et idéologie"(2015), https://grm.revues.org/722도 참고할 것.

5 에티엔 발리바르, 「붙잡을 수 없는 프롤레타리아트」, 『대중들의 공포』, 최원·서관모 옮김, 도서출판 b, 2007, 302쪽.

항상 억압된다. 알튀세르는 '과잉결정' 개념을 도입해 '경제에 의한 최종 심급에서의 결정'이라는 마르크스의 유물론적 결정의 원리를 비목적론적으로 재해석하고자 한다. 그런데 『마르크스를 위하여』에는 이 과잉결정 개념을 사용하는, 서로 긴장관계에 있는 두 방식이 존재한다.

한편, 알튀세르가 논문 「모순과 과잉결정」(1962)에서 '모순의 과잉결정'이라는 개념으로 성찰하려는 것은 "최종 심급에서의 결정"과 동시에 "상부구조들의 상대적 자율성과 특유한 효력"이다. 이에 대한 알튀세르의 논의는 다음과 같이 요약될 수 있다. "적대적인 두 계급 간의 모순 속에 핵심적으로 구현되어 있는 생산력들과 생산관계들 간의 모순으로 이미 특수화되어 있는" "일반적 모순"이 "그 가장 순수한 형상으로 환원된" 것이 자본과 노동 간의 모순이다. 그러나 단절을 가능케 하는 혁명적 상황은 근본 모순인 계급 모순의 강력한 과잉결정에 기인한다. 즉, 혁명적 단절이 일어나는 데에는 경제적 심급 내의 모순으로 파악된 자본과 노동 간의 모순의 발전만으로는 부족하다. 경제적 "구조"는 결정적이지만 "최종 심급에서"만 그러하며, 정치적 및 이데올로기적 "상부구조들"은 경제적 구조에 의해 결정되기만 하는 것이 아니고 자신의 "특유한 효력"을 발휘한다. 즉, 정치적 상부구조와 이데올로기적 상부구조는 자신의 "고유한 결정"을 부과한다. 생산력들과 생산관계들 간의 모순은 사회구성체 전체의 구조로부터 분리될 수 없고, 정치적 심급과 이데올로기적 심급으로부터 분리될 수도 없다. 요컨대 모순은 "하나의 동일한 운동 속에서 결정적이면서 또한 결정된다." 계급 모순 속에 구현되는 생산력들과 생산관계들 간의 모순이 혁명적 단절의 원리가 되기 위해서는, "정황들"과 "흐름들"이 모순들의 융합을 달성시켜야 한다. "정황들"과 "흐름들"은 생산력들과 생산관계들 간의 모순의 한 항인 생산관계로부터 도출되지만, 또한 "고유한 효력을 지닌 심급들인 상부구조들로부터, 자기 특유의 역할을 행사하는 결정으로서 개입하는 국제정세 자체로부터 도출된다." 발리바르가 「서문」에서 설명하듯이 여기서 과잉결정이라는 관념은 "예견 불가능성과 비가역성의 역설적 결합을 내포하는 사건의 이해 가능성에", 즉 "정세에" 적용된다. "'최종 심급'의 고독한 시간은 결코 종을 울리지 않는다"라는 알튀세르의 명제가 이 비가역성(최종 심급이 존재함)과 예견 불가능성(최종 심급의 시간은 오지 않음)의 역설적 결합을 지시해 준다고 할 수 있다. 구조에 대한 모순의 우위를 상정하는, 따라서 우연의 필연성을 상정하는 과잉결정에 대한 이러한 사고 속에서 공산주의로의 이행은 그 어떤 예정된 진화 노선 속에도 각인되지 않는다.

다른 한편, 알튀세르는 「유물론적 변증법에 대하여」(1963)에서 "모순의 과잉결정"을 "모순의 존재 조건들이 모순 자체의 내부에 반영되는 것"으로, 즉 "모순들 상호간의 존재 조건화"로 정식화하고, 경제에 의한 최종 심급에서의 결정의 원리를 갖는 사회적 전체의 구조를 "지배 관계를 갖도록 절합된 구조"(요약해 "지배 관계를 갖는 구조")로 정식화한다. 복잡한 전체를 통일하는 "지배 관계를 갖는 구조"는 사회적 전체 내부의 각 모순의 존재 조건이다. 그리하여 "모순의 과잉결정"은 모순의 존재 조건인 "지배 관계를 갖는 구조가 각 모순의 내부에 반영되는 것"이 된다. 이로부터 모순의 과잉결정은 지배 관계를 갖는 구조와 따라서 경제에 의한 최종 심급에서의 결정을 무효화하는 것이 아니라 오히려 "이 지배 관계를 갖는 구조의 현현"이라는 그의 테제가 나온다. "지배 관계를 갖도록 구조화된 복잡한 전체"라는 정식화 속에 표현된 이 인과성 도식은 『『자본』을 읽자』에서는 "부재하는[출석하지 않는] 원인의 효력"으로 특징지어지는 "구조적 인과성"으로 명명된다. 이러한 인과성 도식은 알튀세르의 사고의 이른바 '구조주의적' 측면을 표상한다. 알튀세르 자신이 주장하듯이, "구조주의에는 생소한 범주들(최종 심급에서의 결정, 지배, 과잉결정, 생산과정 등)이 결정적으로 개입되어 있음"[6]에도 불구하고 그러하다. 이러한 인과성 도식 속에서는 모순이 "극단적으로 평가절하"되어 "구조 속에 마치 그것의 효과들 또는 종속적 측면들의 하나처럼 각인된다".[7] 그럼에도 불구하고 그것은 "정세들의 독특성(그것들의 '과잉결정')을 분석할 수 있게 해주는 독창적인 인과성 도식"으로서 목적론에서 벗어나 "자본주의적 사회구성체의 '역사적 경향들'에 대한 이데올로기와 정치의 효과들을 구체적으로 분석하는 프로그램의 윤곽을 그릴 수 있게 해주는" 변증법에 대한 재정식화를 구성한다.[8]

6 Louis Althusser, "Foreword to the Italian Edition"(1968), Louis Althusser, Etienne Balibar, *Reading Capital*, Verso, 1979, p. 8.

7 에티엔 발리바르, 「"이행"의 아포리들과 마르크스의 모순들」(1987), 윤소영 엮음 『맑스주의의 역사』, 민맥, 1991, 289쪽.

이 책 「서문」에서 발리바르는 과잉결정이라는 관념을 적용하는 알튀세르의 두 관점 사이의 긴장, 즉 "사건에 대한 사고 쪽에서 과잉결정을 이끌어 내는"「모순과 과잉결정」의 관점과, "경향(계급투쟁들의 역사적 경향과 사회구성체들 자체의 역사적 경향) 및 시기 구분 쪽에서 과잉결정을 이끌어 내는"「유물론적 변증법에 대하여」의 관점 간의 긴장을 지적하고, 해법은 『마르크스를 위하여』에 "이 두 관점 사이의 긴장 또는 상호성으로서의 역사성이라는 질문이 …… 작성되어 있음을 인지하는 데에 있을 것"이라고 말한다. 공산주의에 대한 마르크스의 두 관념, 즉 "오늘의 상태를 지양하는 현실적 운동"으로서의 공산주의라는 관념(『독일 이데올로기』)과 "생산양식"으로서의 공산주의라는 관념 사이에서 택일하는 것이 아니라 이 두 관념의 긴장 또는 상호성 속에서 공산주의를 사고하는 것이 생산적일 수 있듯이, 과잉결정에 대한 알튀세르의 두 관점 사이의 긴장, 즉 그의 사고의 마키아벨리주의적인 측면("정세의 사고")과 이른바 '구조주의적' 측면 사이의 긴장 또는 상호성은 알튀세르의 사고를 계속되는 변화 속에서 살아 있게 하는 강점이라 할 수 있다.

알튀세르는 '과잉결정' 개념의 모든 함의를 전개하지는 않았다. 그는 "모든 모순의, 그리고 한 사회의 모든 구성적 요소의 과잉결정"을 말하지만(「모순과 과잉결정」), 과잉결정이라는 관념을 사회적 관계들과 사회적 실천들 일반에 적용하지 않고 계급 구성체로서의 사회

8 에티엔 발리바르, 「(철학의) 대상 : '절단'과 '토픽」, 『맑스주의의 역사』, 같은 책, 224쪽.

구성체 개념에 포괄되는 모순들, 요소들에 대해서만 적용한다. 즉, 그는 마르크스의 사회구성체 개념에 포괄되지 않는 다른 '모순들'(또는 대립들, 차이들)과 계급 모순(계급 적대) 간의 상호 존재 조건화로서의 과잉결정을 사고하지는 않는다. 이것은 그가 로크 이래의 '노동의 인간학'의 토대 위에서 사고된 마르크스적 공산주의에서 벗어나지 않았기 때문이다. '경제에 의한 최종 심급에서의 결정'이라는 마르크스주의의 '유물론적' 결정의 원리 역시 이 노동의 인간학의 토대 위에서 정식화된 것이다. 노동의 인간학은 마르크스로 하여금 노동을 인간과 사회적 관계의 본질로, 유일하게 적대를 결정하는 근본적 실천으로 간주하게 하고, 사회적 적대들을 노동 분할에 기초를 둔 계급 적대로 환원하게 한다. 알튀세르의 과잉결정 개념을 계급 적대와 다른 대립들, 차이들 간의 관계에 적용하면, 마르크스의 계급 적대의 문제설정을 기각하지 않으면서, 따라서 마르크스적 공산주의를 순수하고 단순하게 무효화시키지 않는 방식으로, 포스트마르크스적 공산주의의 상을 그릴 수 있게 될 것이다. 1990년대 이래로 발리바르는 이러한 방향으로 사고하고, 마르크스의 공산주의를 넘어서는 공산주의의 형태를 소묘한다.

역사적 과정들의 과잉결정이라는 관념을 도입하고 그것과 연관되는 독창적인 구조 개념을 가공한 것과 함께, 이데올로기에 대한 이론 작업을 수행한 것은 마르크스주의 역사 이론을 목적론으로부터 구출해 재주조하려 한 알튀세르의 기획의 핵심을 이룬다. 알튀세르는 「피콜로 극단 : 베르톨라치와 브레히트」(1962)에서 이데올로기에 대한 자신의 독특한 관념에 입각해 연극을 분석하고, 「마르크스주의와 인간주의」(1963)에서 이데올로기에 대한 자신의 스피노자적이고 프로이트적인 정의를 제시한다. 그는 "(정치적 행위 또는 불행위 속에서 맺는) 역사에 대한 관계를 포함해 세계에 대한 사람들의 '살아지는'vécu/lived 관계는 이데올로기를 통과한다"라고 정식화한다(「마르크스주의와 인간주의」). 이 정식화에 따르면, 알튀세르의 이데올로기의 문제설정 속에서 "정치 일반의 장場 또는 '요소'는 이데올로기이다".[9]

알튀세르의 이데올로기의 문제설정은 "사람들이 그 속에서 이 갈등을 의식하게 되고 이 갈등을 싸워 해결하게 되는 법적·정치적·종교적·예술적 또는 철학적 형태들, 요컨대 이데올로기적 형태들"이라는, 『정치경제학 비판을 위하여』의 「서문」(1859)의 정식에 표현되어 있는 마르크스의 이데올로기의 문제설정에서 유래한다. "이데올로기적 형태"에 대한 마르크스의 이 정식은 이데올로기에 대한 마르크스의 사고의 지배적인 측면에 정면으로 배치背馳되는 예외적인 정식인데, 왜냐하면 그에게 이데올로기는 '환상'[전도]이며, 이 이데올로기의 대극을 이루는 것이 프롤레타리아트의 자기의식(루카치의 이른바 "계급의식")이기 때문이다. 알튀세르 고유의 이데올로기의 문제설정은 "허위의식"(루카치)을 포함한 의식으로서의 이데올로기라는 마르크스의 관념을 비의식으로서의 이데올로기라는 관념으로 대체하고 그리하여 마르크스의 이데올로기의 문제설정을 "재구조

9 에티엔 발리바르, 「비동시대성」, 『맑스주의의 역사』, 같은 책, 175쪽.

화"함으로써 성립한다. 알튀세르는 이데올로기에 대한 자신의 정의가 유일하게 가능한 "마르크스주의적 정의"라고 부단히 주장했지만, 실제로는 그것은 이데올로기에 대한 마르크스의 이해와 정반대가 되며 수미일관하게 적용될 경우 필연적으로 마르크스주의 이론의 해체로 귀결하는 반反마르크스적인 정의이다.

알튀세르는 1970년대 중반까지 이데올로기에 대한 자신의 독자적인 정의에 입각해 "이데올로기적 상부구조"에 대한 이론을 구성하고자 노력하는데, 이러한 그의 작업의 기본 틀이 제시되어 있는 텍스트가 유명한 「이데올로기와 이데올로기적 국가 장치들」[10]이다. 엥겔스로부터 그람시, 루카치에 이르기까지 마르크스주의 고전가들은 각자의 방식으로 마르크스의 역사 이론에서 공백으로 남아 있는 이데올로기적 "상부구조"에 대한 이론을 구성해 마르크스의 경제적 "구조"의 이론(경제법칙들)에 추가하려 했는데, 이들의 시도는 모두 '존재와 의식의 변증법' 속에서, 즉 존재와 의식 간의 '변증법적' 관계라는 관념 속에서 추구되었다. 그들은 존재와 의식의 변증법에 입각해 프롤레타리아트를 "역사의 주체"(루카치)로 만들었고, 프롤레타리아 당을 계급적 진리, "계급의식"(루카치)의 담지자로 만들었으며, 마르크스주의를 적대와 이데올로기의 종언으로서의 공산주의를 예견하는 역사철학으로 만들었다. 반면 알튀세르에게는 마르크스가

10 Louis Althusser, "Idéologie et appareils idéologiques d'État"(1970), *Positions*, 1976[「이데올로기와 이데올로기적 국가장치」(1970), 『아미엥에서의 주장』, 김동수 옮김, 솔 출판사, 1991].

"존재가 의식을 결정한다"라고 말할 때의 '존재'를 규정하는 과정인 생산 및 재생산 자체가 비의식적인 이데올로기적 조건들에 본래적으로 의존하는 과정이다. 따라서 알튀세르는 모든 종류의 존재와 의식의 변증법을 기각한다. 알튀세르는 「이데올로기와 이데올로기적 국가 장치들」에서 이데올로기의 작동 방식("이데올로기의 메커니즘")에 대한 이론을 제시하고 "생산관계들의 재생산"에서 "결정적인 역할을 수행하는" 이데올로기적 국가 장치들에 대한 이론을 제시한다. 이데올로기적 국가 장치들에 의한 생산관계의 재생산을 핵심으로 하는 알튀세르의 "재생산의 관점"에 서면, 사회를 건축술적 은유에 의존해 '구조'(생산과 재생산, 즉 경제)와 '상부구조'(정치와 이데올로기)의 결합으로 이원론적으로 표상하는 것 자체가 불가능하게 된다. 이데올로기와 이데올로기적 국가 장치에 대한 알튀세르의 이론화는 마르크스의 사회구성체 개념 자체의 해체로 나아간다. 그것은 또한 마르크스의 공산주의관에 대한 중대한 정정으로 나아가게 되는데, 이는 알튀세르가 주장하듯이 이데올로기 일반이 영원하며 이데올로기가 국가 장치들 속에서 작동한다면, 마르크스처럼 공산주의를 상품 관계의 '소멸', 국가의 '소멸'로서 표상하는 것이 불가능하게 되기 때문이다.

이데올로기에 대한 자신의 이론화 속에서 알튀세르는 '의식'에 의해 정의되는 '주체' 개념을, 따라서 "의식의 철학", "주체의 철학"을 기각하고 주체를 "복종화"assujettissement 과정의 결과로서 제시한다. 알튀세르는 주체 자체를 기각하는 것이 아니라 주체의 지위를 역사를 구성하는 존재로부터(구성하는 주체) 역사 속에서 구성되는 존재로(구성되는 주체), 역사적 과정의 원인에서 그 결과로 이전시킨다. '역사의 주체'(역사를 구성하는 주체)라는 범주를 기각한다는 것은 역사의 "기원"과 "종말"[목적]이라는 범주를 기각한다는 것, 따라서 목적론을 기각한다는 것을 의미한다. 목적론은 "역사의 의미sens"가, 즉 "역사를 초월하는 종말[목적]"이 있다고 상정하는 교의이기 때문이다. 알튀세르는 이미 「청년 마르크스에 대하여」에서 "기원들과 종말들[목적들]의 신들의 폐위"를 선언했고, 후에는 헤겔에게서 "주체 없는 과정"이라는 범주를 도출하여[11] 역사를 "주체도 종말(들)[목적(들)]도 없는 과정"으로 정식화한다.[12]

알튀세르가 목적론 비판의 방식으로 마르크스주의를 재주조하려 필사적으로 노력한 것은 목적론의 반대중적·엘리트주의적 본성 때문이다. 목적론이 반대중적·엘리트주의적일 수밖에 없는 것은 '역사의 의미'를 파악하고 선언할 자가 엘리트이기 때문이다. 마르크스주의 이론의 목적론적 구조가 계급투쟁에 대한 사고에 어떠한 곤란을 초래하는가 간단히 살펴보자. 계급투쟁에 대한 마르크스주의의 입장은 '계급투쟁이 역사의 동력'이라는 테제와 '역사를 만드는 것은 대중(인민 대중, 프롤레타리아 대중)'이라는 테제의 결합으로 진술된다. 마르크스주의 고전가들은 '역사를 만드는 것은 인간'이라

11 Louis Althusser, "Remarque sur une catégories : 'procès sans Sujet ni Fin(s)'", *Réponse à John Lewis*, Paris, Maspero, 1973.

12 Louis Althusser, "Sur le rapport de Marx à Hegel"(1968), *Lénine et la philosophie*, Maspero, 1972(「헤겔에 대한 맑스의 관계」, 김석민 옮김, 새길, 1992).

고 정식화하지 않는다. 알튀세르가 "부르주아적 인간주의"라고 칭하는 그러한 정식화는 사회의 계급적 분열을 은폐하기 때문이다. 마르크스는 '역사를 만드는 것은 계급'이라고 정식화하지도 않는데, 이는 마르크스가 계급투쟁에 선행해 계급이 실존한다는 것을, 적어도 계급과 계급투쟁에 대한 구체적인 분석에서, 부정하기 때문이다. 만약 계급투쟁에 선행해 계급이 실존한다면, 프롤레타리아트는 '보편 계급'이 될 것이고, '역사의 주체'가 될 것이다.

알튀세르는 "계급투쟁은 사회 계급들의 실존의 (파생적) 효과가 아니다. 계급투쟁과 계급들의 실존은 하나의 동일한 것이다"라고 쓰고, 이것이 계급투쟁에 대한 마르크스의 관점이라고 주장한다.[13] 알튀세르는 이론적 인간주의를 비판하는 과정에서 "계급들에 대한 계급투쟁의 우위" 테제를 제출하는데, 인과성의 수준에서 이 테제를 뒷받침하는 것이 "구조적 인과성" 도식이다. 알튀세르는 계급투쟁에 대한 마르크스의 이러한 사고가 마르크스의 "절단"의 한 내용을 구성한다고 주장한다. 마르크스에게는 분명히 그러한 사고가 존재하지만, 문제는 그것이 그의 사고의 종속적인 측면이었고 지배적인 측면은 알튀세르의 주장과는 정반대가 되는 것이었다는 데에 있다. 마르크스는 양립할 수 없는 두 사고 사이에서 동요 내지 진동했지만, 끝내 역사의 주체로서의 프롤레타리아트의 표상에서 벗어나

---

13 Louis Althusser, "Marxisme et lutte de classe"(1970), *Positions, op. cit.*(「마르크스주의와 계급투쟁」,『아미엥에서의 주장』, 같은 책); Louis Althusser, *Réponse à John Lewis, op. cit.*.

지 못했다. 엥겔스로부터 그람시, 마오에 이르는 마르크스주의자들은 마르크스보다 더 분명하게 역사의 주체로서의 프롤레타리아트의 표상을 견지했다. 마르크스는 시종 동요하면서도 대중으로서의 프롤레타리아트("즉자 계급")가 자신의 존재에 대한 의식(이른바 '계급의식')을 획득함으로써 계급으로서의 프롤레타리아트로(마르크스는 이 표현을 쓰지 않았지만, 이른바 '대자 계급'으로) 구성된다고 사고하는 데에서 벗어나지 않았다.[14] 즉, 그는 프롤레타리아 대중의 프롤레타리아 계급으로의 목적론적 구성의 변증법(프롤레타리아트의 존재와 의식의 변증법)에서 벗어나지 않았다. 마르크스의 이러한 목적론적 사고는 '대중들이 역사를 만든다'는 자기 자신의 입장을 무효화시키고 궁극적으로 '프롤레타리아트의 독재'가 '프롤레타리아트에 대한 독재'로 귀결하게 한 이론적 조건들 중의 하나이다. 이데올로기에 대한 알튀세르의 이론화는 이러한 마르크스주의적 역사 주체론, 곧 마르크스주의적 역사 목적론을 근저에서부터 해체하는 폭탄이다.

이데올로기 개념과 과잉결정 개념을 핵심적 도구로 하여 목적론 비판의 방식으로 마르크스주의를 재주조하려 한 알튀세르의 작업은 마르크스주의의 종언 이후에도 마르크스의 계급 적대의 문제설정을 현재적으로 유효화시킬 수 있게 해주는 이론적 자원이다. 1980년대 이래 종래 마르크스주의자들이 상정하던 계급의 정체성은 소멸하고

14 이와 관련한 마르크스의 이론적 동요에 대해서는 에티엔 발리바르, 「맑스주의에서의 이데올로기의 동요」, 『대중들의 공포』, 최원·서관모 옮김, 도서출판 b, 2007, 209-339쪽을 보라.

계급투쟁이 홉스적인 만인의 만인에 대한 투쟁으로 대체된 것처럼 보이는 것이 사실이다. 그러나 알튀세르의 반목적론적 사고에 따르면, 발리바르가 말하듯이 "상대적으로 동질적인 계급의 정체성은 숙명의 효과가 아니라 정세의 효과"일 뿐이며, 계급투쟁과 관련된 위기는 "계급투쟁의 특정한 표상 형태 및 실천 형태의 위기"일 뿐이다.[15] 여타의 사회적 적대들, 갈등들 그리고 차이들에 의한 계급 적대의 과잉결정을 사고한다면, 계급투쟁은 마르크스가 생각한 것처럼 역사의 유일한 동력인 것은 아니지만 주요한 동력들 중의 하나임을 인정할 수 있게 된다.

　마지막으로 알튀세르의 개념들의 자기비판적 특성을 잘 드러내 주는 "인식론적 절단" 개념의 정정과 소멸의 과정에 대해 조금 언급하기로 한다.[16] "전과학적[이데올로기적] 문제설정의 과학적 문제설정으로의 변이變異"를 가리키는 인식론적 절단은 과학 대 이데올로기의 반정립을 전제한다. 알튀세르에게 마르크스의 "인식론적 절단"은 항상 인간주의와의 절단이지만 그러나 그것은 변증법의 구조의 전화('과잉결정'의 변증법 및 '항상 이미 주어진 복잡성'의 변증법으로의 전화)라는 훨씬 더 일반적인 하나의 문제설정 아래 포섭되어 있다. "인식론적 절단" 테제는 즉각 '이론주의'로서 격렬히 비판되었고, 알튀세르 자

---

15 에티엔 발리바르, 「계급투쟁에서 계급 없는 투쟁으로?」(1987), 서관모 엮음, 『역사유물론의 전화』, 민맥, 1993, 281쪽.

16 상세한 것은 에티엔 발리바르, 「(철학의) 대상 : '절단'과 '토픽'」, 앞의 글을 볼 것.

신도 이러한 비판의 정당성을 인정한다. 알튀세르에 따르면 "이데올로기 없이는 어떤 실천도 없다고, 모든 실천은, 과학적 실천조차도, 이데올로기 하에서 실현된다고 말할 수 있다."[17] 따라서 알튀세르의 이데올로기 개념을 수미일관하게 적용할 경우 과학과 이데올로기의 반정립 자체가 무효화되며, 철학을 하나의 과학, "이론적 실천의 이론"으로 정의하는 것(「유물론적 변증법에 대하여」)도 불가능하게 된다. 알튀세르는 철학을 "최종 심급에서 이론에서의 계급투쟁"으로 재정의하는데[18] 철학을 이렇게 정의하면 과학에서와 달리 철학에서 절단은 존재하지 않게 된다. 그리하여 자기비판의 이 단계에서 "절단"은 이론적 개념이 아니라 은유로서만 사용된다. 그는 절단을 비가역적인 동시에 불안정하고, 그 이데올로기적 전사前史로 복귀할 위협을 받는 계속적 절단으로 정정한다. 그렇지만 이렇게 정정된 절단 역시 계속 유지되지 않는다. 절단에 대한 계속된 자기비판과 정정에 이어 마르크스주의에 대한 그의 최종적 이론화가 제출되는 「오늘의 마르크스주의」[19]에서 절단은 마침내 소멸한다.

알튀세르는 프로이트에게서 장소론topique/Topik 개념을 빌려 와

---

17 Louis Althusser, "La transformation de la philosophie", *Sur la philosophie*, Gallimard, 1994, p. 164. 「철학의 전화」, 서관모·백승욱 옮김, 『철학에 대하여』, 동문선, 1997, 194쪽.

18 Louis Althusser, *Lénin et la philosophie*, François Maspero, 1969. 「레닌과 철학」(진태원 옮김), 박노자 외, 『레닌과 미래의 혁명』, 그린비, 2008.

19 Louis Althusser, "Le marxisme aujourd'hui", *Solitude de Machiavel*, PUF, 1998[「오늘의 맑스주의」, 서관모 엮음, 『역사적 맑스주의』, 새길, 1993].

마르크스주의 과학, 즉 '역사적 유물론'을 정신분석학과 함께 탁월한 장소론적 과학으로 사고했고, 인식론적 절단과 장소론을 부단히 함께 연구했다. 마르크스주의를 과학적 이론으로 재주조하려는 기획의 시기에는 그의 이론 작업에서 인식론적 절단이라는 테마가 장소론이라는 테마를 지배한 반면, 최종적으로 「오늘의 마르크스주의」에 와서는 장소론이 지배적인 테마가 되고 절단은 종속적인 테마가 된다. 「오늘의 마르크스주의」에서 알튀세르는 "이데올로기적 형태들"에 대한 마르크스의 1859년 「서문」의 정식을 "장소론 내에서의 관념들의 이중의 위치의 유물론"으로 재해석하고, 이것을 통해 이론의 효력의 조건을 사고한다. 알튀세르는 마르크스의 장소론에 대한 자신의 해석을 다음과 같이 제시한다.

마르크스는 자신의 관념들을 우선 "전체ensemble의 분석의 원리들로서", "따라서 이론적 형태"로서 제시한다. 그러나 동시에 마르크스는 자신의 관념들을 사회적 관계들과 계급 관계들에 의해 정의되는 하나의 장소(상부구조)에 자리 잡게 함으로써 그것들을 더 이상 주어진 전체tout에 대한 해석의 원리들로서 고려하지 않고 이데올로기적인, 그리고 따라서 정치적 계급투쟁에서의 그것들의 활동[효력]action의 견지에서만 고려한다. 그럼으로써 …… 그것은 이론 형태에서 '이데올로기 형태'로 변화한다." "그 때문에 마르크스의 관념들은 장소론 속에 이중으로 기입된다." 그리하여 "관념들은 참되고 형식적으로 증명된 것일지라도 그 자체로서 역사적으로 능동적인 것일 수 없으며, 오직 계급투쟁 속에서 취해진 대중적인 이데올로기적 형태들 속에서만, 그리고 그러한 형태들을 통해서만 역사적으로 능동적일 수 있다는 핵심 테제가 나온다."[20]

알튀세르가 제시하는 "장소론 내에서의 관념들의 이중의 위치의 유물론"에 따르면 마르크스주의 이론은 한편으로 사회적 전체에 대한 '이론'이면서 동시에 사회적 전체 안의 한정된 장소인 상부구조 내에 자리 잡고 있는 '이데올로기'이다. "마르크스가 거대한 주제로서 다루는 생산양식들에 대한 ('과학적') 이론도 장소론 안에서 이데올로기들 쪽에 제시된다."[21] 이러한 놀라운 장소론적 이해[관념] 속에서 이론과 이데올로기의 반정립을 전제로 하는 인식론적 절단이라는 은유는 소멸한다. 마르크스주의에 대한 알튀세르의 이러한 마지막 이론화 속에서 '이론주의'는 근본적으로 해소되며, 마르크스의 사회구성체 개념의 기반인 건축술적 은유 역시 최종적으로 파괴된다. 알튀세르의 이러한 이론화가 이론(과학)과 이데올로기의 모든 구별을 제거하는 것은 물론 아니다. 알튀세르의 장소론이 지시하는 것은, 이론은 지배적 이데올로기와 단절해야 할 뿐만 아니라 또한 이데올로기에 대해 작용해야 하고, 그러기 위해서는 자신의 '반대물'인 이데올로기가 되어야 한다는 것이다. 자신의 반대물인 이데올로기로 전화하는 것이 이론의 효력의 조건이라는 테제를 통해 알튀세르는 혁

---

20 「오늘의 맑스주의」, 같은 글, 54쪽(번역은 수정함).

21 Louis Althusser, "Note sur les *Thèses sur Feuerbach*"(1982), *Magazine littéraire*, n° 324, 1994 (「'포이어바흐에 관한 테제들'에 대한 노트」, 『철학과 맑스주의』, 같은 책, 104쪽).

명적 이론이 실천에 투여될 때에 필연적으로 발생하는 위험들에 대해 전면적으로 사고할 것을 촉구하는 데에 머무르지 않는다. 그는 마르크스주의가 그러한 위험들을 사고할 수 없었던 이유가 "국가, 이데올로기, 당에 대한 이론", 따라서 "정치에 대한 이론"이 없기 때문이라고 지적한다. 이미 언급한 것처럼 그러한 이론은 마르크스가 남겨 놓은 '경제에 대한 이론'에 추가될 수 있는 이론이 아니다. 그러한 이론 구성의 이론적 전제 조건은 마르크스 이론의 해체[탈구축]이다.

어떤 면에서 『마르크스를 위하여』의 가장 큰 의의는 그것이, 알튀세르 자신의 의도와는 반대로, 마르크스주의 이론의 해체[탈구축] 작업을 개시했다는 데에 있다고 할 수 있다. 「오늘의 마르크스주의」와 함께 이 작업의 마지막 단계를 이루는 텍스트인 「'유한한' 이론으로서의 마르크스주의」에서 알튀세르는 마르크스주의가 견지해 온 "개인의 소외의 모든 형태들의 종언, 즉 상품 관계들의 종언, 국가의 종언, 이데올로기의 종언, 정치 자체의 종언으로서의 …… 공산주의", "극단적으로 사회적 관계들이 없는 개인들의 사회"[22]라는 목적론적이고 또한 종말론적인 공산주의관을 전면적으로 비판한다. 이러한 비판은 "역사적 유물론은 심지어 공산주의 사회도 이데올로기 없이 존재할 수 있다고는 결코 상상할 수 없다"는, 「마르크스주

---

22 Louis Althusser, "Le marxisme comme théorie 'fini'"(1978), *Solitude de Machiavel, op. cit.*, p. 291. 「로싸나 로쌍다의 질문과 알튀세르 대답 : 유한한 이론으로서의 맑스주의」, 김경민 엮음, 『마침내 맑스주의의 위기가』, 백의 1992(번역은 수정함).

의와 인간주의」에서 제시된 테제의 논리적 귀결이다.

물론 『마르크스를 위하여』의 의의가 마르크스주의의 해체[탈구축] 작업의 개시에 머무르는 것은 아니다. 이 책에 제시되어 있는 알튀세르의 고유한 이데올로기의 문제설정과 이데올로기 개념, 과잉결정 개념 및 그것과 연관시킨 구조 개념, 그리고 '정세의 사고' 등은 마르크스의 이론과 사고를 마르크스를 넘어서 영유할 수 있게 해주고 마르크스의 공산주의를 넘어서 공산주의를 사고할 수 있게 해주는 이론적 도구들이다. 알튀세르는 1985년에 와서도 "나는 초기의 저작들을 부정하려는 것이 전혀 아니라 …… 속행하고자 한다"[23]라고 썼다.

『마르크스를 위하여』는 살아 있는 책이다. 마르크스에 이어 알튀세르가 부단히 요구하듯이 "자기 스스로 사고"하려 하는 이들에게 말이다.

---

23 Louis Althusser, *L'avenir dure longtemps*, suivi de *Les Faits*, STOCK/IMEC, 1994. p. 526. 『미래는 오래 지속된다』, 권은미 옮김, 이매진, 2008, 601쪽(번역은 수정함). 여기서 "초기의 저작들"이란 「모순과 과잉결정」(1962) 등을 지칭하는데, 알튀세르는 이것들이 쓰인 지 "벌써 43년이나 됐다"라고 말하지만 이는 "23년"의 착오이다.

본 역서는 『마르크스를 위하여』의 세 번째 국역본이다. 첫 번째 국역본(『마르크스를 위하여』, 고길환·이화숙 옮김, 백의, 1990)은 오역이 심했다. 존경하는 벗 이종영 박사가 번역한 두 번째 국역본(『맑스를 위하여』, 백의, 1997)은 앞의 번역본과는 비교할 수 없이 훌륭하지만, 아쉽게도 여기에는 핵심적인 개념 하나와 몇 개의 중요한 용어들의 번역에 문제가 있다.[24]

오래전부터 이 책을 재번역할 필요성을 절감하던 차에 후마니타스의 제안으로 새로 번역하게 되었다. 번역 작업이 계획했던 것보다 오래 지체되었는데, 대신 정확한 번역이 되도록 노력했다. 마르크스주의 고전 가들에 대한 알튀세르의 인용들도 출처를 일일이 확인해 정확히 번역하려 노력했다. 알튀세르가 마르크스, 엥겔스, 마오쩌둥을 프랑스어 번역본에서 인용한 것들은 원어에서 직접 번역했고, 국역본이 있는 경우 국역본에서 인용하되 모두 원어와 대조해 많은 경우 수정했다. 레닌 인용의 경우 독자들이 인용된 텍스트를 쉽게 찾아볼 수 있도록, 알튀세르가 사용한 프랑스어판 전집 대신에 웹에서 이

---

24 부적절한 번역의 예를 하나만 들자면, 이 국역본에는 「유물론적 변증법에 대하여」에 나오는 une structure articulée à dominante(지배 관계를 갖도록 절합된 구조)가 '지배적인 접합된 구조' 또는 '접합된 지배적인 구조'로, 그것의 축약형인 une structure à dominante(지배 관계를 갖는 구조)가 '지배하는 구조'로 번역되어 있다. 이 개념의 번역 문제에 대해서는 이 책의 378쪽 「옮긴이 추기」를 참조.

용 가능한 영어판 전집상의 출처를 밝혔다. 『철학 노트』 인용문은 독일어 번역본을 번역한 홍영두의 국역본 쪽 번호를 제시하되 독일어본 원문을 대조하고 프랑스어판과 영어판을 참조해 수정했다.

번역의 정확성을 기하기 위해 새로운 역어를 몇 개의 도입했다.

① concept와 구별되지만 긴밀히 연관되는 notion을 '범개념'凡槪念이라는 신조어로 번역했다(이 책 18쪽, 옮긴이 주 15 참조).

② 프랑스어 문헌에서 많이 사용되며 영어의 elaborate와 뜻이 통하지만 상당히 다른 동사 élaborer를 '정교제작精巧製作하다'라는 합성어로 번역했다.

③ 발리바르의 「서문」에 나오는 transindividuel을 내가 몇 년 전부터 사용해 온 '과개인적'跨個人的이라는 신조어로 번역했다(이 책 24쪽, 옮긴이 주 참조).

④ 알튀세르가 이데올로기의 본성을 설명할 때에 사용하는 명사 l'inconscience, 즉 의식이 없다는, 또는 의식이 아니라는 의미의 '무의식'을 프로이트의 l'inconscient(무의식)과 구별하기 위해 '비의식'으로 번역했고, 형용사 inconscient을 '비의식적'으로 번역했다(이 책 407쪽의 옮긴이 주 15 참조). 참고로 말하자면, 1977년의 한 편지에서 알튀세르는 이데올로기와 무의식 사이에 어떤 관계가 있는 것이 분명하지만 양자의 관계는 "해답이 없는 문제"라고 생각했으며,[25] 발리바르가 강조하듯이, "주체를 구성하는 구조에 대한 비판적 연구에서" "비록 부단히 프로이트적 유비들을 통해 마르

크스를 해석했지만" "라캉 및 라캉주의자들과 대립"하여 [무의식과 같은] "프로이트의 개념들보다는 오히려 [이데올로기, 국가 장치와 같은] 마르크스의 개념들을 일반화하는 것을 선택했다."[26]

⑤ 알튀세르가 이데올로기와 이데올로기적 관계를 설명할 때에 사용하는 vécu(vivre 동사의 과거분사 : 영어의 lived)를 경우에 따라 '체험되는'이나 '살아지는'으로 번역했다(역어 설명은 이 책 127쪽의 옮긴이 주 참조).

새로운 역어들이 분명히 필요함에도 불구하고 잘 만들어지지 않는 보수적 학문 풍토에서 새로운 역어를 생산하는 것은 수용 가능성의 면에서 보면 작은 모험이다. 이론적 문헌의 번역에서 대중적 이해 가능성보다는 정확성이 더 중요하다고 생각하기에 작은 모험을 했다.

25 Olivier Corpet, "Présentation" Louis Althusser, *Écrits sur la psychanalyse : Freud et Lacan*, STOCK/IMEC, 1993, p. 12. 올리비에 코르페 외, 송기형 역, 「알튀세르와 정신분석학」, 『이론』, 제8권, 1994, 350쪽.

26 「(철학의) 대상 : '절단'과 '토픽'」, 앞의 글, 213쪽.

찾아보기

용어

서명

루이 알튀세르

인명